KB242759

新選明文東洋古典大系

新完譯

淮南子 (上)

劉 安 編著・安吉煥 編譯

明文堂

▲ 황제(黃帝) 회남자는 한대(漢代) 황로학(黃老學)을 집대성한 책이다. 황로는 황제(黃帝)와 노자(老子)의 앞글자를 딴 말이다.

▲ 노군암조상(老君巖造像) 노자(老子)를 신격화하여 노군이라 한다.

▼ 유방(劉邦) 회남자의 편저자인 유안(劉安)은 한 고조(高祖) 유방의 손자로 회남(淮南) 땅을 다스렸다.

▼ 한 무제(漢武帝) 유안의 아버지는 한 문제(文帝)에 의해, 유안은 한 무제에 의해 반역자로 몰렸다.

▲ 복희상(伏羲像) 중국의 전설적인 삼황(三皇)은 복희(伏羲) · 신농(神農) · 황제(黃帝)이다.

▲ 기린(麒麟) 성인(聖人)이 이 세상에 나올 징조로 나타난다고 전하는 상상 속의 짐승

▼ 서왕모(西王母) 중국 도교 신화에 나오는 신녀(神女) 이름으로 《산해경(山海經)》에 서왕모에 관련된 기록이 보인다.

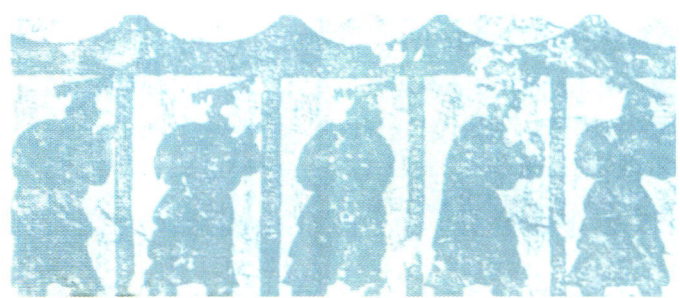

◀ 한(漢)의 화상석에 보이는 오제(五帝) 오른쪽부터 황제(黃帝) · 전욱(顓頊) · 제곡(帝嚳) · 요(堯) · 순(舜)

▲ 공자(孔子)와 노자(老子) 한대
(漢代)의 화상전(畵像磚)

▲ 화산(華山) 중국 섬서성(陝西省) 동부
에 있는 명산으로 오악(五嶽) 중 서악
(西嶽)으로 불린다.

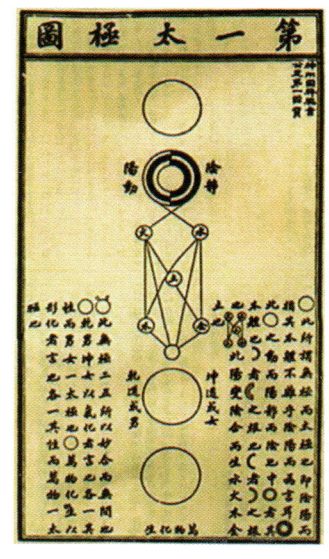

▶ 제일태극도(第一太極圖) 북송(北宋)의 유학자 주돈
이(周敦頤)는 성리학(性理學)의 기본이 되는 태극,
음양, 오행과 만물이 생성하는 발전 과정을 태극도
로 만들고 설명을 붙인 《태극도설(太極圖說)》을 지
었다.

머리말

≪회남자≫는 도가사상(道家思想)인 '무위자연(無爲自然)'의 설(說)을 포함하여, 천문(天文)·지리(地理) 등의 자연현상과, 정치·군사(軍事)·처세를 포함하는 인사(人事) 전반을 통일적으로 설명하고자한, 일종의 백과사전식(百科事典式) 저서이며, 도가(道家)는 물론, 유가(儒家)·법가(法家)·음양가(陰陽家) 등의 학설도 많이 혼재(混在)해 있다.

또 이 책에서 설명하는 근거로서 수많은 전설과 사화(史話), 우화(寓話) 등을 인용하고 있는데 그 문장은 변화무쌍하며 재미가 있는데 그중에는 산일(散逸)된 신화(神話)의 단편(斷片)과 민중의 용맹스런 지혜를 뒷받침해 주는 설화(說話)도 많이 있다.

≪회남자≫는 기원전 2세기, 한고조(漢高祖) 유방(劉邦)의 손자(孫子 : 劉邦의 庶子인 劉長의 장남) 회남왕(淮南王) 유안(劉安)이 숱한 식객(食客)들을 모아 저술케 한 저서인데 흔히 유안의 저술로 전해온다. 당초에는 내편(內篇) 21권과 외편(外篇) 33권이 있었다고 하나 이 가운데 내편만이 전해온다. 이런 내용은 ≪한서(漢書)≫에서 확인할 수가 있다.

편저자(編著者)로 전해지는 회남왕 유안은 기구한 평생을 살다가갔다. 그 아버지 유장이 모반사건을 주도했다 하여 이복형인 문제(文帝)에 의해 사천(泗川) 땅에 유배되는데 유배지로 가던 도중 자살하고말았다. 유안은 이 일로 원한을 품고 있다가 반역할 생각을 가지고 있었는데 무제(武帝) 때 그 기도가 발각되어 사직(司直)의 손에 붙잡히기 직전, 자살했다고 한다(자세한 것은 하권 말미의 '해설' 참조).

유안은 일류 문화인(文化人)으로서 그 막하에는 숱한 식객(주로 학자들)이 모여들었다. 당시 중앙에서는 유교에 의한 사상통일의 움직임이 차츰 강해지고 있었는데 유안 밑에는 도가계(道家系)의 학자가 많았다. 이런 학자들의 협력을 얻어 제가(諸家)의 학설을 통일하고 자연 질서와 인사(人事) 백반을 일관되게 다루어 파악코자 하는, 야심적 의도 하에 편찬된 것이 ≪회남자≫이다.

따라서 한대(漢代) 초기 당시, 중앙과 지방과의 정치적 대립을 반영한 유가와 도가 사이의 사상투쟁을 엿볼 수 있는 자료로도 평가되어야 하는 책이 바로 이 ≪회남자≫라고 하겠다.

난해하다고 일컬어지는 ≪회남자≫를 번역함에 있어 이석호(李錫浩) 선생의 ≪회남자≫(을유문화사 刊), 구스야마(楠山春樹)씨의 ≪회남자≫(명치서원 刊)를 참고했음을 밝혀두며 졸역을 허물치 않고 상재(上梓)해주신 명문당(明文堂) 김동구(金東求) 사장님과 관계직원 여러분께 심심한 감사의 말씀을 드린다.

2001년 여름
편역자 識

▌ 차 례

회남왕홍렬해서(淮南王鴻烈解序)

고 유(高誘)

　　회남왕의 이름은 안(安), 여왕(厲王)인 장(長)의 아들이다. 여왕 장은 한(漢) 고조(高祖)의 아들인데, 어머니는 조왕(趙王) 장오(張敖)의 미인이었다. 고조 7년(기원전 200년) 한신(韓信)으로 하여금 동제(銅鞮) 땅을 치도록 했는데 한신이 흉노(匈奴) 땅에서 패주하자, 황제는 이를 추격하여 북쪽 변경 누번(樓煩)에 이르렀다.

　　돌아오는 길에 조(趙)나라에 들렀는데 황제는 조왕에게 무례히 행동했다. 조왕이 미인 조씨를 바쳤는데 은총을 입어 용종(龍種)을 잉태했던 것이다. 조왕은 조씨를 일부러 자기 궁전에 들이지 아니하고 저택을 밖에 지어 살도록 해주었다.

　　관고(貫高) 등의 모반이 발각되자 겸하여 조왕도 잡아다가 처벌하고 왕의 일족 및 미녀들을 옥에 가두었는데 조씨 여인도 그 속에 있었다. 관원들은 그녀가 황제의 은총을 입고 몸이 무거워졌음을 황제에게 아뢰었으나 그때 황제는 조왕에 대한 분노로 가득 차있었으므로 그 일에 대하여 조사코자 하지 않았다.

　　조미인의 동생인 겸(兼)이 벽양후(辟陽侯) 심이기(審食其)를 사이에 두고 이 일을 여후(呂后)에게 부탁했던바 여후는 이를 단호히 거절했고, 벽양후도 강력하게 요청하지 않았다.

　　이윽고 조미인은 아들을 낳았는데 원망하며 자살하고 말았다. 그래

서 관원은 그 아들을 받들고 황제에게 나아가 주상했다. 황제는 여후
로 하여금 기르도록 명하고 그 아들을 회남왕에 봉했다.

효문제(孝文帝)가 즉위하자 여왕 장은 상소하여 알현을 청원했다.
조서(詔書)를 내리어 장안(長安)에 오도록 했던바 장은 날마다 유연
(遊宴)에 빠지고, 그 행동은 심히 오만했다. 세상 사람들의 형제가 대
하듯 했다. 벽양후가 자기 어머니에 대하여 여후에게 강력히 호소하
지 않았던 일을 원망하다가 그를 때려 죽였다.

황제가 그 일에 대해서 문책하자 그는 궁정 북문에서 웃웃 한쪽을
벗고 죄를 빌었으므로 그가 소유하던 영지(領地) 4현(縣)만 몰수했을
뿐 귀국시켰다. 본국으로 돌아가자 황옥좌둑(黃屋左纛)이란 수레를 만
들고 동제(東帝)라 잠칭(僭稱)했다. 모반의 죄에 걸려들어 촉(蜀)의
암도(嚴道)로 귀양가던 도중 자살하고 말았다.

문제는 이를 불쌍히 여기어 여왕의 네 아들을 세워 열후(列侯)에
봉했다. 당시 사람들이 이를 다음과 같이 노래했다.

　　한 자의 비단으로도 모양을 낼 수 있고
　　한 되의 좁쌀로도 배는 충분히 부르게 할 수 있는데
　　어찌하여 두 형제간에 우애하지 못하는 것일까.

황제는 이 노래를 전해 듣고,
"짐(朕)이 영토를 탐내고 있는 것으로 생각하는 것이로구나."
라며, 곧 네 후(侯)를 불러 왕으로 다시 봉해주려고 했다. 네 명 중
한 명은 이미 병사(病死)했으므로 장남 안(安)을 회남왕에, 차남 발
(勃)을 형산왕(衡山王)에, 삼남 사(賜)를 여강왕(廬江王)에 각각 봉
했던 것이다. 이때 가의(賈誼)는,
"원수진 마음을 지니고 있는 자는 높은 지위에 앉히면 아니 되옵
　니다."

라고 간했다. 후에 회남왕과 형산왕은 모반했다. 실로 가의의 말 그대로 되었다.

原文 淮南王, 名安, 厲王長子也. 長高皇帝之子也. 其母趙氏女爲趙王張敖美人. 高皇帝七年 討韓信於銅鞮 信亡走匈奴. 上遂北至樓煩. 還過趙 不禮趙王 趙王獻美人趙氏女 得幸有身. 趙王不敢內之於宮 爲築舍于外.

及貫高等謀反發覺 幷逮治王 盡收王家及美人 趙氏女亦與焉. 吏以得幸有身聞上. 上方怒趙王 未理也. 趙美人弟兼 因辟陽侯審食其 言之呂后 呂后不肯白. 辟陽侯亦不强爭 及趙美人生男 恚而自殺 吏奉男詣上. 上命呂后母之 封爲淮南王.

暨孝文皇帝卽位 長上書願相見 詔至長安 日從游宴 驕蹇如家人兄弟. 怨辟陽侯不爭其母於呂后 因椎殺之. 上非之. 肉袒北闕謝罪. 奪四縣還. 歸國爲黃屋左纛 稱東帝. 坐徙蜀巖道 死於雍.

上閔之 封其四子爲列侯. 時民歌之曰, 一尺繒 好童童 一升粟 飽蓬蓬 兄弟二人 不能相容. 上聞之曰, 以我貪其地邪. 乃召四侯而封之. 其一人病薨. 長子安襲封淮南王 次爲衡山王 次爲廬江王. 太傅賈誼諫曰, 怨讎之人不可貴也. 後淮南衡山卒反. 如賈誼言.

註解 ○趙王張敖(조왕장오)―?~기원전 174년. 한왕조 창업공신인 장이(張耳)의 아들. 공신이었던 장이는 조왕에 봉해졌는데(기원전 202년), 그 이듬해에 죽었고 아들 장오가 대신 왕이 되었다. 고조 7년, 고조는 한신(韓信)을 치기 위해 북정(北征)했다가 조도(趙都)에 들렀는데, 이때 고조의 태도가 오만하고 심히 무례했었다. 그 이듬해인 고조 8년, 장오 집안 선대(先代) 이후로 가신(家臣)이었던 관고(貫高)가 고조를 살해하려고 기도했다. 그러나 일이 발각되었고 당연한 결과이지만 그 화(禍)는 조

왕에게 미쳤다. 그래서 장오는 폐위되었다. 하지만 후일 장오는 사면되어 선평후(宣平侯)에 봉해졌다. ○韓信(한신) ─ 전국시대 말기, 한(韓)나라 양왕(襄王)의 손자인, 한왕신(韓王信)을 가리킴이다. 즉 한왕조 창업 때의 공신인 유명한 장군 한신과는 동명이인임. 한나라 2년(기원전 205년)에 한왕(韓王)이 되었고, 6년(기원전 201년)에 대왕(代王)이 되었는데 흉노의 묵특선우(冒頓單于)의 공격을 받고 항복했다. 이 사건에 분노한 고조는 동제(銅鞮 : 산서성 高陽縣)로 한신을 치러 갔는데 한신은 흉노 땅으로 도망했다. 고조는 한신을 따라 더 북상했고 누번(樓煩 : 산서성 代縣)에 이르렀던 것이다. ○美人(미인) ─ 제왕(帝王)·제후(諸侯)의 측실에게 주어지던 명칭의 하나. 출신 성(姓)을 붙이어 조미인(趙美人) 등으로 불렸다. ○貫高(관고) ─ 장이(張耳) 이래 조나라의 중신. 고조 7년에 있었던 고조의 오만하고 무례한 행동을 괘씸하게 여기어 이듬해인 8년 고조가 다시 조나라를 방문하려던 중 백인(柏人 : 하북성 隆堯縣) 땅에서 고조를 살해코자 했으나 실패하고 말았다. ○辟陽侯審食其(벽양후심이기) ─ 여후(呂后)의 은총을 입어 벽양후가 되었으며, 여후의 치하(治下)에서 권세를 휘둘렀는데 문제(文帝) 3년(기원전 177년) 유장(劉長 : 당시의 회남왕)에게 살해당했다. ○詔至長安(조지장안) ─ 문제 3년(기원전 177년)에 해당한다(≪史記≫ ≪漢書≫ <淮南王傳> 이하 이 <淮南王傳>은 本傳이라고 略함). ○如家人兄弟(여가인형제) ─ 본전(本傳)에 '문제가 즉위하자 회남왕은 자신이 누구보다도 황제와 사이가 좋다고 자만하여 교만했으며, 법령을 자주 위반했다. 그러나 주상은 근친이라 하여 언제나 관대하게 용서해 주었다. 문제 3년에 입조(入朝)하였는데 전과 다름없이 멋대로 굴었다. 주상을 따라 원유(苑囿)에 들어가서 사냥을 할 때면 주상과 한 수레에 탔으며, 또 항상 주상을 큰형이라고 불렀다'라고 되어 있다. ○椎殺(퇴살) ─ 본전에 '여왕(회남왕 장)은 완력이 있어서 능히 정(鼎)을 들 수 있었다. 그는 벽양후에게 면회를 청했는데 벽양후가 나오자 옷소매 속에 감추고 있던 철퇴를 꺼내어 벽양후를 내리쳤고……'라고 되어 있다.

○肉袒(육단)－웃옷을 벗고 상체를 드러내는 것. 복종·사죄의 뜻을 나타 낸다. 본전에 의하면 회남왕 장은 어머니의 원수를 갚기 위해 하는 수 없 었노라고 아뢴다. 황제도 그 효심에 감동되어 관대하게 조치하려고 했다 는 것이다. ○黃屋左纛(황옥좌둑)－황옥은 수레 덮개의 내부를 노란색 비단으로 덮은 것. 좌둑은 수렛대 왼쪽에 세운 기(旗). 모두 한나라 시대 천자의 수레 제도이다. ○稱東帝(칭동제)－여왕이 동제라고 칭했다는 내 용은 본전에는 나타나 있지 않다. 그러나 '출입을 할 때면 황제와 같이하 고, 자신의 명령을 제(制)라고 칭하며, 스스로 법령을 만들어 내는 등, 모 두 천자와 같이했'라고 한 것은 여왕이 스스로 천자가 된 양 행동했음 을 엿볼 수 있다. ○坐徙蜀嚴道(좌사촉암도)－여왕의 모반이 발각된 다 음, 열후(列侯) 이천석(二千石) 등 43명은 여왕의 사형을 주장했다. 그러 나 최종적으로는 '법을 적용할 수 없다'고 하는 문제의 심정을 읽은 승상 장창(張蒼)이 '신은 청하옵건대 촉(蜀)의 암도(嚴道) 공우(邛郵)로 귀양 보내시오소서'라고 아뢰어 일단 낙착되었다. 그런데 여왕은 함거에 실려 촉 땅에 이송되던 중, 이 일을 수치스럽게 여기어 도중에 지급되던 밥에 손도 대지 않았으며 수행자들은 여왕의 용력(勇力)을 두려워하며 함거 문 을 열려고 하지 않았다. 옹(雍) 땅의 영(令)이 처음으로 문을 열었던 바 여 왕은 이미 죽어 있었다(본전). ○封其四子(봉기사자)－문제 8년. 여왕의 장 남 안(安)을 부릉후(阜陵侯), 차남 발(勃)을 안양후(安陽侯), 3남 사(賜) 를 양주후(陽周侯), 4남 양(良)을 동성후(東城侯)에 봉했다. ○民歌之曰 (민가지왈)……－'동동(童童)' '봉봉(蓬蓬)'은 모두 왕성한 모습. 이 노래가 ≪사기≫에는 '일척포(一尺布) 상가봉(尚可縫) 일두속(一斗粟) 상가용(尚 可舂) 형제이인(兄弟二人) 불능상객(不能相客)'으로 되어 있으며 ≪한서≫ 는 말구(末句)가 '不相容'으로 되어 있다. ○賈誼諫曰(가의간왈)……－가 의가 올린 상소는 문제가 여왕의 네 아들을 열후에 봉했을 때, 이것을 간 한 내용이라며 ≪한서≫ 58의 본전에 실었다. 단 '원수진 사람은 귀하게

쓰지 않는다'란 구절이 없고, 또 가의는 세 아들이 다시 왕에 봉해진 문제 16년(기원전 164년)에 앞서 이미 죽었다.

원래 유안(劉安)은 만사에 통달하고 문장(文章)이 뛰어났다. 황제는 안(安)의 종부(從父)에 해당하므로, 안은 여러 번 의견을 올리어 부름을 받고 알현했다. 무제(武帝)는 그의 재능을 중시하여 그를 불러 <이소부(離騷賦)>를 만들게 했던바, 아침에 명령을 받은 (안은) 그날 점심때 완성했다.

황제는 그 부(賦)를 소중하게 비장(祕藏)했다. 천하의 방술사(方術士) 대부분이 회남 땅에 와서 몸을 의지했다. 이렇게 해서 소비(蘇飛)·이상(李尙)·좌오(左吳)·전유(田由)·뇌피(雷被)·모피(毛被)·오피(伍被)·진창(晋昌) 등 8명, 그리고 제유대산(諸儒大山)·소산(小山)의 도배들과 함께 도덕을 강론하고 인의(仁義)를 포괄하여 이 책(회남자)을 저술했다.

그 내용은 ≪노자(老子)≫에 가까워 담백무위(淡白無爲)를 요체로 하고 마음을 허정(虛靜)에 둘 것을 설파하고 항구불변의 상도(常道)에 따른 것이다. 도(道)의 광대함을 설명함에 있어서는 하늘을 덮고 땅을 싣고 있음을 언급했고, 도의 미세함을 설명함에 있어서는 무한의 경지에 골고루 침윤(浸潤)함을 언급했다. 고금의 치란(治亂)·존망(存亡)·화복(禍福)의 발자취를 설명하고 세간의 괴이(怪異)·진기(珍奇)한 일까지 언급했다. 그 설명하는 바의 뜻은 밝으며 그 열거하는 바의 글은 풍성하여 백사(百事) 만반을 싣지 않은 것이 없다.

그러나 그 대강을 말한다면 도에 귀일하는 것이어서 홍렬(鴻烈)이라 칭한다. 홍(鴻)이란 크다는 의미, 열(烈)이란 밝다는 의미, 즉 크게 도를 밝힌다는 의미이다. 그러므로 배움에 뜻을 둔 사람은 ≪회남≫을 논하지 않으면 대도(大道)의 심오함을 알 수가 없다. 그래서 세상의 선현(先賢)·통유(通儒)로 칭해지고 저술에 뜻을 둔 사람들은 모두 이 책을 인용하여 그 설(說)을 확인하고자 한다.

한편 유안의 아버지 이름이 장(長)자라 해서 이 책 중 장(長)자는 모두 '수(脩)'자로 기록하고 있다. (前漢 말기에) 광록대부(光祿大夫) 유향(劉向)이 교정 정리하여 이를 ≪회남≫이라고 이름 붙였다. 또 따로 19편의 책이 있는데 이것을 ≪회남외편(淮南外篇)≫이라고 한다.

原文 初安爲辨達善屬文. 皇帝爲從父, 數上書, 召見. 孝武皇帝甚重之, 詔使爲離騷賦. 自旦受詔, 日早食已. 上愛而祕之. 天下方術之士, 多往歸焉. 於是遂與蘇飛·李尙·左吳·田由·雷被·毛被·伍被·晉昌等八人, 及諸儒大山小山之徒, 共講論道德, 總統仁義, 而著此書. 其旨近老子, 淡泊無爲, 蹈虛守靜, 出入經道. 言其大也, 則燾天載地, 說其細也, 則淪於無垠, 及古今治亂, 存亡禍福, 世閒詭異瓖奇之事. 其義也著, 其文也富, 物事之類, 無所不載. 然其大較歸之於道. 號曰鴻烈. 鴻大也, 烈明也. 以爲大明道之言也. 故夫學者不論淮南, 則不知大道之深也. 是以先賢通儒述作之士, 莫不援采以驗經傳. 以父諱長, 故其所著諸長字, 皆曰脩. 光祿大夫劉向, 校定撰具, 名之淮南. 又有十九篇者, 謂之淮南外篇.

註解 ○使爲離騷賦(사위이소부)-본전에서는 '부(賦)'를 '전(傳)'으로 썼다. '전'이라고 하면 이소의 주(註)를 만든 것이 되며, 이 서문(序文)처럼 '부'라고 한다면 이소의 풍격(風格)을 올린 부라는 정도의 의미로 해석될 것이다. ○諸儒大山小山之徒(제유대산소산지도)-여기서 말하는 유(儒)는 학자를 가리킨다. 대산소산은 불상(不詳)임. ≪초사≫ 초은사(招隱士) 서(序)에 '초은사는 회남 소산이 만든 것이며 회남왕 안은 옛것을 좋아하고 선비를 사랑하여 빈객을 초치하다. 빈객에 8공(八公)이 있었으

며 사부(詞賦)를 나누어 짓다. 유유상종하며 혹은 대산이라 칭하고 혹은 소산이라 칭한다. 시(詩)의 대소(大小) 우아하다'라고 되어 있는 것으로 추찰하건대 회남왕 밑에 있었던 사부가(辭賦家)의 집단을 가리키는 명칭이었을 것으로 생각된다. ○淮南外篇(회남외편)―≪한서≫ 본전에는 '외서가 상당히 많다'라고 되어 있으며 <예문지(藝文志)>에는 33편이라고 했다.

나는 젊었을 때부터, 원래 시중(侍中)이었으며 동현(同縣)의 노군(盧君)을 따라 이 책 읽는 법을 배웠고 그 대략을 익혔다. 때마침 병란(兵亂)에 의해 천하가 군웅할거하는 상태를 맞으며, 서전(書傳)의 유(類)를 망일(亡佚)했기 때문에 공부를 놓은 지 20여년에 이르렀다.
건안(建安) 10년(203년) 사공(司空)의 연(掾)으로 부름을 받아 동군(東郡) 복양(濮陽)의 영(令)에 임명되었는데 그때 당시의 사람으로서 ≪회남왕서(淮南王書)≫를 배우는 사람이 적은 것을 알고 차제에 쇠미해져 가는 것이 아닌가 걱정을 했다. 그래서 조석으로 공무를 보는 사이에 깊이 선사(先師 : 盧植)의 교훈을 상기하고, 경전과 도가의 말을 참고로 하여 이 책의 기사와 대교(對校)하면서 그 주해(註解)를 만들었다.
본문 모두를 싣고 이에 더하여 음독(音讀)을 붙인 것이다. 그런데 전농중랑장(典農中郎將)인 변집(弁揖)이 8권을 빌려갔는데 독촉했건만 공교롭게도 변집이 죽어 끝내 (8권을) 잃고 말았다.
그래서 (건안) 17년에 하동(河東)의 감(監)으로 옮긴 다음 다시 한 번 보족(補足)을 가했던 것이다. 천학과견(淺學寡見)한 몸이어서 주해는 결코 충분한 것이라고 하기 어렵다. 불명(不明)인 점은 '미문(未聞)'이라고 주를 달았다. 다행스럽게도 박아군자(博雅君子)의 고람(高覽)을 얻어 이런 점을 상세히 밝힐 수 있었기에 후학들의 비익(裨益)이 될 것을 오로지 바라마지 않는다.

原文 自誘之少, 從故侍中同縣盧君, 受其句讀, 誦擧大義, 會遭兵災, 天下棋峙, 亡失書傳, 廢不尋修, 二十餘載. 建安十年, 辟司空掾, 除東郡濮陽令, 覩時人少爲淮南者, 懼遂凌遲. 於是以朝餔事畢之閒, 乃深思先師之訓, 參以經傳道家之言, 比方其事, 爲之注解.

悉載本文, 幷擧音讀. 典農中郎將弁揖借八卷. 刺之, 會揖身喪, 遂亡不得. 至十七年, 遷監河東, 復更補足. 淺學寡見, 未能備悉, 其所不達, 注以未聞. 唯博物君子, 覽而詳之, 以勸後學者云爾.

註解 ○盧君(노군)－노식(盧植). 자는 자간(子幹), 192년 몰(沒). 탁군(涿郡) 탁현(涿縣 : 북경시 서남쪽) 사람. 구강(九江)·여강(盧江 : 九江郡은 劉安이 지배했던 회남국, 여강군은 구강군에 인접하고 유안의 셋째 동생이 봉해졌던 곳)의 태수를 거쳐 시중(侍中)이 되었으며 상서(尙書)로 있다가 황건의 난 때 북중랑장(北中郎將)이 되어 황건적 진압에 나섰다. 마융(馬融)의 고제(高弟)로 알려졌으며 ≪삼례해고(三禮解詁)≫를 저술했다고 한다. 마융은 유가경전(儒家經典) 외에 ≪노자(老子)≫ ≪회남자≫에도 주를 달았다고 하며, 그의 제자인 연독(延篤)도 ≪회남자≫에 주를 단 것으로 알려져 있다. ○受其句讀(수기구독), 誦擧大義(송거대의)－기구독(其句讀)을 ≪회남자≫에만 한정시키지 않고 '독서의 지도를 받아 경서(經書)의 근본 뜻을 배웠다'라고 해석하는 설도 있다. ○棋峙(기치)－바둑돌을 놓는 것처럼 영웅호걸들이 병립(竝立)하는 모습. 여기서는 황건의 난에 대한 상황을 가리킨다. ○朝餔(조포)－조포(朝哺)라고도 쓴다. 조석(朝夕), 또는 조모(朝暮)란 뜻.

권 1

원도훈(原道訓)

원도란 본원(本源), 즉 근원의 도라는 정도의 의미
이다. 내용은 우선 ≪노자(老子)≫에서 말하는 도
를 부연 설명하고 있다. 본편의 논지는 반드시 일
관되어 있지 않지만, 대체적으로 말한다면 노장
(老莊)에 바탕을 둔 기록으로서 순수한 도가설(道
家說)이라고 해도 좋을 것이다.

　도(道)란 것은 하늘도 덮고 땅도 싣고 있는 것이어서 사방팔방 무한대로 퍼지며 그 높이를 가늠할 수 없고 그 깊이를 잴 수도 없다. 천지를 그 안에 포용하고 무형(의 만물)에 형(形)을 준다. 물이 원천(源泉)에서 솟아오르면 처음에는 공허하지만 서서히 고이고, 철철 넘치면 처음에는 탁하더라도 차츰 맑아지는 것과 같다. 이것을 세우면(즉, 도를 세우면) 천지에 가득 차고 이것을 가로 눕히면 사해(四海)에 끊이지 않으며 무궁하게 계속 작용하여 조석(朝夕)으로 성쇠함이 없다.

　펼쳐 놓으면 천지 사방을 덮고, 오므려 놓으면 한줌도 안 된다. 작으면서도 크고, 어두우면서도 밝으며, 약하면서도 강(强)하고, 유(柔)하면서 강(剛)하다. 가로대처럼 사방을 지탱하면서 그 속에 음양의 기(氣)를 포용하고 천지를 잇는 벼리가 되어 그 속에 일월성신을 빛낸다. 더 이상 없을 만큼 유연하며 더 이상 없을 만큼 미세하지만 그 도로써 산은 높고 못은 깊으며, 짐승은 달리고 새는 날며, 일월은 비추고 성신(星辰)은 운행하며, 기린도 노닐고 봉황도 비상한다.

　　[原文]　夫道者, 覆天載地, 廓四方, 柝八極, 高不可際, 深不可測. 包裹天地, 稟授無形. 原流泉浡, 冲而徐盈, 混混滑滑, 濁而徐淸. 故植之而塞于天地, 橫之而彌于四海, 施之無窮, 而無所朝夕. 舒之幎於六合, 卷之不盈於一握. 約而能張, 幽而能明, 弱而能强, 柔而能剛. 橫四維而含陰陽, 紘宇宙而章三光. 甚淖而滒 甚纖而微. 山以之高, 淵以之深, 獸以之走, 鳥以之飛, 日月以之明, 星曆以之行, 麟以之游, 鳳以之翔.

　　[註解]　○覆天載地(복천재지)－천지까지도 덮고 싣는 것이 '도(道)'라고 하여 도의 광대무한함을 가리킨다. ○廓四方(곽사방), 柝八極(탁팔극)－사방팔방으로 펼쳐지는 모습. ○原流泉浡(원류천발)－물이 그 원천에서 솟

아나되 다하는 일이 없는 모양. 도의 무한한 기능을 비유하고 있다. ○沖
而徐盈(충이서영)－≪노자≫ 제4장에 '도는 텅 비어 있지만 거기에 작용
을 가해도 절대로 차지 않는다(道沖 而用之 或不盈)'란 내용을 인용한
것. ○混混滑滑(혼혼활활)－물이 끊이지 않고 흐르는 모양. ○六合(육합)－
천지(天地：上下) 사방(四方：東西南北)을 가리킨다. ○橫四維(횡사유)－
사유(四維)는 동남・서남・동북・서북 등 사우(四隅). ○紘宇宙(굉우주)－
우주는 <제속훈(齊俗訓)>에 '왕고래금(往古來今), 이를 주(宙)라 하고,
사방상하(四方上下), 이를 우(宇)라고 한다'라고 되어 있다. 이 경우는 시
간으로서의 의미는 없고 오히려 공간적인 넓이, 그것도 '사유(四維)'에
대하여 상하의 넓이를 말한다. 굉(紘)은 벼리란 의미로서 상하를 지탱해
주는 밧줄이다. ○淖而㴵(작이가)－작(淖)도 가(㴵)도 유연한 모습.

　태고의 이황(二皇)은 도(道)의 자루를 쥐고 중앙에 서서, 마음을 만
물의 변화에 맡기며 사방을 평안케 했다. 그래서 하늘과 땅의 영위(營
爲)에도 합당하게, 수레바퀴가 계속 돌아가듯이, 물이 흘러 그칠 줄 모
르는 양, 비가 내리듯이 만물의 성쇠변화와 일치했었다. 바람이 일면
구름이 모여 들듯이, 만사에 있어 대응하지 않음이 없고 천둥이 치면
비가 내리듯이 만사에 응하여 궁해지는 것이 없다.
　귀신이 나타났다가 번개 속으로 사라지듯, 용(龍)이 나타나자 봉황
이 모여 들듯이 그 작용은 헤아릴 수가 없다. 녹로(轆轤)와 바퀴통이
돌아가듯이 두루 돌았다가는 다시 만나고, 조탁(彫琢)의 극치를 이룬
것처럼 보이면서 또다시 원래의 소박한 모습으로 되돌아온다. 무위
(無爲)의 작용이 스스로 도에 합치되고, 무위의 언어가 스스로 덕에
합당하며, 마음 편안하게 스스로를 자랑하지 않고 조화를 이루어 똑
같지 아니한 만물의 하나하나에 적절한 성(性)을 준다.
　그 정신은 추호(秋毫) 끝에도 깃들이지만 우주의 전체보다도 크다.

그 덕은 천지를 부드럽게 하고 음양을 조화시키어 춘하추동의 사시(四時)를 조절해서 목화토금수(木火土金水)의 오행(五行)을 조정한다. 보살펴 키우면 만물은 무리를 지어 자라게 하고 은택은 초목금석(草木金石)에까지 미치며, 조수(鳥獸)는 성육(成育)하고 털도 윤기가 나며 날개를 펴고 뿔을 자라게 한다.

　짐승의 새끼는 무사히 태어나고 새의 알은 반드시 부화된다. 아비는 자식을 잃을 걱정이 없고 형은 동생의 죽음 때문에 곡하며 애통해하지 않는다. 아이들은 고아가 되지 않으며, 부인은 과부가 되지 않고, 무지개라든가 요성(妖星)이 나타나는 일도 없다. 이런 것들은 모두가 이황(二皇)의 덕을 품은 소치이다.

　原文　泰古二皇, 得道之柄, 立於中央, 神與化游, 以撫四方. 是故能天運地滯, 輪轉而無廢, 水流而不止, 與萬物終始. 風興雲蒸, 事無不應, 雷聲雨降, 竝應無窮. 鬼出電入, 龍興鸞集. 鈞旋轂轉, 周而復市, 已彫已琢, 還反於樸. 無爲爲之而合于道, 無爲言之而通乎德, 恬愉無矜而得於和, 有萬不同而便於性.

　神託於秋豪之末, 而大與宇宙之總. 其德優天地而和陰陽, 節四時而調五行. 呴諭覆育, 萬物羣生. 潤於草木, 浸於金石, 禽獸碩大, 豪毛潤澤, 羽翼奮也, 角骼生也. 獸胎不贕, 鳥卵不毈, 父無喪子之憂, 兄無哭弟之哀, 童子不孤, 婦人不孀, 虹蜺不出, 賊星不行, 含德之所致也.

　註解　○泰古二皇(태고이황)－이황(二皇)을 복희(伏羲)·신농(神農)이라고 하는 것이 통설인데, 그러나 이황이라고 하는 표현과 천지(天地)의 조성(造成)에 관한 것으로 생각되는 내용으로 볼 때, 오히려 복희와 여와(女媧)로 보는 것이 맞을 것 같다. ○鬼出電入(귀출전입)－'귀출'은 출입

에 종적이 없는 것, '전입'은 출입이 재빠른 것. 즉 신출귀몰과 같은 뜻이다. ○鈞旋轂轉(균선곡전)－균(鈞)은 도기(陶器)를 만들 때 돌리는 녹로(轆轤), 곡(轂)은 수레바퀴통. ○已彫已琢(이조이탁), 還反於樸(환반어박)－같은 구절이 ≪장자(莊子)≫ <산목(山木)>, 그리고 <제속훈(齊俗訓)>에 있다. ○呴諭(구유)－어미가 자식을 품어 기르는 것. ○碩大(석대)－성장하는 모습. ○獸胎不贖(수태부독)－독(贖)이란 태아가 짐승이 되지 않는 것. ○鳥卵不毈(조란부단)－단(毈)은 알이 새가 되지 않은 것. ○婦人不孀(부인불상)－상(孀)은 과부를 가리킨다. ○虹蜺不出(홍예불출)－홍(虹)도 예(蜺)도 모두 무지개. 중국에서는 무지개가 서는 것을 흉조로 쳤다.

　대저 최상(最上)의 도(道)는 만물을 만들어 내지만 자기 소유로 삼지 않고 만상(萬象)을 이루어 놓지만 주재(主宰)하려고 하지 않는다. 다리로 걸어다니는 것, 부리로 호흡하는 것, 꿈틀거리는 것 모두가 도(道)의 덕으로 살아가는데 그렇다고 이것을 은혜로 생각하지 않는다. 또 도로 말미암아 죽어가지만 그렇다고 이것을 원망하는 일도 없다. 도의 덕택에 이익을 얻더라도 칭찬하고자 하지 않으며, 도에 의해 실패했다 하더라도 비난할 수가 없다.
　아무리 거두어들여서 쌓더라도 그것에 의해 부(富)를 더할 생각은 없고, 아무리 시혜를 베풀더라도 그것에 의해 빈곤을 더하는 모습도 없다. 지극히 작아서 심히 어렵고 미세해서 아주 힘들다. 거듭 쌓더라도 높아지지 아니하고 떨어져도 낮아지지 않으며, 보태더라도 불어나지 않고 덜더라도 줄지 않으며, 잘라도 얇아지지 않고 깎아내도 흠집이 나지 않으며, 파내도 깊어지지 않고 메워도 얕아지지 않는다. 황홀하여 형상을 짐작할 수 없지만 그 작용은 끝을 알 수가 없고 유명수동(幽冥邃

同)한 가운데 형태가 없는 것에 반응하고 그 움직임은 적확하기만 하다. 강유(剛柔)에 따라 굴신(屈伸)하고 음양에 따라 오르내린다.

原文　夫太上之道, 生萬物而不有, 成化像而弗宰. 跂行喙息, 蠉飛蝡動, 待而後生, 莫之知德, 待之後死, 莫之能怨. 得以利者, 不能譽, 用而敗者, 不能非. 收聚畜積, 而不加富, 布施稟授, 而不益貧. 旋縣而不可究, 纖微而不可勤. 累之而不高, 墮之而不下, 益之而不衆, 損之而不寡, 斲之而不薄, 殺之而不殘, 鑿之而不深, 塡之而不淺. 忽兮怳兮, 不可爲象兮, 怳兮忽兮, 用不屈兮, 幽兮冥兮, 應無形兮, 遂兮洞兮, 不虛動兮. 與剛柔卷舒兮, 與陰陽俛仰兮.

註解　○生萬物(생만물)……弗宰(불재)－《노자(老子)》 제10장과 제51장 참조. ○跂行喙息(기행훼식)－기행은 다리로 걷는 것(즉 벌레류이고), 훼식은 부리로 호흡하는 조류(鳥類). ○蠉飛蝡動(현비연동)－벌레나 지렁이 따위가 꿈틀거리며 다니는 것. 앞 절과 함께 여기서는 '살아 있는 생물들'이란 의미이다. ○旋縣(선면)－선(旋)도 면(縣)도 모두 작다는 뜻. ○不可勤(불가근)－여기서 근(勤)은 진(盡)과 같다. ○忽兮怳兮(홀혜황혜)……－있는지 없는지 망막한 모양. 《노자》 제21장 참조. ○用不屈兮(용불굴혜)－굴(屈)은 갈(竭)이란 뜻. ○幽兮冥兮(유혜명혜)－오묘하고 심오한 것. 《노자》 제21장 참조. ○遂兮洞兮(수혜동혜)－수(遂)는 수(邃 : 오묘하고 깊다), 동(洞)도 깊다란 의미. ○剛柔(강유)·陰陽(음양)－천지자연과 함께 굴신상하(屈伸上下)한다는 의미일 것이다.

옛날 풍이(馮夷)와 대병(大丙)이 음양을 부릴 때는, 우레구름을 타고 구름을 육두마(六頭馬)로 삼아 미무(微霧) 속을 달리어 황홀한 경지를 치달았으며 혹은 멀고 혹은 높이 수레를 몰았다. 더구나 눈과 서리가 내린 땅을 지나도 흔적을 남기지 않고, 햇빛이 비추어도 그림자가 지지 아니했다. 회오리바람을 타고 올라가 산을 넘고 강을 건너 높디높은 곤륜산(崑崙山)에 이르러 창합문(閶闔門)을 밀어 열고 다시 천문(天門) 안으로 들어간다. 말세의 어자(御者)는 경차양마(輕車良馬)에 더없이 강하고 날카로운 채찍을 가졌다 해도(풍이·대병과) 승패를 다툰다는 것은 불가능하다.

따라서 도에 뜻을 둔 사람은 염연(恬然)하게 사려(思慮)를 없애고, 하늘을 덮개로 삼고 땅을 수레로 삼되 사시(四時)를 말로, 음양을 어자(御者)로 삼아 구름을 타고 하늘을 건너 조화(造化)와 일체가 된다. 마음은 평온하되 스스로 절도에 맞추며, 하늘을 집 삼아서 달린다. 그 모습은 혹은 서서히, 혹은 빠르게, 실로 완급자재(緩急自在), 우사(雨師)에게 명하여 길을 적시게 하고, 풍백(風伯)에게 명하여 먼지를 쓸게 하며, 번개를 채찍으로 우레를 수레바퀴로 하여 위로는 소조(霄霏)한 들을 돌아다니고 아래로는 무은(無垠)의 문으로 출입한다.

이처럼 골고루 사방을 돌아보되 그 총체(總體)를 잃지 않고 사우(四隅)를 경영하다가 그 근본으로 되돌아온다. 이와 같이 하늘을 수레 덮개로 삼으면 모든 것을 덮을 수 있으며, 땅을 수레로 삼으면 모든 것을 실을 수 있다. 사시(四時)를 말로 삼으면 만사를 조종할 수 있고, 음양을 어자로 삼으면 만반에 대응할 수가 있다. 그런 다음에는 아무리 달려도 미동도 않고 아무리 멀리 나가도 지치지 아니한다.

대저 사지(四肢)를 움직이지도 않고 이목을 사용하지 않더라도 천지간의 형세를 알 수 있는 것은 어찌된 일일까? 그것은 도의 중추를 장악하여 무궁한 경지에서 자적하고 있기 때문이다. 그렇게 하려면 천하 만반의 일에 인위(人爲)를 농하는 일 없이 자연스럽게 되어가는 대로 맡기는 것이 좋다. 만물의 변화를 하나하나 따라가는 일 없이 그 궁극을 붙들고 돌아가게 하는 것이 좋다.

原文　昔者馮夷大丙之御也, 乘雷車, 六雲蜺, 游微霧, 驚怳忽, 歷遠彌高, 以極往. 經霜雪而無迹, 照日光而無景. 抮扶搖, 抱羊角而上, 經紀山川, 蹈騰崑崙, 排閶闔, 淪天門. 末世之御, 雖有輕車·良馬·勁策·利錣, 不能與之爭先.

是故大丈夫, 恬然無思, 澹然無慮, 以天爲蓋, 以地爲輿, 四時爲馬, 陰陽爲御, 乘雲陵霄, 與造化者俱. 縱志舒節, 以馳大區, 可以步而步, 可以驟而驟. 令雨師灑道, 使風伯埽塵, 電以爲鞭策, 雷以爲車輪, 上游於霄霓之野, 下出於無垠之門. 劉覽偏照, 復守以全, 經營四隅, 還反於樞. 故以天爲蓋, 則無不覆也, 以地爲輿, 則無不載也, 四時爲馬, 則無不使也, 陰陽爲御, 則無不備也. 是故疾而不搖, 遠而不勞.

四支不勤, 聰明不損, 而知八紘九野之形埒者何也. 執道要之柄, 而游於無窮之地. 是故天下之事, 不可爲也, 因其自然而推之. 萬物之變, 不可究也, 秉其要趣而歸之.

註解　○馮夷(풍이)·大丙(대병)－양자(兩者) 모두 도를 얻어 음양을 제어하던 자임. 풍이는 일반적으로 하백(河伯 : 水神)이라고 한다. ○雷車(뇌거)－천상(天上)의 수레로 풀이한다. ○崑崙(곤륜)－산 이름. 중국 서북쪽에 있으며 하늘을 지탱하는 천주(天柱)이고 그 정상은 곧 천(天)이라고 생각했었다. ○閶闔(창합)－곤륜산에 있으며 하늘에 오르기 위한 최초의 문. ○天門(천문)－천제(天帝)의 옥좌가 있는 자미궁(紫微宮)의 문. ○勁策(경책)·利錣(이철)－책(策)은 채찍, 철(錣)은 말채찍 끝에 단 바늘. ○以天爲蓋(이천위개)……與造化者俱(여조화자구)－몸을 천지 사이에 두고 사시(四時)의 추이, 음양의 변화에 맡기고 생각을 높은 하늘에 돌리어 조화(造化 : 道)와 일체를 만드는 경지. ○霄霓之野(소조지야)·無垠之門(무은지문)－'소조(霄霓)'는 허무적막과 같은 뜻. 무은(無垠)은

무제한이란 의미이다. ○劉覽偏照(유람편조), 復守以全(부수이전)-유람(劉覽)은 회관(回觀)이다. 골고루 조람(照覽)하여, (천지만물 하나하나에 마음을 쓰면서) 혼연일체가 되는 것을 잊지 않는다는 의미. ○八紘九野(팔굉구야)-팔굉(八紘)은 하늘의 사유(四維), 구야(九野)는 팔방(八方)과 중앙.

무릇 명경지수(明鏡之水)가 어떤 형태와 접할 경우, 지혜라든가 기교를 쓰는 일이 없건만 방원곡직(方圓曲直) 어떠한 형태든 그대로 비추어 내어 도망칠 수가 없다. 이와 마찬가지로 울림은 제멋대로 호응하는 일이 없고, 그림자는 하나같이 작위(作爲)되는 일이란 없다. 목소리에 응하고 형태에 따라서 은근히 그 성형(聲形)을 스스로 얻을 뿐이다.

사람이 태어났을 때 평정(平靜)한 것은 자연의 성(性)이다. 외계(外界)의 사물에 촉발되어 움직이는 것은 성(性)의 해(害)이다. 사물에 접하여 마음이 반응하는 것은 지(知)의 움직임이다. 지(知)와 물(物)이 접하면 그곳에 호증(好憎)의 생각이 생긴다. 호증이 구체화되어 지(知)가 오직 밖으로 유혹 당하게 되면 이미 지니고 있던 평정으로 되돌아갈 수가 없어서, 그럴 때 천리(天理)를 잃게 된다.

그러므로 도를 터득한 사람은 인위(人爲)로 천성을 거스르는 일이 없고 밖으로는 만물의 변화에 몸을 맡기는데, 안으로는 그 진(眞)을 잃지 않고 자신을 허(虛)에 두어 외계의 요구를 수용하고 시기(時機)에 응하여 외계를 달리며 잠시 머무를 곳을 찾는다. 그 행위는 소대장단(小大長短) 갖가지인데 각각 지진(至盡)으로서 남김이 없고, 만물이 (내 몸에) 이르러 심한 분단을 극하더라도 수단에는 오류가 없다.

그러기에 위에 서있어도 백성들은 중압감을 느끼지 아니하고 앞에 있어도 중인(衆人)은 방해가 된다는 생각을 하지 않는다. 천하는 귀순 (歸順)하고 악인은 두려워한다. 만사에 다투려는 마음이 없으므로 누 구나 대적하고자 하지 않는 것이다.

原文 夫鏡水之與形接也, 不設智故, 而方圓曲直, 弗能逃也. 是 故響不肆應, 而景不一設, 叫呼仿佛, 默然自得. 人生而靜, 天之性 也. 感而後動, 性之害也. 物至而神應, 知之動也. 知與物接, 而好 憎生焉, 好憎成形, 而知誘於外, 不能反己, 而天理滅矣.

　故達於道者, 不以人易天. 外與物化, 而內不失其情. 至無而供其 求, 時騁而要其宿. 小大脩短, 各有其具. 萬物之至, 騰踊肴亂而不 失其數. 是以處上而民弗重, 居前而衆弗害. 天下歸之, 姦邪畏之. 以其無爭於萬物也, 故莫敢與之爭.

註解 ○景(경)−그림자. ○叫呼(규호)−울림 소리에 응하는 것. ○仿佛 (방불)−그림자 모양에 응하는 것. ○不以人易天(불이인역천)−인위로 천 성(자연)을 바꾸지 않는다는 뜻. ○至無而(지무이)……各有其具(각유기 구)−≪장자≫ <천지편(天地篇)> 참조. ○騰踊(등용)−용(踊)은 용(踊)과 같다. 튀어오르는 것. ○是以處上而(시이처상이)……故莫敢與之爭(고막감 여지쟁)−≪노자(老子)≫ 제66장 참조.

　무릇 강가에서 낚시질을 하는 경우 하루 종일 하더라도 그물 가득히 채울 수는 없다. 정교한 낚시, 아주 가느다란 실, 먹음직한 미끼, 이것 에 더하여 첨하(詹何)·연현(娟嬛)과 같은 명수가 낚시꾼이라 하더라 도 그물로 잡는 것과 그 어획량을 경쟁할 수는 없는 것이다. 새를 잡고 자 하는데 오호(烏號)의 활을 가지고 기위(萁衛)의 화살을 먹인 다음

예(羿)·봉몽자(逢蒙子)의 재주로서 나는 새를 쏘고자 하더라도 새그물을 치는 자와 사냥한 양을 경쟁할 수는 없다.

왜 그러냐 하면 그 방법과 수단이 부족되기 때문이다. 천하를 뒤덮을 만한 새그물을 만들고 강해(江海)로 그물을 만든다면 모든 새와 물고기를 모조리 잡고 놓치는 일이 없을 것이다. 그러므로 화살은 주살만 못하고, 주살은 그물만 못하며, 그물은 무형(無形)의 도구에 미치지 못하는 것이다.

原文　夫臨江而釣, 曠日而不能盈羅. 雖有鉤箴·芒距·微綸·芳餌, 加之以詹何·娟嬛之數, 猶不能與網罟爭得也. 射者扞烏號之弓, 鷺綦衛之箭, 重之羿·逢蒙子之巧, 以要飛鳥, 猶不能與羅者競多. 何則以所持之小也. 張天下以爲之籠, 因江海以爲罟, 又何亡魚失鳥之有乎. 故矢不若繳, 繳不若網, 網不若無形之像.

註解　○鉤箴(구잠)－구(鉤)도 잠(箴)도 바늘, 즉 낚시. ○芒距(망거)－낚시 끝부분의 미늘. ○微綸(미륜)－가느다란 낚싯줄. ○詹何(첨하)－도술에 능했고 특히 낚시의 명인으로 전한다. ○娟嬛(연현)－옛날 낚시꾼의 명인. ○烏號之弓(오호지궁)－전설적인 활의 명인. ○逢蒙子(봉몽자)－활의 명인인 예(羿)의 제자. ○張天下(장천하)……因江海(인강해)－인위적인 새그물이나 그물 대신 천하와 강해(江海)라고 하는 자연적 새그물과 그물로 잡으면 어떤 새·물고기도 놓치지 아니한다는 뜻. ○繳(작)－주살. 살이나 촉에 실을 매고 그것을 집어던지되 사냥감에 맞으면 잡아당기는 도구.

대저 대도(大道)를 버리고 작은 술수에 의존하려는 것은 게로 하여금 쥐를 잡도록 하고, 두꺼비로 하여금 이를 잡게 하는 것과 마찬가지이다. 이렇게 하면 간사(姦邪)를 막을 수 없을 뿐만 아니라 끝내는 혼란만 더 심해질 뿐이리라.

그 옛날 하(夏)나라 곤(鯀)이 세 길이나 되는 성을 쌓으니, 제후들은 모두 등을 돌리고 나라 안에는 교활한 자들이 생겼다. 우(禹)는 천하가 등돌린 것을 알고는 성을 허물고 도랑을 메웠으며, 재보(財寶)를 풀고 무기와 갑옷을 불태우는 한편 오로지 은덕을 베풀었다. 그러자 멀리 있는 나라는 복종해 오고 이적(夷狄)은 조공을 바쳤다. 이리하여 제후들을 도산(塗山)에 모이게 했을 때, 옥백(玉帛)을 바치는 나라가 1만에 이르렀다.

대저 교사(巧詐)한 마음이 가슴속에 있으면 순백한 마음은 흐려지고, 정신작용은 불완전해진다. 내 몸조차도 다스리지 못한다면 어찌 먼 나라를 포용할 수 있겠는가? 즉 내가 갑주로 튼튼히 무장을 하면 상대방의 무기는 예리해지며, 내가 성을 쌓으면 상대방은 병거(兵車)를 만든다. 마치 펄펄 끓는 물에 뜨거운 물을 더 붓는 것처럼 혼란은 더더욱 심해져갈 뿐이다. 즉 광견(狂犬)이라든가 분마(奔馬)를 채찍질하여 달리게 하는 것과 같아서, 이윤(伊尹)·조보(造父)라 하더라도 순화시킨다는 것은 불가능하다.

해를 입히려는 마음이 없다면 굶주린 호랑이의 꼬리를 밟더라도 탈이 없다. 하물며 상대가 개나 말임에랴. 그러기에 도(道)를 따르는 사람은 안락하게 지내면서도 막힘이 없고, 술수를 일삼는 자는 힘만 많이 들 뿐, 공을 세울 수가 없다.

한편 법을 엄하게 하여 형(刑)을 무겁게 하는 것은 왕자(王者)가 할 일이 아니다. 채찍을 자주 사용하는 것은 먼 길을 가고자 하는 어자(御者)가 할 일이 아니다. 이주(離朱)의 밝은 눈은 백보(百步) 밖에 있는 바늘끝을 찾을 수가 있지만 연못 속의 물고기는 볼 수가 없다. 사광(師曠)의 밝은 귀는 팔방의 바람소리를 들어 분간할 수 있지만 10리 밖의 소리를 들을 수는 없다.

그러므로 한 사람의 능력으로는 (불과) 3묘(畝)의 택지(宅地)를 다스리기도 어렵지만 도리를 좇고 천지자연에 따르면 육합(六合)까지도 평정하는 데 어려움이 없다. 그러기에 우(禹)가 홍수를 다스림에 있어서는 물을 자기 스승으로 삼았고, 신농(神農)이 농사를 지을 때는 묘(苗)를 자기 스승으로 삼았던 것이다.

原文 夫釋大道 而任小數 無以異於使蟹捕鼠 蟾蠩捕蚤 不足以禁姦塞邪 亂乃逾滋. 昔者夏鯀作三仞之城, 諸侯背之, 海外有狡心. 禹知天下之叛也, 乃壞城平池, 散財物, 焚甲兵, 施之以德. 海外賓伏, 四夷納職. 合諸侯于塗山, 執玉帛者萬國.

故機械之心, 藏于胸中, 則純白不粹, 神德不全, 在身者不知, 何遠之所能懷. 是故革堅則兵利, 城成則衝生. 若以湯沃沸, 亂乃逾甚. 是故鞭噬狗, 策蹏馬而欲敎之, 雖伊尹・造父弗能化. 欲害之心亡於中, 則飢虎可尾. 何況狗馬之類乎. 故體道者, 逸而不窮, 任數者, 勞而無功.

夫峭法刻誅者, 非霸王之業也. 箠策繁用者, 非致遠之御也. 離朱之明, 察箴末於百步之外, 不能見淵中之魚. 師曠之聰, 分八風之調, 而不能聽十里之外. 故任一人之能, 不足以治三畝之宅也. 循道理之數, 因天地之自然, 則六合不足均也. 是故禹之決瀆也, 因水以爲師, 神農之播穀也, 因苗以爲敎.

註解 ○蟾蠩(섬제)-두꺼비. 섬여(蟾蜍)라고도 한다. ○鯀(곤)-하(夏)나라 우왕(禹王)보다 앞서 홍수를 다스리다가 실패했다고 한다. ○納職(납직)-직(職)은 공물(貢物)이란 뜻. ○合諸侯于塗山(합제후우도산)-우(禹)가 천하의 제후들을 도산에 집합시켰다는 근거는 ≪좌전(左傳)≫ 애

공(哀公) 7年 등에 보인다. ○機械之心(기계지심)……神德不全(신덕부전)－기계는 교묘한 구조로 된 기구로서 이것이 전(轉)하여 교지교작(巧知巧作)이란 뜻. 신덕(神德)은 그 마음의 기능을 의미한다. ○伊尹(이윤)－은(殷)나라 탕왕(湯王)·태갑(太甲)을 섬겼던 명재상. ○造父(조보)－주(周)나라 목왕(穆王)의 어자(御者). 목왕의 서수(西狩) 이야기와 함께 유명하다. ○峭法刻誅(초법각주)－초(峭)는 준(峻)의 뜻. 즉 준엄한 법과 각박한 형벌. ○離朱(이주)－황제(黃帝)의 신하이며 눈이 밝은 사람. ○六合(육합)－천지사방.

수초(水草)가 물 위에 뜨고 수목이 땅에 뿌리를 내리며 새가 허공을 유유히 날고, 짐승이 대지를 밟고 달리며, 교룡(蛟龍)이 물속에서 살고, 호표(虎豹)가 산속에서 사는 것은 천지자연의 성(性)이다. 나무와 나무가 서로 비비다가 불을 일으키고, 쇠붙이가 불에 닿으면 녹으며, 둥근 것은 항상 굴러가고, 속이 텅 빈 것이 물위에 뜨는 것은 자연의 세(勢)이다.

그러므로 봄바람이 불면 단비가 내리어 만물을 생육하고, 깃털이 있는 것은 알을 품으며, 털이 있는 것은 새끼를 배서, 초목은 번영하는가 하면 조수(鳥獸)는 번식을 한다. 누구의 소위인지 알 수 없는 채로 공업(功業)은 이루어져 나가는 것이다. 가을바람이 서리를 내리게 하면 1년생인 식물은 조락(凋落)하고, 매와 솔개는 새들을 잡으며, 곤충은 겨울잠을 자고, 초목은 뿌리를 내리며, 어별(魚鼈)은 연못에 모인다. 누구의 소위인지 알 수 없는 채로 자취조차 없어지고 마는 것이다.

새는 나무숲에 둥지를 틀고 물고기는 물속 구멍에서 산다. 짐승에게는 깔개가 있고 사람에게는 방이 있다. 육지에서 살아가는 데는 마소가 편리하고, 배를 달리게 하는 데는 물이 많은 것이 편리하다.

북쪽 땅 흉노(匈奴)에서는 따뜻한 모피가 산출되고, 남쪽 땅 간월 (干越 : 吳越)에서는 시원한 옷감이 생산되는데 그것은 각각 필요에 따라 조온(燥溫)에 대비하여 각기 거처에 순응하여 한서(寒暑)를 막기 위함이며 모두 그 장점을 취택함으로써, 그런 물건들은 그곳에서 도움을 준다. 만물은 스스로 그렇게 되는 것이며, 성인(聖人)은, 어떤 작위(作爲)를 가하고자 하지 않는다.

구의(九疑) 남쪽은 육상에서 하는 일이 적고 수중(水中)에서 하는 일이 많다. 그러므로 사람들은 짧은 머리에 문신을 하여 물고기 비늘과 비슷하게 하고, 짧은 속옷만 입을 뿐 바지는 입지 않음으로써 강을 건너다니기에 편하도록 하며, 소매가 짧은 옷을 걸쳐 배를 젓기 편하게 한다. 순응하기 때문이다.

아문(雁門) 북쪽에 사는 적(狄)은 곡식을 먹지 않는다. 노인을 천대하고 장정을 귀히 여기며 그 습속은 원기 왕성한 것을 으뜸으로 친다. 사람들은 활을 놓는 일이 없고 말은 재갈을 풀지 않는다. 그렇게 해야 편하기 때문이다. 그러므로 우(禹)가 나국(裸國)에 갈 때면 옷을 벗고 입국했으며 의대(衣帶)를 하고 출국했다. 그 습속에 순응했기 때문이다.

이제 나무를 옮겨 심으려고 하는 사람이 그 음양 자연의 성(性)을 무시하고 하면 반드시 말라 죽이고 만다. 그러므로 귤나무는 강북에 옮겨 심으면 탱자나무가 되며, 검정개똥지빠귀는 제수(濟水)를 건너는 일이 없고, 담비는 문수(汶水)를 건너면 죽어 버린다. 정해져 있는 성(性)을 바꿀 수가 없으며 자연스럽게 만들어진 거처를 옮길 수 없는 것이다.

따라서 대도(大道)에 달한 사람은 청정(淸靜)에 복귀하고, 사물의 이치를 통달한 사람은 무위(無爲)에 귀착한다. 염연(恬然)하게 천성을 기르고 적막 속에 정신을 맡기고 있으면 천문(天門)에 들어갈 수가 있다. 이른바 천(天)이란 순수하고 소박하며 질직(質直)하고 결백하여 혼란스러워지지 아니한다. 이른바 인(人)이란 남의 안색을 살피고 지혜를 짜내어 행동하며, 기교를 부리면서 세상을 속이고, 세상 사람들과 함께 부침(浮沈)하며, 세속과 함께 어울리려고 하지 말아야 한다.

즉 소에게는 째진 발톱에 뿔이 있고, 말에게는 갈기에 째지지 않은 발톱이 있는 것은 천(天)이다. 말 입에 망(網)을 씌우고 소코를 뚫어 코뚜레를 꿰는 것은 인(人)이다. 천(天)에 좇는 자는 도(道)와 일체가 되는 자요, 인(人)을 따르는 자는 세속과 어울리는 자이다.

무릇 우물 속의 물고기와 함께 대(大)를 이야기할 수 없는 것은 좁은 공간 속에 틀어박혀 있기 때문이다. 여름철의 벌레와 함께 추위를 이야기할 수 없는 것은 여름철만을 유일한 계절로 믿고 있기 때문이다. 편협한 사람과 함께 지도(至道)를 이야기할 수 없는 것은 세속에 사로잡히고 세상 가르침에 구애받고 있기 때문이다.

즉 성인(聖人)은 인(人)을 가지고 천(天)을 어지럽히지 않으며, 욕(欲)을 가지고 정(情)을 문란케 하지 않으며, 꾀하지 아니해도 들어맞고, 말하지 않아도 믿음성이 있으며, 생각을 하지 않고도 도를 얻고, 하지 않고도 이루어낸다. 그 정신은 심령 깊숙이까지 통하며 조화와 일체가 된다.

原文　夫萍樹根於水, 木樹根於土, 鳥排虛而飛, 獸蹠實而走, 蛟龍水居, 虎豹山處, 天地之性也. 兩木相摩而然, 金火相守而流, 員者常轉, 竅者主浮, 自然之勢也. 是故春風至, 則甘雨降, 生育萬物. 羽者嫗伏, 毛者孕育, 草木榮華, 鳥獸卵胎. 莫見其爲者, 而功旣成矣. 秋風下霜, 倒生挫傷, 鷹鵰搏鷙, 昆蟲蟄藏, 草木注根, 魚鼈湊淵. 莫見其爲者, 滅而無形.

木處榛巢, 水居窟穴. 禽獸有芄, 人民有室. 陸處宜牛馬, 舟行宜多水. 匈奴出穢裘, 干越生葛絺, 各生所急, 以備燥溼, 各因所處, 以禦寒暑. 竝得其宜, 物便其所. 由此觀之, 萬物固以自然. 聖人又何事焉.

九疑之南, 陸事寡而水事衆. 於是民人劗髮文身, 以像鱗蟲, 短綣不袴, 以便涉游, 短袂攘卷, 以便刺舟. 因之也. 鴈門之北, 狄不穀食. 賤長貴壯, 俗尙氣力. 人不弛弓, 馬不解勒. 便之也. 故禹之裸國, 解衣而入, 衣帶而出. 因之也.

今夫徙樹者, 失其陰陽之性, 則莫不枯槁. 故橘樹之江北, 則化而爲橙, 鴝鵒不過濟, 貈渡汶而死. 形性不可易, 勢居不可移也. 是故達於道者, 反於淸淨, 究於物者, 終於無爲. 以恬養性, 以漠處神, 則入于天門. 所謂天者, 純粹樸素, 質直皓白, 未始有與雜糅者也. 所謂人者, 偶差智故, 曲巧僞詐, 所以俯仰於世人而與俗交者也. 故牛歧蹄而戴角, 馬被髦而全足者天也. 絡馬之口, 穿牛之鼻者人也. 循天者與道游者也. 隨人者與俗交者也.

夫井魚不可與語大, 拘於隘也. 夏蟲不可與語寒, 篤於時也. 曲士不可與語至道, 拘於俗, 束於敎也. 故聖人不以人滑天, 不以欲亂情, 不謀而當, 不言而信, 不慮而得, 不爲而成. 精通于靈府, 與造化者爲偶.

| 註解 | ○萍樹(평수)-수초(水草). 물 위에 떠서 살아가는 풀. ○鷹鵰搏鷙(응조전취)-전(搏)도 취(鷙)도 잡는다는 의미이다. 가을철 시령(時令)의 하나로서 가을에 살기(殺氣)가 동하면 매라든가 독수리가 새들을 잡는다는 것. ○芁(구)-풀을 깔아놓은 깔개. ○穢裘(예구)-짐승의 모피로 만든 옷. ○葛絺(갈치)-가느다란 칡실로 만든 옷감. ○短綣(단권)-권(綣)은 오늘날의 팬티. 즉 짧은 팬티란 의미이다. ○攘卷(양권)-옷을 걷어올리는 것. ○以恬養性(이염양성), 以漠處神(이막처신)-염(恬)·막(漠)은

모두 정(靜)이란 뜻. ○純粹樸素(순수박소), 質直皓白(질직호백)－도가의
이상(理想)으로서 하늘이 준 본성을 그대로 지니고 있는 상황을 가리킨
다. ○所謂天(소위천), 所謂人(소위인)－천(天)은 자연이고 인(人)은 인
위(人爲)란 뜻이다. ○偶暌(우차)－서로 만나다. ○牛歧蹏(우기제)……穿
牛之鼻者人也(천우지비자인야)－≪장자≫ <추수(秋水)>에 '우마사족(牛
馬四足) 시위천(是謂天) 낙마수(落馬首) 천우비(穿牛鼻) 시위인(是謂人)'
이란 구절이 보인다. 기제(歧蹏)는 소 발톱 끝이 둘로 갈라져 있는 것.
○夫井魚(부정어)……束於敎也(속어교야)－≪장자≫ <추수>에 같은 취
지의 글이 보이는데 '정어(井魚)'를 '정와(井鼃)'로 썼다.

　　대저 수영을 잘하는 자가 물에 빠지고 승마(乘馬)를 잘하는 자가 낙
마하는 것은 좋아하는 것을 즐기다가 그렇게 되는 것으로서 도리어 화
를 자초한 것이다. 그러므로 일을 좋아하는 사람은 반드시 해를 입고
이익을 다투는 사람은 반드시 궁핍해진다.
　　그 옛날 공공(共工)은 부주산(不周山)에 부딪쳤을 때 그 땅이 동
남쪽으로 기울어질 만한 힘의 소유자였는데 고신(高辛)과 제위(帝位)
를 다투다가 끝내는 연못 속에 빠졌고, 그 집안사람은 모두 죽었으며
후사가 끊기는 결과가 되었다. 월왕(越王) 예(翳)는 산속 동굴로 도
망쳤는데 월나라 백성들에게 이끌려 나와 마침내는 왕이 될 수밖에
없었다. 이런 것을 볼진대 사람이 지위를 얻는 것은 시운에 따름이지
다투어서 얻어지는 것이 아니다. 세상이 잘 다스려지는 것도 도(道)
에 의함이지 성(聖)에 의함이 아니다.
　　대지는 낮게 있으면서 높이를 다투지 아니하는데 그러기에 안정되
며 위험하지 아니하다. 물은 낮은 곳으로 흐르면서 앞을 다투지 않기
에 빨리 흐르며 지체하는 일이 없다. 그 옛날 순(舜)이 역산(歷山)에

서 경작하기 1년이 지나자 (사람들은) 밭을 만들되 자갈땅을 서로 일구면서 비옥한 땅은 서로 양보하게 되었다. 강가에서 낚시를 하기 1년이 지나자 어부들은 다투어 얕은 여울로 오고 굽고 깊은 곳을 서로 양보했다.

이때 순은 입으로 설교한 것도 아니고 손으로 지시한 것도 아니다. 다만 무위(無爲)의 덕을 마음속에 품고 있을 뿐이었는데 그 감화는 신(神)처럼 빠르게 파급되었던 것이다. 순에게 그런 의지가 없었더라면 집집마다 다니며 입으로 떠들었다 하더라도 교화되는 자는 단 한 명도 없었을 것이다.

그런즉 부도(不道)의 도(道)는 이 얼마나 위대한 것이란 말인가. 원래 순이 삼묘(三苗)의 백성들을 다스리고 우민국(羽民國)을 내조(來朝)케 하고, 나인국(裸人國)을 교화시키고, 숙신국(肅愼國)에게 공납(貢納)케 하되 호령을 하지 않고도 풍속을 고칠 수 있었던 것은 단지 마음의 기능에 의한 것이지 법령과 형벌의 힘에 의한 것은 아니다.

그러기에 성인(聖人)은 안으로는 그 근본이 되는 것을 닦고 밖으로는 그 지엽말단(枝葉末端)을 꾸미지 아니하며, 그 정신을 유지하고 그 지교(知巧)를 억지하여, 허심무위(虛心無爲)이면서도 모든 것을 이룬다. 즉 다스리지 않고도 모두를 완전하게 다스려내는 것이다. 이른바 무위란 만사에 있어 남보다 먼저 하려고 하지 않는 것이요, 하지 않는다는 것은 사물의 본성에 따르는 것이며, 이른바 무치(無治)란 자연 그대로 맡겨두는 것이요, 다스리지 않는다는 것은 사물의 원래 있는 모습에 따르는 것이다.

原文 夫善游者溺, 善騎者墮. 各以其所好, 反自爲禍. 是故好事者, 未嘗不中, 爭利者, 未嘗不窮也. 昔共工之力, 觸不周之山, 使地東南傾, 與高辛爭爲帝, 遂潛于淵, 宗族殘滅, 繼嗣絶祀. 越王翳逃山穴, 越人熏而出之, 遂不得已. 由此觀之, 得在時, 不在爭. 治在道, 不在聖.

土處下不爭高, 故安而不危. 水下流不爭先, 故疾而不遲. 昔舜耕於歷山, 朞年而田者, 爭處境埆, 以封畔肥饒相讓. 釣於河濱, 朞年而漁者, 爭處湍瀨, 以曲隈深潭相予. 當此之時, 口不設言, 手不指麾, 執玄德於心, 而化馳若神. 使舜無其志, 雖口辯而戶說之, 不能化一人. 是故不道之道, 莽乎大哉. 夫能理三苗, 朝羽民, 從裸國, 納肅愼, 未發號施令, 而移風易俗者, 其唯心行者乎. 法度刑罰, 何足以致之也.

是故聖人內脩其本, 而不外飾其末. 保其精神, 偃其智故, 漠然無爲而無不爲也, 澹然無治也, 而無不治也. 所謂無爲者, 不先物爲也. 所謂無不爲者, 因物之所爲. 所謂無治者, 不易自然也. 所謂無不治者, 因物之相然也.

註解 ○昔共工(석공공)……-〈천문훈(天文訓)〉 참조. 부주산(不周山)은 중국 서북쪽 귀퉁이에 있는 높은 산. 〈천문훈〉에서는 천주(天柱)라고 기록했다. ○越王翳(월왕예)-《장자》〈양왕(讓王)〉 참조. ○昔舜耕於歷山(석순경어역산)……以曲隈深潭相予(이곡외심담상여)-《사기(史記)》〈오제본기(五帝本紀)〉 참조 기년(朞年)은 1년, 요각(境埆)은 돌이 많은 척박한 땅, 단뢰(湍瀨)는 물이 얕고 흐름이 급한 여울, 곡외심담(曲隈深潭)은 강이 굽은 곳으로서 깊고 흐름이 완만한 곳. ○羽民(우민)・裸國(나국)-중국 남쪽에 있다고 하는 전설상의 종족, 혹은 나라.〈지형훈(墜形訓)〉 참조. ○澹然(담연)-정적(靜寂)한 것.

만물에는 발생하는 뿌리가 있지만 혼자서 그 근본을 지키며, 백사

(百事)에는 나아가는 문이 있지만 혼자서 그 문을 지킨다. 그러기에 무궁을 다하고 무극(無極)을 다할 수가 있으며, 만물을 비추어도 그 빛남은 멸하는 일이 없고, 울림처럼 만사에 대응하더라도 지치지를 않는다. 이것을 천의(天意)를 푸는 자라고 한다. 그러므로 도를 얻는 사람은, 그 뜻은 약하지만 일을 하는 데는 강하고, 마음을 허(虛)하게 하되 대응은 적시적절하다.

이른바 뜻이 약하다 함은 유화안정(柔和安靜)으로서, 자진하여 나서지 아니하며 무능한 양 행동하고 마음을 조용히 하여 사려분별을 함부로 하지는 않지만 그 움직임은 시기를 잃는 일이 없고 만물이 변화하여 근원으로 돌아가는 것과 행동을 같이하되, 먼저 주창(主唱)하는 일은 없고 부름에 따라 감응하는 것이다.

그러므로 귀인(貴人)은 반드시 천호(賤號)를 쓰고, 높은 자는 반드시 낮은 곳을 토대로 삼는다. 작은 데에 몸을 맡기면서 큰 것을 품고, 속에 있으면서 바깥을 제어하며, 부드럽게 행동하면서 강하고, 변화 추이(推移)하는 근원의 도(道)를 익히어, 적은 것으로 많은 것을 바로잡을 수 있다.

이른바 그 일에 강하다는 것은 이변(異變)을 만나면 긴급하게 대응하고 우환을 배제하며 곤란을 막고 여하한 힘에도 이겨내며 어떠한 적도 물리치는 것, 변화에 응하여 시기를 잡으므로 그 어떤 것으로도 해칠 수 없다. 그러기에 강(剛)해지고 싶은 사람은 반드시 부드러워지려 하고, 진실된 강(強)은 약(弱)을 쌓아감으로써 얻어진다. 쌓아나가는 사람을 보면 그 사람의 장차 화복(禍福)을 맞게 된다. 강(強)은 자기보다 부족되는 자에게는 이길 수 있지만 자신과 같은 자에게는 비길 수밖에 없다.

그런데 유(柔)는 자기보다 나은 사람에게 이기며 그 힘은 측량할 수 없다. 그러기에 군대는 강함으로써 도리어 멸망당하고 나무는 강함으로써 도리어 부러지며, 갈대는 딱딱하기 때문에 찢어진다. 이는 혀보다 딱딱한데 혀보다 먼저 깨진다. 그러므로 유약(柔弱)한 것이야말로 삶의 근본이며 견강(堅强)한 것이야말로 죽음의 친구라고 하는 것이다.

남에게 앞서 창도(唱導)하는 것은 곤궁의 도(道)이고, 뒤처져서 동작하는 것은 달성의 원인이다. 어떤 근거에 의해 그것을 알 수 있느냐 하면 대저 사람의 중수(中壽)는 70세에 지나지 않는데, 그렇건만 그 출처진퇴(出處進退)에 있어서는 날마다 후회만을 하다가 이윽고 한 날이 지나가는 식이고, 마침내는 죽음에 이르는 것이다.

그러기에 위(衛)나라 대부 거백옥(蘧伯玉)은 나이 50이 되어서야 49년간의 잘못을 깨달았다고 한다. 왜 그랬을까? 앞서 가는 사람은 모르는 채 지나치는 일이 많되, 뒤처지는 사람은 분간하기가 쉽기 때문이다. 먼저 가는 자가 높이 올라가면 뒤처진 자는 따라 올라가고, 먼저 가는 자가 도랑을 건너면 뒤처진 자는 그 뒤를 따르고, 먼저 가는 자가 떨어지면 뒤처진 자는 대책을 세우고, 먼저 가는 자가 실패하면 뒤처진 자는 그것을 피한다.

이런 점으로 볼 때 먼저 가는 자는 뒤처진 자에게 있어 화살의 과녁이 되며 또 마치 물미와 칼과 같다. 칼은 위난(危難)을 당하는데 물미는 안온한 것은 왜일까? 물미는 칼 뒤쪽에 있기 때문이다. 이런 사실은 세상사람 누구나 보는 바이며, 현인(賢人)·지자(知者)라 하더라도 이것을 피해갈 수는 없다. 이른바 뒤처진다는 것은 침체한 채 분발하지 않고, 응결된 채 흐르지 않는다는 것이 아니라 자연스러운 추세에 따르고 시기에 맞추는 것을 상책으로 삼는 것을 의미한다.

原文 萬物有所生, 而獨知守其根, 百事有所出, 而獨知守其門. 故窮無窮, 極無極, 照物而不眩, 響應而不乏. 此之謂天解, 故得道者, 志弱而事强, 心虛而應當. 所謂志弱者, 柔毳安靜, 藏於不敢, 行於不能, 恬然無慮, 動不失時, 與萬物回周旋轉, 不爲先唱, 感而應之.
是故貴者必以賤爲號, 而高者必以下爲基. 託小以包大, 在中以制
外, 行柔而剛, 用弱而强, 轉化推移, 得一之道, 而以少正多.

所謂其事强者, 遭變應卒, 排患扞難, 力無不勝, 敵無不凌, 應化
揆時, 莫能害之. 是故欲剛者, 必以柔守之, 欲强者, 必以弱保之.
積於柔則剛, 積於弱則强. 觀其所積, 以知禍福之鄕. 强勝不若己
者, 至於若己者而同. 柔勝出於己者, 其力不可量. 故兵强則滅, 木
强則折, 革固則裂, 齒堅於舌, 而先之敝. 是故柔弱者生之榦也, 而
堅强者死之徒也.

先唱者窮之路也. 後動者達之原也. 何以知其然也. 凡人中壽七
十歲, 然而趨舍指溱, 日以月悔也, 以至於死. 故蘧伯玉年五十, 而
有四十九年非. 何者, 先者難爲知, 而後者易爲攻也. 先者上高, 則
後者攀之, 先者蹎下, 則後者屬之, 先者隤陷, 則後者以謀, 先者敗
績, 則後者違之. 由此觀之, 先者則後者之弓矢質的也. 猶錞之與
刃. 刃犯難而錞無患者, 何也. 以其託於後位也. 此俗世庸民之所公
見也, 而賢知者弗能避也. 所謂後者, 非謂其底滯而不發, 凝結而不
流, 貴其周於數, 而合於時也.

註解 ○柔毳(유취) — 취(毳)는 부드럽고 가느다란 짐승의 털. ○貴者必
以賤爲號(귀자필이천위호), 而高者必以下爲基(이고자필이하위기) — ≪노
자(老子)≫ 제39장 참조. ○而以少正多(이이소정다) — 능히 과(寡)로써 중
(衆)을 다스리다. ○應卒(응졸) — 졸(卒)은 창졸의 뜻. 긴급한 일에 대처하
다. ○禍福之鄕(화복지향) — 향(鄕)은 향(嚮 : 향하는 곳)이란 의미. ○兵强
則滅(병강즉멸)……而堅强者死之徒也(이견강자사지도야) — ≪노자≫ 제76
장 참조. ○趨舍指溱(추사지주) — 추사(趨舍)는 거취, 지주(指溱)는 행지(行
止). 출처진퇴란 의미이다. ○蘧伯玉(거백옥) — 이름은 원(瑗). 위(衛)나라

의 현명한 대부(大夫). ≪논어(論語)≫ <헌문(憲問)>과 <위령공(衛靈公)>에 공자가 평한 말이 보인다. ○先者難爲知(선자난위지), 而後者易爲攻(이후자이위공) ─ 지(知)는 지(智), 공(攻)은 공(功)의 뜻. ○隤陷(퇴함) ─ 발이 걸려 떨어지다. ○鐓(대) ─ 물미. 창자루 끝을 싼 쇠붙이. ○周於數(주어수) ─ 주(周)는 조(調 : 조화), 수(數)는 자연적으로 되어가는 것.

무릇 도리를 견지(堅持)하고 변화에 대처하면 앞에 서더라도 뒷사람을 제어할 수 있고, 뒤처지더라도 앞서 가는 사람을 제어할 수 있다. 왜 그럴까? 사람을 제어하기 위한 근거를 잃지 않는 한 어떤 사람도 그를 제어할 수가 없기 때문이다. 그리고 추이(推移)하는 시간은 숨돌릴 사이도 없이 흘러간다. 서두르면 빨리 잃게 되고 늑장부리면 맞추지 못한다.

대저 날이 가고 달이 가는데, 때는 사람을 기다려 주지 아니한다. 그러므로 성인(聖人)은 1척(尺)의 옥(玉)을 귀히 여기지 아니하고 1촌(寸)의 광음을 중하게 여겼는데, 그것은 때를 얻기는 어렵지만 잃기는 쉽기 때문이다. 우(禹)가 때를 좇는 태도는 신발이 벗겨져도 줍지 아니하고 관(冠)이 벗겨져도 뒤돌아보려고 하지 않았다. 그것은 앞을 다투려고 했던 것이 아니라 때를 얻기를 다투었던 것이다.

따라서 성인은 청정(淸靜)한 도를 지키고 유약하게, 사리(事理)에 몸을 맡기고 변화에 즉응하며, 항상 처지되 앞서려고 하지 않고 유약한 심정으로 조용히 있으면서 마음을 안정시키고 큰 것을 공격하며 굳은 것을 깎아나가는데 이런 사람과 다투는 자는 없을 것이다.

原文 夫執道理以耦變, 先亦制後, 後亦制先. 是何則不失其所以制人, 人不能制也. 時之反側, 閒不容息. 先之則太過, 後之則不逮. 夫日回而月周, 時不與人游. 故聖人不貴尺之璧, 而重寸之陰.
時難得而易失也. 禹之趨時也, 履遺而弗取, 冠挂而弗顧, 非爭其
先也, 而爭其得時也. 是故聖人守淸道, 而抱雌節, 因循應變, 常後
而不先, 柔弱以靜, 舒安以定, 攻大礙堅, 莫能與之爭.

註解　○時之反側(시지반측)―반측(反側)은 다시 돌아오지 아니한다. 여기서는 때가 각일각(刻一刻) 추이(推移)되는 모습을 가리킨다. ○雌節(자절)―유약(柔弱)한 절조(節操).

천하 만물 중 물보다 유약한 것은 없다. 그러나 그 크기는 끝을 알수 없으며 그 깊이는 헤아릴 수가 없다. 장구(長久) 무궁한 동안 멀리 무애(無涯)에 이르되, 혹은 증가되고 혹은 감소되어 그 양(量)을 잴 수가 없다. 하늘에 올라가면 우로(雨露)가 되고 땅에 떨어지면 습기(濕氣)가 되는데 만물이 두루 발생하며 백사(百事)가 이루어진다.

그 위대함은 살아있는 모든 것을 포용하되 좋아하고 싫어함이 없으며 그 은총은 작은 벌레에까지 미치건만 보답을 바라지 아니한다. 그넉넉함은 천하를 충족시켜도 다함이 없고, 그 은덕은 만민을 도와주어도 손상되는 기미가 없다.

유동(流動)하여 알 수가 없고 미소(微少)하여 파악할 수가 없다. 때려도 상(傷)하는 일이 없고 찔러도 상하는 일이 없으며, 잘라도 잘려지지 아니하고 태워도 타지 아니한다. 졸졸 흐르되 얼기설기 뒤섞으면서 흩어지는 일이 없다. 날카롭기는 금석(金石)도 꿰뚫고 강하기는 천하를 건널 수 있다.

대지(大地) 위를 자재(自在)로 유동(流動)하는가 하면 높디높은 상공(上空)을 떠돌고 천곡(川谷) 사이로 되돌아오는가 하면 끝이 없는 광야를 분류(奔流)한다. 여유가 있으면 천지(天地)에 돌려주고 부족되면 천지로부터 보충하며 모든 만물에게 전후(前後)를 가리지 아니하고 나누어 준다. 사(私)도 없고 공(公)도 없되 마음대로 넘쳐 흘러가고, 물결치는 대로 흘러서 천지와 그 크기를 함께한다. 좌(左)도 없고 우(右)도 없이 소용돌이치고 서로 교차하며 만물과 그 시종(始終)을 함께한다. 그러기에 지덕(至德)이라고 한다.

무릇 물이 그 지덕을 천하에 이룰 수 있는 것은 부드럽고 매끄럽기 때문이다. 그러므로 노자(老子)의 말에 '천하의 지극히 유약(柔弱)한 것이 천하의 지극히 견고한 것을 부리고 있다. 형체가 없는 것은 틈이 없는 곳에까지 들어갈 수가 있기 때문이다. 나는 그래서 무위(無爲)가 유익한 것임을 알고 있다(天下之至柔 馳騁天下之堅 無有入無間 吾是以知無爲之有益 : 제43장).'라고 하였다.

원래 무형(無形)은 유형적(類型的) 만물의 대조(大祖)요, 무언(無言)은 유음적(有音的) 목소리의 대종(大宗), 그 아들은 빛이고 그 손자는 물이다. 모두 무형에서 생겨나서인지 빛은 볼 수는 있지만 잡을 수는 없고 물은 방원지기(方圓之器)여서 따르게는 할 수가 있지만 훼손시킬 수는 없다. 그러므로 형태가 있는 것 가운데 물만큼 존귀한 것은 없다.

原文　天下之物, 莫柔弱於水. 然而大不可極, 深不可測, 脩極於無窮, 遠淪於無涯, 息耗減益, 通於不訾. 上天則爲雨露, 下地則爲潤澤, 萬物弗得不生, 百事不得不成. 大包羣生, 而無好憎, 澤及跂蟯, 而不求報, 富贍天下而不既, 德施百姓而不費. 行而不可得窮極也, 微而不可得把握也. 擊之無創, 刺之不傷, 斬之不斷, 焚之不然. 淖溺流遁, 錯繆相紛, 而不可靡散. 利貫金石, 强濟天下.

動溶無形之城, 而翱翔忽區之上, 邅回川谷之閒, 而滔騰大荒之

野. 有餘不足, 與天地取與, 授萬物, 而無所前後. 是故無所私而無
所公, 靡濫振蕩, 與天地鴻洞. 無所左而無所右, 蟠委錯紾, 與萬物
始終. 是謂至德.

夫水所以能成其至德於天下者, 以其淖溺潤滑也. 故老聃之言曰,
天下至柔, 馳騁天下之至堅, 出於無有, 入於無閒. 吾是以知無爲之
有益. 夫無形者物之大祖也. 無音者聲之大宗也. 其子爲光, 其孫爲
水, 皆生於無形乎. 夫光可見而不可握. 水可循而不可毁. 故有像之
類, 莫尊於水.

註解 ○天下之物(천하지물), 莫柔弱於水(막유약어수)—《노자(老子)》
제78장 머리 구절을 인용한 것이다. ○息耗(식모)—식(息)은 증(增), 모(耗)
는 감(減). ○不訾(부자)—자(訾)는 계량(計量)하다, 즉 재다란 뜻. ○跂
蟯(기요)—기(跂)는 발돋움하고 걷는 것으로 조충(鳥蟲)을 뜻한다. 요
(蟯)는 아주 작은 벌레. ○淖溺流遁(요익유둔)—요익(淖溺)은 (얼음이 녹
을 때처럼) 물이 부드럽게 흐르는 모습. ○忽區之上(홀구지상)—홀구(忽
區)는 황홀한 곳. 높고 높은 하늘이란 의미이다. ○遭回(전회)—굴절해서
흐르는 것. ○靡濫振蕩(미람진탕)—미람(靡濫)은 넓게 넘쳐나는 모습. 진탕
(振蕩)은 흔들리는 모습. ○蟠委(반위)—반거(蟠踞)하다. 즉 물이 한 곳에
정체해 있으면서 소용돌이치는 모습. ○錯紾(착진)—교착(交錯)하다. 흐
르는 물이 서로 맞부딪치는 모습. ○老聃之言曰(노담지언왈)……—'출어
무유입어무간(出於無有入於無閒)'의 구(句). ○夫無形者(부무형자)……莫
尊於水(막존어수)—무형(無形)은 형상으로 잡을 수가 없는 형태란 의미.

생도(生道)를 나와서 사도(死道)에 들어간다 함은 무(無)를 나와
유(有)에 들어가고, 유(有)를 나와 무(無)로 들어가고자 하며(無益한
勞에 초조해지다), 그 사이에 쇠미해지는 것이다. 그러므로 청정(淸靜)

이야말로 덕(德)의 극치이며, 유약(柔弱)이야말로 도(道)의 근본이며, 무심평정(無心平靜)은 만물의 기능이다. 조용히 감응하고 당당하게 근원으로 돌아가면 그곳에서 무형(無形)으로 들어갈 수가 있다.

이른바 무형이란 일(一)이며, 이른바 일(一)이란 천하에 어깨를 나란히 할 자가 없는 것이다. 홀로 높이 솟아올라 당당하게 서있으며 (그 작용은) 위로 구천(九天)으로부터 아래로는 구야(九野)에 이르는데 둥글다 해서 규(規)에 닿지 아니하고 모가 졌다 해서 구(矩 : 曲尺)에 닿지 아니한다. 즉 혼연하게 일(一)이 된다. 잎이 쌓여 뿌리가 안 보이듯이 천지를 포용하여 도(道)로 들어가는 문(門)이 된다.

그림자도 모습도 없고 단지 순수한 덕만이 있으며 그것은 아무리 베풀어도 다함이 없고, 아무리 사용해도 피곤한 일이 없다. 즉 바라보아도 그 형태가 보이지 않고 귀를 기울여도 그 소리는 들리지 아니하며 손으로 잡으려 해도 그 실체를 잡을 수가 없다.

무형이면서 유형을 발생케 하고 무성(無聲)이면서 오음(五音)을 울리며, 무미(無味)하면서 오미(五味)를 나타내고 무색(無色)이면서 오색(五色)을 이루어 낸다. 즉 유는 무에서 생겨나고 실(實)은 허(虛)에서 나오는 것으로서, 천하라고 하는 넓이에서 본다면 만물의 이름은 (근원인) 무형의 일(一)과 같은 것이 된다.

음(音)의 수(數)는 궁(宮)·상(商)·각(角)·치(徵)·우(羽)의 다섯 가지에 지나지 않지만 그 변화는 모두 분간할 수가 없다. 맛의 수는 감(甘)·함(鹹)·산(酸)·고(苦)·신(辛)의 다섯 가지에 불과하지만 그 변화는 이루 맛볼 수가 없다. 색의 수는 백(白)·흑(黑)·황(黃)·청(青)·적(赤)의 다섯 가지에 불과하지만 다섯 가지 색깔의 변화는 도저히 분간할 수가 없다.

그러나 소리는 궁(宮)이 성립된 다음에 오음(五音)이 나타나고 맛은 단맛이 성립된 다음에 오미(五味)가 정해지며 색은 흰색이 성립된

다음에 오색(五色)이 이루어진다. (이처럼) 도는 일(一)이 성립된 다음에 만물이 발생하는 것이다.

그러므로 일(一)의 도는 사해(四海)로 통하고 일(一)의 깨달음은 천지에 다 이른다. 그 온전함은 순수하기가 박옥(璞玉)과 같고 그 산만하기는 혼돈하여 탁수(濁水)와 같은데, 그러나 혼탁해졌던 것은 서서히 맑아지고 공동(空洞)은 서서히 가득 찬다. 움직이지 않기는 심연(深淵)과 같고 정함이 없기는 뜬구름과 같으며, 없는 것 같지만 있고 멸망된 것이지만 존재한다.

만물의 전체는 모두 하나의 구멍에 수용되고 백사(百事)의 근본은 모두 하나의 문에서 나온다. 그 기능에는 형적이 없고 변화는 신(神)과 같으며 그 행동에는 근적(根迹)이 없고 항상 뒤처지면서도 앞선다. 그러므로 지인(至人)이 나라를 다스릴 때는 그 총명함을 감추고 그 수식(修飾)을 안하며 도(道)에 의해 지(知)를 버리고 백성과 함께 공정(公正)을 행하며 지켜야 할 바를 간단하게 하고 구하는 것은 적게 하며, 권세에 대한 동경(憧憬)을 없애고 정욕을 제거하며 사려분별(思慮分別)을 아니한다. 지켜야 할 것을 간략하게 하면 예측이 가능해지고 구하는 것을 적게 하면 얻기가 용이하다.

대저 이목(耳目)에 의하여 청시(聽視)하는 자는 형체를 수고롭게 할 뿐 명찰(明察)을 얻을 수가 없다. 지혜에 의지하여 다스리는 자는 마음을 괴롭히기만 할 뿐 효과가 오르지 못한다. 그러므로 성인(聖人)은 (一의 道만을) 규범으로 해서 따르고 그 적의성(適宜性)을 바꾸지 아니하며 그 항상성을 변경하지 아니하고 그 척도에 따라 모두 그 당연한 것으로 귀결시키는 것이다.

原文 出生入死, 自無蹠有, 自有蹠無, 而以衰賤矣. 是故淸靜者, 德之至也, 而柔弱者, 道之要也. 虛無恬愉者, 萬物之用也. 蕭然應感, 殷然反本, 則淪於無形矣. 所謂無形者, 一之謂也.

所謂一者, 無匹合於天下者也. 卓然獨立, 塊然獨處, 上通九天, 下貫九野, 員不中規, 方不中矩, 大渾而爲一. 葉累而無根, 懷襄天地, 爲道關門. 穆忞隱閔, 純德獨存, 布施而不旣, 用之而不勤. 是故視之不見其形, 聽之不聞其聲, 循之不得其身. 無形而有形生焉, 無聲而五音鳴焉, 無味而五味形焉, 無色而五色成焉. 是故有生於無, 實出於虛, 天下爲之圈, 則名實同居.

音之數不過五, 而五音之變, 不可勝聽也. 味之和不過五, 而五味之化, 不可勝嘗也. 色之數不過五, 而五色之變, 不可勝觀也. 故音者宮立而五音形矣, 味者甘立而五味亭矣, 色者白立而五色成矣, 道者一立而萬物生矣. 是故一之理施四海, 一之解際天地. 其全也, 純兮若樸, 其散也, 混兮若濁. 濁而徐淸, 冲而徐盈, 澹兮其若深淵, 汎兮其若浮雲, 若無而有, 若亡而存.

萬物之總, 皆閱一孔, 百事之根, 皆出一門. 其動無形, 變化若神, 其行無迹, 常後而先. 是故至人之治也, 掩其聰明, 滅其文章, 依道廢智, 與民同出于公, 約其所守, 寡其所求, 去其誘慕, 除其嗜欲, 損其思慮. 約其所守則察, 寡其所求則得. 夫任耳目以聽視者, 勞形而不明, 以知慮爲治者, 苦心而無功. 是故聖人一度循軌, 不變其宜, 不易其常, 放準循繩, 曲因其當.

註解 ○無(무)―도(道)의 무욕청정(無欲淸靜)한 것. ○有(유)―유욕탁란(有欲濁亂)한 것. ○殷然(은연)―사물의 무성한 모습. ○無形者(무형자), 一之謂也(일지위야)―여기서 말하는 '일(一)'은 오히려 '물(物)'의 대종(大宗)'인 '무형'에 상당하는 개념으로서 '도(道)'와 거의 같은 뜻이면서도 이보다 다소 구상성(具象性)을 가진 것이다. ○穆忞隱閔(목민은민)―네 자 모두 무형(無形)의 유(類). 순(純)하여 잡유(雜糅)치 않다란 뜻.

○用之而不勤(용지이부근)−《노자》제6장 말미에 있는 구절. ○視之不
見其形(시지불견기형)……−《노자》제14장에 '그것은 보아도 보이지 않
는 것이어서 형체도 없는 것, 곧 이(夷)라고 부른다. 그것은 들어도 들리
지 않는 것이어서 소리도 없는 것, 곧 희(希)라고 부른다. 그것은 만지려
고 해도 만져지지 않는 것이어서 은미(隱微)한 것, 곧 미(微)라고 부른다
(視之不見 名曰夷. 聽之不聞 名曰希. 搏之不得 名曰微).'라고 되어 있
는데 그것에 근거한다. 같은 유(類)의 글은 《장자(莊子)》<지북유(知北
遊)><천운(天運)>에도 보인다. ○閱一孔(열일공)−열(閱)을 용(容)의
뜻으로 풀이했다(《詩經》<邶風> 谷風의 我躬不閱의 毛傳에 의함).
○放準循繩(방준순승)−방(放)은 방(倣 : 배우다)과 같다. 준(準)은 준칙
(準則), 승(繩)은 승묵(繩墨).

대저 희로(喜怒)는 도(道)를 훼방하고 우비(憂悲)는 덕(德)을 해치
며, 호증(好憎)은 마음을 그르치고 기욕(嗜慾)은 성(性)을 번거롭게
한다. 사람이 크게 노하면 음기(陰氣)가 파열되고, 크게 기뻐하면 양
기(陽氣)가 추락된다. 기(氣)가 압박되면 음(瘖)이 되며, 기(氣)를 놀
라게 하면 광(狂)이 되며, 근심하거나 슬퍼하여 한(恨)이 많아지면 병
이 무거워지고, 호증(好憎)의 정이 심해지면 화(禍)가 찾아든다.

그러므로 마음에 우락(憂樂)의 정을 가지지 않는 것은 덕의 극치
이고, 도에 달관하여 움직이지 않는 것은 정(靜)의 극치이며, 기욕(嗜
慾)을 품지 않는 것은 허(虛)의 극치이고, 호증의 정을 가지지 않는
것은 평(平)의 극치이며, 외물(外物)과 뒤섞이지 않는 것은 순수의
극치이다.

이 다섯 가지를 온전하게 하면 신명(神明)에 통한다. 신명에 통한다
는 것은 안으로 자득(自得)하는 것이다. 그러므로 안에 있는 마음이
외물을 제어하면 백사(百事)가 잘 되어가고 속에 마음을 보지(保持)

하면 외물도 또한 이를 기른다. 안에 있는 마음을 보지하면 오장(五臟)은 편안하고 사려(思慮)는 평정하며 근력은 강하고 이목은 총명하여 너그러워지는데 헛디디는 일도 없고, 견강(堅强)하지만 부러지기 쉽지 아니하다.

지나치는 일도 없고 미치지 못하는 일도 없으며, 작은 데에 처하더라도 초조해하지 않고 큰 데에 처하더라도 넓다고 하지 않으며, 그 혼은 교활하지 않고 그 신(神)은 어지럽지 않으며, 청정적막(淸淨寂寞)하여 실로 천하의 효웅(梟雄)이라고 할 수 있다.

原文 夫喜怒者道之邪也. 憂悲者德之失也. 好憎者心之過也. 嗜欲者性之累也. 人大怒破陰, 大喜墜陽. 薄氣發瘖, 驚怖爲狂, 憂悲多恚, 病乃成積, 好憎繁多, 禍乃相隨. 故心不憂樂, 德之至也. 通而不變, 靜之至也. 嗜欲不載, 虛之至也. 無所好憎, 平之至也. 不與物散, 粹之至也.

能此五者, 則通於神明. 通於神明者, 得其內者也. 是故以中制外, 百事不廢, 中能得之, 則外能牧之. 中之得則五藏寧, 思慮平, 筋力勁强, 耳目聰明, 疏達而不悖, 堅强而不鞼, 無所大過, 而無所不逮, 處小而不逼, 處大而不窕, 其魂不躁, 其神不嬈, 湫漻寂寞, 爲天下梟.

註解 ○喜怒者(희로자)……性之累也(성지루야)－같은 뜻의 글이 ≪장자(莊子)≫ <각의(刻意)> 및 이 책 <정신훈(精神訓)>에 보인다. 도(道)와 덕(德 : 道의 기능)이란 허정무욕(虛靜無欲)을 취지로 하는 것이므로 사람이 마음에 우비(憂悲)·호증(好憎)·기욕(嗜欲)의 정을 품는 것은 도덕을 성취하는 데 있어 훼방이 된다는 것을 말하고 있다. 한편 '우비(憂悲)' 두 글자는, ≪장자≫ 및 <정신훈> 모두 '비락(悲樂)'으로 되어 있다. ○瘖(음)－입이 부자유스러워지는 병. ○神明(신명)－이 말은 ≪장자≫의

여러 편에 빈번히 나오는데 이 책에서는 <숙진훈(俶眞訓)> <본경훈(本經訓)> <태족훈(泰族訓)> <요략(要略)> 등에 보인다. 난해한 말인데 대별하여 (1)사람의 마음속에 있어서 마음을 주재하는 영묘한 기능, 또는 그 주체. (2)천지자연에 있어서의 영묘한 기능. 그것을 가져다 주는 종(種)의 존재, 그 존재를 찬미하는 형용사가 된다. 후자의 경우 도(道)와 거의 같은 뜻이 되는데 <본경훈(本經訓)>에서는 오히려 도보다도 고차원의 존재로 되어 있다. 여기 '신명(神明)에 통한다'란 '도(道)와 일체가 된다'란 정도의 뜻이다. ○堅强而不蹶(견강이불궤)―궤(蹶)는 절(折). ○其神不嬈(기신불뇨)―요(嬈)는 번뇨(煩嬈), 정신의 안정됨을 가리킨다. ○湫漻(추료)―청정(淸靜).

대도(大道)는 평탄한 것이며 신변 가까이에 있는 것이다. 이것을 신변 가까이에서 구하는 사람은 떨어졌다가도 다시 돌아오며 물건에서 느끼어 응답하며 육박하면 잘 움직이는데 심원미묘(深遠微妙)하기 이 이상의 것이 없고, 변화하는 데 그림자도 형태도 없으며 반응을 잘하는 모습은 마치 울림이 소리에 응답하고 그림자가 형태에 응하는 것과 같으며, 높이 올라가서 하계(下界)를 보더라도 (놀라서) 자기 자신을 잃는 일이 없고 험난한 땅을 나아가더라도 현장(玄仗)을 잊어버리는 일이 없다.

도를 마음에 간직하고 그 덕(德 : 道의 기능)을 잃는 일 없이 만물은 혼연잡연(混然雜然)하더라도 그 만물의 전전변화(轉轉變化)에 동조하며 천하를 다스리는 모습은 바람을 등에 지고 달리는 것처럼 아주 쉬워서 이것을 지덕(至德)이라고 한다. 이 지덕이야말로 안락(安樂)인 것이다.

옛날 사람 중에는 암혈(巖穴) 속에 살면서도 정신을 잃지 않은 사람이 있으며 말세에는 만승(萬乘)의 군주가 되어 권세를 가지고 있으면서도 근심과 슬픔에 젖어 있는 사람도 있다. 이런 점에서 볼 때 성(聖)은 사람을 다스리는 것이 아니라 도(道)를 얻는 것이며, 즐거움은 부귀에 있는 것이 아니라 덕을 가지고 화합의 경지에 있는 것이 된다. 자기 자신을 대(大)로 보고 천하를 소(小)로 볼 줄 알면 도에 가까운 것이다.

이것을 즐거움으로 볼 때 경대(京臺)·장화(章華)에 있는 것이며 운몽(雲夢)·사구(沙邱)에서 놀고, 귀로 구소(九韶)·육영(六瑩)을 들으며, 전오(煎熬)·분방(芬芳)의 맛을 즐기고 대로(大路)에 말을 달리면서 숙상(鸞鷞)을 사냥하는 것 등, 이런 것을 즐거움이라고는 결코 생각하지 않는다.

내가 말하는 즐거움이란 사람이 각각 얻을 것을 얻어서 만족하는 것이다. 대저 그 얻을 것을 얻는 사람은 사치를 함으로써 즐거워하려고 하지 않고 질소(質素)를 슬퍼하지 아니하며 음(陰)을 만났을 때는 음과 함께 몸을 숨기고, 양(陽)을 만났을 때는 양과 함께 몸을 나타낸다. 그러므로 자하(子夏)는 심로(心勞)로 인하여 여위었고 도(道)를 얻어 살이 쪘다고 한다.

성인(聖人)은 외물(外物)로 인하여 내 몸을 번거롭게 하지 않으며 욕(欲) 때문에 덕(德)의 화(和)를 어지럽히지 아니한다. 그런 까닭에 성인은 기쁘더라도 도를 지나치는 일이 없고 슬퍼하면서도 그것에 의해 성(性)을 손상시키지 아니한다. 만반의 사물은 각양각색으로 변화하고 동요하여 일정한 때가 없는데 나 홀로 몸은 초연하여 외물에 사로잡히는 일이 없고 도(道)와 그 출처를 같이한다.

그러기에 도를 얻은 사람은 큰 나무 아래에, 또는 동혈(洞穴) 속에 있더라도 정을 만족시킬 수가 있다. 도에 이르지 못한 사람은 천하를 집으로 삼고 만민을 신하로, 또는 첩으로 삼더라도 아직 삶을 기르기에 부족하다. 무락(無樂)의 경지에 이른 사람은 즐거워하지 않음이 없다. 즐거워하지 않음이 없다면 그것이야말로 지락(至樂)의 극치이다.

原文 大道坦坦, 去身不遠. 求之近者, 往而復反. 感則能應, 迫則
能動, 汋穆無窮, 變無形像, 優游委縱, 如響之與景, 登高臨下, 無
失所秉, 履危行險, 無忘玄仗. 能存之此, 其德不虧, 萬物紛糅, 與
之轉化, 以聽天下, 若背風而馳. 是謂至德. 至德則樂矣.

古之人, 有居巖穴, 而神不遺者. 末世有勢爲萬乘, 而日憂悲者.
由此觀之, 聖亡乎治人, 而在于得道, 樂亡乎富貴, 而在于德和. 知
大己而小天下, 則幾於道矣. 所謂樂者, 豈必處京臺章華, 游雲夢沙
邱, 耳聽九韶六瑩, 口味煎熬芬芳, 馳騁夷道, 釣射鷫鷞, 之謂樂乎.
吾所謂樂者, 人得其得者也. 夫得其得者, 不以奢爲樂, 不以廉爲
悲, 與陰俱閉, 與陽俱開. 故子夏心戰而臞, 道勝而肥. 聖人不以身
役物, 不以欲滑和.

是故其爲懽, 不忻忻, 其爲悲, 不惙惙, 萬方百變, 消搖而無所定,
吾獨慷慨遺物, 而與道同出. 是故有以自得之也, 喬木之下, 空穴之
中, 足以適情. 無以自得也, 雖以天下爲家, 萬民爲臣妾, 不足以養
生也. 能至于無樂者, 則無不樂, 無不樂, 則至樂極矣.

註解 ○坦坦(탄탄)─평평한 상태. 평탄한 모습. ○優游委縱(우유위종)─
‘우유(優游)’는 느긋하며 초조해하지 않는 것. 위종(委縱)은 맡기고 따르
는 것. <본경훈(本經訓)>에 ‘우유위종(優柔委從)’이라고 나오는데 그것
과 같은 의미이다. 적극적으로 움직이는 것이 아니라 만상(萬象)의 추이
변화(推移變化)에 몸을 맡긴다는 뜻. ○玄仗(현장)─도(道). 장(仗)은 의
지하는 곳이란 의미이다. ○京臺章華(경대장화)─모두 초(楚)나라의 대대
(大臺). ○煎熬(전오)─전(煎)도 오(熬)도 ‘볶다’란 뜻. 여기서는 ‘분방(芬
芳)’, 즉 향기로운 음식과 합치어 사치스러운 요리를 가리킨다. ○鷫鷞(숙

상)―≪이아(爾雅)≫ <석조(釋鳥)>에 '기러기와 비슷한 물새'라고 되어
있고, ≪설문(說文)≫에 '서방(西方)의 신조(神鳥 : 봉황)'라고 했다. ○子
夏(자하)……而肥(이비)―처음에 자하는 선왕(先王)의 도(道)를 구하는
것과 부귀의 즐거움을 구하는 것, 이 두 가지가 마음속에서 갈등을 일으
켰는데 그로 인하여 여위었다가 이윽고 선왕의 도 쪽이 이김으로써 살이
쪘다는 고사(故事). <정신훈(精神訓)>에 상세한 내용이 기술되어 있다.
○忻忻(흔흔)―기뻐하는 모습. 여기서는 도가 지나치게 기뻐하는 것을 가
리킨다. ○惙惙(철철)―슬퍼하는 것. 여기서는 도가 지나치게 슬퍼하는 것
을 가리킨다. ○消搖(소요)―방황하다. 소요(逍遙)와 같다.

대저 종과 북, 관(管)・현(絃) 등의 악기를 연주하며 털방석을 깔고
앉아 상아로 장식한 깃발을 세우고, 귀로는 조가(朝歌)와 북비(北鄙)
의 관능적 악곡을 들으며, 요염한 미녀들을 거느리고 술을 따르게 하
면서 주연으로 밤낮을 보낸다. 또 강궁(强弓)으로 하늘 높이 나는 새
를 쏘고 사냥개를 풀어 잽싸게 도망치는 토끼를 쫓게 한다. 이런 즐거
움은 실로 호화롭고 순란하여 유혹당하기 십상이다.

그러나 수레를 멈추고 말을 쉬게 하며 주연이 끝나고 주악(奏樂)이
멎으면 마음은 금방 사그라지는 듯 쓸쓸해지고 허탈한 상태에 빠져들
고 만다. 왜 그럴까? 내심(內心)으로 외체(外體)를 즐기는 것이 아니
라 외물(外物)에 의해 속을 즐기고자 하기 때문이다.

주악이 시작되면 기쁘고 끝이 나면 슬퍼지는 것처럼 희비(喜悲)가
엇갈리는데 그로 인하여 정신은 어지러워지고 잠시도 평정하게 있을
수가 없다. 그 원인을 살펴보면 즐거움이 그 형체를 얻지 못하기 때문
에 날로 생(生)을 상(傷)하게 하고, 이미 얻고 있던 것을 상실하기 때
문이다.

그러므로 자신에게 있어 속으로 자득(自得)할 수가 없어서, 외부로부터 즐거움을 얻어 자신을 꾸미려고 하는 경우, 피부에 와닿지도 아니하고 골수에도 미치지 못하며 심지(心志)에도, 오장(五臟)에도 머무르는 일이 없다. 즉 밖으로부터 들어오는 것은 그 속에 주인이 없으면 머무를 수가 없고, 속에서 나오는 것은 밖에서 응할 수 없으면 행하여지지 않는 것이다.

훌륭한 언어, 합당한 계략을 들으면 어리석은 사람이라 하더라도 기뻐하며 지덕고행(至德高行)에 의해 칭찬할 만한 일이라면 불초(不肖)라 하더라도 이를 사모한다. 그런데 이런 일을 기뻐하는 사람은 많지만 막상 이를 행하는 사람은 적고, 이를 사모하는 사람은 많지만 막상 이를 행하는 사람은 적다. 그 이유는 그 본성으로 되돌아갈 수 없기 때문이다.

원래 내재(內在)한 마음을 닫은 채로 힘써 학문을 하더라도 귀에 들어오기만 할 뿐, 마음속에 머무르지는 못한다. 이렇게 되어 가지고는 벙어리가 노래 부르는 것과 마찬가지여서 노래를 흉내 낼 수는 있어도 자기 자신이 즐길 수는 없으며 입에서 목소리가 나오는 순간 흐트러지고 만다.

原文　夫建鐘鼓, 列管弦, 席旃茵, 傅旄象, 耳聽朝歌北鄙靡靡之樂, 齊靡曼之色, 陳酒行觴, 夜以繼日, 强弩弋高鳥, 走犬逐狡兎. 此其爲樂也, 炎炎赫赫, 怵然若有所誘慕, 解車休馬, 罷酒徹樂, 而心忽然若有所喪, 悵然若有所亡也. 是何則不以內樂外, 而以外樂內. 樂作而喜, 曲終而悲. 悲喜轉而相生, 精神亂營, 不得須臾平. 察其所以, 不得其形, 而日以傷生, 失其得者也. 是故內不得於中, 稟授於外, 而以自飾也, 不浸於肌膚, 不浹於骨髓, 不留於心志, 不滯於五藏. 故從外入者, 無主於中不止. 從中出者, 無應於外不行.

　故聽善言便計, 雖愚者知說之, 稱至德高行, 雖不肖者, 知慕之. 說之者衆, 而用之者鮮. 慕之者多, 而行之者寡. 所以然者何也. 不能反諸性也. 夫內不開於中, 而强學問者, 入於耳, 而不著於心, 此何以異於聾者之歌也. 效人爲之, 而無以自樂也, 聲出於口, 則越而散矣.

註解　○旃茵(전인)－전(旃)은 모직물. 인(茵)은 깔개, 즉 방석. ○傅旄象(부모상)－부(傅)는 저(著 : 붙이다), 모(旄)는 깃발의 장식, 즉 깃봉의 끝에 쇠꼬리 털 또는 새꼬리 털을 달아서 장식하는 것. 상(象)은 상아 장식. ○朝歌北鄙靡靡之樂(조가북비미미지락)－조가(朝歌)는 은(殷)나라 주왕(紂王) 때의 도읍. 북비(北鄙)는 북방의 도읍. 그곳에서 행해졌던 듯한, 음란한 음악이란 뜻이다. ○齊靡曼(제미만)－제(齊)는 열(列 : 거느리다), 미만(靡曼)은 미색(美色)이다. ○怵然(술연)－술(怵)은 술(訹)의 의미로서 꾐을 당하는 모습. ○悵然(창연)－원망하며 슬퍼하는 모습. 낙담하는 모습. ○亂營(난영)－영(營)은 어지러워지다. 갈팡질팡하다란 뜻. ○從外入者(종외입자)……從中出者(종중출자)……－같은 뜻의 글이 ≪공양전(公羊傳)≫ 선공(宣公) 3년 조에, 그리고 ≪장자≫ <천운(天運)> <즉양(則陽)> 등에 보인다.

　무릇 마음은 오장(五臟)의 주인이며 사지(四肢)를 통어하고 혈기(血氣)를 운행시키어 시(是)와 비(非)를 분별하고 백사(百事)에 관여하는 계기가 되는 것이다. 그러므로 마음에 자득(自得)하는 바가 없으면서도 천하를 다스리고자 하는 기개를 가지는 것은, 예컨대 귀가 없는데도 종고(鐘鼓)를 치려 하고, 눈이 없는데도 색깔을 즐기고자 하는 것으로서, 도저히 그것을 해낼 수가 없다.
　한편 천하라고 하는 것은 불가사의한 그릇이어서 다스릴 수가 없다.

다스리고자 하는 자는 실패하고 잡고자 하는 자는 상실한다. 허유(許由)가 제위(帝位)를 가볍게 여기고 그 자신의 본성을 요제(堯帝)의 청(請)과 바꾸고자 하지 않았던 것은 그 심지(心志)에 천하를 잊고 있었기 때문이다.

왜 그러냐 하면 천하에 의해 천하를 다스리게 되면 천하의 대사(大事)는 그에게가 아니라 나에게 있는 것이며 남에게는 없는 내 몸에 있는 것이 된다. 내 몸으로 자득(自得)하면 천하의 만물은 내 것이 된다. 심술(心術)의 논(論)을 끝까지 궁구하면 기욕(嗜欲)이라든가 호정(好情)은 자신의 바깥에 있으며 그러기에 희로애락이 일어나지 않는다. 만물은 혼연일체가 되어 시비의 구별은 사라지고 생성변화가 성행하는 모습은 살아있어도 죽은 것처럼 평정하다.

[原文] 夫心者五藏之主也, 所以制使四支, 流行血氣, 馳騁于是非之境, 而出入于百事之門戶者也. 是故不得於心, 而有經天下之氣, 是猶無耳而欲調鐘鼓, 無目而欲喜文章也, 亦必不勝其任矣.

故天下神器, 不可爲也. 爲者敗之, 執者失之. 夫許由小天下, 而不以己易堯者, 志遺於天下也. 所以然者何也, 因天下而爲天下也, 天下之要, 不在於彼, 而在於我, 不在於人, 而在於身. 身得則萬物備矣. 徹於心術之論, 則嗜欲好憎外矣. 是故無所喜, 而無所怒, 無所樂, 而無所苦. 萬物玄同, 無非無是, 化育玄燿, 生而如死.

[註解] ㅇ四支(사지)—사지(四肢)와 같다. ㅇ馳騁于是非之境(치빙우시비지경)—시(是)와 비(非)가 착종(錯綜)하는 경계를 달리다. 시와 비를 분별하는 기능을 가리킨다. ㅇ出入于百事之門戶(출입우백사지문호)—만사에 서로 관계되다. ㅇ天下神器(천하신기)……執者失之(집자실지)—≪노자(老子)≫ 제89장의 글. ㅇ許由(허유)—전설상의 은자(隱者). 요제(堯帝)

가 천하를 물려주려고 했지만 이를 거절했다고 전해온다. ○因天下而爲
天下(인천하이위천하)－천하를 있는 그대로 내버려 둔다는 뜻. ○天下之
要(천하지요)……在於身(재어신)－천하를 통치하는 대상으로서가 아니라
있는 그대로인 자연으로 볼 때 천하에 대한 자기자신의 주체성이 진실된
의미로 확립되는 것을 가리킨다. ○徹於心術之論(철어심술지론)－난해한
데 이상적인 마음, 그런 마음을 가지는 방법에 대한 논(論)을 궁구한다는
의미이리라. ○玄燿(현요)－현(玄)은 천(天), 요(燿)는 명(明)의 뜻.

　대저 천하는 나의 것이요, 나 또한 천하의 것이어서 천하와 나 사
이에 무슨 구별이 있으리오. 본디 천하를 소유한다는 것은 권세를 잡
아 생살(生殺)의 칼자루를 쥐고 천하에 호령을 하는 것일까? 내가 말
하는 천하를 소유한다는 것은 이런 것이 아니다. 단지 자득(自得)하
는 것이다. 내가 자득하면 천하도 나를 얻는다. 나와 천하가 상득(相
得)되면 언제나 천하는 나의 것이요, 나는 천하의 것이 되며 그 사이
에 상용(相容)되지 못하는 것이 개입할 리 없다. 여기서 말하는 자득
이란 그 몸을 온전케 하는 것, 그 몸을 온전케 한다는 것은 도(道)와
일체가 되는 것이다.
　한편 강해(江海) 가에서 놀되, 말은 요뇨(要褭), 수레는 취개(翠蓋)
로 장식한 마차에 타고, 눈으로는 도우무상(掉羽武象)의 무악(舞樂)
을 보며 귀로는 청징유려(淸澄流麗)하다가 때로는 완급하는 음악을
듣고, 정위조(鄭衛調)의 평안한 음악을 연주케 하고 혹은 초(楚)나라
유풍(遺風)인 격렬한 음악을 울리게 하면서 호소(湖沼) 가에 나는 새
를 쏘고 원중(苑中)에서 달리는 짐승을 쫓는 것은 세속(世俗) 일반사
람이라면 절도를 잊고 깊이 빠져들게 마련이다. 그러나 성인(聖人)은
이런 곳에 있더라도 그 정신이 미혹되고 그 기지(氣志)를 문란케 하여
마음이 그 유혹에 져서 그 본성을 상실하는 예는 없다.

변두리 보잘것없는 땅에 살면서 산곡(山谷) 사이에 몸을 숨기고 우거진 숲 사이에 몸을 감추되 초막(草幕)은 1장(丈) 사방, 지붕에는 띠풀을 덮고, 쑥대를 엮어 문을 달고, 항아리 조각으로 창문을 막고, 뽕나무 가지를 구부리어 문테를 만들고, 천장은 비가 새고 바닥은 습기가 차서 잠자리를 적시고, 눈서리는 심하게 불어 닥쳐 풀 이부자리를 적신다. 광택(廣澤)한 들과 산골짜기를 정처없이 방황한다는 것은 세속 일반사람인 경우 바싹 여위어 불만을 품게 될 것이다.

그런데 성인은 이런 경지에 있더라도 슬퍼하는 일이 없고, 원망하는 일도 없으며, 스스로 즐기기를 잃지 않는다. 왜 그러냐 하면 안으로 하늘의 기미에 통요(通曉)하고 있으므로 귀천 빈부 고락에 의해 마음의 덕(自得한)을 잃지 아니하기 때문이다.

본디 새가 쨱쨱대며 울고 까치가 깍깍대며 우는 경우, 한서조습(寒暑燥濕) 때문에 그 목소리가 변하는 일은 결코 없다. 그렇다면 성인의 득도는 확고부동하여 만물의 추이를 기다리는 일이 없고, 또 일시적인 변화에 의해 자득의 근거를 결정 짓고자 하는 것이 아니다. 내가 말하는 득(得)이란 성명(性命)의 정(情)이 원래의 것 그대로라는 의미이다.

原文 夫天下者亦吾有也. 吾亦天下之有也. 天下之與我, 豈有閒哉. 夫有天下者, 豈必攝權持勢, 操殺生之柄, 而以行其號令邪. 吾所謂有天下者, 非謂此也. 自得而已. 自得則天下亦得我矣. 吾與天下相得, 則常相有已. 又焉有不得容其閒者乎. 所謂自得者, 全其身者也. 全其身, 則與道爲一矣.

故雖游於江潯海裔, 馳要褭, 建翠蓋, 目觀掉羽武象之樂, 耳聽滔朗奇麗激抮之音, 揚鄭衛之浩樂, 結激楚之遺風, 射沼濱之高鳥, 逐苑囿之走獸, 此齊民之所以淫泆流湎, 聖人處之, 不足以營其精

神, 亂其氣志, 使心怳然失其情性. 處窮僻之鄕, 側谿谷之閒, 隱于
榛薄之中, 環堵之室, 茨之以生茅, 蓬戶甕牖, 揉桑爲樞, 上漏下溼,
潤浸北房, 雪霜瀼灖, 浸潭苽蔣, 逍遙于廣澤之中, 而仿洋于山峽
之旁, 此齊民之所爲形植黎黑, 憂悲而不得志也. 聖人處之不爲愁
悴怨懟, 而不失其所以自樂也. 是何也, 則内有以通于天機, 而不
以貴賤貧富勞逸, 失其志德者也.

故夫鳥之啞啞, 鵲之唶唶, 豈嘗爲寒暑燥溼, 變其聲哉. 是故夫得
道已定, 而不待萬物之推移也. 非以一時之變化, 而定吾所以自得
也. 吾所謂得者, 性命之情, 處其所安也.

註解　○江潯海裔(강심해예)−심(潯)은 애(厓 : 물가), 예(裔)는 변(邊 :
부근)의 뜻. ○要褭(요뇨)−준마(駿馬)의 이름. ○翠蓋(취개)−취(翠)는
청우작(青羽雀 : 물총새). 이 취조(翠鳥)의 깃털로 장식한 수레의 덮개.
○掉羽(도우)−우무(羽舞). 꼬리가 긴 꿩 등의 깃털을 달고 춤을 춤. ○滔
朗奇麗激抮之音(도랑기려격진지음)−'도랑(滔朗)'은 소리가 맑다는 뜻.
'기려(奇麗)'는 완급고저(緩急高低)를 여러 가지로 변화시키는 소리. ○鄭
衛之浩樂(정위지호악)−정위(鄭衛)는 춘추시대의 정나라·위나라 등 두
나라. 이 지방의 음악은 일반적으로 음성(淫聲)·망국의 음악이라고 했다.
○淫泆流湎(음일유면)−모두 마음을 현혹시키어 문란케 하는 것. ○營其
精神(영기정신)−영(營)은 미혹된다는 의미이다. ○怳然(출연)−유혹당하
여 마음이 끌리는 모습. ○榛薄(진박)−취목(聚木)을 진(榛)이라 하고 심
초(深草)를 박(薄)이라 한다. ○環堵之室(환도지실)−도(堵)는 길이 1장
(丈), 높이 1장(丈)의 면(面). 그 면의 사방을 둘러친 방일장(方一丈)의
작은 방. ○蓬戶甕牖(봉호옹유)−쑥대로 엮은 문, 깨진 옹기 조각으로 붙
인 창문. 가난한 집의 형용이다. ○北房(북방)−북쪽의 방. 여기서는 침상
을 가리키는 것이리라. ○瀼灖(양미)−물이 흘러들어가는 모습. ○浸潭苽
蔣(침담고장)−고장(苽蔣 : 줄풀)의 깔개를 물이 적시다. ○仿洋(방양)−방

황하다. ○形植(형식)—몸이 여위는 것. ○黎黑(여흑)—색깔이 검은 것.
바싹 여윈 모습. ○啞啞(아아)·喈喈(책책)—새와 까치가 우는 소리. ○
性命之情(성명지정)—성(性)과 명(命)을 합쳐서 '성명(性命)'이라고 칭하
는 것은 ≪장자≫ <변무(駢拇)> <재유(在宥)>등에서 빈번하게 나오고
이 책에서는 <숙진훈(俶眞訓)> <정신훈(精神訓)> <본경훈(本經訓)>
<태족훈(泰族訓)> <요략(要略)> 등에 보인다. 만물 모두가 태어나면서
가지는 내적(內的)인 본성(本性 : 天性)과 외적인 운명, 양자를 합치어 자
연히 형성되는 사람의 됨됨이를 가리킨다. 정(情)이란 있는 그대로의 모
습[實情]이란 의미이다.

대저 사람의 성명(性命)은 그 형상과 같은 근원에서 나왔다. 그러므
로 형상이 갖추어져 있으면 성명(性命)이 이루어지고 성명이 이루어
지면 호증(好憎)의 정(情)을 낳는다. 사(士 : 남자)에게는 일정한 덕
(德 : 信義)이 있으며 여자에게는 불변의 행(行 : 操)이 있다. 그런데
그 성명을 컴퍼스라든가 자로, 원형방형(圓形方形)으로 만든다든가
곡척(曲尺) 또는 승묵(繩墨)으로 곡직(曲直)을 구별할 수는 없는 것
이다.
　하늘과 땅과의 거리는 언덕 위에 올라가든 낮은 곳에 있든 간에, 그
것에 의하여 장단(長短)이 더해지는 것은 아니다. 그러기에 도를 얻은
사람은 곤궁을 개의치 아니하고, 영달을 자랑하지 아니하며 높은 곳에
있더라도 위험하지 아니하고, 그릇에 가득 물을 담아서 들고 있더라도
기우는 일이 없으며, 새롭다고 해서 번쩍이는 일이 없고, 낡았다고 해
서 색이 바래는 일이 없으며, 불 속에 들어가도 타는 일이 없고, 물속
에 들어가도 젖는 일이 없다. 따라서 권세가 없더라도 존귀하고 재산
이 없더라도 부요하며, 힘이 없더라도 강하고 평허(平虛)를 지키면서
낮은 곳으로 흘러 만물의 변화와 함께 자재로이 돌아다닌다.

이러한 사람은 금(金)은 산속에, 주(珠)는 연못 속에 감추고 재화(財貨)를 이(利)로 보지 않으며, 권세라든가 명예를 탐하지 아니한다. 또 안일함을 즐기지 아니하고 빈궁함을 슬퍼하지 아니하며 고귀함을 안태(安泰)롭다 하지 아니하고 비천함을 위난이라고 생각하지 아니한다. 형체·정신·기지(氣志)는 각각 그 거소(居所)를 얻어, 천지의 화육(化育)에 순응하는 법이다.

무릇 형체는 생(生)이 깃드는 곳, 기(氣 : 志)는 생(生)의 실질, 정신은 생의 통솔자여서 그 하나가 거소(居所)를 잃으면 나머지 두 가지는 상처를 받는다. 그러기에 성인(聖人)은 삼자(三者) 모두가 그 거소에 있으면서 그 직분을 지키어 서로 그 분수를 넘는 일이 없도록 하였다. 그런데 형체는 그 있어야 할 곳이 아닌 곳에 있으면 쇠약해지고 기지(氣志)는 그 충실하지 못한 곳에서 발휘되면 밖으로 새고 정신은 그 적절하지 못한 곳에서 작용하면 암우(暗愚)에 빠진다. 이상 삼사(三事)에 힘써 신중하게 지키지 않으면 안된다.

原文　夫性命者, 與形俱出其宗. 形備而性命成, 性命成而好憎生矣. 故士有一定之論, 女有不易之行, 規矩不能方圓, 鉤繩不能曲直. 天地之永, 登丘不可爲脩, 居卑不可爲短. 是故得道者, 窮而不懾, 達而不榮, 處高而不機, 持盈而不傾, 新而不朗, 久而不渝, 入火不焦, 入水不濡. 是故不待勢而尊, 不待財而富, 不待力而强, 平虛下流, 與化翱翔.

若然者, 藏金於山, 藏珠於淵, 不利貨財, 不貪勢名. 是故不以康爲樂, 不以慊爲悲, 不以貴爲安, 不以賤爲危. 形神氣志, 各居其宜, 以隨天地之所爲.

夫形者生之舍也, 氣者生之充也, 神者生之制也. 一失位, 則二者傷矣. 是故聖人使人各處其位, 守其職, 而不得相干也. 故夫形

者非其所安也, 而處之則廢, 氣不當其所充, 而用之則泄, 神非其
所宜, 而行之則昧. 此三者, 不可不愼守也.

註解 ○士有一定之論(사유일정지론)－불역지행(不易之行)에 대응하는
것으로서 '논(論)'을 '윤(倫)'의 의미로 취하고 윤의 내용은 신의(信義)를
말하는 것. 그 다음의 '여유불역지행(女有不易之行)'이 분명 정절(貞節)
을 가리키는데 이것과 대응되기 때문이다. ○處高而不機(처고이불기)－
기(機)는 위(危)의 뜻이다. ○入火不焦(입화불초), 入水不濡(입수불유)－
≪장자≫에 득도한 사람의 모습을 제시하는 구절로 빈번하게 나온다. 물
과 불을 문제삼지 않는 경지를 설명한 것. ○若然者(약연자)……不貪勢名
(불탐세명)－≪장자≫ <천지(天地)>에 이 구절과 거의 일치되는 글이 보
인다. '장금어산(藏金於山) 장주어연(藏珠於淵)'은 금은주옥(金銀珠玉)을
그 자연의 장소에서 채취하지 않는 것을 가리킨다. ○形神氣志(형신기지)
－이하 다음 절과 다음다음 절에서 본편 말미에 이르기까지 형(形)·신
(神)·기(氣)·지(志)에 관한 논설이 이어진다. 형은 사람의 육체, 신은
정신 또는 마음이란 뜻이다. 지는 신(神)이 있는 방향으로 움직이는 상태
이며, 또 움직이는 힘이다. 기(氣)는 생명력, 활력으로서 육체에 연계됨과
동시에 기력으로서도 신을 동요시킨다. 유가(儒家)인 ≪맹자(孟子)≫에
'지(志)는 기(氣)의 수(帥 : 통솔자)이다'라고 되어 있거니와 마음의 움직
임인 지(志)는 기의 격발을 적절하게 억제하여 통제하는 것이라고 되어
있다. 그러나 여기서는 도가계(道家系)의 논(論)으로서 오히려 기와 지는
일체이며 그것은 신에 대한 것이라고 하는 것 같다(다음 절에 神과 氣,
神과 志가 대조적으로 설명되어 있는 것과 다다음 절에 '精神氣志'라고
되어 있어서 정신과 기지가 대조되어 있는 점을 참조할 것).

대저 천하만물은 땅을 기어다니는 벌레에 이르기까지 때로는 서로

기뻐하고 때로는 서로 미워하며 이(利)에 붙고 해(害)를 피할 줄 알고 있는데 그것은 어떤 까닭에서일까? 그것은 각각 떨어질 수 없는 성(性)을 가지고 있기 때문으로서 일단 그 성을 떠나면 뼈와 살이 흩어지고 마는 것이다.

이제 사람이 사물을 잘 식별하고 소리를 잘 알아듣고 몸을 잘 움직이어 관절을 굴신시킬 수 있으며, 그 총명은 능히 흑백추미(黑白醜美)를 구별하고 그 지혜는 능히 동이시비(同異是非)를 분별할 수가 있는데 그것은 왜 그럴까? 그것은 기지(氣志)가 사람에게 충실하고 정신이 그 지휘를 하고 있기 때문이다. 어떻게 그것을 알 수 있느냐 하면 그 모두가 사람의 의지가 있는 방향으로 향해지는데, 그로 인하여 정신이 묶여져 있는 사람은 걸을 때도 다리가 그루터기나 움푹 패인 곳에 걸리고 머리는 서있는 나무에 부딪친다.

그렇건만 그 자신은 그것을 깨닫지 못하고, 손짓해가며 불러도 눈에 들어오지 않으며, 소리쳐 불러도 귀에 들어오지를 않는다. 이목(耳目)이 기능하지 못하는 것도 아닌데 그런 것에 응하지 못하는 것은 왜일까? 그것은 정신이 그 지켜야 할 곳을 잃었기 때문으로서 결국 소(小)에 있으면서 대(大)를 잊고, 안에 있으면서 바깥을 잊으며, 위에 있으면서 아래를 잊고, 왼쪽에 있으면서 오른쪽을 잊는 결과가 된다. 정신이 고루 퍼져 있다면 어떤 장소에서도 기능을 하지 못하는 경우가 없으리라. 그러기에 허(虛)를 귀하게 생각하지 않는 사람은 마음을 호말(毫末)의 정미(精微)에 두는 사람이다.

原文 夫擧天下萬物, 蚑蟯貞蟲, 蝡動蚑作, 皆知其所喜憎利害者何也. 以其性之在焉而不離也. 忽去之則骨肉無倫矣. 今人之所以眭然能視, 瞥然能聽, 形體能抗, 而百節可屈伸, 察能分白黑, 視醜美, 而知能別同異, 明是非者何也. 氣爲之充, 而神爲之使也. 何以

知其然也. 凡人之志, 各有所在而神有所繫者, 其行也, 足蹪趎埳,
頭抵植木, 而不自知也.

招之而不能見也, 呼之而不能聞也. 耳目非去之也, 然而不能應
者何也. 神失其守也. 故在於小則忘於大, 在於中則忘於外, 在於上
則忘於下, 在於左則忘於右. 無所不充, 則無所不在. 是故貴虛者,
以豪末爲宅也.

註解 ○蚑蟯貞蟲(기요정충)─기(蚑)는 기어다니는 벌레, 요(蟯)는 회충
(回蟲)을 가리키는 것으로 회충처럼 몸을 꿈틀거리며 다니는 벌레, 정충
(貞蟲)은 벌 종류. <설산훈(說山訓)>에 '정충지동이독석(貞蟲之動以毒
螫)'이라고 되어 있다. ○蠕動蚑作(연동기작)─몸을 꿈틀거리면서 움직이
고 기어다니는 벌레. 앞의 기요정충(蚑蟯貞蟲)과 함께 모두 땅 위를 기어
다니는 벌레 종류라는 정도의 의미이다. ○睚然(에연)─노려보다. ○嘗然
(영연)─눈을 감고 진지하게 듣는 모습. ○蹪趎埳(퇴주함)─퇴(蹪)는 지
(躓), 즉 넘어지다란 뜻. 주(趎)는 나무의 그루터기. 함(埳)은 함정. 구덩이.

그런데 그 광인(狂人)이 수화(水火)의 난(難)을 피하기 위해 도랑
이나 시궁창과 같은 장애물을 넘을 수 없는 것은 그 사람에게 형체라
든가 정신·기지(氣志)가 없기 때문은 결코 아니다. 그런데도 그 기능
이 (보통사람과) 다른 것은 각각 지켜야 할 장소를 잃고 내외(內外)가
각기 그 거소(居所)를 떠나고 말았기 때문이다.

그래서 하는 행동 하나하나가 모든 예상에서 어긋나 한평생을 두고
추한 모습을 연산열구(連山列丘)의 난소(難所)에서 드러내며 도랑이
라든가 함정에 넘어져 빠지게 된다.

(狂人이) 살아있다는 점에서는 보통사람들과 다를 바 없건만 사람
들의 웃음거리가 되는 것은 왜일까? 그것은 형(形)과 신(神)이 모두

그 거소(居所)를 잃고 있기 때문이다. 즉 신(神)이 주(主)가 되는 자는 형(形)은 그것에 종속되므로 이(利)가 되지만, 형이 제어하면 신은 이것에 종속하므로 해(害)가 된다. 탐욕다욕한 사람은 권세라든가 이록(利祿)에 눈이 어두워지고 명예나 높은 자리를 동경하며 남보다 우수한 지(智)를 내세워 고명(高名)을 세상에 떨치려고 한다. 그래서 정신은 날로 소모되어 거소(居所)로부터 멀어지며 오랫동안 외물(外物) 사이를 헤매고 있을 뿐 되돌아오지 아니한다. 형체는 닫혀지고 안에서는 거부하게 되어 신은 다시는 들어갈 수가 없게 된다.

그러므로 천하에 맹(盲)과, 망(妄), 자실(自失)의 병이 생기게 된다. 예를 들면 등잔불의 촉광과 같은 것이어서 불이 크면 클수록 빠르게 꺼진다. 무릇 정신과 기지는 정(靜)을 보지(保持)하고 날마다 안에 충실하면 왕성해지는데 초조해하며 날마다 소모할 때에는 쇠노(衰老)한다.

그러므로 성인(聖人)은 그 정신을 기르고 그 기지를 부드럽고 약하게 하며 그 형체를 안정시키고 도(道)와 함께 부침상하(浮沈上下)한다. 무사한 때에는 평온케 하며 급박한 때에는 바싹 죈다. 그 평온함은 옷을 벗는 것과 같고 그 죄는 모습은 용수철이 튀는 것 같은데 이렇게 되면 만물 백사(百事)가 모두 변하더라고 적합하게 대응할 수 있을 것이다.

原文 今夫狂者之不能避水火之難, 而越溝瀆之險者, 豈無形神氣志哉. 然而用之異也, 失其所守之位, 而離其外內之舍. 是故擧錯不能當, 動靜不能中, 終身運枯形于連嶁列埒之門, 而蹪陷于汚壑穽陷之中. 雖生俱與人鈞, 然而不免爲人戮笑者何也. 形神相失也. 故以神爲主者, 形從而利, 以形爲制者, 神從而害. 貪饕多欲之人, 滇眠於勢利, 誘慕於名位, 冀以過人之智, 植高于世, 則精神日以耗而彌遠, 久淫而不還. 形閉中距, 則神無由入矣.

　是以天下時有盲妄自失之患.　此膏燭之類也,　火逾然而消逾亟,
夫精神氣志者, 靜而日充者以壯, 躁而日耗者以老. 是故聖人將養
其神, 和弱其氣, 平夷其形, 而與道沈浮俛仰. 恬然則縱之, 迫則用
之. 其縱之也若委衣, 其用之也若發機. 如是則萬物之化無不遇, 而
百事之變無不應.

註解　○連嶁列埒之門(연루열랄지문)―연루(連嶁)는 연속하여 뒤얽혀
진 산, 열랄(列埒)은 평탄하지 아니한 것, 언덕·제방 등이 줄지어 있는
것. 앞으로 나아가기 곤란한 장소를 비유한다. ○貪饕(탐도)―도(饕) 역
시 탐욕을 의미한다. ○瞋眠(전면)―갈팡질팡하는 것. ○自失(자실)―자
포자기. ○機(기)―용수철.

권 2

숙진훈(俶眞訓)

숙진의 숙(俶)은 진(眞)을 형용하는 것으로서 시원적(始元的)인 진(眞), 혹은 지극(至極)의 진(眞)이라는 정도의 의미이다. 한편 진(眞)은 특히 ≪장자≫의 용어인데 이런 점에서 추찰할 때 <원도훈(原道訓)> <숙진훈>으로 배열한 것은 우선 ≪노자(老子)≫의 도(道)를 설명하고 이어서 ≪장자≫의 진(眞)을 설명한다는 구상이다. 도(道)를 설명하고, 태고(太古)에 도가 행해졌던 상황을 서술했으며 또 도를 체득한 진인(眞人)의 경지를 논하는 것으로서 앞 편(篇), 즉 <원도훈>에 이어지는 순수한 도가설(道家說)이라고 해도 좋다.

'시(始)'라고 하는 상태가 있으며, 처음부터 '시(始)'도 없는 상태 〔無始〕가 있으며, 그 '무시(無始)'도 없는 상태〔無無始〕가 있다. '유 (有)'라는 상태가 있으며 '무(無)'라는 상태가 있으며 처음부터 '무 (無)'도 없는 상태〔無無〕가 있으며, 처음부터 그 '무무'도 없는 상태 〔無無無〕가 있다.

'시(始)'란 쌓이고 쌓인 만물의 기(氣)가 아직 발동하지 않고, 초목 의 싹도 아직 형태를 갖추지 않았으며, 어쩐지 꿈틀대고 있어서 당장 에라도 발생할 것 같으나 아직 형체가 이루어져 있지 않은 모습이다. '무시(無始)'란 천기(天氣)가 내리기 시작하고 지기(地氣)가 오르기 시작하여, 음과 양, 두 기(氣)가 뒤섞이면서 그것들이 우주에 퍼지며, 덕(德)을 싸고 화(和)를 섞으며 왕성하게 모여 뒤섞이고 물(物)과 접 합하고자 하지만 아직 그 조짐을 이루지 못한 모습이다.

'무무시(無無始)'란 하늘은 화기(和氣)를 안고 있지만 아직 내려오 지는 않고 땅도 스스로 기(氣)를 지니고 있지만 아직 올라가지는 않 으면서 공허하고 조용하며 괴괴하고 희미하여 어떤 조짐도 없고, 기 (氣)는 깊숙하게 명명지경(冥冥之境)에 통달해 있는 모습이다.

'유(有)'란 만물이 왕성하게 군집(群集)하고 근경지엽(根莖枝葉)은 선명하게 푸른색을 띠며, 날아다니는 것, 기어다니는 것, 다리로 걸어 다니는 것, 뿌리로 숨쉬는 것(살아있는 모든 것)은, 어루만지고 비비 고, 붙잡히는 등, 실로 천태만상을 이루는 모습이다.

'무(無)'란 살펴봐도 그 형태는 보이지 아니하고 귀 기울여 들어도 그 소리는 들리지 않으며 손으로 잡고자 해도 잡히지 않고, 멀리 바 라보아도 끝이 확인되지 않으며, 평온하고 유별나게 광대(廣大)하며, 짐작할 수도 없고 계량(計量)할 수도 없으며 광요지경(光燿之境)에 통달해 있는 모습이다.

'무무(無無)'란 천지를 싸고 만물을 화육(化育)하여 혼명지경(混冥

之境)에 통달하여 깊고 광대한 것으로서 무엇이든 그 밖으로 나올 수 없고 호(豪)라든가 망(芒)을 세분(細分)한 것처럼 그 무엇도 안으로 들어갈 수 없고, 또 좁은 틈도 점유하고 있지 않건만, 유무(有無)의 근원을 나오게 하는 모습이다.

'무무무(無無無)'란 천지·음양·사계(四季)가 아직 나뉘지 않고, 만물 또한 아직 발생되지 않고, 깊고 넓은 물처럼 조용하며, 맑게 개어 있어서 아무 형태도 보이지 않는 상태이다. 이것은 마치 광요(光燿)가 무유(無有)에게 질문을 한 다음 물러나와 망연하게 있으면서 '나는 무(無)를 터득하고 있는데 아직 무무(無無)에는 통달하지 못하고 있다. 무무에 몸을 맡기게 된다면, 천하의 어떤 일도 그 지묘(至妙)의 경지에는 이르지 못하리라'고 말하는 것과 같다.

原文 有始者. 有未始有有始者. 有未始有夫未始有有始者. 有有者. 有無者. 有未始有有無者. 有未始有夫未始有有無者. 所謂有始者, 繁憤未發, 萌兆牙蘖未有形埒, 無無蠉蠉, 將欲生興而未成物類. 有未始有有始者, 天氣始下, 地氣始上, 陰陽錯合, 相與優游競暢于宇宙之閒, 被德含和, 繽紛蘢蓯, 欲與物接, 而未成兆朕. 有未始有夫未始有有始者, 天含和而未降, 地懷氣而未揚, 虛無寂寞, 蕭條霄霏, 無有仿佛, 氣遂而大通冥冥者也.

有有者, 言萬物摻落, 根莖枝葉, 青蔥苓蘢, 萑扈炫煌, 蠉飛蠉動, 蚑行噲息, 可切循把握, 而有數量. 有無者, 視之不見其形, 聽之不聞其聲, 捫之不可得也, 望之不可極也, 儲與扈冶, 浩浩瀚瀚, 不可隱儀揆度, 而通光燿者. 有未始有有無者, 包裹天地, 陶冶萬物, 大通混冥, 深閎廣大, 不可爲外, 析豪剖芒, 不可爲內, 無環堵之宇, 而生有無之根. 有未始有夫未始有有無者, 天地未剖, 陰陽未判, 四時未分, 萬物未生, 汪然平靜, 寂然清澄, 莫見其形. 若光燿之問於

無有, 退而自失也, 曰, 予能有無, 而未能無無也, 及其爲無無, 至
妙何從及此哉.

註解 ○有始者(유시자)……有未始有夫未始有有無者(유미시유부미시유
유무자)─≪장자≫ <제물론(齊物論)>에 거의 같은 글이 있는데 ≪장자≫
에서는 만물의 시원(始原)은 시(始)·무시(無始)·무무시(無無始)라는 식
으로 무한히 소급된다 했고, 이것을 논리적으로 추구하는 것은 무의미
하다는 것이다. 여기서는 ≪장자≫의 글을 채용하여 태초의 3단계로 삼
았다. ○繁憤未發(번분미발)─번분(繁憤)은 중적(衆積)의 모(貌), 발(發)은
분(憤). ○萌兆牙蘗(맹조아얼)─4글자 모두 조짐이란 뜻이다. ○無無蠕
蠕(무무연연)─'무무(無無)' '연연(蠕蠕)' 모두 벌레가 움직이는 모습. ○優
游競暢(우유경창)─'우유(優游)'는 누긋하게 퍼져 나가는 것. '경창(競暢)'
은 널리 퍼져 나가는 것. ○繽紛蘢蓯(빈분롱종)─빈분(繽紛)은 잡유(雜糅 :
뒤섞이는 모양)이고, 농종(蘢蓯)은 취회(聚會 : 서로 모여드는 모습)이다.
○蕭條霄霏(소조소조)─'소조(蕭條)'는 <제속훈(齊俗訓)>에 보이며 '심
정(深靜)'이란 뜻. 또 <원도훈(原道訓)>에 '소조지야(霄霏之野)'가 보이
는데, 소조(霄霏)는 허무적막하다는 뜻. ○摻落(참락)─참(摻)도 낙(落)도
많은 상태. ○靑蔥苓蘢(청총영롱)─초목이 파랗게 무성해진 모양. ○萑扈
炫煌(유호현황)─초목의 영화(榮華)를 가리킨다. ○蠉飛蠕動(환비연동),
蚑行噲息(기행쾌식)─<원도훈(原道訓)> 참조. ○切循(절순)─절(切)은 마
(摩 : 갈다)이고, 순(循)은 순(順 : 다듬다)이다. ○視之不見其形(시지불
견기형)……望之不可極也(망지불가극야)─유사한 표현이 <원도훈(原道
訓)> 및 ≪노자(老子)≫ 제14장에 보인다. ○儲與扈冶(저여호야)─같은
구절이 <요략(要略)>에도 보인다. '저여(儲與)'는 평온한 상태. <본경훈
(本經訓)>에 '음양저여(陰陽儲與)'라고 되어 있으며 저여는 아직 상양(尙
羊 : 逍遙)하며 주로 하는 바가 없는 상태이다. ○浩浩瀚瀚(호호한한)─광
대한 모양. ○隱儀揆度(은의규탁)─'은의(隱儀)'는 여러 모로 추측하는 것.

규탁(揆度)은 대소장단(大小長短) 등을 재는 것. ○光燿(광요)−'요(燿)'
는 요(耀)와 같으며 빛나다의 의미. 단 일반적인 의미에서의 광휘(光輝)
가 아니라 ≪장자≫에서의 '보광(葆光 :<齊物論>)'이라든가 '천광(天光 :
<庚桑楚>)'처럼 미묘한 상태의 광휘를 표현하는 도가(道家)의 술어일
것이다. ○豪(호)−호(毫)와 같다. 즉 터럭의 끝. ○芒(망)−보리 따위의
까끄라기. ○環堵之宇(환도지우)−<원도훈(原道訓)>에 있는 '환도지실
(環堵之室)'의 주해 참조. ○汪然(왕연)−물이 넓고 깊은 모양. ○光燿之
問於無有(광요지문어무유)⋯⋯−'광요(光燿)' '무유(無有)' 모두 도가(道家)
에서 이상(理想)으로 삼는 경지를 의인화(擬人化)한 것. 양자의 문답은
<도응훈(道應訓)>과 ≪장자≫ <지북유(知北遊)>에 있다.

본디 대지(大地)는 우리에게 형체를 주고 그 위에 올려놓았고, 우
리에게 삶을 주어 수고롭게 하며, 우리에게 늙음을 가져다주어 안식
(安息)케 하고, 우리에게 죽음을 가져다주어 휴식시키는 것이다. 자신
의 삶을 좋게 하는 사람은 자신의 죽음도 좋게 할 수 있는 것이다.
대저 배를 골짜기에 숨기고 산(山)을 늪에 숨기면 절대 안전할 것
으로 생각할 것이다. 그러나 한밤중에 힘이 센 사람이 그 배와 그물
을 짊어지고 도망친다면 잠들어 있는 사람은 아무도 눈치채지 못할
것이다. 그것은 또 다른 숨길 장소가 있기 때문이다. 만약 천하에 있
는 모든 것을 천하라고 하는 장소에 숨겨둔다면 몸을 피할 방도조차
없을 것이다.
사물은 모두 대략적인 것밖에 모르는 법이다. 사람의 형상을 하고
태어난 것만으로도 그것을 기뻐하고 있는데 사람은 여러 가지로 변화
하여 그 끝을 알 수가 없는 것이다. 쇠약해졌다가는 다시 소생하는
등 그 즐거움이란 헤아릴 수 없을 정도가 아닌가? 예를 들면 꿈속에
서 새가 되어 공중을 날기도 하고, 꿈속에서 물고기가 되어 물밑으로
자맥질하여 들어가는 등, 꿈을 꾸고 있을 때는 그것이 꿈인 것을 모르

고 있다가 눈을 뜨고 나서야 비로소 그것이 꿈이란 것을 알아차린다.

이와 마찬가지로 지금 가령 크게 깨닫는 바가 있다면 현실이 한바탕 꿈이란 것을 깨닫게 될 것이리라. 원래 우리가 이 세상에 태어나기 전에는 삶의 즐거움을 알지 못했었다. 그렇다면 지금 우리는 죽어보지도 아니하고 어찌 죽음의 즐거움을 알 수가 있겠는가?

옛날 공우애(公牛哀)란 사나이가 광병(狂病)에 걸렸다가 7일 만에 변화하여 호랑이가 되었다. 형이 그 상황을 살피기 위해 문으로 들어가자 호랑이는 형을 잡아 죽이고 말았다. 이렇게 해서 몸체의 무늬가 짐승의 것이 되고 발톱과 이빨이 다시 났으며 지기(志氣)는 마음과 함께, 정신은 형체와 함께 변화되었던 것인데, 호랑이로 변하면 이전에 사람이었던 때의 일을 알지 못하고, 사람으로 변하면 잠시 동안 호랑이로 있었던 때의 일을 알지 못한다.

그러나 양자는 서로 바뀌어가면서 변하여 각각 바뀐 그 상태에서 즐기고 있는 것이다. 교활과 우둔의 구별은 있지만 시(是)와 비(非)라는 단서가 없으므로 그 누구도 어디에서 그런 것들이 시작되고 생겨나는지 알지 못한다. 대저 물은 겨울철을 맞으면 얼어서 얼음이 되고, 얼음은 봄철을 맞으면 녹아서 물이 된다. 얼음과 물이 서로 바뀌어가는 모습은 원둘레를 빙글빙글 돌아서 달리는 것과 비슷한데 그 누구도 그 어느 쪽에 고초와 즐거움이 있는지 생각해볼 틈도 없는 것이다.

무릇 형체가 한서(寒暑)·건습(乾濕)의 해(害)로 인하여 상했을 때에는 형체가 바싹 마르더라도 정신은 왕성하며, 정신이 희로(喜怒)·사려(思慮)의 우환으로 상했을 때에는 정신이 피곤해지더라도 형체에는 여력이 남는 법이다. 그러므로 늙은 말이 죽었을 때, 그 가죽을 벗기면 살은 말라 있지만, 한창인 개가 죽었을 때 그 고기를 찢으면 아직 싱싱한 것이다.

즉 횡사한 사람의 영혼은 헤매고 다니며, 천수를 다하고 죽은 사람의 신령은 조용하게 정해진 곳에 머문다. 이런 모든 경우들에 형체와 정신과는 동시에 멸할 수가 없는 것이다. 대저 성인(聖人)의 마음 씀씀이는 성명(性命)과 정신을 의지하고 양자가 서로 도와 무사히 시종(始終)을 거둘 수 있도록 한다. 그기에 (성인은) 때로는 꿈을 꾸지 아니하며 잠이 깨어 있을 때에는 이것저것 우려하지 않는다.

原文 夫大塊載我以形, 勞我以生, 逸我以老, 休我以死. 善我生者, 乃所以善我死也. 夫藏舟於壑, 藏山於澤, 人謂之固矣. 雖然夜半有力者負而趨, 寐者不知. 猶有所遁. 若藏天下於天下, 則無所遁其形矣. 物豈可謂無大揚攉乎. 一範人之形而猶喜. 若人者, 千變萬化, 而未始有極也. 弊而復新. 其爲樂也, 可勝計邪. 譬若夢爲鳥而飛於天, 夢爲魚而沒於淵, 方其夢也, 不知其夢也, 覺而後知其夢也. 今將有大覺, 然後知今此之爲大夢也. 始吾未生之時, 焉知生之樂也. 今吾未死, 又焉知死之不樂也.

昔公牛哀轉病也, 七日化爲虎. 其兄掩戶而入覘之, 則虎搏而殺之. 是故文章成獸, 爪牙移易, 志與心變, 神與形化. 方其爲虎也, 不知其嘗爲人也. 方其爲人, 不知其且爲虎也. 二者代謝舛馳, 各樂其成形. 狡猾鈍惛, 是非無端, 孰知其所萌. 夫水嚮冬, 則凝而爲冰, 冰迎春, 則泮而爲水. 冰水移易于前後, 若周員而趨, 孰暇知其所苦樂乎.

是故形傷于寒暑燥溼之虐者, 形苑而神壯, 神傷乎喜怒思慮之患者, 神盡而形有餘. 故罷馬之死也, 剝之若槁, 狡狗之死也, 割之猶濡. 是故傷死者其鬼嬈, 時旣者其神漠. 是皆不得形神俱沒也. 夫聖人用心, 杖性依神, 相扶而得終始. 是故其寐不夢, 其覺不憂.

註解 ○夫大塊(부대괴)……其爲樂也(기위락야), 可勝計邪(가승계사)ー

≪장자≫ <대종사(大宗師)>에 거의 같은 구절이 있다. ○藏山於澤(장산어택)-'산(山)'은 '산(汕)'의 잘못으로서 그물이란 뜻. ○譬若夢爲鳥(비약몽위조)……沒於淵(몰어연)-≪장자≫ <대종사>에 유사한 글이 있다. ○方其夢也(방기몽야)……爲大夢也(위대몽야)-≪장자≫ <제물론(齊物論)>에 거의 같은 글이 있다. ○昔公牛哀轉病也(석공우애전병야)-'공우애(公牛哀)'는 강회(江淮) 사이의 사람이라고도 하고 한인(韓人)이라고도 하며, 혹은 노인(魯人)이라고도 하는데(≪論衡≫ <無形>) 확실한 정설은 없다. '전병(轉病)'은 일종의 광질(狂疾)로서 '역병(易病 : 변화하는 질병)'이다. ○代謝舛馳(대사천치)-서로 교체되어 다른 것이 되다. ○苑(원)-병(病)과 같은 의미. <본경훈(本經訓)>에 똑같은 용법이 보인다. ○狡狗(교구)-이 경우는 한창인 개를 뜻한다. ○其鬼嬈(기귀요)……其神漠(기신막)-'귀(鬼)'도 '신(神)'도 여기서는 똑같이 죽은 자의 영혼이란 의미. '요(嬈)'는 번요(煩嬈)란 뜻. <원도훈(原道訓)>에 '기신불요(其神不嬈)'라고 있는데 참조할 것. ○其寐不夢(기매불몽), 其覺不憂(기각불우)-≪장자≫ <대종사>에 보이는 글귀로서 그곳에서는 '고지진인(古之眞人)'의 모습이라고 하였다.

옛날 사람은 혼명(混冥) 속에 있었기에 신기(神氣)가 외물(外物)에 의해 동요되는 일이 없었다. 그런 까닭에 만물도 평온하고 고요히 차분했으므로 참창충표(攙搶衝杓) 등, 흉성(凶星)의 요기(妖氣)도 모두 사라져서 해칠 수가 없었다.

그 시대에 만민은 생각하는 대로 행동하고 동서(東西)의 구별도 모르고, 음식을 실컷 먹은 다음 배를 두드리며 즐거워하는 한편, 하늘의 조화의 기(氣)를 몸에 받고, 땅의 덕(德)인 오곡을 먹으며 작은 지혜를 농(弄)하거나 시비를 가지고 서로 허물하지 않았으니 잘 다스려지기가 마치 큰물이 장애물 없이 흘러가는 것과 같았다. 이것이야말로 대치(大

治)라고 하는 것이다.

이때 윗자리에 있는 사람은 만민을 생각대로 사역시키면서 그 본성을 채우는 일이 없었고, 또 온화하게 장악하면서 그 덕(德)을 잃는 일이 없었다. 그러므로 인의(仁義)를 시행하지 아니하고도 만물은 번식했고, 상벌을 두지 아니하고도 천하는 복종을 했다. 그 도(道)는 대략적인 숫자로 나타낼 수는 있어도 상세한 계산으로 셈하기는 어렵다. 즉, 날마다 이 계산을 할 수는 없지만 1년 단위로 하면 여분(餘分)이 나올 수 있단 말이다.

본디 물고기는 강호(江湖) 속에 있으면서 상호간에 그 존재를 잊고 있으며, 사람은 도술(道術)에 있으면서 상호간에 그 존재를 잊는다. 옛날의 진인(眞人)은 천지의 근원(根元 : 道)에 섰고, 마음은 우유(優遊)의 경지에 이르러, 덕을 품고 화(和)를 나타내어 만물과 혼연일체가 되었다. (이런 眞人에게 있어) 도대체 어찌 세상사와 연관이 되어 외물(外物) 때문에 성명(性命)을 흐트리는 일이 있겠는가?

原文   古之人, 有處混冥之中, 神氣不蕩于外. 萬物恬漠以愉靜, 攙搶衝杓之氣, 莫不彌靡, 而不能爲害. 當此之時, 萬民猖狂, 不知東西, 含哺而游, 鼓腹而熙, 交被天和, 食于地德, 不以曲故是非相尤, 茫茫沉沉. 是謂大治. 於是在上位者, 左右而使之, 毋淫其性, 鎭撫而有之, 毋遷其德. 是故仁義不布而萬物蕃殖, 賞罰不施而天下賓服. 其道可以大筊輿, 而難以算計擧也. 是故日計之不足, 而歲計之有餘.

夫魚相忘於江湖, 人相忘於道術. 古之眞人立於天地之本, 中至優游, 抱德煬和而萬物雜累焉. 孰肯解構人間之事, 以物煩其性命乎.

註解   ○攙搶(참창)—衝杓(충표)와 함께 흉성(凶星)의 요기. ○莫不彌

靡(막불미미)―‘미미(彌靡)’는 여기저기 흩어져서 소멸된다는 뜻이다. ○萬民猖狂(만민창광), 不知東西(부지동서)―‘창광(猖狂)’은 제멋대로 하는 것. ≪장자≫ <경상초(庚桑楚)>에 ‘지인(至人)은 환도(環堵)의 실(室)에 시거(尸居)하는데 이로써 백성은 창광(猖狂)하여 갈 곳을 모른다’라고 되어 있으며 <제속(齊俗)>에 ‘옛날 백성은 동몽(童蒙)하여 동서(東西)를 모르다’라고 되어 있는 것은 이것과 같은 취지이다. ○含哺而游(함포이유), 鼓腹而熙(고복이희)―‘포(哺)’는 입속에 물고 있는 음식. ≪장자≫ <마제(馬蹄)>에 혁서씨(赫胥氏) 백성들의 일이라며 ‘있어야 할 곳을 모르고 가야 할 곳을 모르되 포(哺)를 물고 기뻐하고 배를 두드리며 논다……’라고 되어 있다. ○交被天和(교피천화)……相尤(상우)―≪장자≫ <경상초>의 ‘대저 지인(至人)은 상호간에 먹을 것을 주어 이로써 즐거움을 하늘과 나눈다. 인물이해(人物利害)를 서로 따지지 않는다’라는 구절과 같은 뜻이다. ○茫茫沆沆(망망항항)―홍수가 넘치는 모양. ○大筴(대협)―단위가 높은 수(數), 혹은 대략적인 수. ○日計之(일계지)……有餘(유여)―≪장자≫ <경상초>에 같은 글이 보인다. ○夫魚相忘於江湖(부어상망어강호)―≪장자≫ <대종사(大宗師)>에 따른다. ‘상망(相忘)’의 의미는 ≪장자≫에 ‘천학(泉涸 : 샘이 마르다)하여 어상(魚相) 공히 육지에 처하며 상구(相呴)하는데 (숨을 내쉰다) 습기를 가지고 서로 적시는 것은 강호에 있으면서 서로가 서로를 잊는 것〔相忘〕만 같지 못하다’라고 되어 있는 것을 참고로 할 때 물고기가 서로 잊는다는 의미가 된다. 그러나 본문만을 가지고 본다면 물고기가 강호에 있을 때는 물을 잊는다(물을 의식하지 아니한다)란 의미로 되돌아온다. ○古之眞人(고지진인)……至優游(지우유)―<본경훈(本經訓)>에 ‘옛사람은 기(氣)를 천지와 같게 하고 일세(一世)와 함께 우유(優游)하다’라고 되어 있는 것과 같은 취지이다. ○孰肯解構人間之事(숙긍해구인간지사)―‘해구(解構)’는 연관되다란 의미. 인간(人間)’은 세간(世間)이란 뜻이다.

그런데 도(道)에는 일관된 조리가 있어서 근본적 도가 정해지면 천지만엽(千枝萬葉)까지도 이어지게 마련이다. 즉 고귀하면 영(令)을 시행하고, 비천하면 그 경애(境涯)를 잊고, 빈곤하면 생업에 정력을 쏟고, 곤란해지면 위기에 처한다는 식이다. 무릇 추워져서 상설(霜雪)이 내리면 비로소 송백(松柏)의 푸르름이 눈에 띄는 법인데 이처럼 위난(危難)에 임하여 이해(利害)를 보고서야 비로소 성인의 도를 잃지 않음을 아는 것이다.

그런 까닭에 제대로 대원(大圓 : 하늘)을 이고 있는 자는 대방(大方 : 대지)을 튼튼히 밟고 서며, 태청(太淸 : 道)을 잘 비추어 보고 있는 자는 대명(大明)을 보며, 태평(太平)을 확립하는 자는 대당(大堂 : 조정)에 있으며, 또 명명지경(冥冥之境)에 몸을 제대로 맡기는 자는 그 덕이 해와 달처럼 빛나고 있다.

그런 까닭에 도(道)를 낚싯대로 삼고 덕을 낚싯줄로 삼고 예악(禮樂)을 낚싯바늘로 삼고 인의(仁義)를 미끼로 하되 이것을 대하(大河)에 던지거나 혹은 바다에 띄우면 만물이 어지럽게 모여들 것인즉 어느 것인들 잡지 못하겠는가?

原文　夫道有經紀條貫, 得一之道, 連千枝萬葉, 是故貴有以行令, 賤有以忘卑, 貧有以樂業, 困有以處危. 夫大寒至, 霜雪降, 然後知松柏之茂也. 據難履危, 利害陳于前, 然後知聖人之不失道也.

是故能戴大員者, 履大方, 鏡太淸者, 視大明, 立太平者, 處大堂, 能游冥冥者, 與日月同光. 是故以道爲竿, 以德爲綸, 禮樂爲鉤, 仁義爲餌, 投之於江, 浮之於海, 萬物紛紛, 孰非其有.

註解　○經紀條貫(경기조관)―일관된 조리란 뜻이다. ○得一之道(득일지도)―일(一)은 도(道)의 근본. ○貴有以行令(귀유이행령)……困有以處

危(곤유이처위)-《예기(禮記)》<중용(中庸)>에 '부귀에 처하면 부귀를 행하고, 빈천에 처하면 빈천을 행하며, 이적(夷狄)에 처하면 이적처럼 행하고, 환난에 처하면 환난을 행한다'라고 되어 있는 것과 같은 취지이다. ○夫大寒至(부대한지)……知松柏之茂也(지송백지무야)-《논어》<자한(子罕)>과 《장자》<양왕(讓王)>에 같은 취지의 글이 보인다. ○處大堂(처대당)-대당(大堂)은 명당(明堂 : 천자가 政敎를 행하는 건물)이란 뜻. ○以道爲竿(이도위간)……仁義爲餌(인의위이)-도가(道家) 사상으로서의 도와 덕을 몸에 익히면서 현실적으로는 유가(儒家)의 인의예악(仁義禮樂)에 의해 처세해 나가는 것을 가리킨다. 이런 태도를 다음 절에서 말하는 '발뒤꿈치를 들고 춤을 추는 것'처럼 잔재주를 부리는 자로 보는 설도 있지만, 앞뒤의 문맥, 즉 우선 도(道)가 천지만엽(千枝萬葉)에까지도 이어진다 했고 마지막에 만물이 어지럽게 모여들 것인즉 어느 것인들 잡지 못하겠는가라고 한 점으로 보아, 논지는 여기서 일단 완결되었다고 풀이해야 할 것이다. 다시 말해서 근원에 도를 품고 있으면서 현실적으로는 유가적(儒家的) 처세를 긍정하는 것으로서 이 책 곳곳에서 볼 수 있는 유도(儒道)의 절충론 가운데 하나라고 생각된다. ○萬物紛紛(만물분분)-분분은 뒤섞이어 많아지는 것.

대저 발뒤꿈치를 들고 춤을 추는 것과 같이 잔재주를 믿고 세상사를 처리하고 세상의 풍속 습관을 이것저것 손대어 바꾸며 사물의 섬세한 부분을 천착하면서 그것에 구애되어 나가더라도, 뜻을 이루어 뜻하는 바를 실현시킬 수 있다. 하물며 위대한 도를 품고, 자신에게 간담(肝膽)이라든가 이목(耳目)이 있는 것조차 잊고 다만 끝이 없는 곳에서 노닐며 마음을 풀고 외물(外物)과 관련하여 흐트러짐이 없이 마음을 무형(無形)의 경지에 배회하며 천지자연과 화합하고 있는 사람은 더 말할 것이 있겠는가?

이러한 사람은 지혜를 쓰지 아니하고 소박한 본성을 지키며 이해(利害)를 티끌로 보고 삶과 죽음을 우습게 본다. 그러기에 주옥이라든가 상아(象牙) 따위로 장식을 한 천자의 수레를 눈으로 보더라도, 백설(白雪)이라든가 청각(淸角)의 음악을 듣더라도 그 정신을 흐트리는 일이 없다. 또 천인(千仞)의 골짜기 위에 오르더라도, 원숭이조차 눈이 돌 정도의 낭떠러지를 눈앞에 두고 섰어도 그 평화를 교란시키는 일은 없는 것이다.

예를 들어 종산(鍾山)의 미옥(美玉)과 같아서 화로 속의 숯불로 사흘 낮 사흘 밤 동안 태우더라도 빛깔이라든가 광택이 변하지 않는 것은 곧 그 옥이 천지간의 정수(精髓)라고 할 수 있는 최고의 자질이기 때문이다. 이와 같이 살아간다는 것조차 가치가 없다고 하는 것이니, 하물며 이(利)를 위해 움직이는 일은 없고, 또 죽음의 공포도 그 행동을 멈추게 할 수가 없는데 하물며 위해(危害)로 겁을 줄 수 있겠는가.

생사일여(生死一如)의 실태를 변별하고 이해(利害)가 늘 변하는 도리에 통달해 있으므로 비록 천하의 크기와 정강이의 터럭 한 개를 교환할 수 있더라도 태연하게 그 심지(心志)를 흐트리는 일이 없는 것이다. 대저 귀천의 차이 따위는 그의 몸에 있어서, 산들산들 불어오는 봄바람과 같은 것이요, 훼예(毁譽)의 평판 따위는 그에게 있어 모기나 등에가 앉았다가 날아가는 것과 같다.

原文 夫挾依於跂躍之術, 提挈人間之際, 撢掞挺挏世之風俗, 以摸蘇牽連物之微妙, 猶得肆其志, 充其欲. 何況懷瓌瑋之道, 忘肝膽, 遺耳目, 獨浮游無方之外, 不與物相弊撥, 中徙倚無形之域, 而和以天地者乎. 若然者, 偃其聰明, 而抱其太素, 以利害爲塵垢, 以死生爲晝夜. 是故目觀玉輅琬象之狀, 耳聽白雪淸角之聲, 不能以亂其神, 登千仞之谿, 臨蝯眩之岸, 不足以滑其和.

譬若鍾山之玉, 灼以鑪炭, 三日三夜, 而色澤不變, 則至德, 天地之精也. 是故生不足以使之, 利何足以動之. 死不足以禁之, 害何足以恐之. 明於死生之分, 達於利害之變, 雖以天下之大, 易骭之一毛, 無所槩於志也. 夫貴賤之於身也, 猶儵風之時麗也, 毀譽之於己, 猶蚊虻之一過也.

註解　○擥捼挺挏世之風俗(탐염정동세지풍속)－탐(擥)은 인(引), 염(捼)은 연(延), 정동(挺挏)은 오르내리는 것. 세상의 풍속 습관을 이것저것 손보아서 바꾸는 것. ○以摸蘇牽連物之微妙(이모소견연물지미묘)－모소(摸蘇)는 모색, 견연(牽連)은 구속, 미묘(微妙)는 세소(細少)의 뜻. ○懷瓖瑋之道(회양위지도)－양위(瓖瑋)는 위대하다는 뜻. ≪장자≫ <천하(天下)>에 장주(莊周)의 글의 형용으로 보인다. ○忘肝膽(망간담), 遺耳目(유이목)－≪장자≫ <대종사(大宗師)>에 '방외(方外)에서 노니는 자'의 태도로 이 구절을 쓰고 있다. 앞뒤의 논지도 이것에 가깝다. ○無方之外(무방지외)－방(方)은 구획이란 의미로서 '무방(無方)'은 방(方)의 안팎을 초월한 것. ○弊撥(폐살)－잡유(雜糅 : 뒤섞이다)란 뜻. 폐(弊)의 음(音)은 발(跋)과 같다. ○徙倚(사의)－헤매는 것. ○抱其太素(포기태소)－≪노자≫ 제19장에 '견소포박(見素抱樸)'이라고 되어 있는 것처럼, 도가(道家)에서는 사물의 있는 그대로의 모습을 소(素) 또는 박(樸)이라고 칭한다. 태소(太素)란 그런 소박(素樸)의 극치를 가리킨다. ○以死生爲晝夜(이사생위주야)－≪장자≫ <지락(至樂)>에 같은 구절이 있다. 삶과 죽음을 일체로 보는 것. ○目觀玉輅琬象之狀(목관옥로완상지상), 耳聽白雪淸角之聲(이청백설청각지성)－옥로(玉輅)는 천자의 수레이며, 완상(琬象)은 그 장식인 옥과 상아. 백설(白雪)은 사광(師曠)이 연주했던 악곡 이름. 청각(淸角)은 은(殷)나라 악곡의 이름. 요는 최고급 장식품과 음악이란 의미이다. ○臨蝯眩之岸(임원현지안)－원현지안(蝯眩之岸)은 원숭이도 아찔해하는 낭떠러지. 험준한 단애(斷崖)를 비유. ○若鍾山之玉(약종산지옥)－종산

(鍾山)은 곤륜(崑崙), 일설에 북쪽 태양이 비치지 않는 지방. 미옥(美玉)을
산출한다. ○雖以天下之大(수이천하지대), 易骭之一毛(역간지일모)─≪한
비자≫ <현학(顯學)>에 물질을 가볍게 여기고 삶을 중시하는 선비는 '천
하의 대리(大利)를 그 정강이 털 한 개와 바꾸지 않는다'라고 하였다.
여기서는 그처럼 고집이 센 자세를 초월한 태도를 가리킨다. 간(骭)은
경(脛)과 같은 뜻이다. ○無所槩於志也(무소개어지야)─개(槩)는 관계
되는 것, 또는 그것에 의하여 문란해지는 것을 의미한다. ○條風之時麗也
(조풍지시려야)─조풍(條風)은 <천문훈(天文訓)>에 '동지(冬至)를 지나
45일째[立春]의 바람'이라 했고 또 '동방(東方)의 바람'이란 설도 있다.
여(麗)는 '지나가다'란 뜻.

대저 결백함을 지키어 더럽히지 아니하고 순수함을 유지하여 잡연
(雜然)치 아니하며, 현명(玄冥)의 경지에 있어도 어둡지 아니하고 천
균(天鈞)에서 쉬며 상(傷)하는 일이 없으면, 맹문산(孟門山)·종릉산
(終隆山)도 그 가는 바를 금할 수가 없고, 급류(急流)·선연(旋淵),
예컨대 여량(呂梁)의 깊이도 그 가는 바를 멈출 수가 없으며 태행(太
行)·석간(石澗)·비호(飛狐)·구망(句望)의 험준함도 그 가는 길을
저지할 수가 없다. 그러기에 몸은 멀리 강해(江海)에 있으면서도 마
음은 궁궐에 있을 수 있겠거니와 (道의) 일원(一原)을 체득하지 않고
서야 누가 거기까지 도달할 수 있으리오.
  그래서 지인(至人)과 함께 있으면 서민은 빈궁함을 잊고, 왕공(王
公)은 그 부귀함을 가벼이 여기며 도리어 비천함을 즐기게 된다. 또
용감한 사람은 그 기력이 약해지고 탐욕한 사람은 그 욕망이 없어지
고 만다. (至人은) 앉아서 가르치지 아니하고, 서서 의논을 하는 일
도 없건만 공허한 마음을 가지고 찾아온 자는 가득 채워가지고 돌아
간다. 즉 무언중에 사람들 마음에 화합의 덕을 먹여준다는 것이다.

　본디 지도(至道)는 무위(無爲)이면서도 용이라든가 뱀처럼 스스로 잘 변하며, 혹은 뻗어나고 혹은 오그라들며, 혹은 물러나고 혹은 나아가는데, 때와 함께 추이(推移)하고, 밖으로는 세속에 동화하면서 안으로는 그 본성을 지키며, 이목(耳目)은 밖으로 움직이지 아니하고 사려(思慮)는 흐트러지지 않으며 신명(神明)의 거소(居所 : 마음)는 간소함을 유지하고 태청(太淸)에서 노닐며 만물을 복종시키고 군미(群美)를 만들어 내는 것이다.

　그러므로 신(神)을 움직이고자 하면 신은 그곳에서 떠나가고, 신을 쉬도록 하면 신은 그곳에 머문다. 도(道)는 일원(一源)에서 나와 구천(九天)의 문(門)을 지나 육합(六合)의 시가지로 퍼지고 무한의 세계를 돌아다니는데 적막하고 허무하며 만물에 작용을 가하지 아니하여도 만물이 스스로 작용하는 것이다. 즉 일을 하여 도(道)에 맞추는 것은 도의 작용에 의한 것이 아니라 도가 두루 퍼져 있는 곳이면 자연히 그렇게 되는 것이다.

　原文　夫秉皓白而不黑, 行純粹而不糅, 處玄冥而不闇, 休于天鈞而不硋, 孟門終隆之山, 不能禁, 湍瀨旋淵, 呂梁之深, 不能留也, 太行石澗飛狐句望之險, 不能難也. 是故身處江海之上, 而神游魏闕之下. 非得一原, 孰能至於此哉.

　是故與至人居, 使家忘貧, 使王公簡其富貴, 而樂卑賤, 勇者衰其氣, 貪者消其欲. 坐而不敎, 立而不議, 虛而往者, 實而歸. 故不言而能飮人以和.

　是故至道無爲, 一龍一蛇, 盈縮卷舒, 與時變化, 外從其風, 內守其性, 耳目不燿, 思慮不營, 其所居神者, 臺簡以游太淸, 引楯萬物, 羣美萌生.

　是故事其神者, 神去之, 休其神者, 神居之. 道出一原, 通九門,

散六衢, 設於無垓坫之宇, 寂漠以虛無, 非有爲於物也, 物以有爲
於己也. 是故擧事而順于道者, 非道之所爲也, 道之所施也.

註解 ○夫秉皓白而不黑(부병호백이불흑)─호백(皓白)은 천성 그대로
의 순수함을 유지하는 모습. 도가(道家)에서 이상(理想)으로 치는 경지를
가리킨다. ○處玄冥而不闇(처현명이불암)─현명(玄冥)은 깊숙한 곳까지 어
두운 것. 세속적인 사려분별을 하지 못하는 상황에 비유한다. ○休于天鈞而
不礪(휴우천균이불훼)─휴우천균(休于天鈞)은 ≪장자≫ <제물론(齊物論)>
에 같은 구절이 있다. 천균(天鈞)은 자연의 평형을 가리키는데, 세속적인
시비를 초월하고 또 그 양자(兩者)를 포용하는 입장. 훼(礪)는 패(敗).
○孟門終隆之山(맹문종륭지산)─맹문(孟門)은 <지형훈(墬形訓)>에 구산(九山) 중 하나라 하였으며 태행산(太行山) 속의 험준한 곳. 종륭(終隆)
은 종남산(終南山：陝西省)을 가리킨다. 모두 요해지(要害地)이다. ○湍
瀨旋淵(단뢰선연), 呂梁之深(여량지심)─단뢰(湍瀨)·선연(旋淵)은 급류
(急流)·심연(深淵)이다. 여량(呂梁)은 산서성의 산 이름. 우(禹)임금이
이 산을 뚫어 황하의 물을 통하게 한 것으로 알려져 있다. 여기서는 그
수류(水流)를 말함이다. ○太行石澗飛狐句望之險(태행석간비호구망지험)
─태행(太行)은 산서성·하북성 경계를 이루는 산맥. 험난하기로 유명하
다. 석간(石澗)은 깊은 골짜기. 비호(飛狐)는 태행산맥 속에 있는 관(關).
구망(句望)은 안문(鴈門：산서성)에 있다. ○身處江海之上(신처강해지상),
而神游魏闕之下(이신유위궐지하)─≪장자≫ <양왕(讓王)>에 같은 구절
이 보이며 그 구절을 포함하여 같은 설화가 ≪여씨춘추(呂氏春秋)≫ <개
춘론(開春論)> 심위(審爲)에, 그리고 <도응훈(道應訓)>에 보인다(세 군
데 모두 神을 心이라 했다). 위궐(魏闕)은 궁문(宮門)의 양쪽 대(臺)를
말하며 그곳에 법령을 걸어놓았기 때문에 이것이 전(轉)하여 부귀영화
를 가리키게 되었다. 여기에서는 그런 의미가 아니라 혹은 ≪여씨춘추≫
의 주해처럼 '위궐'을 '심하지거궐(心下之巨闕)'로 풀이하고 정신이 마음

속에 보지(保持)되어 있다는 뜻으로 한다. ○坐而不敎(좌이불교)……實而歸(실이귀)─≪장자≫ <덕충부(德充符)>에도 보인다. 그리고 그 앞뒤 편에 유사한 글이 있다. ○故不言而能飮人以和(고불언이능음인이화)─≪장자≫ <덕충부> 전문(前文) 뒤에, '원래 말 없는 가르침이란 것이 있어서, 겉으로는 나타나지는 않더라도 마음이 완성된 자일까요?(固有不言之敎 無形而心成者邪)'라고 되어 있는 것을 참고로 하여 마음속에 조화(調和)의 기(氣), 즉 화기(和氣)가 가득한 것으로 풀이했다. ○至道無爲(지도무위)……與時變化(여시변화)─≪장자≫ <산목(山木)>에 '용이 되었다가 뱀이 되듯이 신축자재이며 때의 움직임과 함께 변화하여 한군데에 집착되지 않는다. 올라갔다 내려갔다 하며 (한곳에 머물지 않고) 남과 화합함을 자기의 도량으로 삼는다(一龍一蛇 與時俱化 而無肯專爲 一上一下 以和爲量)'라는 구절이 있다. 한편 ≪장자≫ <천운(天運)>에 있는 '쓰러졌는가 하면 일어나서 끝이 없이 변한다(一僨一起 所常無窮)'란 구절도 같은 뜻이다. '때로는 용으로 변하고 때로는 뱀으로 변한다'는 의미이다. 영축권서(盈縮卷舒)의 권(卷)은 퇴(退), 서(舒 : 늘어나다)는 진(進), 신축진퇴란 의미이다. ○九門(구문)─천문(天門)을 의미한다. ○散六衢(산육구)─육합(六合 : 天地四方)의 거리에 산포(散布)하는 것. ○設於無垓坫之宇(설어무해점지우)─설(設)은 시(施)이고 해점(垓坫)은 은악(垠堮)이다.

　무릇 하늘이 덮고 있는 것, 땅이 싣고 있는 것, 육합(六合) 안에 있는 것, 음양이 키우고 있는 것, 우로(雨露)의 혜택을 받고 있는 것, 도덕에 지탱되어지고 있는 것, 그 모든 것은 같은 부모로부터 태어나고, 하나의 화기(和氣)에 통제되고 있다. 그렇기에 느티나무와 느릅나무, 귤나무와 유자나무 등은 같은 형제간이며 유묘(有苗)와 삼위(三危)는 한집안인 것이다.
　한편 눈으로는 기러기와 고니가 나는 것을 보고 귀로는 거문고와 비파 타는 것을 들으면서 마음이 움직이어 안문(雁門)을 떠올렸다면 한몸 속에서까지 정신이 나뉘어져서 그것은 육합 속에서 말한다면 일거에 천만리나 떨어지게 된다.

그런 까닭에 차별이 있다는 관점에서 본다면 간장(肝臟)과 담낭(膽囊)의 간격도 북호(北胡)와 남월(南越)의 관계만큼이나 떨어져 있다. 그러나 동일하다는 관점에서 본다면 만물은 모두 한부류의 것이다.

백가(百家)의 제설(諸說)은 각기 바탕을 두고 있는 바가 있다. 예를 들면 저 묵적(墨翟)·양주(楊朱)·신불해(申不害)·상앙(商鞅)처럼 그들이 익힌 도(道)에 대해서 말한다면 수레 덮개 중 한 개의 평교대가 없는 것과 같고, 수레바퀴 중 한 개의 살이 빠진 것과 같다. 그 한 개는 있어도 그만, 없어도 그만이며 있다면 수(數)에 넣을 수 있겠으나 없다 해도 실용상 지장은 없다. 그들은 자설(自說)만이 올바르다며 독단할 뿐 천지의 실정에 통달하고자 하질 않는다.

예컨대 저 주물사(鑄物師)가 그릇을 만들 때 금속이 용광로 속에 펄펄 끓으면 반드시 넘쳐흘러서 굳어지게 마련이다. 땅에 떨어지자마자 굳어져서 어떤 형태의 물건이 되는 수도 있다. 그 물건이 다소 쓸모가 있다 하더라도 저 주왕실(周王室)의 구정(九鼎)보다 귀중할 수는 없으며 더구나 모양을 만들어 내는 사람[鑄物師]과는 비교도 할 수가 없다. 그만큼 도(道)에서 멀리 떨어져 있는 것이다.

한편 만물은 분화(分化)되어 여러 가지의 활동을 하고, 백사(百事)는 나뉘어져서 줄기·잎·가지·싹이 되는데, 그 모두는 한 뿌리에 바탕을 두고 천 가지 만 가지로 나뉘어지는 것이다. 이처럼 만물은 도(道 : 조화)에서 받는 것이지 주는 쪽은 아니다. 주는 자[道]는 받는 일이 없는데 모두를 수용한다. 모두를 수용한다는 것은 예컨대 밀운(密雲)의 무리가 몇 겹씩이나 쌓여져서 비를 내리어 만물에게 물을 주지만, 구름 그 자체는 만물과 함께 젖는 일이 없음을 가리킴이다.

　예를 들자면 명궁(名弓)이 사술(射術)을 터득하고 있는 것은 목수
가 규구(規矩)의 사용법을 터득하고 있는 것과 같다. 모두가 그런 것
들을 터득하고 있음으로써 묘기에 통달할 수 있는 것이다. 그러나 해
중(奚仲)은 봉몽(逢蒙)이 될 수가 없고 조보(造父)는 백락(伯樂)이
될 수는 없다. 이것을 가리켜 한 가지 국부(局部)에 밝더라도 만방
(萬方)에는 통할 수 없다고 하는 것이다.

　이제 날(涅)로 치(緇)를 물들이면 그것은 날보다도 검고, 남(藍)으
로 청(靑)을 염색하면 그것은 남(藍)보다 더 파랗게 되는데 치(緇)는
날(涅)이 아니고 청(靑)은 남(藍)이 아니다. 비록 치라든가 청이 어머
니인 날이라든가 남(藍)과 만났다 하더라도 두 번 다시 날이나 남으
로 돌아갈 수는 없는 것이다. 이것은 왜일까? 전화(轉化)되어감에 따
라 본질은 점점 더 희박해진다는 비유이기도 하다.

　더구나 원래의 날이라든가 남(藍)에는 조화(造化)의 기능 따위는
없기 때문에 날이나 남에 의한 화(化)는 비록 금석에 새기고 죽백(竹
帛)에 기록하여 아무 소용이 없다. 이상의 관점에서 볼 때 만물은 모
두 유(有)에서 생기되 소대(小大)는 각양각색인 것이다.

原文　夫天之所覆, 地之所載, 六合所包, 陰陽所呴, 雨露所濡, 道
德所扶, 此皆生一父母, 而閱一和也. 是故槐楡與橘柚, 合而爲兄
弟, 有苗與三危, 通爲一家. 夫目視鴻鵠之飛, 耳聽琴瑟之聲, 而心
在鴈門之閒, 一身之中, 神之分離剖判, 六合之內, 一擧而千萬里.
是故自其異者視之, 肝膽胡越. 自其同者視之, 萬物一圈也. 百家異
說, 各有所出. 若夫墨・楊・申・商之於治道, 猶蓋之一橑, 而輪之
一輻. 有之可以備數, 無之未有害於用也. 己自以爲獨擅之, 不通之
于天地之情也.

今夫治工之鑄器, 金踊躍于鑪中, 必有波溢而播棄者. 其中地而
凝滯, 亦有以象於物者矣. 其形雖有所小用哉, 然未可以保於周室
之九鼎也. 又況比於規形者乎. 其與道相去亦遠矣. 今夫萬物之疏
躍枝擧, 百事之莖葉條栫, 皆本於一根, 而條循千萬也. 若此則有
所受之矣, 而非所授者. 所授者無受也, 而無不受也. 無不受也者,
譬若周雲之蘢蓯, 遼巢彭薄而爲雨, 沈溺萬物而不與爲淫焉.

今夫善射者, 有儀表之度, 如工匠有規矩之數. 此皆所得以至於
妙. 然而奚仲不能爲逢蒙, 造父不能爲伯樂者, 是曰諭於一曲, 而不
通于萬方之際也. 今以涅染緇, 則黑於涅, 以藍染靑, 則靑於藍. 緇
非涅也, 靑非藍也, 茲雖遇其母, 而無能復化已. 是何則以諭其轉而
益薄也. 何況夫未始有涅藍造化之者乎. 其爲化也, 雖鏤金石, 書竹
帛, 何足以擧其數. 由此觀之, 物莫不生於有也, 小大優游矣.

註解　○有苗與三危(유묘여삼위), 通爲一家(통위일가) − 묘족(苗族)은 처
음에는 중원(中原) 땅에서 번영했었는데 후에 쫓기어 일부는 동정호(洞庭
湖) 남쪽에, 그리고 대부분은 서방(西方)·서남방(西南方)에 산재했다고
한다. 여기서 말하는 '유묘'란 동정호 부근의 묘족 거주지이다. 삼위(三
危)는 극서(極西)의 산 이름. ≪서경(書經)≫ <순전(舜典)>에 '삼묘(三苗 :
三種의 苗族)를 삼위(三危)에 방축(放逐)하다'라고 적혀 있다. 남쪽과 서
쪽 등 멀리 떨어져 있어서 전혀 무연(無緣)일 것으로 생각되는 유묘와
삼위가 실은 한가족이라는 뜻이다. ○自其同者視之(자기동자시지)……萬
物一圈也(만물일권야) − ≪장자≫ <덕충부(德充符)>에 거의 같은 글이 보
인다. 호(胡)는 북방의 만족(蠻族), 월(越)은 남방의 만족, 또는 그들의
거주지를 가리키며, 서로 멀리 떨어져 있다는 비유이다. 한몸 안에 인접해
있는 간장과 담낭도 그 기능의 차별이라고 하는 관점에서 본다면 호·월
의 관계처럼 멀리 떨어져 있다고 하는 비유이다. ○墨(묵)·楊(양)·申(신)·

商(상)-묵적(墨翟)·양주(楊朱)·신불해(申不害)·상앙(商鞅). 묵적은 묵가(墨家)의 비조(鼻祖), 양주는 묵적과 함께 공맹간(孔孟間)의 사람. 철저한 자아주의(自我主義)를 설파했다. 신불해와 상앙은 모두 전국시대의 법가(法家) 학자이자 정치가. ○猶蓋之一橑(유개지일료), 而輪之一輻(이륜지일복)-료(橑)는 수레 덮개를 받치는 평교대. 복(輻)은 수레바퀴살. ○金踊躍于鑪中(금용약우로중)-야공(冶工)을 조화(造化)에, 용광로 안의 금을 피조화(被造化)에 비유해서 설명하는 것은 ≪장자≫ <대종사(大宗師)>에도 비슷한 설명이 있다. ○其中地而凝滯(기중지이응체)-중지(中地)는 지면(地面)과 접한다는 의미. ○然未可以保於周室之九鼎(연미가이보어주실지구정)-보(保)는 보(寶)와 통한다. 주실지구정(周室之九鼎)은 우(禹)임금이 구주(九州)의 금으로 주조한 정(鼎)으로서 주나라에 이르기까지 전해온 보기(寶器)이다. ○又況比於規形者乎(우황비어규형자호)-규형자(規形者)는 야공(冶工)을 가리킴과 동시에 조물자(造物者)로서의 도(道)의 비유이기도 하다. ≪장자≫ <대종사>에 있는 '조화로 대야(大冶)를 하다'란 구절을 참고할 것. ○今夫萬物之疏躍枝擧(금부만물지소약지거)-소(疏)·지(枝)는 분산된 모양. 약(躍)은 약동, 거(擧)는 거조(擧措). 즉 여러 가지 활동. ○百事之莖葉條枿(백사지경엽조얼)-백사(百事)는 윗구절의 만물(萬物)과 같은 뜻이다. 이 구절 자체가 윗구절과 같은데 수사상(修辭上) 두 구절을 나열한 것이리라. 굳이 구별한다면 윗구절이 동물의 다양한 활동을 언급한 데 비하여 여기서는 식물의 다양한 모습을 언급하고 있다. 얼(枿)은 음과 뜻에서 모두 얼(蘖 : 새싹)과 같다. ○遼巢彭薄(요소팽박)-온적(蘊積 : 다량으로 거듭 쌓이다)의 모습. ○奚仲不能爲逢蒙(해중불능위봉몽)-해중(奚仲)은 수레 만드는 명인. <제속훈(齊俗訓)> <수무훈(脩務訓)>에도 나온다. 봉몽(逢蒙)은 <원도훈(原道訓)>에 나왔다. ○造父不能爲伯樂(조보불능위백락)-조보(造父)는 <원도훈>에 나왔다. 백락(伯樂)은 말의 감별사로 유명한 사람. <주술훈(主術訓)>에도 나온다. ○是曰諭於一曲(시왈유어일곡)-일곡(一曲)은 일부분.

여기서는 일예(一藝)에 밝은 것을 가리킨다. ㅇ以涅染緇(이날염치)—날(涅)은 명반(明礬 : 礬石). 검정 염색의 원료. 치(緇)는 검은색 혹은 검은색의 옷. ㅇ以藍染靑(이람염청), 則靑於藍(즉청어람)—남(藍)은 청색의 원료로 알려져 있는 풀. '청어람(靑於藍)' 구(句)는 ≪순자(荀子)≫ <권학(勸學)>의 서두 구절을 참조. ㅇ物莫不生於有也(물막불생어유야)—조화(造化 : 道·無)가 아닌 날람(涅藍)이 치청(緇靑)을 만들어 낸다는 내용을 받아서, 세속에서 말하는 만반의 차별은 요컨대 (날람처럼) 유(有)에 의하여 초래된 것임은 굳이 논할 필요도 없다는 뜻이리라. ㅇ小大優游矣(소대우유의)—우유(優游)는 요다(饒多)란 뜻. 세간(世間)에는 이러한 유(有)에 의하여 초래된 (가짜) 차별인 소대(小大)의 여러 사상(事象)이 존재한다면서 이 단락을 매듭 짓는 것으로 풀이했다.

대저 추호(秋毫)의 털끝 같은 미세한 것도 틈이 없는 곳에 밀어넣고자 하면 도리어 굵어지며, 갈대의 껍질처럼 얇은 것도 틈이 없는 곳으로 밀어내고자 하면 도리어 두꺼워진다. 만약 그런 추호 정도의 굵기라든가 갈대 껍질 정도의 두께가 없다면 무경(無境) 무은(無垠 : 無境)을 자재로이 통달하므로 이것을 막을 것은 아무것도 없다. 그것은 미묘하고도 미묘하여 만물을 오르내리고 천지간을 선전변화(旋轉變化)한다. 대체 어떻게 그 도리를 밝힐 수 있겠는가?

본디 질풍은 나무를 뽑아 버릴 수는 있지만 모발(毛髮)을 뽑아낼 수는 없다. 또 구름을 찌를 듯한 고대(高臺)에서 떨어진 사람은 등뼈가 부러지고 뇌(腦)가 부숴지는데 모기라든가 등에는 그럴 때에 가볍게 날아갈 수가 있다. 무릇 곤충처럼 하늘의 작용에 편승하여 우주의 한 모퉁이에 형체를 받은 데에 불과한 작은 벌레조차도 그 운명을 벗어날 수가 있다. 하물며 모양이 없는 것은 더 말할 나위가 있겠는가.

이상의 관점에서 볼 때, 무형(無形)이 유형(有形)을 낳는 것도 명백하다. 이런 까닭에 성인(聖人)은 그 신(神)을 영부(靈府)에 위탁해서 만물의 원초(原初)로 돌아가고 명명(冥冥) 속에서 보며 무성(無聲 : 寂漠) 속에서 듣는다. 다시 말하여 명명 속에서 홀로 광명을 보고 적막한 가운데서 홀로 밝게 비춘다. 일을 이루고자 할 때에는 하지 않는 것처럼 한다. 하지 않는 것처럼 하기에 그 일은 완전하다. 또 알고자 할 때에는 알려고 하지 않는다. 알려고 하지 않기 때문에 그 지(知)는 흠이 없다.

原文 夫秋豪之末, 淪於無閒, 而復歸於大矣, 蘆苻之厚, 通於無垠, 而復反於敦龐. 若夫無秋豪之微, 蘆苻之厚, 四達無境, 通于無垠, 而莫之要御夭遏者. 其襲微重妙, 挺挏萬物, 揣丸變化天地之閒. 何足以論之.

夫疾風敎木, 而不能拔毛髮. 雲臺之高, 墮者折脊碎腦, 而蚊蝱適足以翾. 夫與蚊蟯同乘天機, 受形於一圈, 飛輕微細者, 猶足以脫其命. 又況未有類也.

由此觀之, 無形而生有形亦明矣. 是故聖人託其神於靈府, 而歸於萬物之初, 視於冥冥, 聽於無聲. 冥冥之中, 獨見曉焉, 寂漠之中, 獨有照焉. 其用之也, 以不用. 其不用也, 而後能用之. 其知也, 乃不知. 其不知也, 而後能知之也.

註解 ○秋豪(추호)―추호(秋毫)와 같다. 짐승류의 털은 가을철에 털갈이를 하는데 그 가느다란 털을 가리킴이다. ○通於無垠(통어무은)―은(垠)은 그 아래의 은(圻)과 마찬가지로 은(垠)과 통한다. 경(境)이란 뜻. ○敦龐(돈방)―방(龐)은 대(大). 즉 두껍다는 뜻이다. ○莫之要御夭遏者(막지요어요알자)―요어(要御)는 차단하여 막는다는 뜻. 요알(夭遏)은 막아서

멈추게 한다는 뜻이다. ○揣丸變化天地之間(췌환변화천지지간)－췌환(揣丸)은 선전(旋轉), 천지지간(天地之間)은 그 다음 구절의 머리글로 볼 수도 있다. ○翾(현)－가볍게 조금 날으는 것. ○夫與蚑蟯同乘天機(부여기요동승천기)－기요(蚑蟯)는 땅을 기어다니는 벌레. 천기(天機)는 하늘(자연)의 움직임, <원도훈(原道訓)>에 보이며 ≪장자≫ <대종사(大宗師)> <천운(天運)> <추수(秋水)>에도 보인다. ○又況未有類也(우황미유류야)－유(類)는 형상(形象)이다. ○靈府(영부)－영묘(靈妙)한 신명(神明)의 거소(居所). ○視於冥冥(시어명명)……獨有照焉(독유조언)－≪장자≫ <천지(天地)>에 거의 같은 글이 있다. ○其用之也(기용지야)－여기서 말하는 용(用)은 위(爲)의 뜻이다.

무릇 하늘이 안정되어 있지 않으면 일월(日月)은 거소(居所)를 잃고, 땅이 안정되어 있지 않으면 초목은 근거를 잃는다. 우리 몸을 의탁하고 있는 것이 안녕하지 못하면 실제로 시비를 밝혀낼 수가 없는 것이다. 그런 까닭에 진인(眞人)이 있을 때 비로소 진지(眞知)가 있다. 예지(叡知)를 가지지 못한 자에게 어찌 자신을 알고자 해도 알지 못한다는 것을 알 수 있으리오.

이제 후혜(厚惠)를 펴고 은애(恩愛)를 쌓아나감으로써 동정심이 많다는 평판을 얻고 그것이 만민에게 두루 미치며 나아가서는 그것에 의하여 각 사람들이 기꺼이 그 본성을 즐기도록 하는 것은 인(仁)이다. 공로가 있고 세상 평판이 높은 사람을 세워 군신상하(君臣上下)의 질서를 엄정히 하고 친소귀천(親疎貴賤)의 구별을 분명케 하며, 멸망의 위기에 있는 나라를 존속시키고 두절된 왕조(王朝)의 제사를 이어가게 하며 멸망한 일족(一族)을 재흥시키고 후사가 없는 집안의 뒤를 잇게 해주는 것은 의(義)이다.

이목(耳目)을 작용시키지 않고도 심지(心志)를 안에서 지키고, 총명을 버리는 한편 무지(無知)로 돌아가고, 망연(茫然)과 속진(俗塵) 속을 헤매며 무사(無事)한 업(業)에서 태평하게 노닐고, 음양의 변화에 몸을 맡기고 만물과 화답하는 것은 덕(德)이다. 그러기에 도(道)는 흩어져서 덕이 되고 덕은 넘쳐나서 인의가 되며 인의가 서면 도덕이 폐해진다.

1백 아름이나 되는 큰 나무를 베서 술통을 만들려면, 이것을 조각하고 황색·청색으로 채색하며 화려한 무늬와 금으로 장식하고 용사(龍蛇)라든가 호표(虎豹)의 모습을 그리는 등, 모두 정묘하게 꾸며나간다. 한편 남은 나뭇조각은 도랑 속에 던져 버린다. 아름답게 장식한 술통과 도랑 속의 나뭇조각을 비교하면 미추(美醜)의 차이는 극히 크지만, 그러나 나무의 본성을 잃었다는 점에서는 어느 쪽이나 한가지이다.

그런 까닭에 마음이 밖으로 흩어진 사람의 말은 화려하며, 덕이 흘러나간 자의 행위는 열매가 없다. 그것은 속에 지정(至精)이 없는데도 언어와 행위만 겉으로 나타나기 때문이며 이렇게 되어 가지고는 일신(一身)이 외물(外物)에 의해 좌우될 것은 필정(必定)이다.

原文 夫天不定, 日月無所載, 地不定, 草木無所植, 所立於身者不寧, 是非無所形. 是故有眞人, 然後有眞知. 其所持者不明, 庸詎知吾所謂知之非不知歟.

今夫積惠重厚, 累愛襲恩, 以聲華嘔苻嫗, 掩萬民百姓, 使之訢訢然, 人樂其性者, 仁也. 擧大功, 立顯名, 體君臣, 正上下, 明親疏, 等貴賤, 存危國, 繼絶世, 興毁宗, 立無後者, 義也. 閉九竅, 藏心志, 棄聰明, 反無識, 芒然仿佯于塵埃之外, 而消搖于無事之業, 含陰吐陽, 而萬物和同者, 德也. 是故道散而爲德, 德溢而爲仁義, 仁義立而道德廢矣.

百圍之木, 斬而爲犧尊, 鏤之以剞劂, 雜之以靑黃, 華藻鎛鮮, 龍

蛇虎豹, 曲成文章. 然其斷在溝中. 壹比犧尊溝中之斷, 則醜美有
閒矣, 然而失木性鈞也. 是故神越者其言華, 德蕩者其行僞. 至精
亡於中, 而言行觀於外. 此不免以身役物矣.

註解   ○有眞人(유진인), 然後有眞知(연후유진지)─≪장자≫ <대종사
(大宗師)>에 같은 글이 있다. ○庸詎(용거)……非不知歟(비부지여)─용(庸)·
거(詎)는 모두 하(何)와 같다. ≪장자≫ <제물론(齊物論)>에 '용거지오소
(庸詎知吾所) 위지지비부지사(謂知之非不之邪), 용거지오소(庸詎知吾所)
위부지지비지사(謂不知之非知邪)'라고 되어 있는데, 본문은 그 전반부에
해당한다. 세간에서 말하는 지(知)·부지(不知)는 상대적인 것이며 진실된
의미의 지·부지는 성인(聖人)이 아니면 알 수가 없다는 취지이다. ○華
嘔(화구)─비추어 따뜻하게 덥히는 것. ○姁嫗(부구)─양육하는 것. 위
구절과 합쳐 <원도훈(原道訓)>의 '구론복육(呴論覆育)'과 같다. ○訢訢
然(흔흔연)─흔(訢)은 흔(欣)과 같다. ○九竅(구규)─인체(人體)의 아홉
구멍. 이목구비(耳目口鼻)의 7개와 배설구 2개. 여기서는 외계(外界)와
접하는 문호(門戶)를 가리킨다. ○芒然仿佯(망연방양)……而消搖(이소
요)……─방양(仿佯)은 방황과 같고 소요(消搖)는 소요(逍遙)와 같다. 같
은 취지의 글이 ≪장자≫ <대종사>·<달생(達生)>에 보인다. ○道散而
爲德(도산이위덕) …… 道德廢矣(도덕폐의)─≪노자(老子)≫ 제38장에 있
는 '도(道)를 잃은 뒤에야 덕(德)이 드러나며, 덕을 잃은 뒤에야 인(仁)이
드러나며, 인을 잃은 뒤에야 의(義)가 드러난다', 제16장에 있는 '대도(大
道)가 폐한 다음에야 인의(仁義)가 있다'란 구절을 섞어서 한 말. ○百圍
之木(백위지목)……然而失木性鈞也(연이실목성균야)─≪장자≫ <천지(天
地)>에 거의 같은 글이 있다. ○斬而爲犧尊(참이위희준)─희준(犧尊)은
제사 때 사용하던 아름답게 조각을 한 술 그릇. ○鏤之以劗剬(누지이기
굴)─기굴(劗剬)은 조각용 칼과 끌. 전(轉)하여 조각한다는 뜻이 되었다.
○華藻鎛鮮(화조박선)─화조(華藻)는 화려한 무늬. 박선(鎛鮮)은 조각하

여 금장식하는 것. ○神越者其言華(신월자기언화)—'월(越)'은 산(散)의 뜻. '화(華)'는 실(實)에 대칭되는 말로서 실질이 없는 표면적 화려함.

대저 출처진퇴의 행동에 열매가 없는 것은 정기(精氣)가 밖으로 이끌리어 있기 때문이다. 정기가 소진되었기 때문에, 행동에 느슨해지면 마음은 산란해지고 신(神)은 탁해지며 근본이 혼란해지고 만다.

속에서 지켜져야 할 것이 안정되지 못하는 고로, 밖에서 세속의 바람에 흔들리고 끊어 버리지 않으면 안 되는 것을 그렇게 하지 못하므로 속의 청명(淸明)이 탁해진다. 그런 까닭에 이것저것에 미혹되어가며 한평생을 지내고 말며 잠시도 마음 조용하게 평안해질 수가 없는 것이다.

그러므로 성인(聖人)은 도(道)에 의하여 속을 닦되, 인의(仁義)에 의해 밖을 장식하지 않으며, 또 이목(耳目)의 편의를 아는 일이 없고 정신의 조화에 몸을 맡긴다. 이런 성인은 아래로는 삼천(三泉)을 보살피고 위로는 구천(九天)을 찾으며 육합(六合)의 끝에까지 퍼지어 만물 모두에 통달한다. 이것이야말로 '성인의 유(遊)'이다.

더 나아가 진인(眞人)이 되면 지허(至虛)의 경지에서 느긋하게 행동하고 지무(至無)의 들에서 소요하며 비렴(蜚廉)을 타고 돈어(敦圉)를 따르며 우주 밖을 달리다가 다시 이 세계로 돌아와서 휴식한다.

또 10개의 해를 등불로 삼고 비바람을 사자(使者)로 삼으며 뇌공(雷公)을 신하로 삼고 과보(夸父)를 관리로 삼으며 복비(宓妃)를 측실(側室)로 삼고 직녀(織女)를 아내로 삼는다. 천지 사이 그 어느 것도 진인의 뜻을 훼방할 수가 없다. 그러기에 허무는 도(道)의 집이요 평이(平易)는 도의 소질(素質)이라고 하는 것이다.

무릇 사람이 그 마음을 괴롭히고 정기를 문란케 하며 억척같이 하면서 밖으로부터 구하려는 것은, 모두 신명(神明)을 잃고 집에서 떨어져 있기 때문이다. 그런 까닭에 추위로 언 사람은 따뜻한 겹옷을 찾으며, 봄을 생각하고 더위에 지친 사람은 선선한 바람을 원하며 가을을 생각한다고 하는 것이다. 대저 속에 병이 들어 있으면 반드시 밖의 표정으로 나타난다. 물푸레나무는 흑내장(黑內障)을 고쳐주고 나려(臝蠡)는 백내장을 고쳐준다. 이 두 가지는 모두 안질(眼疾)을 고쳐주는 약이다. 그러나 병이 들지도 않았는데 이 약을 쓰면 반드시 실명(失明)하는 사람이 생긴다.

성인이 천하를 동요시키는 수단에 진인(眞人)은 관심이 없고, 현인(賢人)이 세속을 교정시키는 수단에 성인은 눈길도 주지 않는다. 무릇 소 발자국에 괸 물에는 월척의 잉어가 들어갈 여지가 없고, 괴부(塊阜)와 같은 작은 산에서는 월장(越丈)의 재목이 산출되지 아니한다. 그 이유는 모두 거처가 협소하여 거대한 것이 들어갈 여지가 없기 때문이다. 하물며 측량할 수 없는 것임에랴. 산이 제아무리 크든, 연못이 제아무리 깊든 간에 이것을 수용하기에는 매우 멀기 때문이다.

原文 夫趨舍行僞者, 爲精求于外也. 精有湫盡, 而行無窮極, 則滑心濁神, 而惑亂其本矣. 其所守者不定, 而外淫於世俗之風, 所斷者差跌, 而內以濁其淸明. 是故躊躇以終, 而不得須臾恬澹矣. 是故聖人內修道術, 而不外飾仁義, 不知耳目之宜, 而游于精神之和. 若然者, 下揆三泉, 上尋九天, 橫廓六合, 揲貫萬物. 此聖人之游也.

若夫眞人, 則動溶于至虛, 而游于滅亡之野, 騎蜚廉而從敦圄, 馳於方外, 休乎宇內, 燭十日而使風雨, 臣雷公, 役夸父, 妾宓妃, 妻織女. 天地之間, 何足以留其志. 是故虛無者道之舍. 平易者道之素.

夫人之事其神, 而嬈其精, 營慧然而有求於外, 此皆失其神明, 而離其宅也. 是故凍者假兼衣于春, 而暍者望冷風于秋. 夫有病於內者, 必有色於外矣. 夫梣木已靑翳, 而羸螻癒燭睆, 此皆治目之藥也. 人無故求此物者, 必有蔽其明者.

聖人之所以駴天下者, 眞人未嘗過焉. 賢人之所以矯世俗者, 聖人未嘗觀焉. 夫牛蹏之涔, 無尺之鯉, 塊阜之山, 無丈之材. 所以然者何也. 皆其營宇狹小, 而不能容巨大也. 又況乎以無裹之者邪. 此其爲山淵之勢亦遠矣.

註解 ○動溶于至虛(동용우지허), 而游于滅亡之野(이유우멸망지야)—동용(動溶)은 느긋하게 움직이는 것. 지허(至虛)와 멸망지야(滅亡之野)는 영만(盈滿)이라든가 번영을 배척하는 도가(道家)의 경지. ○騎蜚廉(기비렴)—기다란 털로 싸이고 날개를 가진 신수(神獸). ○而從敦圄(이종어)—돈어(敦圄)는 호랑이와 흡사한, 작은 신수(神獸)를 가리킨다. ○馳於方外(치어방외), 休乎宇內(휴호우내)—방외(方外)는 세속, 혹은 천하의 밖. 우내(宇內)는 현실의 세계. ○燭十日(촉십일)—십일(十日)은 10개의 해. 즉 10개의 해로 등불을 삼는다는 뜻이다. <지형훈(墜形訓)> 참조. ○役夸父(역과보)—과보(夸父)는 신인(神人)의 이름. 즉 과보를 관원으로 부린다는 뜻. ○妾宓妃(첩복비)—복비(宓妃)는 복희(伏羲)의 딸. 후에 낙수(洛水)에서 익사하여 수신(水神)이 된다. ○妻織女(처직녀)—직녀는 직녀성. 7월 칠석에 은하수를 건너가 견우성과 만난다는 전설로 널리 알려져 있다. ○營慧(영혜)—지혜를 짜내어 억척을 떤다는 의미. ○神明(신명)—<원도훈(原道訓)>의 주해를 참조할 것. ○凍者假兼衣于春(동자가겸의우춘), 而喝者望冷風于秋(이갈자망랭풍우추)—《장자》<즉양(則陽)>에 거의 같은 글이 보인다. 갈자(喝者)는 더위를 먹은 환자. ○夫梣木已靑翳(부침목이청예), 而羸螻癒燭睆(이라려유촉환)—침목(梣木)은 물푸레나무. 이(已)는 유(癒)와 같다. 나려(羸螻)는 벌레 이름, 청예(靑翳)·촉환(燭睆)은 모두 눈병. 여기서는 예를 백내장, 청을 흑내장으로 풀이했다. ○聖人之所以駴天下者(성인지소이해천하자)……聖人未嘗觀焉(성인미상관언)—《장자》

<외물(外物)>에 거의 같은 글이 보이는데 거기서는 신인(神人)－성인(聖人)－군자(君子)－소인(小人)의 서열로 되어 있다. ○夫牛蹏之涔(부우제지잠), 無尺之鯉(무척지리)－제(蹏)는 발굽. 잠(涔)은 괸 물. 이 구절과 같은 비유가 <범론훈(氾論訓)>에도 보인다. ○塊阜之山(괴부지산)－작은 산이며 진류(陳留)에 있다. ○又況乎以無裹之者邪(우황호이무과지자야)－무과(無裹)는 곧 무형(無形).

대저 사람이 세속에 얽매어 있으면 반드시 그 형체는 밖으로 매어져서 신기(神氣)가 산일(散佚)된다. 따라서 심신이 허탈해지는 병에 걸리게 마련이다. 나 자신이 속박되는 것은 그 명(命)이 자신의 밖에 있기 때문이다. 지덕(至德)의 세상에서는 끝이 없는 허무의 경지에서 안면(安眠)하고 묘망(渺茫)의 세계에서 방황하며 천지를 손에 잡고 만물을 버리며 천지의 원기를 경주(景柱)로 삼아 무한의 공간에 부유(浮遊)한다.

그런 까닭에 성인은 음양의 기(氣)를 호흡하고 군생(群生)은 그 덕을 높이 우러러 화순(和順)하지 않는 자가 없었다. 이때에는 어느 누구가 관리하지 아니하건만 만반의 조정(調整)이 은밀하게 행해져서 자연히 공(功)을 이루며, 혼돈(混沌)하여 순박(純樸)은 아직 흐트러지는 일이 없었고 만물은 혼연일체가 되어 무성하게 생성되었다. 그러므로 예(羿)만한 지(知)가 있다 하더라도 쓰일 곳이 없었던 것이다.

세상이 쇠퇴해져서 복희씨(伏羲氏)의 세상이 되자 도는 아직 순후광대(純厚廣大)했지만 마음에 덕과 화(和)를 품고 은혜를 백성에게 베푸는 일이 많아져서 지(知)가 처음으로 싹트고 사람들은 모두 동몽(童蒙)의 마음을 떠나 천지간에 눈을 뜨고 보려고 하였다. 이리하여 그 덕은 번다(煩多)하여 순일(純一)을 잃게 되었다.

다시 신농(神農)·황제(黃帝)의 세상이 되자 도의 대본(大本)을 분

별하고 천지를 관리하여, 구천(九天)을 쌓아 구야(九野)를 구별하고
음양을 뜻대로 조종하고 강유(剛柔)를 조화시키어 만물 백류(百類)의
구별을 분명히 하고 또 상호간의 맥락이 있게 하여 정연한 질서가 유
지되도록 하였던 것이다.

이리하여 만민은 모두 정색을 하고 이목(耳目)을 집중시키지 않을
수 없었는데 다스려지기는 하였지만 화평함이 없는 상태가 되었던 것
이다. 이런 상태가 이어지다가 곤오씨(昆吾氏)·하후씨(夏后氏)의 세
상이 되자 기욕(嗜慾)은 물질로 이어지고 총명은 밖으로 유혹당하여
지니고 있던 성명(性命)은 그 본질을 잃게 되었다.

뒤이어서 주대(周代)가 되자 순후(淳厚)함과 소박(素樸)함은 완전
히 잃게 되고 도를 떠나 거짓된 일을 하며 남에게 보이기 위한 덕을
행하여 교사(巧詐)가 싹텄다. 주왕실이 쇠망해지고 왕도(王道)가 폐
해지자 유가(儒家)와 묵가(墨家)가 서로 도를 설파하였고 도당이 나
뉘어져서 서로 싸우게 되었다. 이렇게 되자 박학을 내세우며 성인을
의심하고 허언으로 꾸미어 중인(衆人)을 협박하고 장엄한 현가고무
(絃歌鼓舞)에 의해, 그리고 ≪시경(詩經)≫ ≪서경(書經)≫을 과대하
게 해설하면서 명성을 천하에서 구했다.

또 갖가지 의례를 번잡하게 하고 의관을 화려하게 장식하기를 실로
다단(多端)하게 하는데 이렇게 하기를 만반(萬般)의 변화를 다해도
충당치 못하고 아무리 재물을 쌓아도 그 비용을 충당할 수가 없다.
이리하여 만민은 행해야 할 도(道)를 잊고, 발은 땅을 벗어나, 각기
교사(巧詐)를 행하며 세상에 용납되기를 강구하고 명리(名利)를 택하
여 취하고자 한다. 그래서 백성은 연못의 물이 넘쳐나듯 방종으로 흐
르고 그 대종의 근본을 잃기에 이르렀다.

原文 夫人之拘於世也, 必形繫而神泄, 故不免於虛. 使我可係羈

者, 必其命有在於外也. 至德之世, 甘瞑于溷澗之域, 而徙倚于汗
漫之宇, 提挈天地, 而委萬物, 以鴻濛爲景柱, 而浮揚乎無畛崖之
際. 是故聖人呼吸陰陽之氣, 而羣生莫不顒顒然, 仰其德以和順.
當此之時, 莫之領理, 決離隱密而自成, 渾渾蒼蒼, 純樸未散, 旁薄
爲一而萬物大優. 是故雖有羿之知, 而無所用之.

及世之衰也, 至伏羲氏, 其道昧昧芒芒然, 含德懷和, 被施頗烈,
而知乃始昧昧㭏㭏, 皆欲離其童蒙之心, 而覺視於天地之閒. 是故
其德煩而不能一. 及至神農·黃帝, 剖判大宗, 竅領天地, 襲九竅,
重九㙡, 提挈陰陽, 嬹挽剛柔, 枝解葉貫萬物百族, 使各有經紀條
貫. 於此萬民睢睢盱盱然, 莫不竦身而載聽視. 是故治而不能和.
下棲遲至於昆吾·夏后之世, 嗜欲連於物, 聰明誘於外, 而性命失
其得.

施及周室, 澆淳散樸, 離道以僞, 儉德以行, 而巧故萌生. 周室衰
而王道廢, 儒墨乃始列道而議, 分徒而訟. 於是博學以疑聖, 華誣
以脅衆, 弦歌鼓舞, 緣飾詩書, 以買名譽於天下, 繁登降之禮, 飾紱
冕之服, 聚衆不足以極其變, 積財不足以贍其費. 於是萬民乃始懶
觟離跂, 各欲行其知僞, 以求鑿枘於世, 而錯擇名利. 是故百姓曼
衍於淫荒之陂, 而失其大宗之本.

註解   ○甘瞑于溷澗之域(감명우혼한지역)－혼(溷)은 혼(混), 한(澗)은
한(閑), 즉 혼돈정적(混沌靜寂)의 경지. 《장자》 <열어구(列御寇)>에
'무하유지향(無何有之鄕)에 감명(甘冥)한다'라고 되어 있는 것과 같다. 감
명(甘瞑 : 甘冥)은 <남명훈(覽冥訓)>에서 말하는 감와(甘臥)와 같은 뜻
으로서 마음 편하게 잠을 자는 것. ○徙倚于汗漫之宇(사의우한만지우)－
한만(汗漫)은 끝없이 널리 펼쳐지는 것. 사의(徙倚)는 배회하다. ○顒顒然
(옹옹연)－높이 우러러보는 모습. ○萬物大優(만물대우)－우(優)는 요(饒),

즉 넉넉함이다. ○昧昧㹪㹪(매매무무)－매(昧)는 새벽녘을 의미하며, 무(㹪)는 무(懋)와 통하며 열심히 노력하는 모습이다. ○襲九㹥重九㙪(습구관중구은)－관(㹥)은 공(空), 은(㙪)은 은(垠 : 언덕)의 고자(古字)이다. 여기서는 구천(九天)과 구지(九地 : 野). 습(襲)은 아래 구절의 중(重)과 마찬가지로 거듭 쌓이다란 뜻. ○嫥挽(전완)－화조(和調)의 뜻. ○睢睢盱盱然(휴휴우우연)－경청하거나 주의 깊게 보는 모습. ○棲遲(서지)－이어지는 모습. ○昆吾(곤오)·夏后(하후)－곤오(昆吾)는 하(夏)나라의 일국(一國). 하후(夏后)는 하왕조(夏王朝). ≪시경(詩經)≫ <상송(商頌)> 장발(長發)에 '위고기벌(韋顧既伐) 곤오하걸(昆吾夏桀)'이라고 되어 있는 것처럼, 탕왕(湯王)은 곤오씨(昆吾氏)와 하걸왕(夏桀王)을 모두 주멸(誅滅)했다고 전해지는데 여기서는 하왕조의 말기를 가리킨다.

무릇 세상 사람이 지녀야 하는 성명(性命)을 상실한 것은 오랫동안 차츰 그렇게 되어서이며 그 유래하는 바는 아주 오래 전이다. 그래서 성인(聖人)의 학문은, 성(性)을 태초의 근원으로 돌리어 마음을 허무에서 놀고자 하며, 달인(達人)의 학문은 성을 무한의 경지에 침투시키고 적막의 그늘에서 깨우치고자 한다.

그런데 속세의 학문은 이런 것이 아니라 사람들로부터 그 덕과 성을 빼내어 버림으로써 속으로는 오장(五臟)을 슬프게 만들고 밖으로는 이목(耳目)을 피로하게 만든다. 즉 호말(毫末)의 것을 이것저것 들추고 인의예악(仁義禮樂)을 뒤집어씌워서 그 덕행이라든가 재지(才智)를 천하에 퍼뜨리어 세상에서 명성을 얻고자 하게 되었던 것이다. 이것이야말로 나 자신의 부끄러운 소치이다.

무릇 세상을 소유한다는 것은 마음에 기쁨을 소유하는 것만 못하고, 마음에 기쁨을 소유한다는 것은 사물의 시종(始終)에서 소요하고 유무(有無)의 사이에서 통달하는 것만 못하다. 세상을 온통 상찬하더

라도 그것에 의해 격려되는 일도 없고, 세상을 모두 비난하더라도 그
것에 의해 좌절하는 일도 없다.

생사(生死)를 따로 보지 않겠노라고 마음에 정해 두고 참된 영욕
(榮辱)의 의미에 통달하고 있으며, 비록 천하가 불길에 싸이고, 홍수
로 뒤덮이는 일이 있다 하더라도 정신이 가슴속을 떠나는 일이 없다.
이러한 사람은 천하 만물을 보더라도 마치 공중을 나는 먼지, 물 위
에 떠있는 먼지와 같이 본다. 어찌 마음을 부수워 사물에 지배당하려
고 하겠는가?

물의 본성은 맑은 데에 있는데 흙에 의하여 흐려지고, 사람의 본성
은 안정에 있는데 기욕(嗜慾)에 의하여 흐트러진다. 대저 사람이 하
늘에서 받은 것으로서 이목(耳目)의 성색(聲色), 구비(口鼻)의 후미
(臭味), 피부의 한난(寒暖) 등, 그 감각은 동일하다. 그런데도 혹자는
신명(神明)에 통하고 혹자는 치광(痴狂)을 면치 못하는 것은 대체 무
슨 까닭에서일까? 그것은 제어하는 것(마음)이 다르기 때문이다. 그
런 까닭에 신(神)은 지(知)의 연원(淵原)이며 신(神)이 맑으므로 지
(知)가 맑아지는 것이다.

또 지(知)는 마음의 부(府 : 官所)로서 지가 공정해야만 마음이 평안
해진다. 사람이 흐르는 물을 거울로 삼지 아니하고 머물러 있는 물을
거울로 삼는 것은 그것이 조용히 괴어 있기 때문이다. 조잡한 쇠붙이
에 모습을 비쳐보지 아니하고 명경(明鏡)에 비쳐보는 것은 그것이 평
평하기 때문이다. 즉 오로지 평평하고 또한 조용한 것은 만물의 본성
을 그대로 나타내 주는 법이다. 이상과 같은 사실에서 추찰할 때 진짜
용(用)은 반드시 무용(無用)에 의해서 생겨난다. 이런 까닭에 빈 방에
는 빛이 가득 차게 마련이고 길상(吉祥) 역시 이곳에 머무는 법이다.

原文   夫世之所以喪性命, 有衰漸以然, 所由來者久矣. 是故聖人

之學也, 欲以返性於初, 而游心於虛也, 達人之學也, 欲以通性於遼廓, 而覺於寂漠也. 若夫俗世之學也, 則不然, 擢德攓性, 內愁五藏, 外勞耳目. 乃始招蟯振繾物之豪芒, 搖消掉捎仁義禮樂, 暴行越智於天下, 以招號名聲於世. 此我所羞而不爲也.

是故與其有天下也, 不若有說也. 與其有說也, 不若尙羊物之終始也, 而條達有無之際. 是故舉世而譽之不加勸, 舉世而非之不加沮, 定于死生之境, 而通于榮辱之理. 雖有炎火洪水彌靡於天下, 神無虧缺於胸臆之中矣. 若然者, 視天下之閒, 猶飛羽浮芥也. 孰肯分分然, 以物爲事也.

水之性淸, 而土汨之, 人性安靜, 而嗜欲亂之. 夫人之所受於天者, 耳目之於聲色也, 口鼻之於臭味也, 肌膚之於寒燠, 其情一也. 或通於神明, 或不免於癡狂者何也, 其所爲制者異也. 是故神者智之淵也, 神淸則智明矣. 智者心之府也, 智公則心平矣. 人莫鑑於流沫, 而鑑於止水者, 以其靜也. 莫窺形於生鐵, 而窺於明鏡者, 以其易也. 夫唯易且靜, 形物之性也. 由此觀之, 用者必假之於弗用者. 是故虛室生白吉祥止也.

註解 ○搖消掉捎(요소도소)-흔들고 움직이게 하여 드러낸다는 의미. ○舉世而譽之(거세이예지)……通于榮辱之理(통우영욕지리)-《장자》<소요유(逍遙遊)>에 이와 비슷한 글이 있다. 훼예(毁譽)를 위해 마음을 움직이지 않는 것을 가리킨다. ○彌靡(미미)-만연(蔓延)하다. ○分分然(분분연)-분(分)은 분(粉)의 뜻. ○人莫鑑於流沫(인막감어유말)……-《장자》<덕충부(德充符)>에 같은 논지의 글이 있으며 유말(流沫)을 유수(流水)로 썼다. 또 <설산훈(說山訓)>에서는 말우(沫雨)라고 했다. ○用者必(용자필)……-《장자》<지북유(知北遊)>에 유사한 글이 있다. ○虛室生白吉祥止(허실생백길상지)-《장자》<인간세(人間世)>에도 같은 글이 있다.

대저 거울이 맑으면 먼지도 이것을 더럽힐 수가 없고, 정신이 맑으면 기욕(嗜欲)도 이것을 흐트릴 수가 없다. 이미 정신이 밖으로 흐트러지고 말았는데 애써 이것을 안으로 되돌리고자 하는 것은 근본을 잃은 다음에 말단을 구하려는 것과 같다.

안과 밖으로 분리된 채의 상태에서 기욕이 사물과 접하고자 한다거나 현광(玄光)을 둔화시켜 두고, 그 지(知)를 이목(耳目)으로 구하고자 하는 것은, 광명을 버리고 흑암을 따르려는 것인즉 이를 가리켜 도(道)를 잃는 것이라고 한다. 사람의 마음이 외물(外物)을 향하여 달려가고자 할 때 속에 있는 정신이 이를 개탄하며 멈추게 하고 이를 허무로 되돌리면 비로소 마음의 기욕은 소멸된다. 이것이 성인(聖人)의 유(遊)이다.

옛날의 성인이 천하를 다스릴 때에는 사람들은 반드시 성명(性命)의 정(情)을 다했다. 그 거조(擧措)가 반드시 똑같지는 않았지만 도에 합한다는 점에서는 하나인 것이다. 무릇 여름철에 가죽옷을 입지 아니하는 것은 그것을 아껴서가 아니라 너무 덥기 때문이다. 겨울철에 부채를 사용하지 않는 것은 그것을 무시해서가 아니라 적당히 지낼 수 있을 만큼 선선해서이다.

이와 마찬가지로 성인은 시장함을 헤아려서 먹고 몸의 난량(暖涼)을 헤아려서 입는 등, 단지 자기 자신을 조절하고 있을 뿐이다. 그렇다면 어찌하여 탐오(貪汚)의 마음 따위가 생겨나는 것일까? 천하를 제대로 소유할 수 있는 사람은 천하에 대하여 어떤 일을 하고자 하는 야심을 가지지 아니한다. 명예를 제대로 소유할 수 있는 사람은 빗나간 행동에 의해 명성을 구하고자 하지 않는다. 성인은 이런 점에 통달한다. 통달하면 기욕(嗜欲)의 마음은 바깥에 있다.

공자(孔子)・묵자(墨子)의 제자들은 모두 인의(仁義)로 세상을 교도했다. 그러나 고생을 면치 못했고 자기 자신조차도 실행할 수가 없었다. 하물며 남을 가르치는 일 따위는 도저히 할 수 없었던 것이다. 왜냐하면 그 도가 밖에 있었기 때문인데, 원래 말단에 있으면서 본원(本源)으로 되돌리고자 하면 허유(許由)라 해도 불가능하다. 하물며 평범한 사람이라면 말할 필요도 없다. 실로 성명(性命)의 정(情)을 다하면 인의(仁義)는 저절로 몸에 붙는 것이므로 어찌 출처진퇴에 마음을 흐트릴 필요가 있겠는가?

무릇 정신이 아무것에도 덮이는 일이 없고, 마음이 어떤 일에도 동하지 않으며 깊은 속까지를 꿰뚫어보고 구석구석까지를 알아내면서 마음 조용하게 무위(無爲)로 지내며, 아무것에도 사로잡히지 않고 마음을 비워 고요히 대응하면 승리에도 유혹되지 않고 교묘한 변설(辯說)에도 설득당하지 않으며 성색(聲色)의 쾌락에도 빠져들지 않고 미녀에게도 마음이 흔들리지 않으며 지자(知者)에게도 움직임을 당하지 않고 용감한 자에게도 위협당하지 아니한다.

이것이야말로 진인(眞人)의 길이며 이런 사람이야말로 만물을 도야하여 조화자(造化者)와 친구가 된다. 천지 사이, 우주 안에서 이 사람의 하는 일을 막을 자가 없는 것이다.

대저 삶을 화생(化生)시키는 자는 죽는 일이 없고, 만물을 변화시키는 자는 스스로 변화되는 일이 없다. 그 정신은 여산(驪山)·태행산(太行山)을 넘더라도 어려움을 겪지 아니하며 사해구강(四海九江)에 들어가도 젖는 일이 없고, 아주 작은 틈도 막는 일이 없으며, 천지간에 가득 차서 빈틈이 없다.

여기에 이르지 못하는 자는 비록 그 눈이 천 마리의 양(羊) 무리를 헤아리고, 귀는 팔풍(八風)의 가락을 분별하며, 다리로는 양아(陽阿)처럼 춤을 추고, 손으로는 녹수(綠水)의 박자를 맞추며, 예지(叡知)는 천지와 같이 끝이 없고, 명찰(明察)은 일월(日月)과 같이 빛나며, 웅변은 연환(連環)의 난제(難題)를 풀고 미사(美辭)는 옥석(玉石)을 갈

아내는 것 같더라도 아직 천하를 다스리는 데는 무익(無益)한 것이다.

원문 夫鑑明者, 塵垢弗能薶, 神淸者, 嗜欲弗能亂. 精神已越於外, 而事復返之, 是失之於本, 而求之於末也. 外內無符, 而欲與物接, 弊其元光, 而求知之于耳目, 是釋其炤炤, 而道其冥冥也. 是之謂失道. 心有所至, 而神喟然在之, 反之於虛, 則消鑠滅息. 此聖人之游也.

故古之治天下也, 必達乎性命之情. 其擧錯未必同也, 其合於道一也. 夫夏日之不被裘者, 非愛之也, 燠有餘於身也. 冬日之不用翣者, 非簡之也, 淸有餘於適也. 夫聖人量腹而食, 度形而衣, 節於己而已. 貪汚之心, 奚由生哉. 故能有天下者, 必無以天下爲也. 能有名譽者, 必無以趨行求者也. 聖人有所于達, 達則嗜欲之心外矣.

孔墨之弟子, 皆以仁義之術, 敎導於世, 然而不免於僑, 身猶不能行也, 又況所敎乎. 是何則其道外也. 夫以末求返於本, 許由不能行也. 又況齊民乎. 誠達于性命之情, 而仁義固附矣. 趨舍何足以滑心.

若夫神無所掩, 心無所載, 通洞條達, 恬漠無事, 無所凝滯, 虛寂以待, 勢利不能誘也, 辯者不能說也, 聲色不能淫也, 美者不能濫也, 智者不能動也, 勇者不能恐也, 此眞人之道也. 若然者, 陶冶萬物, 與造化者爲人. 天地之間, 宇宙之內, 莫能夭遏.

夫生生者不死, 而化物者不化. 神經於驪山太行, 而不能難, 入於四海九江, 而不能濡, 處小隘而不塞, 橫扃天地之閒而不窕. 不通此者, 雖目數千羊之羣, 耳分八風之調, 足蹀陽阿之舞, 而手會綠水之趨, 智終天地, 明照日月, 辯解連環, 辭潤玉石, 猶無益於治天下也.

註解 ○精神已越於外(정신이월어외), 而事復返之(이사복반지) — 월(越)

은 산(散), 사(事)는 치(治)의 뜻. 정신이 밖으로 산일(散佚)된 것을 노력으로 되돌리고자 하다. ○炤炤(소소)─명백한 모습. ○不免於儽(불면어뢰)─뢰(儽)는 피로곤비한 모습. ○神經於驪山太行(신경어여산태행)……不能濡(불능유)─같은 취지의 글이 ≪장자≫ <전자방(田子方)>에 보인다. 여산은 섬서성, 태행산은 산서·하북성 경계에 있는 산. 사해(四海)는 사방의 바다, 구강(九江)은 양자강이 갈려져서 9개가 된 강. ○横局(횡경)─두 글자 모두 가로놓이다란 의미. ○陽阿之舞(양아지무)─양아는 옛날의 명창(名倡 : 名優)이다. ○綠水之趨(녹수지추)─녹수는 무곡(舞曲)인데, 일설에는 고시(古詩)이다. ○連環(연환)─지혜의 고리. 이 말은 ≪장자≫ <천하(天下)>와 ≪전국책(戰國策)≫ <제책(齊策)>에 보인다.

 마음 조용하게 무욕(無欲)의 상태에 있는 것은 천성을 기른 연고요, 마음 부드럽게 무심히 있는 것은 덕을 기른 연고이다. 외물(外物)에 의하여 속에 있는 마음을 흐트리는 일이 없으면 천성은 양호한 상태이며, 천성이 화(和)를 동요시키지 아니하면 덕은 그 자리에 안주(安住)하여 위기가 없다. 생(生 : 性)을 길러 세상을 살아가며 덕을 품고 생애를 끝내는 것은 도를 제대로 체득했다고 하는 것이다.
 이런 사람은 혈맥(血脈)에 막힘이 없고 오장(五臟)에 울기(蔚氣)가 없으며 화복(禍福)에도 흔들림이 없고 훼예(毀譽)에도 더러워지는 일이 없다. 그러기에 도의 극치를 이룰 수가 있는데 세상을 소유하지 않는다면 어찌 세상을 구해낼 수 있겠는가?
 그런데 그만한 사람이 있다 하더라도 그 때를 만나지 못하면 자기 자신조차 궁지를 벗어날 수가 없다. 하물며 도가 없는 사람일까 보냐? 그리고 인간의 정(情)이란 이목(耳目)은 밖의 자극에 감응하고 심지(心志)는 우락(憂樂)을 실감한다. 또 수족이 통양(痛痒)을 물리치고자 하고 한서(寒暑)를 피하고자 하는 것은 외물과 접하기 때문이다.

벌이나 전갈이 손가락을 쏘면 정신도 안정을 얻을 수가 없고, 모기나 등에가 살갗을 물면 천성도 평정할 수가 없다.

하물며 우환이 찾아와서 사람의 마음을 괴롭히게 되면 그것은 벌의 독, 모기의 통증에 비할 바가 아니다. 그렇건만도 마음 조용하게 무심해지기를 바란다. 하지만 어찌 그럴 수가 있겠는가?

무릇 눈이 털끝을 관찰하고 있을 때는 천둥소리가 귀에 들어오지 아니한다. 귀가 음악의 양부(良否)를 조절하고 있을 때는 태산의 높이도 눈에 들어오지 아니한다. 왜냐하면 미소(微小)한 것에게 마음을 쏟아, 큰 것을 잊고 있기 때문이다.

이제 밖에 만물이 도래하여 내 성정(性情)을 빼내어 가는 모습은 샘물이 솟아오르는 것과 같아서 잠시도 멎는 때가 없으므로 막고자 해도 막을 수가 없는 것이다. 예를 들면 나무를 심는 데 넘칠 만큼 물을 부어주고 비료를 듬뿍 주어 땅을 비옥하게 하고 10명이 길러냈다 하더라도 이것을 한 사람이 뽑아 버리면 싹 하나도 남지 아니할 것이다. 하물며 한 나라 사람들이 모두 베려 덤빈다면 아무리 오래 살기를 바란다 해도 그것이 될 리 만무하다.

또 예를 들어 정원에 분수(盆水)가 있다고 하자. 이것을 맑게 하고자 해도 여간해서 되는 것이 아니다. 그러나 이것을 흐려놓고자 하면 단 한 차례 휘젓기만 해도 방형(方形)과 원형(圓形)의 구별조차 비출 수 없게 된다. 사람의 정신이 흐려지기 쉽고 맑아지기 어려운 것은 마치 분수와 같은 것이다. 하물며 일세(一世)를 들어 교란시키고 있으니 어찌 한때라도 평정해질 수 있겠는가?

原文 静漠恬澹, 所以養性也, 和愉虛無, 所以養德也. 外不滑內, 則性得其宜, 性不動和, 則德安其位. 養生以經世, 抱德以終年, 可謂能體道矣. 若然者, 血脈無鬱滯, 五藏無蔚氣, 禍福弗能撓滑, 非

譽弗能塵垢. 故能致其極, 非有其世, 孰能濟焉.

有其人, 不遇其時, 身猶不能脫, 又況無道乎. 且人之情, 耳目應感動, 心志知憂樂, 手足之攢疾蟲, 辟寒暑, 所以與物接也. 蜂蠆螫指, 而神不能憺, 蚊䖟嚙膚, 而性不能平. 夫憂患之來攖人心也, 非直蜂蠆之螫毒, 而蚊䖟之慘怛也. 而欲靜漠虛無, 柰之何哉.

夫目察秋豪之末, 耳不聞雷霆之聲, 耳調玉石之聲, 目不見太山之高. 何則小有所志, 而大有所忘也. 今萬物之來, 擢拔吾性, 攓取吾情, 有若泉源. 雖欲勿稟, 其可得邪. 今夫樹木者, 灌以瀿水, 疇以肥壤, 十人養之, 一人拔之, 則必無餘糵. 又況與一國同伐之哉. 雖欲久生, 豈可得乎. 今盆水在庭, 淸之終日, 未能見眉睫, 濁之不過一撓, 而不能察方員. 人神易濁而難淸, 猶盆水之類也. 況一世而撓滑之, 曷得須臾平乎.

註解 ㅇ蔚氣(울기)—메인 것 같은 느낌. ㅇ撓滑(효활)—움직이어 흐트리다. ㅇ攖人心也(앵인심야)—앵(攖)은 박(迫). ㅇ慘怛(참담)—참혹한 모습. ㅇ餘糵(여얼)—움, 싹. 즉 베어낸 나무의 뿌리에서 돋아난 싹.

옛날 지덕(至德)의 세상에서는, 장사꾼은 그 가게에서 편안하게 있었고, 농부는 농사 짓기를 즐겼으며, 대부(大夫)는 그 직책을 안정시키고, 처사(處士)는 그 도(道)를 닦았다. 이때에 풍우(風雨)는 만물을 망가뜨리지 아니했고, 초목은 요사(夭死)하지 않았으며, 구정(九鼎)은 묵직했고, 주옥(珠玉)은 광택이 있었으며, 낙수(洛水)는 단서(丹書)를 출현시켰고, 황하는 녹도(綠圖)를 출현시켰다.

이러했기에 허유(許由)·방회(方回)·선권(善卷)·피의(披衣)는 그 도에 달할 수가 있었던 것이다. 왜냐하면 당시의 천자에게는 천하 사람들이 모두 복리를 얻도록 해주겠다는 배려가 있었으며 그러기에 세상 사람들은 각각 그 사이에 즐길 수가 있었던 것이다. 이 네 사람의 재주는 선(善)의 극에 달하여 금세를 풍미하는 것은 결코 아니었다. 그런데도 그들과 명예를 같이할 만한 자가 없는 것은 당우(唐虞 : 堯舜)의 성세(盛世)를 만나지 못했기 때문이다.

하걸(夏桀)·은주(殷紂)의 세상이 되자 살아 있는 사람을 불에 태워서 죽이고, 간언하는 사람을 죄주고, 구리 기둥을 만들어 포락지형(炮烙之刑)을 행하고, 현인(賢人)의 가슴을 째고, 재사(才士)의 정강이를 벗겨내고, 귀후(鬼侯)의 딸을 염장(소금에 절이다)하고, 매백(梅伯)의 시체를 절이기도 했다. 이때를 당하여 요산(嶢山)은 무너지고 삼천(三川)은 말라붙고, 나는 새는 날개가 잘려지고 달리는 짐승은 다리가 부러졌다.

그러나 이때를 당해서도 성인이 한 사람도 없었던 것은 결코 아니다. 그렇건만 도(道)를 발휘하지 못했던 것은 때를 만나지 못했기 때문이다. 무릇 새는 높이 천인(千仞) 위를 날고, 짐승은 깊이 풀숲과 나무 숲속을 달리건만 그래도 화를 입지 않는데 하물며 마을에 사는 일반인들이랴. 이상과 같은 점에서 추찰할 때 도를 체득한다는 것은 홀로 자신의 마음에서 싹트는 것뿐만이 아니라 시세(時世)가 좋으냐 나쁘냐에도 관계되는 점이 있다.

무릇 역양(歷陽)의 도읍이 하루 밤에 호수로 변하는 일이 있으면 용력성지(勇力聖知)를 가진 사람도 비겁불초(卑怯不肖)한 자와 운명을 함께하여 멸망당하고, 무산(巫山) 위에 부는 바람을 따라 불을 지르면 고하(膏夏), 자지(紫芝)도 소애(蕭艾)와 함께 말라 죽는다. 즉 황하의 물고기가 (흐려진 물 때문에) 앞을 잘 볼 수가 없고, 늦게 심은 벼가 자라날 시기를 얻지 못하여 말라 죽는 것은 그 태어난 환경이 그렇게 만드는 것이다.

　　그런 까닭에 세상이 잘 다스려지면 어리석은 자 혼자서 마음대로 혼란을 일으킬 수 없고, 세상이 문란해지면 지자(知者) 혼자서 다스림을 바로잡을 수가 없다. 몸을 탁한 세상 속에 두는 자에 대하여 도가 행해지지 아니하는 것을 문책하는 것은 마치 기기(騏驥 : 駿馬)의 다리를 묶고 천리를 달리도록 하는 것과 같다. 또 원숭이를 우리 속에 넣어두면 돼지와 똑같은데 재빠르지 못한 것이 아니라 그 재능을 충분히 발휘할 장소가 없는 것이다.

　　순(舜)임금이 아직 민간인일 때에 경작을 하고 도자기를 만들었는데 그때에는 그가 살고 있던 마을조차도 복리를 보장해 주지 못했건만, 남면(南面)하여 왕이 되자 은덕을 천하에 폈다. 인(仁)을 더했던 것이 아니라 그 지위와 권세가 제대로 들어맞았던 것이다.

　　옛날의 성인이 온화한 마음으로 즐기며 편안하고 차분히 있었던 것은 그 본성에 의한 것이다. 그러나 그 뜻에 따라 도가 행해지는 것은 운명에 의한다. 그런 까닭에 성(性)은 명(命)을 만나야만 이룰 수가 있고, 명은 성을 얻어야만 비로소 밝혀지는 법이다. 오호(烏號)의 활, 계자(谿子)의 노(弩)도 현(弦)이 없으면 쏠 수가 없고, 월(越)의 주(舟), 촉(蜀)의 정(艇)도 물이 없으면 띄울 수가 없다.

　　예를 들어 위쪽에는 증작(矰繳)이 쳐져 있고, 아래쪽에는 그물이 쳐져 있다면 그 사이를 자유로이 날아다니고자 해도 어찌 힘을 쓸 수가 있겠는가? 그러기에 ≪시경(詩經)≫에서는 '캐고 캐어도 도꼬마리는 납작바구니에도 차지 못하네. 아아, 내 그리운 님 생각에 바구니조차도 행길 위에 내던지네(采采卷耳 不盈傾筐 嗟我懷人 寘彼周行)'라고 읊었다. (도꼬마리를 가득 채취하지 못함을 비유하여) 옛날의 성세(盛世)를 그리워하는 뜻이다.

　　原文　古者至德之世, 賈便其肆, 農樂其業, 大夫安其職, 而處士脩其道. 當此之時, 風雨不毀折, 草木不夭死, 九鼎重, 珠玉潤澤, 洛出丹書, 河出綠圖. 故許由・方回・善卷・披衣, 得達其道. 何則世之主, 有欲利天下之心, 是以人得自樂其間. 四子之才, 非能盡善蓋今之世也. 然莫能與之同光者, 遇唐虞之時.

逮至夏桀・殷紂, 燔生人, 辜諫者, 爲炮烙, 鑄金柱, 剖賢人之心, 析才士之脛, 醢鬼侯之女, 菹梅伯之骸. 當此之時, 嶢山崩, 三川涸, 飛鳥鎩翼, 走獸挤腳. 當此之時, 豈獨無聖人哉. 然而不能通其道者, 不遇其世. 夫鳥飛千仞之上, 獸走叢薄之中, 禍猶及之, 又況編戶齊民乎. 由此觀之, 體道者不專在于我, 亦有繫于世矣.

夫歷陽之都, 一夕反而爲湖, 勇力聖知, 與罷怯不肖者同命, 巫山之上, 順風縱火, 膏夏・紫芝, 與蕭艾俱死. 故河魚不得明目, 稺稼不得育時, 其所生者然也. 故世治則愚者不能獨亂, 世亂則智者不能獨治. 身蹈乎濁世之中, 而責道之不行也, 是猶兩絆騏驥, 而求其致千里. 置猨檻中, 則與豚同, 非不巧捷也, 無所肆其能也. 舜之耕陶也, 不能利其里, 南面王, 則德施乎四海, 仁非能益也, 處便而勢利也.

古之聖人, 其和愉寧靜性也, 其志得道行命也. 是故性遭命而後能行, 命得性而後能明. 烏號之弓, 谿子之弩, 不能無弦而射, 越舲・蜀艇, 不能無水面浮. 令矰繳機而在上, 罦罟張而在下, 雖欲翱翔, 其勢焉得. 故詩云, 采采卷耳, 不盈傾筐, 嗟我懷人, 寘彼周行. 以言慕遠世也.

註解　○至德之世(지덕지세)－여기서 말하는 옛날의 지덕지세는 요순우(堯舜禹)의 시대를 가리키며 다른 경우(예컨대 <숙진훈>에서 복희씨의 세상도 衰世로 보는 것 등)와 다르다. ○洛出丹書(낙출단서), 河出綠圖(하출녹도)－빨간 문자의 책과 파란 그림이 낙수・황하에서 나온 것을

가리킨다. 모두 서상(瑞祥). ○許由(허유)·方回(방회)·善卷(선권)·披衣
(피의)−모두 요(堯)임금 시대의 은자(隱者). 방회를 제외한 세 사람은
≪장자≫의 여러 편에도 나온다. 여기서는 요임금의 덕에 의하여 그 이름
을 얻었다고 한다. ○爲炮烙(위포락), 鑄金柱(주금주)−포락은 구리 기둥에
기름을 칠하고 그 위로 죄인을 걸어가게 하는 한편 그 밑에는 숯불을 벌겋
게 피워 놓아, 미끄러져서 떨어지는 죄인을 태워 죽이는 것이다. 은(殷)나라
주왕(紂王)의 학정 중 하나로 이름높다. 그런데 이 포락은 ≪한서(漢書)≫
<곡영전(谷永傳)>에 '포격(炮格)'으로 되어 있다. ○剖賢人之心(부현인
지심)−비간(比干 : 紂王의 숙부)이 주왕의 음란함을 간언했던바 주왕은
격노하여 '내가 듣기로는 성인(聖人)의 염통에는 7개의 구멍이 있다던
데……'라며 그 가슴을 째고 확인했다는 고사(故事 :≪史記≫ <殷本紀>
등). ○析才士之脛(석재사지경)−주왕이 겨울철에 흐르는 물을 건너는 사
람의 정강이가 능히 추위에 견디어 내는 것을 보고, 그 정강이를 잘라서 살
펴보았다는 고사에 바탕을 두고 있다. ≪서경(書經)≫ <위고문태서(僞古文
泰誓) 하(下)>에는 보이는데 ≪사기≫에는 안 보인다. ○醢鬼侯之女(해귀
후지녀), 葅梅伯之骸(저매백지해)−귀후·매백은 주(紂)임금 시대의 제후
(諸侯)이다. 매백, 귀후의 딸이 아름답다며 주임금에게 그녀를 아내로 맞
아들이라고 했는데, 주임금은 이를 안좋게 보았다. 그래서 귀후의 딸을
소금에 절였고 매백의 해골을 절였다. ○三川(삼천)−경수(涇水)·위수
(渭水)·학수(涸水) 등 삼하(三河). ○獸走叢薄之中(수주총박지중)−취목
(聚木)은 총(叢), 심초(深草)는 박(薄)이다. ○編戶齊民(편호제민)−편호
(編戶)는 호적에 편입시키는 것으로서 이것에 의해 서민이 되는 것을 의
미한다. 제민(齊民)은 일반인, 즉 서민. ○膏夏(고하)−대목(大木). 그 나
뭇결이 조밀하고 하얗기가 고(膏 : 기름)와 같은데 그래서 고하라고 한다.
○紫芝(자지)−영지(靈芝). 보라색의 지(芝 : 일종의 버섯). 선약(仙藥)으로
귀히 여긴다. ○詩云(시운)……−≪시경(詩經)≫ <주남(周南)> 권이(卷耳).

권 3

천문훈(天文訓)

  <천문훈>은 천문의 관측을 집대성해 놓은 것이다. 따라서 고대(古代) 중국의 천문학적 제상(諸相)을 그런대로 정리하여 설명하는 최고(最古)의 기록이다. 이 시대보다 다소 뒤에 성립된 ≪사기(史記)≫ <천관서(天官書)>와 함께 본편은 중국 고대의 천문학을 연구하는 데 아주 귀중한 자료이다. ≪사기≫에 비하여 본편에는 특히 두 번째인 점성술적(占星術的 : 術數家·五行家)인 논설이 많은 것 같다. 또 ≪사기≫에는 <율서(律書)>가 있어서 따로 설명하는, 십이율려(十二律呂)가 본편에서는 한꺼번에 기록했다는 점도 주목해야 할 대목이다.

천지가 아직 형태조차 없었던 때 풍익(馮翼)으로 표류하고, 그것은 동촉(洞濁)으로서 막연할 뿐이었다. 그래서 이것을 태시(太始)라고 이름을 붙였다. 이윽고 태시로부터 허확(虛霩)을 낳고 허확은 우주를 낳고, 우주는 기(氣)를 낳았다. 그 기에는 구별이 있어서 맑고 밝은 기는 희미하게 뻗치어 하늘이 되고, 탁하고 걸쭉한 기는 응고되어 대지가 되었다. 맑은 기가 집합하기는 아주 쉽고 탁한 기가 응고되기는 어렵다. 그래서 하늘이 먼저 이루어졌고 땅은 뒤에 정해졌다.

하늘과 땅의 정기(精氣)는 겹쳐지어 음양(陰陽)이 되었고 음과 양의 정기가 치우쳐 있으면 춘하추동의 사시(四時)가 되며, 사시의 정기가 분산되면 만물이 된다. 양기의 누적인 열기(熱氣)에 의해 불을 낳고 화기(火氣)의 정(精)은 해가 된다. 음기의 누적인 한기(寒氣)에 의해 물을 낳고 수기(水氣)의 정(精)은 달이 된다. 해와 달에서 흘러 넘쳐 나온 기 가운데 그 정(精)은 성신(星辰)이 된다. 이렇게 해서 하늘은 일월성신을 받아들이고 땅은 빗물과 먼지를 받아들이게 되었다.

그 옛날 공공(共工)은 전욱(顓頊)과 제위(帝位)를 다투었는데 격노한 나머지 불주산(不周山)에 부딪쳤다. 그 때문에 천주(天柱)는 부러지고 지유(地維)는 끊어졌다. 그리하여 하늘은 서북쪽으로 기울고 일월성신도 그 방향으로 옮겨졌다. 또 땅은 동남쪽으로 패여서 빗물과 먼지는 이 방향으로 흘러가게 되었다.

原文 天墜未形, 馮馮翼翼, 洞洞灟灟. 故曰太始. 太始生虛霩, 虛霩生宇宙, 宇宙生氣. 氣有涯垠. 淸陽者, 薄靡而爲天, 重濁者, 凝滯而爲地. 淸妙之合專易, 重濁之凝竭難. 故天先成而地後定.

天地之襲精, 爲陰陽, 陰陽之專精, 爲四時, 四時之散精, 爲萬物. 積陽之熱氣生火, 火氣之精者爲日, 積陰之寒氣爲水, 水氣之精者爲月, 日月之淫氣, 精者爲星辰. 天受日月星辰, 地受水潦塵埃.

　　昔者共工與顓頊爭爲帝, 怒而觸不周之山. 天柱折, 地維絶, 天傾西北. 故日月星辰移焉. 地不滿東南, 故水潦塵埃歸焉.

　　註解　○馮馮翼翼(풍풍익익), 洞洞灟灟(동동촉촉)−풍(馮)·익(翼)·동(洞)·촉(灟) 네 자는 모두 무형(無形)인 모습. '풍익(馮翼)'은 ≪시경(詩經)≫ <대아(大雅)> 권아(卷阿)에 보이며 그 모전(毛傳)에 '풍의(馮依)하여 이로써 보익(輔翼)될 수 있음을 가리킨다'라고 되어 있는 것처럼 모든 것을 맡겨 버린 태도를 가리키는 것이므로 스스로의 주체성을 가지지 아니하는 운동의 상황, 즉 떠밀려 다니고 부유(浮遊)하는 모습을 형용하는 게 된 것으로 생각된다. '동촉(洞灟)'은 ≪예기(禮記)≫ <예기(禮器)>에 '동동호기경야(洞洞乎其敬也) 촉촉호기충야(灟灟乎其忠也)'라고 되어 있으며 <범론훈(氾論訓)>에 '문왕(文王)은 동동촉촉하면서 장차 이를 잃는 것을 두려워했다'라고 되어 있는 것처럼 근엄한 모습을 가리키는 것으로서, 여기서는 태시에 혼돈이 부유하는 모습과 그 상태의 정적·엄숙함을 가리키는 것이다. ○涯垠(애은)−애·은 모두 경계란 뜻이다. ○襲精(습정)−습(襲)은 합(合)의 뜻이다. ○天柱(천주)−하늘과 땅 사이에 있으면서 하늘을 지탱해 주는 기둥. 불주산(不周山)을 가리킨다. ○地維(지유)−하늘과 땅 사이에 있으면서 땅을 매달고 있는 그물.

　　천도(天道)를 원(圓)이라 하고 지도(地道)를 방(方)이라 한다. 방은 유(幽 : 暗)를 주관하고 원은 명(明)을 주관한다. 명은 기(氣)를 토해내는데 그러므로 불을 외경(外景)이라고 한다. 유는 기를 머금는데 그러므로 물을 내경(內景)이라고 한다. 기를 토해내는 것은 만물에게 시혜를 베풀고 기를 머금는 것은 만물을 동화(同化)시킨다.

　　즉 양(陽)은 시혜하고 음(陰)은 동화시키는 것이다. 천지의 편기(偏氣)는 격노하면 바람이 되며, 천지의 합기(合氣)는 조화를 얻으면 비가 된다. 음양 두 기가 접근하여 호응하면 우레가 되며 격돌하면 번개가 된다. 또 뒤섞이면 안개가 된다. 날아서 흐트러지면 우로(雨露)가 되며 음기가 이기면 응결되어 상설(霜雪)이 된다. 터럭이 있는 것[鳥獸]은 날아다니고 달리는 종류로서 양에 속한다. 껍데기라든가 비늘이 있는 것[蟲魚]은 땅에 엎드리고 물속을 헤엄쳐 다니는 종류로서 음에 속한다.

해는 양의 종주(宗主)인데 그러기에 봄·여름에는 뭇짐승의 털이 빠지고 하지(夏至)에는 녹각(鹿角)이, 동지(冬至)에는 큰사슴 뿔이 빠진다. 달은 음의 종주인데, 그러기에 달이 이지러지면 물고기의 뇌(腦 : 창자)가 줄어들고, 차면 조개의 살이 빠진다.

불은 위쪽으로 타오르고 물은 아래쪽으로 흘러간다. 그러기에 새는 공중을 높이 날고 물고기는 물속 아래를 헤엄친다. 만물의 작용은 본(本)과 말(末)이 상응하고 있다. 그러므로 양수(陽燧)는 햇빛을 받으면 타서 불을 일으키고, 방제(方諸)는 달빛이 비추면 습해져서 물을 만들어 낸다. 호랑이가 울부짖으면 곡풍(谷風 : 동풍)이 불고, 용이 하늘에 오르면 서운(瑞雲)이 모인다. 기린(麒麟)이 싸우면 일식·월식이 일어나고 고래가 죽을 때 혜성이 나타나며 누에가 실을 토해내면 상음(商音)을 내는 현(弦)이 끊어지고, 유성(流星)이 떨어지면 큰 바다에 해일이 생긴다.

인주(人主)의 태도는 위로 하늘에 통한다. 그래서 백성에 대한 주구(誅求)를 사납게 하면 폭풍이 불고, 법령을 굽히면 (곡식의 싹을 갉아 먹는) 벌레가 많아지며, 무고하게 사람을 죽이면 (가물어서) 국토가 타고, 시령(時令)에 따라 수확을 하지 않으면 장맛비가 계속된다. 사시(四時)는 하늘의 관리(官吏)요, 일월(日月)은 하늘의 사자(使者)요, 성신(星辰)은 하늘의 때를 정하는 것이요, 무지개와 혜성은 천기(天忌)의 나타남이다.

原文 天道曰圓, 地道曰方. 方者主幽, 圓者主明. 明者吐氣者也. 是故火曰外景. 幽者含氣者也. 是故水曰內景. 吐氣者施, 含氣者化. 是故陽施陰化. 天地之偏氣, 怒者爲風, 天地之合氣, 和者爲雨. 陰陽相薄, 感而爲雷, 激而爲霆, 亂而爲霧. 陽氣勝, 則散而爲雨露, 陰氣勝, 則凝而爲霜雪. 毛羽者飛行之類也. 故屬於陽. 介鱗者蟄伏之類也. 故屬於陰.

人主之情, 上通于天. 故誅暴則多飄風, 枉法令, 則多蟲螟, 殺不辜, 則國赤地, 令不收, 則多淫雨. 四時者天之吏也. 日月者天之使也. 星辰者天之期也. 虹蜺慧星者天之忌也.

日者陽之主也. 是故春夏則羣獸除, 日至而麋鹿解. 月者陰之宗也. 是以月虧而魚腦減, 月死而蠃蛖膲. 火上蕁, 水下流. 故鳥動而高, 魚動而下. 物類相動, 本標相應. 故陽燧見日, 則然而爲火, 方諸見月, 則津而爲水. 虎嘯而谷風至, 龍擧而景雲屬, 麒麟鬪而日月食, 鯨魚死而彗星出, 蠶珥絲而商弦絶, 賁星隆而勃海決.

人主之情, 上通于天. 故誅暴則多飄風, 枉法令, 則多蟲螟, 殺不辜, 則國赤地, 令不收, 則多淫雨. 四時者天之吏也. 日月者天之使也. 星辰者天之期也. 虹蜺慧星者天之忌也.

註解 ㅇ外景(외경)·內景(내경)─경(景)은 그림자. 불이라든가 해가 물체를 비출 때 그 밖에 그림자가 생기는데 이것을 외경(外景)이라고 하며, 물이라든가 거울은 그 내면에 그림자를 비추므로 이것을 내경이라고 한다. 불과 해가 물체를 비출 때, 그 외부에 그림자를 만들어 내는 것은 기(氣)를 토하는 것으로 보았고, 반대로 물과 거울에 그림자가 생기는 것은 피사체의 기를 흡수하는 것이라고 보았다. ㅇ陰陽相薄(음양상박)─박(薄)은 박(迫)이란 뜻. ㅇ日至而麋鹿解(일지이미록해)─<시칙훈(時則訓)> 중하(仲夏)에 '녹각해(鹿角解)'라고 되어 있으며, 중동(仲冬)에 '미각해(麋角解)'라고 되어 있다. ㅇ月死而(월사이)……─<설산훈(說山訓)>에 같은 뜻의 구절이 있는데 초(膲)는 살이 야위는 것이다. ㅇ陽燧(양수)─구리로 만든 대형 반(盤). 반(盤)은 요면경(凹面鏡)의 역할을 하는데 초점에 해

당하는 곳에 마른 쑥을 놓고 태양에 비추어서 불을 채취한다. ○方諸(방제)−음수(陰燧)라고도 한다. 대형 조개의 반(盤)으로서 만월(滿月) 때 물방울을 모아 물을 섭취한다. ○鯨魚(경어)……蠶(잠)……−<남명훈(覽冥訓)> 주해 참조. ○賁星(분성)−분(賁)은 분(奔). 유성(流星). ○虹蜺慧星(홍예혜성)……−홍(虹)도 예(蜺)도 모두 무지개. 이 무지개와 혜성은 모두 흉조(凶兆)라고 했다.

하늘에 구야(九野)가 있으며 9천9백99개의 모퉁이가 있다. 땅으로부터 떨어져 있기 1억 5만 리요, 오성(五星)·팔풍(八風)·오관(五官)·육부(六府)·자궁(紫宮)·태미(太微)·헌원(軒轅)·함지(咸池)·사수(四守)·천아(天阿)가 있다.

구야란 무엇인가? 중앙을 균천(鈞天)이라고 하며 성수(星宿)는 각(角)·항(亢)·저(氐)가 해당된다. 동방을 창천(蒼天)이라 하며 성수는 방(房)·심(心)·미(尾). 동북을 변천(變天)이라 하며 성수는 기(箕)·두(斗)·견우(牽牛)라 한다. 북방은 현천(玄天)이라고 하며 성수는 수녀(須女)·허(虛)·위(危)·영실(營室)이다. 서북방을 유천(幽天)이라 하고 성수는 동벽(東壁)·규(奎)·루(婁)라고 한다.

서방을 호천(顥天)이라 하고 성수는 위(胃)·묘(昴)·필(畢)이라 하며, 서남방을 주천(朱天)이라 하며 성수는 자준(觜雟)·삼(參)·동정(東井)이다. 남방을 염천(炎天)이라 하며 성수는 여귀(輿鬼)·유(柳)·칠성(七星)이다. 동남방을 양천(陽天)이라 하고 성수는 장(張)·익(翼)·진(軫)이다.

原文 天有九野, 九千九百九十九隅, 去地億五萬里. 五星·八風·五官·六府·紫宮·太微·軒轅·咸池·四守·天阿.

何謂九野. 中央曰鈞天, 其星角·亢·氐. 東方曰蒼天, 其星房·

心·尾, 東北曰變天, 其星箕·斗·牽牛. 北方曰玄天, 其星須女·
虛·危·營室. 西北方曰幽天, 其星東壁·奎·婁. 西方曰顥天, 其
星胃·昴·畢. 西南方曰朱天, 其星觜嶲·參·東井. 南方曰炎天,
其星輿鬼·柳·七星. 東南方曰陽天, 其星張·翼·軫.

註解 ○九野(구야)─하늘을 중앙과 팔방(八方) 즉, 9로 나누어 28수
(二十八宿 : 별자리)를 배치한 것. 지상(地上)의 구주(九州)에 대응한다.
구야설(九野說)은 일찍이 진(秦)나라의 ≪여씨춘추(呂氏春秋)≫ <유시
람(有始覽)>에 보이는데 그곳에서는 하늘의 구야와 땅의 구주를 병기하
고 있다. 이 책에서는 그것에 바탕을 두고 구야를 <천문훈(天文訓)>에
서, 구주를 <지형훈(墜形訓)>에서 각각 설명하고 있다. ○八風(팔풍)·
五官(오관)·六府(육부)─다음 절과 다다음 절을 참조할 것. ○紫宮(자
궁)……天阿(천아)─다다음절의 주해 참조.

오성(五星)이란 무엇인가? 동방은 목(木)이다. 그곳을 맡은 황제는
태호(太皡)이고 그 보좌역은 구망(句芒)인데 컴퍼스를 돌리며 봄을
다스린다. 그 신(神)은 세성(歲星), 그 짐승은 창룡(蒼龍), 그 소리는
각(角), 그 날은 갑을(甲乙)이다.
　남방은 화(火)이다. 그 황제는 염제(炎帝), 그 보좌역은 주명(朱明)
인데 저울을 잡고 여름을 다스린다. 그 신(神)은 형혹(熒惑), 그 짐승
은 주조(朱鳥), 그 소리는 치(徵), 그 날은 병정(丙丁)이다.
　중앙은 토(土)이다. 그 황제는 황제(黃帝), 그 보좌역은 후토(后
土), 먹줄을 가지고 사방을 제어한다. 그 신(神)은 진성(鎭星), 그 짐
승은 황룡(黃龍), 그 소리는 궁(宮), 그 날은 무기(戊己)이다.
　서방(西方)은 금(金)이다. 그 황제는 소호(少昊), 그 보좌역은 욕수

(蓐收), 자[矩]를 잡고 가을을 다스린다. 그 신(神)은 태백(太白), 그 짐승은 백호(白虎), 그 소리는 상(商), 그 날은 경신(庚辛)이다.

북방은 수(水)이다. 그 황제는 전욱(顓頊), 그 보좌역은 현명(玄冥), 저울추를 잡고 겨울을 다스린다. 그 신(神)은 진성(辰星), 그 짐승은 현무(玄武), 그 소리는 우(羽), 그 날은 임계(壬癸)이다.

태음(太陰)이 사중(四仲)에 있을 때 세성(歲星)은 삼수(三宿)를 돌고 태음이 사구(四鉤)에 있을 때 세성은 이수(二宿)를 돈다. (四鉤에 있을 때가 8년으로서) 이수(二宿)에 8을 곱하면 십륙수(十六宿), 삼수(三宿)에 4를 곱하면 십이수(十二宿), 그러므로 세성은 12년 만에 28수를 도는 것이 된다. 하루에 12분지 1도를 전진하고 12년 만에 한 바퀴를 돈다.

형혹(熒惑 : 火星)은 10월에는 태미원(太微垣)에 들어가고 (天帝)의 제령(制令)을 받은 다음 그곳을 나와 열수(列宿)를 돈다. 무도한 나라를 다스리고 반란역적을 부추기며 질병과 사망을 가져다주고 기아와 전쟁을 일으키게 한다. 출입에는 일정한 법칙이 없고 그 빛깔은 갖가지로 변하며 은밀하게 출몰한다.

진성(鎭星 : 土星)은 역원(曆元)인 갑인(甲寅)의 해에 두성(斗星)과 회합하는 때를 기점으로 한다. 1년에 일수(一宿)를 진정(鎭定)한다. 있어야 하는 위치에 있지 아니하면 그 (宿의 분야에 해당하는) 나라는 영토를 잃는다. 또 있지 않아야 할 수(宿)에 위치하고 있으면 그 (분야의) 나라는 영토를 늘리고 풍년도 든다. 하루에 28분의 1도를 운행하여 1년이면 13도 112분의 5도를 돌며 28년 만에 한 바퀴를 돈다.

태백(太白 : 金星)은 역원(曆元)인 갑인(甲寅)의 정월에 영실수(營室宿)와 같이 새벽녘에, 동방에 나타나고 240일 만에 지평(地平)으로 들어간다. 들어간 다음 120일이 되면 저녁때 서방에 나타난다. 240일 만에 지평에 들고, 35일 만에 또 동방에 나타난다. 나타나는 때에는 진(辰)과 술(戌) 쪽에서, 들어가는 때에는 축(丑)과 미(未) 쪽에서 나타나고 들어간다. 출현해야 할 때에 나타나지 않고, 또 들어가지 않아야 할 때에 들어가면 천하에서 전쟁이 끝난다. 들어가야 하는 때에 들어가지 않고, 아직 출현할 때가 아닌데도 나타나면 천하에 전쟁이 일어난다.

진성(辰星 : 水星)은 춘하추동 사시를 바르게 한다. 항상 2월 춘분(春分) 날에 규수(奎宿)·누수(累宿) 사이에 나타나고, 5월의 하지(夏至) 날에 동정수(東井宿)와 여귀수(輿鬼宿) 사이에 나타나며, 8월 추분(秋分) 날에 각수(角宿)와 항수(亢宿) 사이에 나타나고 11월 동지(冬至) 날에 두수(斗宿)와 견우수(牽牛宿) 사이에 나타난다. 나타나는 것은 진(辰)과 술(戌)의 방향이고 들어가는 것은 축(丑)과 미(未)의 방향인데 나타난 다음 2순(旬 : 20일) 만에 들어간다. 새벽녘에는 동쪽에 보이고 저녁때에는 서쪽에 보인다. 한때라도 나타나지 않으면 그 계절은 조화를 잃고, 사시(四時) 모두 나타나면 천하는 대기근(大飢饉)에 빠진다.

原文 何謂五星, 東方木也. 其帝太皞, 其佐句芒, 執規而治春. 其神爲歲星. 其獸蒼龍, 其音角, 其日甲乙.

南方火也. 其帝炎帝, 其佐朱明, 執衡而治夏. 其神爲熒惑. 其獸朱鳥, 其音徵, 其日丙丁.

中央土也. 其帝黃帝, 其佐后土, 執繩而制四方. 其神爲鎭星. 其獸黃龍, 其音宮, 其日戊己.

西方金也. 其帝少昊, 其佐蓐收, 執矩而治秋. 其神爲太白. 其獸白虎, 其音商, 其日庚辛.

北方水也. 其帝顓頊, 其佐玄冥, 執權而治冬. 其神爲辰星. 其獸玄武, 其音羽, 其日壬癸.

太陰在四仲, 則歲星行三宿, 太陰在四鉤, 則歲星行二宿. 二八十六. 三四十二, 故十二歲而行二十八宿. 日行十二分度之一, 歲行三十度十六分度之七, 十二歲而周.

熒惑常以十月入太微, 受制而出, 行列宿, 司無道之國, 爲亂爲賊, 爲疾爲喪, 爲饑爲兵. 出入無常, 辯變其色, 時見時匿.

鎭星以甲寅元始建斗, 歲鎭一宿. 當居而弗居, 其國亡土. 未當居而居之, 其國益地歲熟. 日行二十八分度之一 歲行十三度百一十二分度之五, 二十八歲而周.

太白元始, 以甲寅正月, 與營室晨出東方, 二百四十日而入. 八百二十日, 而夕出西方, 二百四十日而入. 入三十五日, 而復出東方. 出以辰戌, 入以丑未. 當出而不出, 未當入而入, 天下偃兵. 當入而不入, 未當出而出, 天下興兵.

辰星正四時. 常以二月春分, 效奎・婁, 以五月夏至, 效東井・輿鬼, 以八月秋分, 效角・亢, 以十一月冬至, 效斗・牽牛. 出以辰戌, 入以丑未. 出二旬而入. 晨候之東方, 夕候之西方. 一時不出, 其時不和, 四時不出, 天下大飢.

註解　○五星(오성)－목성(木星：大皞・句芒・歲星), 화성(火星：炎帝・朱明・熒惑), 토성(土星：黃帝・后土・鎭星), 금성(金星：少昊・蓐收・太白), 수성(水星：顓頊・玄冥・辰星) 등 다섯 유성(遊星). 그 운행은 역일(曆日) 산정(算定)의 기초가 되므로 예로부터 천문 관측상 중요 관심사였으며, 또 운행에 있어서의 상호관계가 국가의 정치라든가 인간의 생활에 밀접한 관계가 있으므로 점성가들의 관심사로 되어 있다. 본문에 '기제(其帝)', '기신(其神)', '기좌(其佐)'라고 되어 있는 것은 모두가 오성의 이명(異名)이다. 그 원래의 명칭은 불명인데 일반적으로는 '기신'이라고 하는 세성(歲星)・형혹(熒惑) 등의 이름으로 부르며, 이것과 '기좌'라

고 하는 구망(句芒)·주명(朱明) 등이 예로부터 오행(五行) 사상과 결합
됨으로써 목성·화성 등의 이름을 만들어 내고 하늘의 오제(五帝)라고
하는 태호(太皥)·염제(炎帝) 등의 명칭을 만들어 냈던 것이리라. 한편
방각(方角)·계절·오음(五音)·십간(十干) 등은 오행 사상에 의한 배
당이다. ○太陰(태음)—태세(太歲)·세음(歲陰)이라고도 한다. 중국의 역
법(曆法)에서 목성(木星 : 歲星)이 11.86년, 즉 약 12년 만에 하늘을 한
바퀴 돈다는 데서 이것을 하늘의 12차(十二次 : 하늘을 子丑寅……의 十
二支로 구별한 것)와 대응시키고 목성이 어느 위치에 있는지에 따라 햇
수를 세었는데 이것을 세성기년법(歲星紀年法)이라고 이름지었다. 그런
데 십이지(十二支)는 일반적으로 시계바늘 방향과 같이 우회전하는 것으
로 표시했는데 비하여 세성의 운행은 좌회전(시계바늘과 반대방향)이다.
그래서 우선 천구상(天球上) 축인(丑寅)과 신미(申未)를 묶어서 선을 긋
고, 그 선을 축으로 하여 세성의 위치와 좌우 대칭의 상(像)을 상정(想
定)하고, (예를 들면 세성이 丑에 있을 때 像은 寅에, 세성이 子에 있을
때 像은 卯에, 세성이 亥에 있을 때 像은 辰에서 찾는다) 그 상을 추적
하면 십이지와 같은 순서가 된다. 이 상을 태음(太陰 : 太歲·歲陰)이라
고 하며 각 연도에 있어서의 십이지는, 실제로는 태음의 위치에 따라 정
해진다. 세성기년(歲星紀年)을 태세기년(太歲紀年)이라고도 하는 것은
이 때문이다. 중국의 역(曆)이 십이진(十二辰 : 十二支)에 의해 연차(年
次)를 정하고 있는 것은 이 법에 따른 것이다. ○四仲(사중)—동(東 :
卯)·서(西 : 酉)·남(南 : 午)·북(北 : 子)의 사방. 태음이 이 위치에 있
는 연도, 세성은 (28수의) 삼수분(三宿分)을 나아간다. ○四鉤(사구)—동
북·동남·서남·서북의 네 모퉁이를 가리키는데 십이지 방위에 배당할
때는 북북동(北北東 : 丑)·동북동(東北東 : 寅)처럼 사중(四仲) 외에 8
방위(八方位)를 가리키게 된다. 태음이 이 위치에 있는 연도, 세성은 이
수(二宿)를 전진한다. ○二十八宿(이십팔수)—수(宿)는 별자리. 황도(黃
道)·적도(赤道) 부근에 특정된 28개의 별자리를 가리킴이며 고래로 중

국에서는 이것에 의해 해와 달, 그리고 오성이 운행하는 위치를 나타냈었다.

    팔풍(八風)이란 무엇인가? 동지(冬至)가 지나고 45일째〔立春日〕에 조풍(條風)이 불기 시작한다. 조풍이 불기 시작한 지 45일째〔春分日〕에 명서풍(明庶風)이 불기 시작한다. 명서풍이 불기 시작한 지 45일째〔立夏日〕에 청명풍(淸明風)이 불기 시작한다. 청명풍이 불기 시작한 지 45일째〔夏至日〕에 경풍(景風)이 불기 시작한다. 경풍이 불기 시작한 지 45일째〔立秋日〕에 양풍(涼風)이 불기 시작한다. 양풍이 불기 시작한 지 45일째〔秋分日〕에 창합풍(閶闔風)이 불기 시작한다. 창합풍이 불기 시작한 지 45일째〔立冬日〕에 부주풍(不周風)이 불기 시작한다. 부주풍이 불기 시작한 지 45일째〔冬至日〕에 광막풍(廣莫風)이 불기 시작한다.

    (立春에) 조풍이 불면 경범자를 옥에서 내놓고 구류해 놓았던 자들을 석방한다. 명서풍이 불면 토지의 경계를 바르게 하고 논밭을 정돈한다. 청명풍이 불면 폐백을 꺼내어 제후들에게 보낸다. 경풍이 불면 덕있는 자에게 작위(爵位)를 주고, 공 있는 자를 포상한다. 양풍이 불면 대지의 은혜와 덕에 감사하고 사방신(四方神)을 제사지낸다. (秋分에) 창합풍이 불면 매달아 두었던 종(鐘)과 경(磬)을 정돈하고 금(琴)과 슬(瑟)의 줄을 느슨하게 한다. (立冬에) 부주풍이 불면 궁실(宮室)을 수리하고 변경의 성(城)을 수선한다. (冬至에) 광막풍이 불면 관문(關門)과 교량을 폐쇄하고 형기(刑期)에 결단을 내린다.

    오관(五官)이란 무엇인가? 동방은 전관(田官), 남방은 사마(司馬), 서방(西方)은 이관(理官), 북방은 사공(司空), 중앙은 도관(都官 : 사방의 官을 주관한다)이다. 육부(六府)란 무엇인가? 자(子)와 오(午), 축(丑)과 미(未), 인(寅)과 신(申), 묘(卯)와 유(酉), 진(辰)과 술(戌),

사(巳)와 해(亥)이다.

原文   何謂八風. 距日冬至四十五日, 條風至. 條風至四十五日,
明庶風至. 明庶風至四十五日, 淸明風至. 淸明風至四十五日, 景
風至. 景風至四十五日, 涼風至. 涼風至四十五日, 閶闔風至. 閶闔
風至四十五日, 不周風至. 不周風至四十五日, 廣莫風至.

條風至, 則出輕繫, 去稽留. 明庶風至, 則正封疆, 修田疇. 淸明
風至, 則出幣帛, 使諸侯. 景風至, 則爵有德, 賞有功. 涼風至, 則
報地德, 祀四鄕. 閶闔風至, 則收縣垂, 琴瑟不張. 不周風至, 則修
宮室, 繕邊城. 廣莫風至, 則閉關梁, 決刑罰.

何謂五官. 東方爲田, 南方爲司馬, 西方爲理, 北方爲司空, 中央
爲都. 何謂六府. 子午・丑未・寅申・卯酉・辰戌・巳亥, 是也.

註解   ○八風(팔풍)—여기서는 입춘(立春 : 條風), 춘분(春分 : 明庶風),
입하(立夏 : 淸明風), 하지(夏至 : 景風), 입추(立秋 : 涼風), 추분(秋分 :
閶闔風), 입동(立冬 : 不周風), 동지(冬至 : 廣莫風) 등 8계절에 부는 바
람을 가리킨다. 그러나 팔풍에는 이설(異說)이 많다. 예컨대 <지형훈(墜
形訓)>에서는 동북(東北 : 炎風), 동방(東方 : 條風), 동남(東南 : 景風), 남
방(南方 : 巨風), 서남(西南 : 涼風), 서방(西方 : 飂風), 서북(西北 : 麗風),
북방(北方 : 寒風) 등의 이설이 보인다. 한편 팔풍의 명칭은 각각 계절과
방위에 관계가 있다. ○五官(오관)—천상(天上)의 오관. 전(田)은 농사를,
사마(司馬)는 병사(兵事)를, 이(理)는 재판을, 사공(司空)은 건설을, 도
(都)는 사방의 감찰을……이란 식으로 각각 주관한다. ○六府(육부)—자
(子 : 北), 오(午 : 南), 묘(卯 : 東), 유(酉 : 西) 등, 십이지(十二支)를 십
이방(十二方)으로 배치하는 경우의 대칭을 이루는 십이지의 짜맞춤을 육
부라고 하는 것 같은데 그 의의는 불분명하다.

태미(太微)는 천자의 궁정(宮庭), 자궁(紫宮)은 태일(太一)의 거처, 헌원(軒轅)은 제비(帝妃)의 사(舍), 함지(咸池)는 천어(天魚)의 못, 천아(天阿)는 군신(群神)이 출입하는 문, 사수(四守)는 상벌을 주관하는 관소(官所)이다. 태미는 주작(朱雀)을 주관한다. 자궁은 북두(北斗)를 잡고 왼쪽으로 선회시킨다. 하루에 1도씩 전진하면서 하늘을 주회(周回)하여 동지에는 (南極의) 준랑산(峻狼山)에 있다. 하루에 1도씩 옮기는데 대략 182도 8분의 5를 전진하여 하지에는 우수산(牛首山)에 있다.

이것을 거듭하여 365도 4분의 1을 운행하면 그것으로 1년이 된다. 천일(天一)은 정월[立春日]에 인(寅)에 있으며 일월(日月)은 다시 정월에 영실(營室)의 5도에 있을 때를 원시(元始)로 한다. 천일이 원시를 일으킨 지 76년째에 일월은 다시 정월에 영실의 5도에 들어가 여분이 없어진다. 이것을 일기(一紀)라고 한다. 전(全) 20기, 1천5백20년으로 대종(大終)이 되며 삼종(三終)하여 일월성신(日月星辰)은 다시 갑인(甲寅)의 원시로 돌아온다.

(해는) 하루에 1도씩 운행하는데 1년에 나머지가 4분의 1도 있다. 그러므로 4년간 1천4백61일을 지나면 다시 원위치로 돌아온다. 또 80년만에 원래의 날로 돌아간다. 자(子 : 北)와 오(午 : 南)와 묘(卯 : 東)와 유(酉 : 西)를 연결하는 선을 이승(二繩)이라고 하며 축(丑)과 인(寅)의 각(角 : 東北), 진(辰)과 사(巳)의 각(角 : 東南), 미(未)와 신(申)의 각(角 : 西南), 술(戌)과 해(亥)의 각(角 : 西北)을 사구(四鉤)라고 한다.

동북은 보덕(報德)의 유(維 : 隅), 서남은 배양(背陽)의 유(維), 동남은 상양(常羊)의 유, 서북은 제통(蹏通)의 유이다. 동짓날 두(斗)는 북향하여 승(繩)에 해당하며 양기가 극에 이르러 음기가 손상된다. 그러므로 하지를 가리켜 형(刑)이라고 한다. 음기가 극에 이르면 북향하여 북극에까지 이르며, 내려와서는 지하의 황천(黃泉)에 이른다. 그러므로 땅을 파거나 우물을 파서는 안 된다.

만물은 폐장(閉藏)하고 겨울잠을 자는 동물은 구멍 속에 숨는다. 그러므로 '덕은 실(室)에 있다'라고 한다. 양기가 극에 이르면 남향하여 남극에까지 이르며, 올라가서는 주천(朱天)에 이른다. 그러므로 언덕을 허물어서 평평하게 한다거나 지붕 위에 올라가서는 안 된다. 만물은 번식하고 오곡은 크게 성장한다. 그러므로 '덕은 야(野)에 있다'라고 한다.

동지에는 만사가 물을 따르고 하지에는 만사가 불을 따른다. 그러므로 5월에는 불이 왕성한 중에도 물이 젖어들어 가고 11월에는 물이 왕성한 중에도 음기가 오르기 시작한다. 양기는 불이며 음기는 물이다. 물의 기운이 상승하므로 하지 때는 습윤하며 불의 기운이 상승하므로 동지 때는 건조하다.

건조하면 숯은 가벼워지며 습윤하면 숯이 무거워진다. 동지에는 우물물이 풍성해지며 분수(盆水)는 넘친다. 양(羊)은 털이 빠지고 큰사슴(고라니)은 뿔이 빠지며 까치는 집을 짓기 시작한다. 8척의 표주(表柱)는 해가 남중(南中)할 때, 그 그림자의 길이가 1장(丈) 3척(尺). 하지에는 유황(硫黃)이라든가 석정(石精)이 많이 생산된다. 매미가 울기 시작하고 반하(半夏)가 난다. 모기와 등에는 망아지·송아지를 물어뜯고 새매는 주둥이가 노란 새 새끼를 잡지 않는다. 8척의 표주(表柱) 그림자는 1척 5촌. 그림자가 길어지면 음기가 이기고 그림자가 짧아지면 양기가 이긴다. 음기가 이기면 홍수가 지고 양기가 이기면 몹시 가문다.

原文 太微者天子之庭也. 紫宮者太一之居也. 軒轅者帝妃之舍也. 咸池者水衡之囿也. 天阿者羣神之闕也. 四守者所以爲司賞罰,

太微者主朱雀, 紫宮執斗而左旋, 日行一度, 以周於天. 日冬至峻狼之山, 日移一度, 凡行百八十二度八分度之五, 而夏至牛首之山. 反覆三百六十五度四分度之一, 而成一歲. 天一元始, 正月建寅, 日月俱入營室五度. 天一以始建七十六歲, 日月復以正月, 入營室五度, 無餘分. 名曰一紀. 凡二十紀一千五百二十歲大終. 三終日月星辰, 復始甲寅元.

日行一度, 而歲有奇四分度之一, 故四歲而積千四百六十一日, 而復合故舍, 八十歲而復故日. 子午·卯酉爲二繩, 丑寅·辰巳·未申·戌亥爲四鉤. 東北爲報德之維也, 西南爲背陽之維, 東南爲常羊之維, 西北爲蹄通之維. 日冬至, 則斗北中繩, 陰氣極, 陽氣萌. 故曰冬至爲德. 日夏至則斗南中繩, 陽氣極, 陰氣萌. 故曰夏至爲刑. 陰氣極, 則北至北極, 下至黃泉. 故不可以鑿地穿井. 萬物閉藏, 蟄蟲首穴. 故曰, 德在室. 陽氣極, 則南至南極, 上至朱天. 故不可以夷丘上屋. 萬物蕃息, 五穀兆長. 故曰, 德在野.

日冬至, 則水從之, 日夏至, 則火從之. 故五月火正而水漏. 十一月, 水正而陰勝. 陽氣爲火, 陰氣爲水. 水勝, 故夏至淫, 火勝, 故冬至燥. 燥故炭輕, 淫故炭重. 日冬至, 井水盛. 盆水溢, 羊脫毛, 麋角解, 鵲始巢. 八尺之脩, 日中而景丈三尺. 日夏至, 而流黃澤, 石精出, 蟬始鳴, 半夏生, 蚑蟲不食駒犢, 鷙鳥不搏黃口. 八尺之景, 脩徑尺五寸, 景脩則陰氣勝, 景短則陽氣勝. 陰氣勝則爲水, 陽氣勝則爲早.

註解　○太微(태미)－별자리 이름. 태미원(太微垣)이라고 하며 자미원(紫微垣)·천시원(天市垣)과 함께 삼원(三垣)이라고 한다. 익(翼)·진(軫)의 북쪽에 있으며 그 안에 오제(五帝)의 자리가 있다 하여 천자의 뜰이라고 한다. ○紫宮(자궁)－자미원(紫微垣)을 가리킨다. 북두(北斗)의 북

쪽에 환열(環列)하고 태일(太一 : 天帝·玉皇大帝)의 거처라고 한다. ○
軒轅(헌원)·咸池(함지)-별자리 이름. 함지는 하늘의 못[池]에 비유된
다. ○水衡(수형)-한대(漢代)에 상림원(上林苑)을 장악하는 '수형'이란
벼슬이 있었으며 이것을 천상(天上)에 적응시킨 것으로 생각된다. ○天
一元始(천일원시)-천일(天一)은 <천문훈>에 이미 나온 바 있는 태음(太
陰)·태세(太歲)의 별칭. 원시(元始)는 거기서 말하는 세성기년법(歲星
紀年法)의 역원(曆元)이란 뜻이다. ○有奇四分度之一(유기사분도지일)
-유기(有奇)는 나머지. 사분력(四分曆)에서는 1년을 365일 4분의 1로
계산한다. ○報德之維(보덕지유)-유(維)는 사우(四隅)란 뜻. 보(報)는
부(復)의 뜻이며 이 방각(方角)은 북방의 음에서 동방의 양으로 되돌아가
는 것이므로 보덕이라 한다. ○背陽(배양)-이 방각은 남방의 양(陽)을
지나 서방의 음으로 돌아가는 것이기 때문에 배양이라 한다. ○常羊(상
양)-부진불퇴(不進不退)의 모습. 소요(逍遙)·상양(倘佯)과 음이 통한다.
동남은 순양(純陽)으로서 일을 하는 데 불성불쇠(不盛不衰)이기 때문이
다라고 되어 있다. ○蹢通(제통)-서북은 순음(純陰)이므로 폐결(閉結)되
어 있던 양기가 제(蹢 : 走)하기 시작했기 때문이다. ○冬至爲德(동지위
덕)·夏至爲刑(하지위형)-시절에 대하여 덕·형을 말하는 경우, 덕은
양으로서 생성을 의미하고 형은 음으로서 사멸(死滅)을 의미한다. 여기서
는 동지에 음이 극에 이르러 양으로 돌고, 하지에는 양이 극에 이르러 음
으로 돈다는 것을 말한다. ○炭輕(탄경)·炭重(탄중)-숯으로 건습(乾濕)
을 계측했던 일은 ≪한서(漢書)≫ <천문지(天文志)> 및 <태족훈(泰族
訓)>에도 보인다. ○半夏(반하)-약초의 일종.

음양의 형(刑)과 덕(德)에는 칠사(七舍)가 있다. 칠사란 무엇인
가? 실(室)·당(堂)·정(庭)·문(門)·항(巷)·술(術)·야(野)이다. 11
월[仲冬]에 덕은 30일 동안 실(室)에 머문다. 즉 동지가 되기 전 15

일과 동지가 지난 다음 15일 만에 다른 사(舍)로 옮겨가는 것이다. 머무는 사(舍)는 각각 30일이다.

덕이 실(室)에 있으면 형은 야(野)에 있으며, 덕이 당(堂)에 있으면 형은 술(術)에 있으며, 덕이 정(庭)에 있으면 형은 항(巷)에 있으며, 음양의 기가 조화되면 형과 덕이 공히 문(門)에서 합한다. 8월〔仲秋〕과 2월〔仲春〕은 음양 이기(二氣)의 세(勢)가 서로 같아서 주야는 평분(平分)하다.

그래서 형·덕이 문(門)에서 합한다고 한다. 덕이 남쪽으로 향하면 만물을 낳고 형이 남쪽으로 향하면 만물은 죽는다. 그러므로 2월에 만나서 만물을 낳게 하고 8월에 만나면 초목은 고사(枯死)한다고 한다.

原文 陰陽刑德有七舍. 何謂七舍. 室·堂·庭·門·巷·術·野. 十一月, 德居室三十日, 先日至十五日, 後日至十五日而徙. 所居各三十日. 德在室則刑在野. 德在堂則刑在術. 德在庭則刑在巷. 陰陽相德, 則刑德合門. 八月二月, 陰陽氣均, 日夜分平. 故曰刑德合門. 德南則生, 刑南則殺. 故曰, 二月會而萬物生, 八月會而草木死.

양유(兩維) 사이는 91도 16분지 5이다. 두표(斗杓)가 하루에 1도씩 돌아 15일 만에 1절(節)이 되며 24절기의 변화를 가져온다. 두표가 자(子)를 가리킬 때는 동지(冬至)이다. 음(音)은 (12율의) 황종(黃鐘)에 해당한다. 15일을 지나 계(癸)를 가리킬 때는 소한(小寒)이다. 음은 응종(應鐘)에 해당한다. 15일을 지나 축(丑)을 가리킬 때는 대한(大寒)이다. 음은 무역(無射)에 해당한다.

15일을 지나 보덕(報德)의 유(維 : 東北)를 가리킬 때는 음기를 제압하며 땅에 내린다. 그러므로 '동지에서 46일째는 입춘(立春), 양기가 동빙(凍氷)을 녹인다'라고 한다. 음은 남려(南呂)에 해당한다. 15일을 지나 인(寅)을 가리킬 때는 우수(雨水)이다. 음은 이칙(夷則)에 해당한다. 15일이 지나서 갑(甲)을 가리킬 때는 천둥이 지하의 벌레들을 놀라게 하는 경칩(驚蟄)이다. 음은 임종(林鐘)에 해당한다. 15일을 지나 묘(卯)를 가리킬 때는 승(繩)에 해당한다. 그러므로 '이 춘분(春分)에는 천둥이 울린다'라고 한다. 음은 유빈(蕤賓)에 해당한다.

15일이 지나 을(乙)을 가리킬 때는 청명(淸明)의 바람이 불기 시작한다. 음은 중려(仲呂)에 해당한다. 15일을 지나 진(辰)을 가리킬 때는 곡우(穀雨)이다. 음은 고선(姑洗)에 해당한다. 15일이 지나 상양(常羊)의 유(維 : 東南)를 가리킬 때는 봄철의 경계가 끝난다. 그러므로 '입춘에서 46일째는 입하(立夏), 큰바람이 멈춘다'라고 한다. 음은 협종(夾鐘)에 해당한다. 15일이 지나 사(巳)를 가리킬 때는 소만(小滿)이다. 음은 태주(太簇)에 해당한다. 15일이 지나 병(丙)을 가리킬 때는 망종(芒種)이다. 음은 대려(大呂)에 해당한다.

15일을 지나 오(午)를 가리킬 때는 양기가 극에 이른다. 그래서 '춘분으로부터 다시 46일째에는 하지(夏至)'라고 한다. 음은 황종(黃鐘)에 해당한다. 15일이 지나 정(丁)을 가리킬 때는 소서(小暑)이다. 음은 대려(大呂)에 해당한다. 15일이 지나 미(未)를 가리킬 때는 대서(大暑)이다. 음은 태주(太簇)에 해당한다.

15일을 지나 배양(背陽)의 유(維 : 南西)를 가리킬 때는 여름철의 경계가 끝이 난다. 그래서 '입하로부터 다시 46일째에는 입추(立秋), 서늘한 바람이 불기 시작한다'라고 한다. 음은 협종(夾鐘)에 해당한다. 15일이 지나 신(申)을 가리킬 때는 처서(處暑)이다. 음은 고선(姑洗)에 해당한다. 15일을 지나 경(庚)을 가리킬 때는 백로(白露)가 내린다. 음은 중려(仲呂)에 해당한다.

15일을 지나 유(酉)를 가리킬 때는 승(繩)에 해당한다. 그래서 '추분에는 천둥 치는 게 그치고 겨울잠을 자는 동물은 북쪽을 향한다'라고 한다. 음은 유빈(蕤賓)에 해당한다. 15일이 지나 신(辛)을 가리킬 때는 한로(寒露)이다. 음은 임종(林鐘)에 해당한다. 15일이 지나 술(戌)을 가리킬 때는 상강(霜降)이다. 음은 이칙(夷則)에 해당한다.

15일이 지나 제통(踶通)의 유(維 : 西北)를 가리킬 때는 가을철의 경계가 끝이 난다. 그러므로 '입추에서 다시 46일째에는 동지(冬至), 초목은 모두 시들어 죽는다'라고 한다. 음은 남려(南呂)이다. 15일이 지나 해(亥)를 가리킬 때는 소설(小雪)이다. 음은 무역(無射)에 해당한다. 15일을 지나 임(壬)을 가리킬 때는 대설(大雪)이다. 음은 응종(應鐘)에 해당한다.

15일이 지나 자(子)를 가리킨다. 그러므로 '양기는 자(子)에서 나오고 음기는 오(午)에서 나온다'라고 한다. 양은 자(子)에서 나온다. 그러므로 11월의 동짓날에는 까치가 집짓기를 시작하고 사람의 기(氣)는 머리에 모인다. 음기는 오(午)에서 생긴다. 그러므로 5월의 (하짓날을) 소형(小刑)이라 칭하며 냉이·보리·정력(亭歷)은 시들어 버리며 겨울에 난 초목은 반드시 말라 죽는다.

原文 兩維之間, 九十一度十六分度之五, 而斗日行一度, 十五日爲一節, 以生二十四時之變. 斗指子則冬至. 音比黃鐘. 加十五日, 指癸則小寒. 音比應鐘. 加十五日, 指丑則大寒. 音比無射.

加十五日, 指報德之維, 則越陰在地. 故曰, 距日冬至, 四十六日而立春, 陽氣凍解. 音比南呂. 加十五日, 指寅則雨水. 音比夷則. 加十五日, 指甲則雷驚蟄. 音比林鐘. 加十五日, 指卯中繩. 故曰, 春分則雷行. 音比蕤賓. 加十五日, 指乙則淸明風至. 音比仲呂, 加十五日, 指辰則穀雨. 音比姑洗.

加十五日, 指常羊之維則春分盡. 故曰, 有四十五日而立夏, 大風濟. 音比夾鐘. 加十五日, 指巳則小滿. 音比太簇. 加十五日, 指丙則芒種. 音比大呂. 加十五日, 指午則陽氣極. 故曰, 有四十六日而夏至. 音比黃鐘. 加十五日, 指丁則小暑. 音比大呂. 加十五日, 指未則大暑. 音比太簇.

加十五日, 指背陽之維, 則夏分盡. 故曰, 有四十六日而立秋, 涼風至. 音比夾鐘. 加十五日, 指申則處暑. 音比姑洗. 加十五日, 指庚則白露降. 音比仲呂. 加十五日, 指酉中繩. 故曰, 秋分雷臧, 蟄蟲北鄉. 音比蕤賓. 加十五日, 指辛則寒露. 音比林鐘. 加十五日, 指戌則霜降. 音比夷則.

加十五日, 指蹏通之維, 則秋分盡. 故曰, 有四十六日而立冬, 草木畢死. 音比南呂. 加十五日, 指亥則小雪. 音比無射. 加十五日, 指壬則大雪. 音比應鐘. 加十五日指子. 故曰, 陽生於子, 陰生於午. 陽生於子, 故十一月日冬至, 鵲始加巢, 人氣鐘首. 陰生於午. 故五月爲小刑. 薺・麥・亭歷枯, 冬生草木必死.

註解 ○兩維之間(양유지간) ─ 유(維)란 아래의 보덕(報德 : 東北)・상양(常羊 : 東南)・배양(背陽 : 西南)・제통(蹏通 : 西北)의 사유(四維), 즉 사우(四隅)를 가리킨다. '양유지간'이란 동북에서 동남, 동남에서 서남, 서남에서 서북, 서북에서 동북에 이르기까지의 각 공간이다. 각각 91도 16분지 5라고 하는데 이것을 4배하면 사분력(四分曆)에 있어 주천(周天)의 수 365도 4분지 1이 된다. ○斗日行一度(두일행일도) ─ 두표(斗杓)는 하루에 1도씩 이행(移行)하여 1년에 일주한다. 그 다음의 기록은 동지에 자(子 : 正北)를 가리키는 두표의 이동과 그것에 따르는 계절의 변화를 15도(15일)로 나누고 '24절기'로 서술하고 있다. ○音比黃鐘(음비황종) ─ 황종은 12율의 하나. 이하에서 말하는 태주(太簇)・고선(姑洗)・유빈(蕤賓)・

이칙(夷則)·무역(無射)·대려(大呂)·협종(夾鐘)·중려(仲呂)·임종(林
鐘)·남려(南呂)·응종(應鐘)을 합쳐 12율이라고 하며 음악의 계정(階程)
을 이름이다. 여기서는 그것을 24절기에 배당해서 설명하고 있다. ○小
刑(소형)－양을 덕으로 치는 데 비하여 음을 형이라 칭한다. 5월은 양기
가 극에 이르므로 비로소 음기를 낳는다는 데서 소형이라고 한다. ○亭歷
(정력)－약초의 이름.

  두표(斗杓)를 소세(小歲)라고 한다. 정월에 인(寅)의 방각을 가리
키고 달마다 왼쪽으로 돌면서 십이진(十二辰)을 돈다. 함지(咸池)를
대세(大歲)라고 한다. 2월에 묘(卯)의 방각을 가리키며 달마다 오른
쪽으로 돌며(卯·午·酉·子의) 사중(四仲)을 돈다. 일주하면 또 처
음으로 돌아간다. 대세는, 이 방각에 향하는 자는 욕을 당하고 이것을
배반하는 자는 강해진다. 그 왼쪽에 위치하는 자는 쇠하고 그 오른쪽
에 위치하는 자는 번창한다.
  소세는, 그 동남쪽에 위치하면 살고 그 서북쪽에 위치하면 죽는다.
'맞이하지 말고 등을 돌리고 왼쪽으로 돌지 말고 오른쪽으로 돌라'는
것은 이것을 가리킴이다. 대시(大時)와 함지(咸池)를 말함이다. 소시
(小時)란 월건(月建)을 말함이다. 하늘의 시원(始元)을 세우는 데는
항상 인(寅)에 의해 시작하고 오른쪽으로 옮겨간다. 해마다 옮겨가서
12년만에 하늘을 일주하고 끝이 나면 다시 시작으로 돌아간다.

  原文 斗杓爲小歲, 正月建寅, 月從左行十二辰, 咸池爲大歲. 二
月建卯, 月從右行四仲, 終而復始. 大歲迎者辱, 背者强, 左者衰,
右者昌. 小歲東南則生, 西北則殺. 不可迎也, 而可背也, 不可左
也, 而可右也, 其此之謂也. 大時者咸池也, 小時者月建也. 天維建

元, 常以寅始起有徙. 一歲而移, 十二歲而大周天, 終而復始.

> **註解** ○斗杓(두표)－북두칠성(北斗七星) 가운데 자루에 해당하는 세 개의 별. 그릇 모양으로 생긴 네 별을 두괴(斗魁)라고 부르는 데 대한 대칭이다. 칠성은 괴(魁) 쪽에서 시작하여 ①추(樞 : 天樞), ②선(璇), ③기(璣), ④권(權), ⑤형(衡 : 玉衡), ⑥개양(開陽), ⑦요광(搖光)이라고 칭하는데 이 가운데 ⑤, ⑥, ⑦의 세 별이 두병이다. 또 ⑥, ⑦의 별을 일직선으로 그은 방각을 두건(斗建 : 建은 가리키다란 뜻)이라고 한다. ○大歲(대세)－두표(斗杓)를 소세(小歲)라고 칭하는 데 대해서 하는 말. 세음(歲陰)의 별칭인 태세(太歲)와는 별개이다. ○大時(대시)・小時(소시)－함지는 3월을 가지고 일시(一時)로 하고, 두표는 1월을 가지고 일시로 하는 데서 생겨난 말이다.

회남왕(淮南王) 원년(元年), 겨울 천일(天一)은 병자(丙子)에 있었고, 동지(冬至)는 갑오일(甲午日), 입춘(立春)은 병자일(丙子日)이었다. 이음(二陰)과 일양(一陽)으로서 기이(氣二)를 낳고 이양(二陽)과 일음(一陰)으로서 기삼(氣三)을 낳는다. 기의 수를 합치면 (5) 음(音)의 수가 된다. 음의 수를 합치면 양이 되고 양의 수를 합치면 율(律)이 된다. 그래서 오음육률(五音六律)이라고 한다.

음(의 수 5)을 2배하면 일(日의 수 10)이 되며 율(律의 수 6)을 2배하면 진(辰의 수 12)이 된다. 그러므로 일의 수는 10, 진의 수는 12이다. 월(月)은 하루에 13도 76분지 28을 전진하여 29일과 940분지 499로 1개월이 된다. 그러므로 12개월을 1년으로 하면 1년에 10일과 940분지 827이 남게 된다. 그러므로 19년간에 7회의 윤달을 둔다. 동지는 자(子)의 날이든가 오(午)의 날이며, 하지는 묘(卯)의 날이든가 유(酉)의 날이므로 동지에 3일을 더하면 하짓날이 된다. 해마다 6일씩 옮겨졌다가 한 바퀴 돌면 시작으로 돌아온다.

임오일(壬午日)이 동지이면 갑자일(甲子日)에 (木德의) 정령(政令)을 받는다. 만사는 목(木)에 의해 영위되며 화연(火煙)은 청색이다. 72일을 거쳐 병자일(丙子日)에 (火德의) 정령을 받는다. 만사는 화(火)에 의해 영위되며 화연은 적색이다. 72일을 지나 무자일(戊子日)에 (土德의) 정령을 받는다. 만사는 토에 의해 영위되며 화연은 황색이다. 72일이 지나 경자일(庚子日)에 (金德의) 정령을 받는다. 만사는 금(金)에 의해 영위되며 화연은 백색이다. 72일을 지나 임자일(壬子日)에 (水德의) 정령을 받는다. 만사는 수(水)에 의해 영위되며 화연은 흑색이다. 다시 72일이 지나 1년이 끝나면 다음에는 경오일(庚午日)에 (木德의) 정령을 받는다. 해마다 6일씩 옮겨져서 계수(計數)로 본다면 10년 만에 또 갑자(甲子)로 되돌아온다.

갑자에 (木德의) 정령을 받았을 때는 유화덕혜(柔和德惠)의 정치를 하여 여러 종류의 금령(禁令)을 느슨하게 하고, 닫았던 문을 열며, 통행을 금했던 길을 터주고 나무를 벌목하지 않도록 한다. 병자(丙子)에 (火德의) 정령을 받았을 때는 현량한 사람을 천거하고 유공자를 포상하며 봉후(封侯)를 세워 재화(財貨)를 방출한다.

무자(戊子)에 (土德의) 정령을 받았을 때는 노인과 의지할 곳 없는 남녀를 보호하고 (굶주리는 사람에게) 죽을 주는 등 은혜를 베푼다. 경자(庚子)에 (金德의) 정령을 받았을 때는 담장과 성벽을 수선하고 갖가지 금령을 밝게 하며 무구갑주(武具甲胄)를 정돈하고 백관을 위로하며 불법자를 처벌한다.

임자(壬子)에 (水德의) 정령을 받았을 때는 성리(城里)의 문을 닫고 이국인의 수색을 엄하게 하며 형벌을 단행하고 죄에 상당하는 자를 죽이고 관소(關所)와 교량의 통행을 막으며 국외로 나가는 것을 금한다. 갑자일(甲子日)에는 기(氣)가 마르고 탁해진다. 병자일에는 기가 마르고 덥다. 무자일에는 기가 습하고 탁해진다. 경자일에는 기가 마르고 차가워진다. 임자일에는 기가 맑고 차가워진다.

병자(丙子)에 의해 갑자(甲子)를 범하면 겨울잠을 자던 동물들은 일찍이 구멍 속에서 나온다. 그러므로 천둥이 일찍 친다. 무자(戊子)에 의해 갑자를 범하면 새끼는 태(胎) 속에서 요사(夭死)하고 알은 깨지며 조충(鳥蟲)이 많이 상한다.

경자(庚子)에 의해 갑자를 범하면 전쟁이 일어난다. 임자(壬子)에 의해 갑자를 범하면 봄철에 서리가 내린다. 무자(戊子)에 의해 병자(丙子)를 범하면 천둥이 친다. 경자(庚子)에 의해 병자(丙子)를 범하면 번개가 친다. 임자(壬子)에 의해 병자를 범하면 우박이 쏟아진다. 갑자(甲子)에 의해 병자를 범하면 지진이 인다.

경자(庚子)에 의해 무자(戊子)를 범하면 오곡(五穀)에 폐해가 있다. 임자(壬子)에 의해 무자를 범하면 여름철에 춥고 서리가 내린다. 갑자(甲子)에 의해 무자를 범하면 갑각류는 그 형태를 이루지 못한다. 병자(丙子)에 의해 무자를 범하면 큰 가뭄이 일어 수생식물인 줄풀조차 말라 버린다. 임자(壬子)에 의해 경자(庚子)를 범하면 물고기가 자라나지 못한다.

갑자(甲子)에 의해 경자(庚子)를 범하면 초목은 다시 말라 죽었다가 다시 살아난다. 병자(丙子)에 의해 경자를 범하면 초목이 다시 번성한다. 무자(戊子)에 의해 경자를 범하면 오곡이 여물기도 하고 여물지 않기도 한다. 갑자(甲子)에 의해 임자(壬子)를 범하면 겨울철에 땅속에 저장되어 있어야 하는 것들이 샌다.

병자(丙子)에 의해 임자를 범하면 별이 떨어진다. 무자(戊子)에 의해 임자를 범하면 칩충(蟄蟲)은 그 구멍 속에서 나온다. 경자(庚子)에 의해 임자를 범하면 그 지방에서는 겨울철이건만 천둥이 친다.

原文 淮南元年冬, 天一在丙子, 冬至甲午, 立春丙子. 二陰一陽, 成氣二, 二陽一陰, 成氣三. 合氣而爲音, 合陰而爲陽, 合陽而爲律. 故曰, 五音六律, 音自倍而爲日, 律自倍而爲辰. 故日十而辰十二. 月日行十三度七十六分度之二十八, 二十九日九百四十分日之四百九十九而爲月, 而以十二月爲歲. 歲有餘十日九百四十分日之八百二十七. 故十九歲而七閏. 日冬至子午, 夏至卯酉, 冬至加三日, 則夏至之日也. 歲遷六日, 終而復始.

壬午冬至, 甲子受制. 木用事, 火煙靑. 七十二日, 丙子受制. 火用事, 火煙赤. 七十二日, 戊子受制. 土用事, 火煙黃. 七十二日, 庚子受制. 金用事, 火煙白. 七十二日, 壬子受制. 火用事, 火煙黑. 七十二日而歲終. 庚午受制, 歲遷六日, 以數推之, 十歲而復至甲子.

甲子受制, 則行柔惠, 挺羣禁, 開閨扇, 通障塞, 毋伐木. 丙子受制, 則擧賢良, 賞有功, 立封侯, 出貨財. 戊子受制, 則養老·鰥·寡, 行粰鬻, 施恩澤. 庚子受制, 則繕牆垣, 修城郭, 審羣禁, 飭兵甲, 儆百官, 誅不法. 壬子受制, 則閉門閭, 大搜客, 斷刑罰, 殺當罪, 息關梁, 禁外徙. 甲子氣燥濁, 丙子氣燥陽, 戊子氣溼濁, 庚子氣燥寒, 壬子氣清寒.

丙子干甲子, 蟄蟲早出. 故雷早行. 戊子干甲子, 胎夭卵殰, 鳥蟲多傷. 庚子干甲子, 有兵. 壬子干甲子, 春有霜. 戊子干丙子, 霆. 庚子干丙子, 電. 壬子干丙子, 雹. 甲子干丙子, 地動. 庚子干戊子, 五穀有殃. 壬子干戊子, 夏寒雨霜. 甲子干戊子, 介蟲不爲. 丙子干戊子, 大旱苽封熯. 壬子干庚子, 則魚不爲. 甲子干庚子, 草木再死再生. 丙子干庚子, 草木復榮. 戊子干庚子, 歲或存或亡. 甲子干壬子, 冬乃不藏. 丙子干壬子, 星隊. 戊子干壬子, 蟄蟲冬出其鄕. 庚子干壬子, 冬雷其鄕.

註解   ○天一在丙子(천일재병자)─천일(天一)은 태세(太歲)의 별칭이다. ○二陰一陽(이음일양)……─이 구절을 '병자(丙子)'란 뜻으로 풀이하고 이음일양이란 자(子)의 위(位)인 감(坎 : ☵), 이양일음이란 병(丙)의 위(位)인 리(離 : ☲), 감(坎)은 이음(二陰)인데 그 중(中)을 얻지 못하므로 이음이지만 일기(一氣), 양(陽)의 일기(一氣)를 병합하여 이기(二氣), 리(離)는 일음인데 중효(中爻)이므로 일기, 그리고 양의 이기(二氣)를 병합하여 삼기(三氣)가 된다는 뜻이라고 주장하는 학자도 있다. ○合陰(합음)……爲律(위율)─감(坎)・리(離) 양괘(兩卦)를 합치면 음효(陰爻)・양효(陽爻) 공히 3이므로 '음을 합치어 양이 된다' 하였으며, 또 양괘를 거듭한 경우 음효・양효 공히 6이 되므로 '양의 수를 합치어 육률(六律) 음의 수를 합치어 육려(六呂)'라고 칭한 것이라고 주장하는 학자도 있다. ○二十九日(이십구일)……爲月(위월)─1개월을 29일 940분의 499로 하는 것은 전욱력(顓頊曆 : 四方曆)의 설이다. ○冬至加三日(동지가삼일)……─동지에서 하지(夏至)까지 182일 16분의 10이므로 180일 이하의 단수(端數)를 정수(整數)로 하면 3일이 된다. ○甲子受制(갑자수제)……壬子受制(임자수제)─불상(不詳). 1년을 360일로 하고 이것을 오행(五行)으로 나누면 각 72일이 되는데, 한편 갑(甲 : 木)자(子)로 시작되는 간지(干支)는 72일이 될 때마다 병(丙 : 火)자(子), 무(戊 : 土)자(子), 경(庚 : 金)자(子), 임(壬 : 水)자(子)에 해당하므로 이것에 근거하여 일종의 시령(時令)을 설명해 나간 것이리라.

계춘(季春)인 3월에는 풍륭(豊隆)이 나타나서 비를 내린다. 가을의 세 번째 달(9월)이 되면 지기(地氣)는 땅속으로 스며들고 그곳에 살벌한 기(氣)가 모인다. 백충(百蟲)은 구멍 속으로 들어가서 가만히 있으며 바깥문을 닫는다. 청녀(靑女)가 나타나서 서리와 눈을 내린다. 그리고 12절(節)의 기가 돌아서 중춘(仲春) 2월의 저녁때가 되면 스며들어 있던 지기(地氣)를 모아 한기(寒氣)를 가둔다.

　여이(女夷)는 북을 치고 노래 부르며 하늘의 화기(和氣)를 찬양하고 백곡과 금조(禽鳥)와 초목을 양육한다. 맹하(孟夏)의 달(4월)에는 곡물이 성숙한다. 뻐꾸기는 길게 울고, 천제(天帝)를 위해 풍년을 보고한다. 이런 까닭에 하늘이 음기(陰氣)를 발하지 않으면 만물은 생겨나지 못하고 땅이 양기를 발하지 않으면 만물은 성장하지 못한다.

　하늘은 둥글고 땅은 네모졌으며 길은 그 사이에 있다. 해는 덕(德)을 베풀고 달은 형(刑)을 행한다. 달이 이지러지면 만물은 죽고 해가 남쪽에 이르면 만물은 태어난다. 산에서 멀리 떨어지면 산기(山氣)는 숨고 물에서 멀리 떨어지면 수서동물(水棲動物)은 땅속으로 들어간다. 나무에서 멀리 떨어지면 나뭇잎은 말라 버린다. 태양은 5일간 나타나지 아니하면 그 자리를 잃는다. 성인(聖人)은 이런 일을 좋아하지 않는다.

原文　季春三月, 豊隆乃出, 以將其雨. 至秋三月, 地氣下藏, 乃收其殺. 百蟲蟄伏, 靜居閉戶. 靑女乃出, 以降霜雪. 行十二時之氣, 以至于仲春二月之夕, 乃收其藏, 而閉其寒. 女夷鼓歌, 以司天和, 以長百穀禽獸草木. 孟夏之月, 以熟穀禾, 雄鳩長鳴, 爲帝候藏. 是故天不發其陰, 則萬物不生. 地不發其陽, 則萬物不成.

　天圓地方, 道在中央. 日爲德, 月爲刑. 月歸而萬物死, 日至而萬物生. 遠山則山氣藏, 遠水則木蟲蟄, 遠木則木葉槁. 日五日不見, 失其位也, 聖人不與也.

註解　○豊隆(풍륭)－천둥. ≪광아(廣雅)≫ <석천(釋天)>에 운사(雲師), ≪초사(楚辭)≫ <이소(離騷)> 왕주(王注)에 운사, 혹은 뇌사(雷師)라고 되어 있다. ○靑女(청녀)－천신(天神), 신청소옥녀(神靑宵玉女)를 가리키

며 상설(霜雪)을 주관한다. ○女夷(여이)―봄·여름에 성장을 주관하는 신(神). ○雄鳩(웅구)―포곡(布穀 : 뻐꾸기). ○日爲德(일위덕)……―여기서 말하는 덕(德)과 형(刑)이란 양(陽 : 日)과 음(陰 : 月)의 기능을 상징적으로 말한 것이다. ○月歸而萬物死(월귀이만물사)―귀(歸)는 사(死)의 뜻. 달이 모두 이지러지면 하늘은 음기(陰氣)를 발할 수 없게 되므로 만물은 죽게 된다.

태양은 양곡(暘谷)에서 뜨고 함지(咸池)에서 목욕하며 부상(扶桑)의 들을 지나간다. 이때를 신명(晨明)이라고 한다. 부상의 들을 올라 드디어 운행을 시작하려고 할 때, 이것을 비명(朏明)이라고 한다. 곡아(曲阿)의 산에 이를 때, 이것을 단명(旦明)이라고 한다. 증천(曾泉)에 이를 때 이것을 잠식(蠶食)이라고 한다. 상야(桑野)에 이를 때 이것을 안식(晏食)이라고 한다. 형양(衡陽)에 이를 때 이것을 우중(隅中)이라고 한다. 곤오(昆吾)의 언덕에 이를 때 이것을 정중(正中)이라고 한다. 조차(鳥次)의 산에 이를 때 이것을 소천(小遷)이라고 한다.

비곡(悲谷)에 이를 때 이것을 포시(餔時)라고 한다. 여기(女紀)의 땅에 이를 때 이것을 대천(大遷)이라고 한다. 연우(淵隅)의 땅에 이를 때 이것을 고용(高舂)이라고 한다. 연석(連石)의 산에 이를 때 이것을 하용(下舂)이라고 한다. 비천(悲泉)에 이르면 이곳에서 희화(羲和)를 멈추고 육룡(六龍)을 휴식시킨다. 이때를 현차(縣車)라고 한다.

우연(虞淵)에 이를 때 이것을 황혼(黃昏)이라고 한다. 몽곡(蒙谷)으로 가라앉을 때 이것을 정혼(定昏)이라고 한다. 이렇게 해서 태양은 우연의 물가로 들어가 몽곡의 나루에서 밤을 지낸다. 구주칠사를 돌아가는데 그 행정은 5억 1만 7천309리, 4분하여 조(朝)·주(晝)·혼(昏)·야(夜)라고 한다.

原文 日出于暘谷, 浴于咸池, 拂于扶桑, 是謂晨明. 登于扶桑, 爰始將行, 是謂朏明. 至于曲阿, 是謂旦明. 至于曾泉, 是謂蚤食. 至于桑野, 是謂晏食. 至于衡陽, 是謂隅中. 至于昆吾, 是謂正中. 至于鳥次, 是謂小遷.

至于悲谷, 是謂餔時. 至于女紀, 是謂大遷. 至于淵隅, 是謂高舂. 至于連石, 是謂下舂. 至于悲泉, 爰止羲和, 爰息六螭, 是謂縣車. 至于虞淵, 是謂黃昏. 淪于蒙谷, 是謂定昏. 日入于虞淵之汜, 曙于蒙谷之浦. 行九州七舍, 有五億萬七千三百九里, 離以爲朝晝昏夜.

註解 ○日出于暘谷(일출우양곡)－양(暘)은 양(陽)과 같다. 해가 동쪽 양곡에서 떠, 서쪽의 몽(蒙 : 昧)곡(谷)에 진다는 것은 ≪서경(書經)≫ <요전(堯典)>에 보인다. 그 이하의 기록은 이 두 곳을 포함하여 해가 운행하는 16개 지점과 그곳을 통과하는 시각을 가리킨다. ○浴于咸池(욕우함지)－함지는 성수(星宿)의 이름. 천지(天池)라고 한다. ○拂于扶桑(불우부상)－불(拂)은 과(過), 부상(扶桑)은 동방의 들. ○晨明(신명)·朏明(비명)·旦明(단명)－비명(朏明)은 장차 밝으려고 하는 것. 어두컴컴한 미명(未明 : 晨明)에서부터 밝은 아침[旦明 : 6시경]에 이르는 과정을 말함이다. ○曲阿(곡아)－동방의 산 이름. ○曾泉(증천)－증(曾)은 중(重)이란 뜻으로서 동방의 물이 많은 곳. ○蚤食(잠식)·晏食(안식)－잠(蚤)은 조(早). 안(晏)은 지(遲). 아침식사 때를 가리킨다. 오전 7시 반경부터 9시경. ○衡陽(형양)·昆吾(곤오)－모두 현재의 호남성에 있는 지명인데 여기서는 해가 한낮 무렵 통과하는 남쪽의 지점. ○隅中(우중)－오전 10시 반경. ○正中(정중)－정오(正午)를 가리킴이다. ○鳥次(조차)·悲谷(비곡)－서남쪽의 산. ○小遷(소천)·大遷(대천)－천(遷)은 서쪽이란 뜻. 오후 1시 반경과 4시 반경. ○餔時(포시)－오후 3시경. ○女紀(여기)－서북쪽의 음지. ○高舂(고용)·下舂(하용)－용(舂)은 용시(舂時 : 어두워지는 시각)란

뜻으로서 오후 6시경에서 7시 반경. ○爰止羲和(원지희화)·爰息六螭
(원식육리)-희화(羲和)는 요(堯)임금 때에 역(曆)을 제정했다 하여 유명
한데(書經≫ <堯典>), 태양의 어자(御者)라고도 전해진다. 여기서는 그런
뜻이다. 리(螭)는 용(龍). ○縣車(현차)-오른쪽의 용차(龍車)를 멈추고
수레를 매는 시각. 오후 9시경. ○黃昏(황혼)·定昏(정혼)-오후 10시경
과 자정(子正) 무렵. ○崦嵫(엄자)-해가 지는 곳의 산. ○細柳(세류)-
서방(西方)의 들.

하지일(夏至日), 음기(陰氣)가 극양(極陽)의 기(氣) 속으로 틈타서
들어오면 만물은 그 음기에 의해 사멸(死滅)로 접어든다. 동지일(冬
至日), 양기가 극음(極陰)의 기 속으로 틈타서 들어오면 만물은 그
양기를 힘입어 삶으로 접어든다. 낮은 양(陽)의 것이요, 밤은 음의 것
이다. 그러므로 양기가 이기면 낮은 길어지고 밤은 짧아진다. 음기가
이기면 낮이 짧고 밤이 길다.

천제(天帝)는 사유(四維)를 둘러쳐 놓고 두성(斗星)이 그곳을 선
회하도록 하였다. 달마다 (12辰의) 일진(一辰)씩 이동하고 다시 원위
치로 돌아간다. 정월에는 인(寅)을 가리키고 12월에는 축(丑)을 가리
키는데 1년을 돌다가 끝나면 시작점으로 되돌아오는 것이다.

(정월에는) 인(寅)을 가리킨다. 인(寅)이란 만물이 인인연(螾螾然)
하게 움직이기 시작하는 모습을 이름이다. 율(律)은 태주(太簇)에 해
당한다. 태주란 무리를 이루지만 아직 밖으로 나타나지는 않는 모습
이다.

(2월에는) 묘(卯)를 가리킨다. 묘(卯)란 무무연(茂茂然)하게 성장
되어 감을 이름이다. 율(律)은 협종(夾鐘)에 해당한다. 협종이란 씨가
처음으로 싹이 트는 것이다.

　(3월에는) 진(辰)을 가리킨다. 진(辰)이란 만물을 부추기어 일으키는 것을 이름이다. 율(律)은 고선(姑洗)에 해당한다. 고선이란 옛것이 사라지고(씻어내어) 새로운 것이 오는 것이다.

　(4월에는) 사(巳)를 가리킨다. 사(巳)란 만물이 생겨나고 사(巳)에 자리잡는 것을 이름이다. 율(律)은 중려(仲呂)가 해당된다. 중려란 중(中)이 충실하여 대(大 : 大呂)가 되는 것이다.

　(5월에는) 오(午)를 가리킨다. 오(午)란 양기(陽氣)와 음기(陰氣)가 교호(交互)하는 것을 이름이다. 율(律)로는 유빈(蕤賓)에 해당된다. 유빈이란 뜻을 평안히 하여[蕤] 복종하는 것[賓]이다.

　(6월에는) 미(未)를 가리킨다. 미(未)란 만물이 맛이 드는 모습을 이름이다. 율(律)로는 임종(林鐘)에 해당된다. 임종은 잡아당겨서 멎게 하는 것이다.

　(7월에는) 신(申)을 가리킨다. 신(申)이란 신음하는 모습을 이름이다. 율(律)로는 이칙(夷則)에 해당된다. 이칙이란 법칙을 바꾸는[夷] 것이다. 그래서 덕(德 : 陽)은 사라져 간다.

　(8월에는) 유(酉)를 가리킨다. 유(酉)란 배가 부른 모습을 이름이다. 율(律)로는 남려(南呂)에 해당한다. 남려란 만물이 맡겨져서[南] 포용력이 커지는 모습이다.

　(9월에는) 술(戌)을 가리킨다. 술(戌)이란 만물이 멸해가는 모습을 이름이다. 율(律)로는 무역(無射)에 해당된다. 무역이란 만물이 지하로 들어가 억눌리는 일[射]이 없는 상태이다.

　(10월에는) 해(亥)를 가리킨다. 해(亥)란 만물이 지하로 숨어들고 밖을 막는 것을 이름이다. 율(律)은 응종(應鐘)에 해당된다. 응종이란 양기의 움직임[鐘]에 만물이 응하는 것이다.

　(11월에는) 자(子)를 가리킨다. 자(子)란 만물을 지하에서 품어 기르는 것을 이름이다. 율(律)은 황종(黃鐘)에 해당한다. 황종이란 양기

가 이미 황천(黃泉)에 모이는 것이다.

(12월에는) 축(丑)을 가리킨다. 축(丑)이란 만물이 싹트지만 묶여져 있는 것을 이름이다. 율(律)로는 대려(大呂)에 해당한다. 대려란 음기가 슬슬 사라져 가는 것이다.

묘(卯)와 유(酉)를 가리킬 때는 음기와 양기가 평분(平分)이어서 낮과 밤의 길이는 똑같다. 그러므로 규(規)는 생(生)을 주관하고, 구(矩)는 살(殺)을 주관하며, 형(衡)은 성장을 주관하고, 권(權)은 수확·저장을 주관하며, 승(繩)은 사계(四季)의 근본이 된다.

原文 夏日至, 則陰乘陽, 是以萬物就而死. 多日至, 則陽乘陰, 是以萬物仰而生.

晝者陽之分, 夜者陰之分, 是以陽氣勝, 則日脩而夜短, 陰氣勝, 則日短而夜脩. 帝張四維, 運之以斗. 月徙一辰, 復反其所. 正月指寅, 十二月指丑, 一歲而匝, 終而復始.

指寅. 寅則萬物螾螾然也. 律受太簇. 太簇者, 簇而未出也.

指卯. 卯則茂茂然. 律受夾鐘. 夾鐘者, 種始莢也.

指辰. 辰則振之也. 律受姑洗. 姑洗者, 陳去而新來也.

指巳. 巳則生巳定也. 律受仲呂. 仲呂者, 中充大也.

指午. 午者忤也. 律受蕤賓. 蕤賓者, 安而服也.

指未. 未者味也. 律受林鐘. 林鐘者, 引而止之也.

指申. 申者呻也. 律受夷則. 夷則者, 易其則也. 德以去矣.

指酉. 酉者飽也. 律受南呂. 南呂者, 任包大也.

指戌. 戌者滅也. 律受無射. 無射者, 入無厭也.

指亥. 亥者閡也. 律受應鐘. 應鐘者, 應其鐘也.

指子. 子者茲也. 律受黃鐘. 黃鐘者, 鐘已黃也.

指丑. 丑者紐也. 律受大呂. 大呂者, 旅旅而去也.

其加卯酉, 則陰陽分, 日夜平矣. 故曰, 規生, 矩殺, 衡長, 權藏, 繩居中央, 爲四時根.

註解　○陰乘陽(음승양)·陽乘陰(양승음)－음승양은 봄·여름의 양기가 하지에 이르러 극(極)에 달했다가 다시 음기가 동하기 시작하는 것. 양승음은 반대로 동지에 이르러 양기가 동하기 시작하는 것이다. ○月徙一辰(월사일진)－하늘을 12분하여 12진(十二辰：十二支)에 배당하는데 그 십이진을 두표(斗杓)가 1개월에 1진씩 옮겨가는 것. 두표는 약 1주야에 하늘을 일주하는데 여기서 말하는 12진이란 두표가 혼(昏：일몰시)에 가리키는 방각(方角)을 나타내는 것이다. 예컨대 정월 혼(昏)에는 인(寅：北東東)을 가리키고, 2월 혼에는 묘(卯：正東)를 가리키는 등등 하다가 12월 혼에는 축(丑：北北東)을 가리킨다. ○寅則萬物蠢蠢然(인즉만물인인연)……丑者紐也(축자뉴야)－여기서 말하는 십이진(十二辰)의 명칭에 관한 기록은 ≪사기(史記)≫ <율서(律書)>에 거의 같은 취지의 글이 보이는데 모두 시절에 부회(附會)하여 설명해 놓은 것이다. ○太簇者(태주자)……大呂者(대려자)……－십이율려(十二律呂)를 12개월에 배당한 것은 ≪여씨춘추(呂氏春秋)≫ <십이기(十二紀)>, ≪사기≫ <율서>에 보이는데 그 명칭의 유래에 대해서는 책마다 설이 일치되지는 않는다.

도(道)는 일(一)부터 시작되는데 일만으로는 그 무엇도 발생시킬 수가 없다. 그러므로 나뉘어져서 음과 양이 되며 음과 양이 화합하여 만물을 만들어 낸다. 그러므로 '일은 이(二)를 낳고 이는 삼(三)을 낳으며 삼은 만물을 낳는다'라고 하는 것이다. 천지는 3개월을 한때(계절)로 한다. 그런 까닭에 제사에는 삼반(三飯)을 예(禮)로 하고 상의(喪儀)에는 삼용(三踊)을 절도로 삼고, 병사(兵事)에는 삼군(三軍)을 규율로 삼는다.

이처럼 만물은 3에 의해 뒤섞이게 되는 것이며 3은 3배가 되어 9가 된다. 그러므로 황종(黃鐘)의 율장(律長)은 9촌(寸)인데 그래야만 이 궁(宮)의 음(音)이 조화된다. 그리고 9를 9배하면 81을 얻게 되는데 여기서 황종의 수가 성립된다. 황(黃)이란 토덕(土德)의 색(色)이며, 종(鐘)이란 기(氣)가 모이는 곳이란 의미이다.

동짓날 덕기(德氣)는 토(土)이며 흙의 색깔은 황색이므로 황종이라고 하는 것이다. 율(律)의 수는 6인데 자웅(雌雄)의 성조(聲調)를 갖는다. 그래서 12종이라고 하며 12개월에 대응한다. 12종의 길이는 각각 3을 기수(基數)로 해서 정한다. 그러므로 12에서 1을 제하고 3을 11승하면 그 적(積)은 17만 7천147이 되며 황종의 대수(大數)가 산출된다.

한편 12율은 황종을 궁(宮)으로 하고 태주(太簇)를 상(商), 고선(姑洗)을 각(角), 임종(林鐘)을 치(徵), 남려(南呂)를 우(羽)로 한다. 만물은 3에 의해 이루어지고 음(音)은 5에 의해 성립된다. 3에 5를 더하면 8이 된다. 대저 난생(卵生)인 것(조류)에는 8개의 구멍이 있는데 율(律)이 처음 만들어질 때, 봉(鳳)의 울음소리를 모방했다. 그래서 음은 8에 의해 생겨난 것이다.

황종은 (오음의) 궁(宮)이다. 궁은 오음의 군주(君主)이므로 황종은 자(子)에 자리한다. 그 수는 81로서 11월을 주관한다. 그 아래에 임종(林鐘)을 낳는다. 임종의 수는 54로서 6월을 주관한다. 그 위에 태주(太簇)를 낳는다. 태주의 수는 72로서 정월을 주관한다. 그 아래에 남려(南呂)를 낳는다. 남려의 수는 48로서 8월을 주관한다. 그 위에 고선(姑洗)을 낳는다. 고선의 수는 64로서 3월을 주관한다. 그 아래에 응종(應鐘)을 낳는다. 응종의 수는 42로서 10월을 주관한다. 그 위에 유빈(蕤賓)을 낳는다. 유빈의 수는 57로서 5월을 주관한다. 그 위에 대려(大呂)를 낳는다. 대려의 수는 76으로서 12월을 주관한다. 그 아래에 이칙(夷則)을 낳는다. 이칙의 수는 51로서 7월을 주관한다.

그 위에 협종(夾鐘)을 낳는다. 협종의 수는 68로서 2월을 주관한다. 그 아래에 무역(無射)을 낳는다. 무역의 수는 45로서 9월을 주관한다. 그 위에 중려(仲呂)를 낳는다. 중려의 수는 60으로서 4월을 주관한다. 이것이 궁극으로서 그 다음에는 낳는 것이 없다.

궁(宮)은 치(徵)를 낳고, 치는 상(商)을 낳으며, 상은 우(羽)를 낳고, 우는 각(角)을 낳으며, 각은 고선(姑洗)을 낳고, 고선은 응종(應鐘)을 낳는다. (응종은) 정음(正音) 속에 들지 않는다. 그러므로 화음(和音)이라고 이름붙였다. 응종은 유빈(蕤賓)을 낳는다. (유빈은) 정음 속에 들지 않는다. 그래서 요(繆)의 음이라고 이름붙였다.

동지(冬至)의 음은 임종(林鐘)과 비슷한데 점차 탁해진다. 하지(夏至)의 음은 황종(黃鐘)과 비슷한데 점차 맑아진다. 12율에 의해 24절기의 변화에 대응한다. 갑자(甲子)는 중려(仲呂)인 치(徵), 병자(丙子)는 협종(夾鐘)인 우(羽), 무자(戊子)는 황종(黃鐘)인 궁(宮), 경자(庚子)는 무역(無射)인 상(商), 임자(壬子)는 이칙(夷則)인 각(角)이다.

原文　道始於一, 一而不生. 故分而爲陰陽, 陰陽合和, 而萬物生. 故曰, 一生二, 二生三, 三生萬物. 天地三月而爲一時, 故祭祀三飯以爲禮, 喪紀三踊以爲節, 兵革三軍以爲制. 以三參物, 三三如九. 故黃鐘之律九寸, 而宮音調. 因而九之, 九九八十一. 故黃鐘之數立焉. 黃者土德之色, 鐘者氣之所種也. 日冬至, 德氣爲土, 土色黃, 故曰黃鐘. 律之數六, 分爲雌雄. 故曰十二鐘, 以副十二月. 十二各以三成. 故置一而十一三之, 爲積分十七萬七千一百四十七, 黃鐘大數立焉.

凡十二律, 黃鐘爲宮, 太簇爲商, 姑洗爲角, 林鐘爲徵, 南宮爲羽. 物以三成, 音以五立. 三與五如入. 故卵生者八竅. 律之初生也, 寫鳳之音. 故音以八生.

黃鐘爲宮, 宮者音之君也. 故黃鐘位子. 其數八十一, 主十一月. 下生林鐘. 林鐘之數五十四, 主六月. 上生太簇. 太簇之數七十二, 主正月. 下生南呂. 南呂之數四十八, 主八月. 上生姑洗. 姑洗之數六十四, 主三月. 下生應鐘. 應鐘之數四十二, 主十月. 上生蕤賓. 蕤賓之數五十七, 主五月. 上生大呂. 大呂之數七十六, 主十二月. 下生夷則. 夷則之數五十一, 主七月. 上生夾鐘. 夾鐘之數六十八, 主二月. 下生無射. 無射之數四十五, 主九月. 上生仲呂. 仲呂之數六十, 主四月. 極不生.

宮生徵, 徵生商, 商生羽, 羽生角, 角主姑洗, 姑洗生應鐘. 不比于正音, 故爲和. 應鐘生蕤賓. 不比正音, 故爲繆. 日冬至音比林鐘, 浸以濁. 日夏至音比黃鐘, 浸以淸. 以十二律, 應二十四時之變. 甲子仲呂之徵也, 丙子夾鐘之羽也, 戊子黃鐘之宮也, 庚子無射之商也, 壬子夷則之角也.

註解 ○一生二(일생이)－≪노자≫ 제42장의 구절. 그 서두의 한 구절인 '도생일(道生一)'이 안 보이는 것은, 이 경우의 논지(論旨)에 그 구절은 필요하지 않기 때문일 것이다. ○三飯以爲禮(삼반이위례)－≪의례(儀禮)≫ <사혼례(士婚禮)>에 '삼반(三飯)하여 식(食)을 졸(卒)하다'라고 되어 있다. ○三踊以爲節(삼용이위절)－≪예기(禮記)≫ <잡기(雜記)> 상(上)에서는 상례(喪禮)를 언급하면서 '공(公)은 칠용(七踊), 대부(大夫)는 오용(五踊), 사(士)는 삼용(三踊)'이라고 하였다. ○兵革(병혁)－무기와 갑주(甲冑). 전(轉)하여 전쟁을 가리키게 되었다. ○黃鐘之律九寸(황종지율구촌)－12율의 기음(基音)인 황종의 음은 상문(上文)에서 말하는 것처럼 구촌(九寸)의 관(管)에 의해 정해진다. 그 이하의 음은 9촌을 3분의 1 줄인 6촌인 곳에 임종(林鐘)이 정해지고, 그 다음에는 6촌을 3분의 1 늘인 8촌인 곳에 태주(太簇)가 정해지는 것처럼 삼분손익(三分損益)의 법에 의해, 중려(仲呂)에 이르기까지의 수가 정해진다. 황종의 수 81이란 이 삼분손

익 계산의 편의에서 나오는 것으로서, 이 수를 적용하면 황종(81), 임종(54), 태주(72), 남려(南呂 : 48), 고선(姑洗 : 64)까지가 정수(整數)로 나타내는 바가 된다. 후문(後文)에서 말하는 12율의 수란 이런 의미에 있어서의 수로서, 즉 황종 9촌을 81로 한 경우의 상대비(相對比)를 나타낸 것이다(應鐘 이하의 수는 端數를 떼어 버린 것이다). 한편 율관(律管)의 길이에 대하여 ≪사기(史記)≫ <율서(律書)>는 '8촌 1푼'이라 했다. 이것은 1촌을 9푼 혹은 10푼으로 하는 데서 생긴 차이로서 실제 길이는 같다. ○律之數六(율지수육), 分爲雌雄(분위자웅)－12율이 양륙(陽六)이라고 칭하는 육률(六律 : 黃鐘·太簇·姑洗·蕤賓·夷則·無射)과 음륙(陰六)이라고 칭하는 육려(六呂 : 大呂·夾鐘·仲呂·林鐘·南呂·應鐘)로 이루어지는 것을 말함이다. ○黃鐘大數(황종대수)－율(律)의 기수(基數)인 황종을 1로 하고 삼분손익(三分損益)을 서로 뒤바꾸어 12번째인 중려(仲呂)에 이르는 경우, 중려의 수는 177147분의 131072가 된다. 그러므로 반대로 황종의 수를 177147로 하면 중려는 131072라는 정수(整數)를 얻게 되므로 이것을 황종의 대수(大數)라고 한다. ○黃鐘爲宮(황종위궁)……－12율과 5음과의 관계는 12율이 음정(音程 : 가나다라……에 해당한다)을 나타내는 데 비하여 5음은 음계(音階 : 도레미……에 해당한다)를 나타낸다. 8도의 음정은 거의 세계 공통의 것인데 중국에서는 이 8도 음정을 12등분하고 반음(半音)마다에 음명(音名)을 부여했다. 이것이 12율이며 기음(基音)으로 삼은 황종은 현대음악에서의 '라'에 해당한다. 한편 음계는 궁상각치우(宮商角徵羽)의 5성(五聲)과, 이것에 변치(變徵)·변궁(變宮)을 더한 7성이 있다. 이 7성은 이른바 도레미……에 해당하며 5성은 그중 솔파시레미에 해당한다고 한다. 5음 7성의 기음(基音)은 궁(宮 : 솔의 음계에 해당한다고 한다)인데 가조(調), 라조처럼 12율 중 어느 것을 궁(宮)으로 하느냐에 따라 여러 가지 선율이 생겨나게 되며 그중 황종을 궁(宮)으로 하는 경우가 정음(正音 : 표준음)인데 그 경우 상(商)은 태주(太簇), 각(角)은 고선(姑洗), 치(徵)는 임종(林鐘), 우(羽)는 남려

(南呂)에 해당한다. ○音以八生(음이팔생)─앞에서 말한 것처럼 12율의 기본에는 8음정이 있다 하여 하는 말일 것이다. ○甲子仲呂之徵(갑자중려지치)─술수가(術數家)의 설(說). 5음과 12율을 짜맞추면 60이란 수를 얻게 되는데 이것을 다시 육십갑자(六十甲子)에 배당하여 날[日]의 길흉을 논한다.

옛날에는 도량형(度量衡)을 정함에 있어 천도(天道)를 기초로 했었다. 황종(黃鐘)의 길이가 9촌, 만물은 3에서 생겨나며 3을 3배로 하여 9, 9를 3배하여 27, 그러므로 (布帛의) 폭이 2척 7촌인 것은 고제(古制)이다. 형태가 있으면 음성이 있다. 음(音)은 수 8을 기초로 하여 생긴다. 그러므로 사람의 팔꿈치는 길이가 4척이며 심(尋)은 그 2배이다. 따라서 8척을 1심(尋)이라고 한다. 1심은 중간키 정도인 사람의 신장(身長)이다. 음(音)의 수는 5, 5를 8배하면 40, 그러므로 4장(丈)을 1필(匹)로 하며 필(匹)을 단위로 삼았다.

중추(仲秋)가 되면 벼이삭의 끝 털[稾]이 딱딱해진다. 이삭의 끝 털이 딱딱해지면 벼가 익는다. 율(律)의 수는 12, 그러므로 12표(稾)의 길이를 1푼[分]으로 한다. 율의 수는 (12)진(辰)에 상당하며 음의 수는 일(日 : 十干)의 수에 상당한다. 일(日)의 기수(基數)는 10, 그러므로 10푼을 촌(寸), 10촌을 척(尺), 10척을 장(丈)으로 한다. 무게에서는 12속(粟)의 무게를 1푼으로 하고, 12푼을 1주(銖), 12주를 반냥(兩)으로 한다. 대저울에는 좌우가 있으므로 이것을 2배하면 24주(銖)로 1냥(兩)이 된다.

하늘에는 사시(四時)가 있어서 이것을 1년으로 한다. 이것을 4배하면 4×4＝16, 그래서 16냥을 1근(觔)으로 한다. 3개월로 1시(時 : 계절)가 되며 30일로 1개월이 된다. 그러므로 30근을 1균(鈞)으로 한다. 4시로 1년이 된다. 그러므로 4균을 1석(一石)으로 한다. 음(音)

에 있어서는 1율(律)로부터 5음을 낳고 12율로 60음이 된다. 그것을 6배하면 6×6＝36, 그러므로 360음을 1년간의 날짜에 맞춘다. 이렇게 해서 율력(律曆)의 수는 천지자연의 법칙에 기초를 둔 것이다. 아래에 생겼을 때는 2배한 수를 3으로 제(除)하고 위에 생겼을 때는 4배한 수를 3으로 제한다.

原文 古之爲度量輕重, 生乎天道. 黃鍾之律, 脩九寸. 物以三生, 三三九, 三九二十七, 故幅廣二尺七寸, 古之制也. 有形則有聲, 音以八相生, 故人臂脩四尺, 尋自倍, 故八尺而爲尋. 尋者中人之度也. 音之數五, 以五乘八, 五十四十, 故四丈而爲匹, 一匹而爲制.

秋分而蔈定, 蔈定而禾熟. 律之數十二, 故十二蔈而當一分. 律以當辰, 音以當日. 日之數十, 故十分而爲寸, 十寸而爲尺, 十尺而爲丈. 其以爲重, 十二粟而當一分, 十二分而當一銖, 十二銖而當半兩. 衡有左右, 因倍之, 故二十四銖爲一兩. 天有四時, 以成一歲, 因而四之, 四四十六, 故十六兩而爲一勸. 三月而爲一時, 三十日爲一月. 故三十勸爲一鈞. 四時而爲一歲, 故四鈞爲一石. 其以爲音也, 一律而生五音, 十二律而爲六十音. 因而六之, 六六三十六, 故三百六十音, 以當一歲之日. 故律歷之數, 天地之道也. 下生者, 倍以三除之, 上生者, 四以三除之.

註解 ○物以三生(물이삼생)－≪노자≫ 제42장에 '삼생만물(三生萬物)'이라고 되어 있는데 이것에 따른 것이다.

태음(太陰)의 역원(曆元)은 갑인년(甲寅年)에 시작된다. 일종(一終：20년)하면 갑술(甲戌)에 가서 서고, 이종(二終：40년)하면 갑오(甲午)에 가서 서며, 삼종(三終：60년)하면 다시 갑인으로 되돌아온

다. 해마다 일진(一辰)씩 옮겨가며 입춘(立春) 후에 진(辰)에 위치하
고 순서에 따라 이행한다. 전삼진(前三辰)과 후삼진(後三辰)은 백 가
지 일을 하는 데 좋다.

태음의 방각(方角)에는 칩충(蟄蟲)도 구멍 속에 엎드린 채 움직이
지 않으며 까치둥지는 그곳을 향하여 문을 만든다. 태음이 인(寅)에
있을 때 주조(朱鳥)는 묘(卯)에 있으며 구진(句陳)은 자(子)에 있고,
현무(玄武)는 술(戌)에 있으며 백호(白虎)는 유(酉)에 있고 창룡(蒼
龍)은 진(辰)에 있다.

인(寅)은 건(建)이다. 묘(卯)는 제(除)이다. 진(辰)은 만(滿)이다.
사(巳)는 평(平)이어서 생(生)을 주관한다. 오(午)는 정(定)이다. 미
(未)는 집(執)이며 함(陷)을 주관한다. 신(申)은 파(破)이며 형(衡)을
주관한다. 유(酉)는 위(危)이며 표(杓 : 斗杓)를 주관한다. 술(戌)은
성(成)이며 소덕(少德)을 주관한다. 해(亥)는 수(收)이며 대덕(大德)
을 주관한다. 자(子)는 개(開)이며 대세(大歲)를 주관한다. 축(丑)은
폐(閉)이며 태음(太陰)을 주관한다.

原文 太陰元始, 建于甲寅. 一終而建甲戌, 二終而建甲午, 三終
而復得甲寅之元. 歲徙一辰, 立春之後, 得其辰, 而遷其所順. 前三
後五, 百事可擧.

太陰所建, 蟄蟲首穴而處, 鵲巢鄕而爲戶, 太陰在寅, 朱鳥在卯,
句陳在子, 玄武在戌, 白虎在酉, 蒼龍在辰.

寅爲建. 卯爲除. 辰爲滿. 巳爲平, 主生. 午爲定, 未爲執, 主陷.
申爲破, 主衡. 酉爲危, 主杓. 戌爲成, 主少德. 亥爲收, 主大德. 子
爲開, 主大歲. 丑爲閉, 主太陰.

註解 ○太陰元始(태음원시)……甲寅之元(갑인지원)－태음이란 축인(丑

寅)과 미신(未申)을 연결하는 선을 축으로 하여 세성(歲星 : 木星)과 대
칭되도록 설정한 관념상의 천체이며, 이 태음의 위치에 따라 그해의 지
(支)가 정해진다는 것은 이미 앞에서 설명했다. 전욱력(顓頊曆)에서는 갑
인(甲寅)의 해를 역원(曆元)으로 하여 60년 만에 다시 갑인으로 되돌아
오는데 이것을 일원(一元)이라고 한다. 또 그 사이에 20년마다 갑술(甲
戌)·갑오(甲午)의 해가 있으며 이것을 일종(一終)·이종(二終)이라 칭
하고 삼종(三終)하여 갑인에 되돌아오게 된다. ○前三後五(전삼후오)-태
음이 있는 진(辰)의 전후(前後). 예컨대 태음이 인(寅)에 있는 해에 전삼
은 해자축(亥子丑), 후오는 묘진사오미(卯辰巳午未). 이 삼진과 오진이란,
그 방각(方角)을 가리킨다고도 하고 또 날짜에 대한 것도 생각할 수 있
다. 어쨌든 간지(干支)에 기초하여 날짜라든가 방각의 길흉을 말하는 술
수가의 설이다. 이하에 설명하는 것 역시 마찬가지로 술수가의 설이다. ○
朱鳥在卯(주조재묘)……-주조(朱鳥)·현무(玄武)·백호(白虎)·창룡(蒼
龍)은, 원래는 각각 하늘의 사방을 지키는 신(神)이며, 구진(句陳)은 북극
자미원(北極紫微垣)의 별 이름이다. 그러나 여기서는 술수가의 설로서 모
두 세중(歲中) 흉신(凶神)의 이름. 그 해에 진(辰)에 의하여 거처(12辰의 어
느 것인가가 그 거처가 된다)를 옮기고, 그 해 그 진(辰 : 方角)에 등을 돌리는
것에 의한 시비가 논의된다. 다음다음 절의 글은 그 일단을 나타내는 것으로
생각된다. ○寅爲建(인위건)……丑爲閉(축위폐)-건제만평정집파위성수개
폐(建除滿平定執破危成收開閉)는 건제(建除) 십이신(十二神)이라 칭하며
이것에 의해 날짜의 길흉을 말하는 술수가의 설(≪史記≫<日者列傳>
에 建除家의 말이 보인다). 예컨대 인년(寅年)에는 정월은 인일(寅日)을
건(建), 묘일(卯日)을 제(除), 진일(辰日)을 만(滿), 2월에는 묘일(卯日)
을 건(建), 진일(辰日)을 제(除), 사일(巳日)을 만(滿)으로 친다. 또 오년
(午年)에는 정월은 오일(午日)이 건(建), 2월에는 미일(未日)이 건(建)으
로 되어 있으며 십이신(十二神) 중 어느 것인가에 의해 날짜의 길흉이 정
해진다. 단, 십이신의 명칭이 지니고 있는 의의라든가 그중 어느 것을 길

신·흉신으로 치느냐에 대해서는 여러 가지의 설이 있어서 일정하지 않다.

태음(太陰)이 인(寅)에 있을 때 그 해를 '섭제격(攝提格)'이라고 한다. 그 웅(雄)은 세성(歲星)으로서 두(斗)와 견우(牽牛) 사이에 있으며 11월, 이것과 함께 새벽녘에 동방에 나타난다. 대항(對向)의 수(宿)는 동정(東井)·여귀(輿鬼)이다.

태음(太陰)이 묘(卯)에 있을 때, 그 해는 '선알(單閼)'이다. 세성은 수녀(須女)·허(虛)·위(危) 사이에 있으며 12월, 이것과 함께 새벽녘에 동방에 나타난다. 대항(對向)의 수(宿)는 유(柳)·칠성(七星)·장(張)이다.

태음이 진(辰)에 있을 때 그 해를 '집제(執除)'라고 한다. 세성은 영실(營室)·동벽(東壁) 사이에 있으며 정월, 이것과 함께 새벽녘에 동방에 나타난다. 대항(對向)의 수(宿)는 익(翼)·진(軫)이다.

태음이 사(巳)에 있을 때 그 해를 '대황락(大荒落)'이라고 한다. 세성은 규(奎)·루(婁) 사이에 있으며 2월, 이것과 함께 새벽녘에 동방에 나타난다. 대항(對向)의 수(宿)는 각(角)·항(亢)이다.

태음이 오(午)에 있을 때 그 해는 '돈장(敦牂)'이다. 세성은 위(胃)·묘(昴)·필(畢) 사이에 있으며 3월, 이것과 함께 새벽녘에 동방에 나타난다. 대항(對向)의 수(宿)는 저(氐)·방(房)·심(心)이다.

태음이 미(未)에 있을 때 그 해를 '협흡(協洽)'이라고 한다. 세성은 자준(觜嶲)·삼(參) 사이에 있으며 4월, 이것과 함께 새벽녘에 동방에 나타난다. 대항(對向)의 수(宿)는 미(尾)·기(箕)이다.

태음이 신(申)에 있을 때 그 해를 '군탄(涒灘)'이라고 한다. 세성은 동정(東井)·여귀(輿鬼) 사이에 있으며 5월, 이것과 함께 새벽녘에 동방에 나타난다. 대항(對向)의 수(宿)는 두(斗)·견우(牽牛)이다.

태음이 유(酉)에 있을 때 그 해는 '작악(作鄂)'이라고 한다. 세성은 유(柳)·칠성(七星)·장(張) 사이에 있으며 6월, 이것과 함께 새벽녘에 동방에 나타난다. 대항(對向)의 수(宿)는 수녀(須女)·허(虛)·위(危)이다.

태음이 술(戌)에 있을 때 그 해는 '엄무(閹茂)'라고 한다. 세성은 익(翼)·진(軫) 사이에 있으며 7월, 이것과 함께 새벽녘에 동방에 나타난다. 대항(對向)의 수(宿)는 영실(營室)·동벽(東壁)이다.

태음이 해(亥)에 있을 때 그 해는 '대연헌(大淵獻)'이다. 세성은 각(角)·항(亢) 사이에 있으며 8월, 이것과 함께 새벽녘에 동방에 나타난다. 대항(對向)의 수(宿)는 규(奎)·루(婁)이다.

태음이 자(子)에 있을 때 그 해는 '곤돈(困敦)'이다. 세성은 저(氐)·방(房)·심(心) 사이에 있으며 9월, 이것과 함께 새벽녘에 동방에 나타난다. 대항(對向)의 수(宿)는 위(胃)·묘(昴)·필(畢)이다.

태음이 축(丑)에 있을 때 그 해는 '적분약(赤奮若)'이다. 세성은 미(尾)·기(箕) 사이에 있으며 10월, 이것과 함께 새벽녘에 동방에 나타난다. 대항(對向)의 수(宿)는 자준(觜觿)·삼(參)이다.

原文 太陰在寅, 歲名曰攝提格. 其雄爲歲星, 舍斗·牽牛, 以十一月, 與之晨出東方. 東井·輿鬼爲對.

太陰在卯, 歲名曰單閼. 歲星舍須女·虛·危, 以十二月, 與之晨出東方. 柳·七星·張爲對.

太陰在辰, 歲名曰執除. 歲星舍營室·東壁, 以正月, 與之晨出東方. 翼·軫爲對.

太陰在巳, 歲名曰大荒落. 歲星舍奎·婁, 以二月, 與之晨出東方. 角·亢爲對.

太陰在午, 歲名曰敦牂. 歲星舍胃·昴·畢, 以三月, 與之晨出東方. 氏·房·心爲對.

太陰在未, 歲名曰恊洽. 歲星舍觜嶲·參, 以四月, 與之晨出東方. 尾·箕爲對.

太陰在申, 歲名曰涒灘. 歲星舍東井·輿鬼, 以五月, 與之晨出東方. 斗·牽牛爲對.

太陰在酉, 歲名曰作鄂. 歲星舍柳·七星·張, 以六月, 與之晨出東方. 須女·虛·危爲對.

太陰在戌, 歲名曰閹茂. 歲星舍翼·軫, 以七月, 與之晨出東方. 營室·東壁爲對.

太陰在亥, 歲名曰大淵獻. 歲星舍角·亢, 以八月, 與之晨出東方. 奎·婁爲對.

太陰在子, 歲名曰困敦. 歲星舍氐·房·心, 以九月, 與之晨出東方. 胃·昴·畢爲對.

太陰在丑, 歲名曰赤奮若. 歲星舍尾·箕, 以十月, 與之晨出東方. 觜嶲·參爲對.

註解 ○攝提格(섭제격)─건인월(建寅月·정월)을 의미한다. 섭제는 동방항수(東方亢宿)에 있는 별 이름. 두표(斗杓)는 정월에 보이는 이 별을 가리킨다. 격(格)은 기(起)의 뜻. 만물이 양(陽)을 이어받아서 일어나는 것을 이름이다. 《한서(漢書)》 <천문지(天文志)>에 '두표가 가리키는 곳을 따라 시절을 세운다는 뜻'이라고 했다. ○其雄爲歲星(기웅위세성)─웅(雄)이란 세성(歲星 : 木星)의 대칭인 태음을 자(雌)로 하는 것에 대비해서 하는 말. ○單閼(선알)─건묘월(建卯月 : 2월)을 일컫는다. 선(單)은 진(盡), 알(閼)은 지(止). 양기가 만물을 추켜올리고 음기가 다한다는 뜻이다. ○執除(집제)─집서(執徐)라고도 한다. 건진월(建辰月 : 3월)을 일컫는다. 집(執)은 칩(蟄), 서(徐)는 서(舒). 복칩(伏蟄 : 겨울잠)은 이것이 모

두 산서(散舒)하여 나온다는 뜻이다. ○大荒落(대황락)-건사월(建巳月 : 4월)을 일컫는다. 황(荒)은 대(大). 만물이 치성(熾盛)하여 크게 나오고, 떨어져서 산포(散布)된다는 뜻이다. ○敦牂(돈장)-건오월(建午月 : 5월)을 일컫는다. 돈(敦)은 성(盛), 장(牂)은 장(壯). 만물이 모두 성장(盛壯)한다는 뜻이다. ○恊洽(협흡)-건미월(建未月 : 6월)을 일컫는다. 협(恊)은 화(和), 흡(洽)은 합(合). 음이 화(化)하고자 하며 만물이 화합한다는 뜻이다. ○涒灘(군탄)-건신월(建申月 : 7월)을 일컫는다. 군(涒)은 대(大), 탄(灘)은 수(修). 만물이 모두 그 정기를 닦는다는 뜻이다. ○作鄂(작악)-건유월(建酉月 : 8월)을 일컫는다. 영락(零落)이다. 만물 모두가 떨어진다는 뜻이다. ○閹茂(엄무)-건술월(建戌月 : 9월)을 일컫는다. 엄(閹)은 폐(蔽), 무(茂)는 모(冒 : 무릅쓰다). 만물이 모두 폐모(蔽冒)된다는 뜻이다. ○大淵獻(대연헌)-건해월(建亥月 : 10월)을 일컫는다. 연(淵)은 장(藏), 헌(獻)은 영(迎). 만물은 해(亥)로 끝나며 대소(大小)없이 깊게 간직하고, 굴복하여 양을 맞는다는 뜻이다. ○困敦(곤돈)-건자월(建子月 : 11월)을 일컫는다. 곤(困)은 혼(混), 돈(敦)은 둔(屯). 양기가 모두 혼돈하여 만물이 싹트기 시작한다는 뜻이다. ○赤奮若(적분약)-건축월(建丑月 : 12월)을 일컫는다. 분(奮)은 기(起), 약(若)은 순(順). 적(赤)은 양(陽)의 색(色). 양이 만물을 분기(奮起)시키는 뜻이다.

태음이 갑자(甲子)에 있을 때, 형(刑)과 덕(德)은 동방의 궁(宮)에서 회합하고 그 무엇도 이길 수 없는 방향으로 이동하여 4년 동안 계속 회합한 다음 헤어지고 16년을 지나 다시 회합한다. 헤어지는 까닭은 형은 중궁에 들 수가 없어서 목(木)으로 옮겨가기 때문이다. 태음의 거처는 일(日)은 덕, 진(辰)은 형이 된다. 덕이 강(剛)이면 날마다 그 인(因)은 배가(倍加)된다고 하며 유(柔)이면 이길 만한 곳으로 옮겨간다고 한다.

형이 수(水)이면 진(辰)은 목(木)으로 가고, 금화(金火)는 그곳에 선다. 거의 모든 신(神)이 이동하는 경우에는, 주조(朱鳥)는 태음의 전방(前方) 일진(一辰)째에 있고, 구진(鉤陳)은 후방 삼진(三辰)째에 있으며 현무(玄武)는 전방 오진(五辰)째에 있고, 백호(白虎)는 후방 육진(六辰)째에 있다. 또 허성수(虛星宿)가 구진(鉤陳)에 겹치게 되면 천지는 태평하다.

일(日 : 十干)은, 갑(甲)은 강(剛), 을(乙)은 유(柔), 병(丙)은 강(剛), 정(丁)은 유(柔), ……이런 식으로 하여 계(癸 : 柔)에 이른다. 목(木)은 해(亥)에서 낳고 묘(卯)에서 성했다가 미(未)에서 죽는다. (亥·卯·未의) 삼진(三辰)은 모두 목(木)이다. 금(金)은 사(巳)에서 낳고 유(酉)에서 성했다가 술(戌)에서 죽는다. 삼진은 모두 금(金)이다. 토(土)는 오(午)에서 낳고 술(戌)에서 성했다가 인(寅)에서 죽는다. 삼진은 모두 수(水)이다.

이렇게 해서 상승(相勝)하는 오행(五行)은 일(一)에서 낳고 오(五)에서 성했다가 구(九)로 끝난다. 5에 9를 곱하면 45, 그러므로 신(神)은 45일마다 이동하며, 3이 5에 대응하는 까닭에 8마다 이동하여 1년을 마친다.

대저 태음을 사용할 때는 좌전(左前)에 형(刑)이 있으며 우배(右背)에 덕이 있어서 구진(鉤陳)의 충진(衝辰)을 치면 싸움을 하는 경우 반드시 이기고 공격하면 반드시 무찌를 수가 있다. 천도(天道)를 알고자 하면 해[日]를 아는 것이 주(主)가 된다. 6월에 마음에 와닿고, 왼쪽으로 돌아 운행하며, 헤어져서 12월이 된다. (태음이) 해와 만나 천지가 중첩되면서 화합하면 그 뒤에는 반드시 화(禍)가 없다.

해는 정월에 영실(營室)에 있으며 2월에는 규(奎)·루(婁)에 있고, 3월에는 위(胃)에 있으며, 4월에는 필(畢)에 있고, 5월에 동정(東井)에 있으며, 6월에는 장(張)에 있고, 7월에 익(翼)에 있으며, 8월에는 항(亢)에 있고, 9월에 방(房)에 있으며, 10월에는 미(尾)에 있고, 11월에 견우(牽牛)에 있고, 12월에는 허(虛)에 있다.

原文 太陰在甲子, 刑德合東方宮, 常徙所不勝. 合四歲而離, 離十六歲而復合. 所以離者, 刑不得入中宮, 而徙於木. 太陰所居, 日爲德, 辰爲刑. 德剛曰日倍因, 柔曰徙所不勝. 刑水辰之木, 木辰之水. 金火立其處. 凡徙諸神, 朱鳥在太陰前一, 鉤陳在後三, 玄武在前五, 白虎在後六, 虛星乘鉤陳, 而天地襲矣.

凡日甲剛乙柔, 丙剛丁柔, 以至于癸. 木生于亥, 壯于卯, 死于未. 三辰皆木也. 火生于寅, 壯于午, 死于戌. 三辰皆火也. 土生于午, 壯于戌, 死于寅. 三辰皆土也. 金生于巳, 壯于酉, 死于丑. 三辰皆金也. 水生于申, 壯于子, 死于辰. 三辰皆水也. 故五勝生一, 壯五, 終九. 五九四十五, 故神四十五日而一徙, 以三應五, 故八徙而歲終.

凡用太陰, 左前刑, 右背德, 擊鉤陳之衝辰. 以戰必勝, 以攻必剋. 欲知天道, 以日爲主. 六月當心, 左周而行. 分而爲十二月. 與日相當, 天地重襲, 後必無殃. 日正月建營室, 二月建奎·婁, 三月建胃, 四月建畢, 五月建東井, 六月建張, 七月建翼, 八月建亢, 九月建房, 十月建尾, 十一月建牽牛, 十二月建虛.

註解 ○太陰在甲子(태음재갑자)—앞의 절(節)은 태음의 위치를 십이진(十二辰)에 대해서만 설명한 것이었는데 여기서는 십간(十干)을 덧붙이어 육십진(六十辰)으로 설명했다. 이 절 역시 술수가의 설이다. ○刑德合東方宮(형덕합동방궁)—여기서 말하는 형덕은 앞에서 이미 설명한 바 있는 형덕칠사설(刑德七舍說)과는 다르며 태음의 소재를 나타내는 간지(干支)와 관계되는 이십세형덕설(二十歲刑德說)이다. ○合四歲(합사세)……

復合(부합)—갑자(甲子) 다음해인 을축(乙丑)의 해에는 덕이 경(庚 : 乙은 陰이므로 이 경우, 덕은 西方의 陽인 庚이 된다), 형은 술(戌)에 있는데 그러므로 형덕은 서방(西方)의 궁(宮)에서 만난다(庚과 戌은 모두가 金). 병인(丙寅)의 해에 덕은 병(丙 : 火), 형은 기(己 : 火)에 있다. 그러므로 형덕은 남방(南方)의 궁(宮)에서 만난다. 정묘(丁卯)의 해에 덕은 임(壬 : 덕이 壬으로 되는 것은 乙의 경우와 같다), 형은 자(子)에 있는데 그러므로 형덕은 북방의 궁(宮)에서 만난다(壬과 子는 모두가 水). 이상과 같이 갑자로부터 정묘에 이르는 4년간은 형과 덕이 일궁(一宮)에 합쳐지는데 다음인 무진(戊辰)으로부터 계사(癸巳)에 이르는 16년간은 합쳐지는 일이 없다가, 다음 갑진(甲辰)에 이르러 다시 동궁(東宮)에서 합치게 된다. '합사세이리(合四歲而離), 이십륙세이부합(離十六歲而復合)'이란 이런 의미이다. ㅇ刑不得入中宮(형부득입중궁)—십간(十干) 중 무기(戊己)는 토(土)에 해당하므로 중궁에 든다. 그런데 십이진은 이 경우 목(木 : 寅・卯・辰), 화(火 : 巳・午・未), 금(金 : 申・酉・戌), 수(水 : 亥・子・丑)로 사분되는, 까닭에 이에 따라서 형은 무기(戊己)의 중궁에는 들 수 없게 된다. ㅇ德剛曰日倍因(덕강왈일배인)—십간 중 갑병무경임(甲丙戊庚壬)은 목화토금수(木火土金水)의 양(陽 : 剛)에 해당되므로 이것을 덕강(德剛)이라고 한다. 그 다음 구절은 난해한데 이 오덕(五德)은 자신의 손으로 그 힘을 배가(倍加)시켜 나가는 것을 의미하는 것이리라. ㅇ柔日徙所不勝(유왈사소불승)—십간 중 을정기신계(乙丁己辛癸)는 목화토금수(木火土金水)의 음(陰 : 柔)에 해당되므로 그냥 덕이 될 수는 없고, 을(乙)은 경(庚)에, 정(丁)은 임(壬)에, 기(己)는 갑(甲)에, 신(辛)은 병(丙)에, 계(癸)는 무(戊)에 의하여 덕이 된다. 이런 것을 '사소불승(徙所不勝)'이라고 한다. ㅇ鉤陳(구진)—북극 자미원(紫微垣) 안에 있는 별 육성(六星). ㅇ生(생)・壯(장)・死(사)—십이지(十二支)를 오행(五行)에 배당하면 목(木 : 寅・卯), 화(火 : 巳・午), 토(土 : 丑・辰・未・戌), 금(金 : 申・酉), 수(水 : 亥・子)가 되는데 이 가운데 卯, 午,

未, 酉, 子를 정위(正位)로 삼는다. 이 정위를 각 오행의 장(壯)으로 하고 거기에서 사진전(四辰前)을 생(生), 사진후(四辰後)를 사(死)로 하여 설명한 것이 본설(本說)이다.

성수(星宿)의 분도(分度)는 각(角)은 12도, 항(亢)은 9도, 저(氐)는 15도, 방(房)은 5도, 심(心)은 5도, 미(尾)는 18도, 기(箕)는 11도 4분지 1, 두(斗)는 26도, 견우(牽牛)는 8도, 수녀(須女)는 12도, 허(虛)는 10도, 위(危)는 17도, 영실(營室)은 16도, 동벽(東壁)은 9도, 규(奎)는 16도, 루(婁)는 12도, 위(胃)는 14도, 묘(昴)는 11도, 필(畢)은 16도, 자준(觜嶲)은 2도, 삼(參)은 9도, 동정(東井)은 33도, 여귀(輿鬼)는 4도, 유(柳)는 15도, 성(星 : 七星)은 7도, 장(張)과 익(翼)은 각 18도, 진(軫)은 17도, 모두 28수(宿)이다.

성수에 대응하는 분야의 이름은, 각(角)·항(亢)에는 정(鄭), 저(氐)·방(房)·심(心)에는 송(宋), 미(尾)·기(箕)에는 연(燕), 두(斗)·견우(牽牛)에는 월(越), 수녀(須女)에는 오(吳), 허(虛)·위(危)에는 제(齊), 영실(營室)·동벽(東壁)에는 위(衛), 규(奎)·루(婁)에는 노(魯), 위(胃)·묘(昴)·필(畢)에는 위(魏), 자준(觜嶲)·삼(參)에는 조(趙), 동정(東井)·여귀(輿鬼)에는 진(秦), 유(柳)·칠성(七星)·장(張)에는 주(周), 익(翼)·진(軫)에는 초(楚)이다.

原文 星分度, 角十二, 亢九, 氐十五, 房五, 心五, 尾十八, 箕十一四分一, 斗二十六, 牽牛八, 須女十二, 虛十, 危十七, 營室十六, 東壁九, 奎十六, 婁十二, 胃十四, 昴十一, 畢十六, 觜嶲二, 參九, 東井三十三, 輿鬼四, 柳十五, 星七, 張·翼各十八, 軫十七, 凡二十八宿也.

　　星部地名, 角·亢, 鄭, 氐·房·心, 宋, 尾·箕, 燕, 斗·牽牛,
越, 須女, 吳, 虛·危, 齊, 營室·東壁, 衛, 奎·婁, 魯, 胃·昴·畢,
魏, 觜嶲·參, 趙, 東井·輿鬼, 秦, 柳·七星·張, 周, 翼·軫, 楚.

　　註解　○星分度(성분도)－28수(宿)의 각 분도(分度). 28수란 일월오성
(日月五星)의 운행을 나타내는 편의를 위해 적도(赤道) 주변에 설정한
28수의 별자리. 주천(周天)의 도수(度數)인 365도 4분의 1(四分曆에 의
함)을 각 성수 간의 거리로 안분 비례한 각도가 여기서 말하는 분도가
된다.

　　세성(歲星)의 거처는 오곡이 잘 여문다. 그 반대의 장소를 충(衝)
이라고 하는데 그 해에 화(禍)가 일어난다. 당연히 있어야 할 곳에 있
지 아니하고 월경(越境)하여 다른 곳으로 가면 주군(主君)은 죽고 그
나라는 망한다. 태음(太陰)이 봄을 다스릴 때에 유혜온량(柔惠溫良)
의 정사를 펴고자 한다. 태음이 여름을 다스릴 때 정령(政令)이 두루
시행되고 또 밝혀질 것을 원한다. 태음이 가을을 다스릴 때 군비(軍
備)를 갖추기를 원한다. 태음이 겨울을 다스릴 때 맹의강강(猛毅剛
强)한 정치를 하고자 한다.
　　그러므로 3년마다 절(節 : 규칙)을 바꾸고 6년마다 상(常 : 법령)을
바꾸게 되는 것이다. 그런 까닭에 3년마다 기근이 있으며 6년마다 역
병(疫病)이 유행하고 12년마다 국토의 황폐가 일어난다.
　　갑(甲)은 제(齊)에, 을(乙)은 동이(東夷)에, 병(丙)은 초(楚)에, 정
(丁)은 남이(南夷)에, 무(戊)는 위(魏)에, 기(己)는 한(韓)에, 경(庚)
은 진(秦)에, 신(辛)은 서이(西夷)에, 임(壬)은 위(衛)에, 계(癸)는 월
(越)에 각각 배당된다.
　　자(子)는 주(周)에, 축(丑)은 적(翟)에, 인(寅)은 초(楚)에, 묘(卯)

는 정(鄭)에, 진(辰)은 진(晋)에, 사(巳)는 위(衛)에, 오(午)는 진(秦)에, 미(未)는 송(宋)에, 신(申)은 제(齊)에, 유(酉)는 노(魯)에, 술(戌)은 조(趙)에, 해(亥)는 연(燕)에 각각 배당된다.

갑(甲)·을(乙)·인(寅)·묘(卯)는 목(木)이며, 병(丙)·정(丁)·사(巳)·오(午)는 화(火)이며, 무기(戊己)는 사계(四季) 각각에 있어 토(土)이며, 경(庚)·신(辛)·신(申)·유(酉)는 금(金)이며, 임(壬)·계(癸)·해(亥)·자(子)는 수(水)이다. 수(水)는 목(木)을 낳고, 목은 화(火)를 낳으며 화는 토(土)를 낳고, 토는 금(金)을 낳으며 금은 수(水)를 낳는다. 자(子 : 支)의 오행이 모(母 : 干)의 오행을 낳는 것을 '의(義)'라고 하며 모(母)의 오행이 자(子)의 오행에 이기는 것을 '제(制)'라고 하고, 자(子)의 오행이 모(母)의 오행에게 이기는 것을 '곤(困)'이라고 한다.

제일(制日)에 격살(擊殺)한 경우 이겨도 보답을 얻지 못한다. 전일(專日)에 일을 하면 성공을 거둘 수 있다. 의일(義日)에 도리에 맞는 일을 하면 명성이 떨치고 폐(廢)해지는 일이 없다. 보일(保日)에 축양(畜養)하면 만물은 번영된다. 곤일(困日)에 큰일을 결행하면 몸은 파멸되고 사망에 이른다.

原文 歲星之所居, 五穀豐昌. 其對爲衝, 歲乃有殃. 當居而不居, 越而之他處, 主死國亡. 太陰治春, 則欲行柔惠溫良. 太陰治夏, 則欲布施宣明. 太陰治秋, 則欲修備繕兵. 太陰治冬, 則欲猛毅剛彊. 三歲而改節, 六歲而易常. 故三歲而一饑, 六歲而一衰, 十二歲一康.

甲齊, 乙東夷, 丙楚, 丁南夷, 戊魏, 己韓, 庚秦, 辛西夷, 壬衛, 癸越. 子周, 丑翟, 寅楚, 卯鄭, 辰晉, 巳衛, 午秦, 未宋, 申齊, 酉魯, 戌趙, 亥燕.

甲乙寅卯, 木也, 丙丁巳午, 火也, 戊己, 四季土也, 庚辛申酉,金也, 壬癸亥子, 水也. 水生木, 木生火, 火生土, 土生金, 金生水.
子生母曰義, 母生子曰保, 子母相得曰專, 母勝子曰制, 子勝母曰
困. 以制擊殺, 勝而無報, 以專從事而有功, 以義行理, 名立而不墮,
以保畜養, 萬物蓄昌, 以困擧事, 破滅死亡.

註解 ○歲星之所居(세성지소거)—세성이 있는 진(辰)에 대응하는 지
상(地上)의 나라, 혹은 그 방각(方角). ○其對(기대)—세성의 반대쪽 진
(辰)에 대응하는 지상의 나라, 혹은 그 방각. ○太陰治春(태음치춘)……
—십이진(十二辰)을 사계(四季)에 배당하면 봄(寅·卯·辰), 여름(巳·
午·未), 가을(申·酉·戌), 겨울(亥·子·丑)이 된다. 태음은 십이진을
12년으로 일순(一巡)하는데 그 사이 3년마다 각 계절에 인연을 지을 정
사를 펴도록 해야 한다는 것이다. ○一衰(일쇠)—쇠사(衰死)의 뜻. 악역
(惡疫)이 유행하여 죽는 자가 속출하는 뜻으로 본다. ○一康(일강)—강
(康)은 황(荒)이란 뜻으로서 수해와 한발 등에 의해 토지가 황폐되고 대
기근이 일어나는 것. ○四季土也(사계토야)—4계절마다 맨 끝의 약 18일
간이 각 계절의 토용(土用)인 것을 가리킴이다. ○子生母(자생모)—예컨
대 임신(壬申)인 경우 자(子 : 支)인 신(申)은 금(金), 모(母 : 干)인 임
(壬)은 수(水). 그러므로 자(子 : 金)가 모(母 : 水)를 낳는다고 한다. 갑
자(甲子)·병인(丙寅)·정묘(丁卯)·기사(己巳)·신미(辛未)·임신(壬
申)·계유(癸酉)·을해(乙亥)·경진(庚辰)·신축(辛丑)·경술(庚戌)·무
오(戊午)가 의일(義日)에 해당된다. ○母生子(모생자)—예컨대 갑오(甲
午)의 경우, 모(母)인 갑(甲)은 목(木), 자(子)인 오(午)는 화(火), 그래서
모(母 : 木)가 자(子 : 火)를 낳는다고 한다. 정미(丁未)·정축(丁丑)·병
술(丙戌)·갑오(甲午)·경자(庚子)·임인(壬寅)·계묘(癸卯)·을사(乙
巳)·무신(戊申)·을유(乙酉)·신해(辛亥)·병진(丙辰)이 보일(保日)에 해
당된다. ○子母相得(자모상득)—예를 들면 갑인(甲寅)의 경우, 자모(子
母)는 공히 목(木)이며, 신유(辛酉)의 경우 자모는 공히 금(金)이다. 이

것을 자모상득이라고 한다. 갑인(甲寅)·을묘(乙卯)·정사(丁巳)·병오(丙午)·경신(庚申)·신유(辛酉)·계해(癸亥)·임자(壬子)·무진(戊辰)·무술(戊戌)·기축(己丑)·기미(己未)가 전일(專日)에 해당한다. ○母勝子(모승자)－예를 들면 임오(壬午)의 경우, 모(母)인 임(壬)은 수(水), 자(子)인 오(午)는 화(火), 그러므로 모(母 : 水)가 자(子 : 火)에 이긴다는 것이다. 을축(乙丑)·갑술(甲戌)·무자(戊子)·경인(庚寅)·신묘(辛卯)·계사(癸巳)·을미(乙未)·병신(丙申)·정유(丁酉)·기해(己亥)·갑진(甲辰)이 제일(制日)에 해당된다. ○子勝母(자승모)－예컨대 경오(庚午)의 경우, 모(母)인 경(庚)은 금(金), 자(子)인 오(午)는 화(火), 그러므로 자(子 : 火)가 모(母 : 金)를 이긴다고 하는 것이다. 경오(庚午)·신사(辛巳)·병자(丙子)·무인(戊寅)·기묘(己卯)·계미(癸未)·계축(癸丑)·갑신(甲申)·을유(乙酉)·정해(丁亥)·임진(壬辰)·임술(壬戌)이 곤일(困日)에 해당한다.

북두신(北斗神)에는 자(雌)와 웅(雄)이 있다. 11월 초에 자(子)에 있으며, 월(月)에 일진(一辰)씩 이동한다. 웅신(雄神)은 좌행(左行)하고 자신(雌神)은 우행(右行)하여 5월에는 오(午)에서 만나 형(刑)을 도모하고 11월에는 자(子)에서 만나 덕을 도모하는 것이다. 자신이 있는 진(辰)을 염(厭)이라고 하며 염일(厭日)에는 만사를 해서는 안 된다. 감여(堪輿)는 서행(徐行)하고 웅신은 음성에 의해 자신의 소재를 안다. 이것을 기진(奇辰)이라고 한다.

순서는 갑진(甲辰)으로부터 시작한다. 자(子)와 모(母)가 서로 찾다가 회합하는 곳을 합(合)이라고 한다. 10일[干]과 십이진(十二辰)과 60일로 한번 만나고 그 사이에 8차례 회합한다. 이상의 합일(合日)이 그 해의 간지(干支) 앞에 있을 때는 사망(死亡)에 이르며 합일이 그 해의 간지 뒤에 있을 때는 무사식재(無事息災)한다.

갑술(甲戌)은 연(燕)이다. 을유(乙酉)는 제(齊)이다. 병오(丙午)는
월(越)이다. 정사(丁巳)는 초(楚)이다. 무오(戊午)·무자(戊子)·팔합
(八合)하는 것은 천하이다. 태음(太陰)·소세(小歲)·성(星)·일(日)·
신(辰)의 오신(五神)에는 모두 합일(合日)이 있다. 그날에는 운기풍우
(雲氣風雨)를 생기게 하므로 국군(國君)은 이것을 조정하지 않으면
안 된다. 천신(天神) 중 제일 귀한 것은 청룡(靑龍)인데, 혹은 천일(天
一)이라고도 하며 혹은 태음이라고도 한다. 태음이 있는 방각은 이것
을 등에 지면 안 되며 향하도록 하지 않으면 안 된다. 북두가 치는 방
각은 그 무엇도 적(敵)으로 삼을 수가 없다.

原文　北斗之神, 有雌雄. 十一月始建於子, 月徙一辰. 雄左行,
雌右行, 五月合午謀刑, 十一月合子謀德. 雌所居辰爲厭. 厭日不
可以擧百事. 堪輿徐行, 雄以音知雌. 故爲奇辰. 數從甲子始. 子母
相求, 所合之處爲合. 十日十二辰, 周六十日, 凡八合. 合於歲前,
則死亡, 合於歲後, 則無殃.

　甲戌燕也. 乙酉齊也. 丙午越也. 丁巳楚也. 庚辰秦也. 辛卯戎也.
壬子趙也. 癸亥胡也. 戊戌·己亥韓也. 己酉·己卯魏也. 戊午·
戊子八合天下也. 太陰·小歲·星·日辰五神皆合, 其日有雲氣風
雨, 國君當之. 天神之貴者, 莫貴於靑龍. 或曰天一, 或曰太陰. 太
陰所居, 不可背而可鄕, 北斗所擊不可與敵.

註解　○北斗之神(북두지신)……擧百事(거백사)－술수가(術數家)의 설.
두표(斗杓)는 11월의 혼(昏)에 자(子)를 가리키고, 12월의 혼(昏)에는 축
(丑)을 가리킨다. 정월의 혼에는 인(寅)을 가리키는 식으로 1년에 십이진
(十二辰)을 일주한다. 이것을 웅신(雄神 : 陽建)이라 하는데, 한편 11월
의 자(子)로부터 역회전하여 십이진을 일주하는 자신(雌神 : 陰建)을 상

정(想定)한다. 자웅은 11월과 5월에 회합하게 되는데 동지가 든 11월은, 일양래복(一陽來復)의 때이므로 덕(德 : 陽)을 도모하고 하지(夏至)에 해당하는 5월에는 형(刑 : 陰)을 도모한다는 것이다. ○堪輿(감여)……奇辰(기진)─감여란 술수가의 말로서 감(堪)은 천(天), 여(輿)는 지(地)를 의미하고, 감여가(堪輿家)라 칭하여, 하늘에서의 일월성신의 운행과 땅에서의 방위지상(方位地相)을 감안함으로써 그 날의 간지(干支)에 따른 길흉을 판단한다. 이 한 단(段)의 글도 감여가의 것으로 생각되는데 여기에서의 '감여서행(堪輿徐行)'이란 웅신(雄神 : 堪)과 자신(雌神 : 輿)의 주행(周行)을 가리키는 것으로 생각된다. ○甲戌燕也(갑술연야)……癸亥胡也(계해호야)─팔합을 8지역으로 배당한 것. 감여팔회설(堪輿八會說)은 특히 공전(攻戰)할 때의 점법(占法)으로 행해졌었던 듯(≪漢志≫에서 말하는 '兵陰陽'의 類) 그날에 그 방면을 향하여 공전(攻戰)의 가부(可否)를 이것에 의해 결정했던 것이리라. ○戊戌(무술)……天下也(천하야)─여기에 보이는 간지(干支)는 위에 기록한 팔회(八會)에는 포함되어 있지 않다. 십간에 있어 무(戊)와 기(己)는 토(土 : 중앙)에 속하고 중궁(中宮)에 자리한다고 한다. 무술(戊戌)·기해(己亥)·기유(己酉)·기묘(己卯)는 그 중궁에 있어서의 회(會)를 말하는 것 같으며, 그러기에 그 땅은 중원(中原)인 한(韓)·위(魏)라고 하는 것이리라. 한편 '팔합천하야(八合天下也)'는 그대로는 통하지 않는다. 어쩌면 여기에도 탈락이 있는 것으로 생각된다.

천지 사이에는 나뉘어져서 음양의 이기(二氣)가 있다. 양은 음에 의해서 생기고 음은 양에 의해서 생긴다. 음양의 2기가 서로 뒤섞이어 사우(四隅)가 서로 통하며 2기의 소장(消長)에 의해 만물이 생긴다. 살아 있는 모든 것 가운데서 제일 귀한 것은 사람이다. 그런즉 인간의 몸에 갖추어져 있는 구멍과 지체는 모두 하늘에 통해 있다.

하늘에 구중(九重)이 있는가 하면 사람에게도 아홉 구멍이 있고 하늘에 사시(四時)가 있어서 12월을 제정하는 것처럼 사람에게도 사지(四肢)가 있어서 12절(節)을 구사하고 있다. 하늘에 12개월이 있어서 365일을 제정하고 있는 것처럼, 사람에게도 십이지(十二肢)가 있어서 360절(節)을 구사하고 있다. 그러므로 일을 함에 있어서는 하늘에 순응하지 않을 경우 그 삶에 위배되는 것이다.

原文　天地以設分而爲陰陽. 陽生於陰, 陰生於陽. 陰陽相錯, 四維乃通, 或死或生, 萬物乃成. 蚑行喙息, 莫貴於人, 孔竅肢體, 皆通於天.
　　天有九重, 人亦有九竅. 天有四時, 以制十二月. 人亦有四肢, 以使十二節. 天有十二月, 以制三百六十日, 人亦有十二肢, 以使三百六十節. 故擧事而不順天者, 逆其生者也.

註解　○蚑行喙息(지행훼식)—다리로 걷는 것, 부리로 숨쉬는 것. 여기서는 모든 생물이란 의미이다. ○九竅(구규)—두 눈, 두 귀, 두 콧구멍, 한 개의 입, 두 배설구를 가리킨다. ○三百六十節(삼백육십절)—1년 365일에 대응하여 360절을 든 것은 <정신훈(精神訓)>에 보인다.

동지(冬至)로부터 내년 정월 초하루까지의 날짜를 세어, 그 사이가 50일이 있으면 백성들의 식생활은 넉넉하다. 50일이 다 안 될 경우 부족분 하루에 대하여 한 말을 줄인다. 남는 날이 있으면 하루에 대하여 한 되를 늘인다. 이로써 그해의 풍흉(豊凶)을 점치는 것이다.
　섭제격(攝提格 : 寅)의 해에는 그해의 이른 시기에 장마가 지고 늦은 시기에 가뭄이 있다. 벼는 병에 걸리고 누에는 고치를 만들지 않는다. 콩과 보리는 풍작이다. 백성의 식량은 4되이다. 인(寅)이 갑(甲)

에 있을 때는 알봉(閼蓬)이라고 한다.

선알(單閼 : 卯)의 해에는 1년 내내 순조로워서 벼·콩·보리는 풍작이고 누에는 고치를 만든다. 백성의 식량은 5되. 묘(卯)가 을(乙)에 있을 때는 전몽(旃蒙)이라고 한다.

집제(執除 : 辰)의 해에는 그해 이른 시기에 가뭄이 들고 늦은 시기에는 장마가 들어서 다소 궁핍하다. 누에는 실을 뽑아내지 아니하고 보리는 잘 익는다. 백성의 식량은 3되. 진(辰)이 병(丙)에 있을 때는 유조(柔兆)라고 한다.

대황락(大荒落 : 巳)의 해에는 작은 전쟁이 있다. 누에는 고치를 조금만 만들고 보리는 풍작이다. 그러나 콩은 병에 걸린다. 백성의 식량은 2되. 사(巳)가 정(丁)에 있을 때는 강어(强圉)라고 한다.

돈장(敦牂 : 午)의 해에는 그해에 큰 가뭄이 있다. 누에는 고치를 만들고 벼는 병에 걸리며 콩과 보리는 풍작을 이룬다. 벼는 익지 않으며 백성의 식량은 2되이다. 오(午)가 무(戊)에 있을 때는 저옹(著雍)이라고 한다.

협흡(恊洽 : 未)의 해에는 작은 전쟁이 있다. 누에는 고치를 만들고 벼는 풍작이며 콩과 보리는 여물지 않는다. 백성의 식량은 3되이다. 미(未)가 기(己)에 있을 때는 도유(屠維)라고 한다.

군탄(涒灘 : 申)의 해에는 평온하여 작은 비가 내린다. 누에는 고치를 만들고 콩과 보리는 풍작이다. 백성의 식량은 3되. 신(申)이 경(庚)에 있을 때는 상장(上章)이라고 한다.

작악(作鄂 : 酉)의 해에는 큰 전쟁이 있으며 민간에는 병이 유행된다. 누에는 고치를 만들지 않으며 콩과 보리는 여물지 않고 벼는 충해(蟲害)를 입는다. 백성의 식량은 5되. 유(酉)가 신(辛)에 있을 때는 중광(重光)이라고 한다.

엄무(掩茂 : 戌)의 해에는 다소 기근이 있고 또 전쟁이 있다. 누에는 고치를 만들지 않으며 보리는 여물지 않는다. 콩은 풍작이다. 백성의 식량은 7되. 술(戌)이 임(壬)에 있을 때는 현익(玄黓)이라고 한다.

대연헌(大淵獻 : 亥)의 해에는 큰 전쟁이 있으며 대기근이 있다. 누에는 고치를 만들고 벼는 병에 걸리며 콩과 보리는 여물지 않는다. 벼는 충해(蟲害)를 받는다. 백성의 식량은 3되이다.

곤돈(困敦 : 子)의 해, 이해에는 큰 안개가 일며 홍수가 진다. 누에는 고치를 잘 만들고 벼는 병에 걸리는데 보리는 풍작이다. 백성의 식량은 3말. 자(子)가 계(癸)에 있을 때는 소양(昭陽)이라고 한다.

적분약(赤奮若)의 해에는 작은 전쟁이 있고 이른 시기에 장마가 있다. 누에는 실을 뽑아내지 않고 벼는 병에 걸리며 콩은 여물지 않는다. 보리는 풍작이다. 백성의 식량은 1되이다.

原文 以日冬至, 數來歲正月朔日, 五十日者民食足. 不滿五十日, 日減一斗. 有餘日, 日益一升. 爲其歲伺也. 攝提格之歲, 歲早水, 晚旱. 稻疾, 蠶不登, 菽麥昌. 民食四升. 寅在甲曰閼蓬. 單閼之歲, 歲和, 稻·菽·麥·蠶昌. 民食五升. 卯在乙曰旃蒙.

執除之歲. 歲早旱, 晚水, 小饑. 蠶閉, 麥熟. 民食三升. 辰在丙曰柔兆.

大荒落之歲, 歲有小兵. 蠶小登, 麥昌菽疾. 民食二升. 巳在丁曰强圉. 敦牂之歲, 歲大旱. 蠶登, 稻疾, 菽·麥昌, 禾不爲. 民食二升. 午在戊曰著雝. 協洽之歲, 歲有小兵. 蠶登, 稻昌, 菽·麥不爲. 民食三升. 未在己曰屠維.

涒灘之歲, 歲和, 小雨行 蠶登, 菽·麥昌. 民食三升. 申在庚曰上章. 作鄂之歲, 歲有大兵, 民疾. 蠶不登, 菽·麥不爲, 禾蟲. 民食五升. 酉在辛曰重光. 掩茂之歲, 歲小饑, 有兵. 蠶不登, 麥不爲, 菽昌. 民食七升. 戌在壬曰玄黓.

大淵獻之歲, 歲有大兵, 大饑. 蠶開, 菽·麥不爲, 禾蟲. 民食三升. 困敦之歲, 歲大霧起, 大水出. 蠶登, 稻疾, 麥昌. 民食三斗. 子在癸曰昭陽. 赤奮若之歲, 歲有小兵, 早水. 蠶不出, 稻疾, 菽不爲, 麥昌. 民食一升.

註解 ○攝提格(섭제격)……赤奮若(적분약)－건인(建寅)으로부터 건축(建丑)에 이르는 각 연도의 이름. 십이진(十二辰)에 의한 표시는 두표(斗杓)가 가리키는 방향에 따라 12개월이 나타내지며, 태음(太陰)의 소재에 따라 12년이 나타내지는데 여기서는 그 후자(後者)이다. 단, 섭제격 이하의 이름은 세명(歲名) 월명(月名) 양자에 공통적으로 사용된다. ○閼蓬(알봉)……昭陽(소양)－육십간지(六十干支) 중 특히 갑인(甲寅)·을묘(乙卯)·병진(丙辰)·정사(丁巳)·무오(戊午)·기미(己未)·경신(庚申)·신유(辛酉)·임술(壬戌)·계자(癸子)의 이름(이상은 干과 支와의 五行이 일치하고 있다). 알봉(閼蓬 : 甲寅)은 '만물이 봉망(逢芒)을 내고자 하는데 옹알(雍遏)되어 아직 통하지 않는 상태', 전몽(旃蒙 : 乙卯)은 '옹알되어 있던 만물이 갑(甲)의 덕택으로 나오는 상태', 유조(柔兆 : 丙辰)는 '만물이 모두 가지를 치고 잎을 내는 상태', 강어(强圉 : 丁巳)는 '만물이 강성한 상태', 저옹(著雍 : 戊午)은 '중앙에 자리하여 만물을 번영시키고 사방을 기르는 상태', 도유(屠維 : 己未)는 '도(屠)란 별(別), 유(維)란 이(離)의 뜻. 만물이 각각 그 성(性)을 이루는 상태', 상장(上章 : 庚申)은 '음기(陰氣)가 상승하여 만물이 생(生)을 끝내는 상태', 중광(重光 : 辛酉)은 '만물이 성숙을 끝내고 빛나는 상태', 현익(玄黓 : 壬戌)은 '1년이 끝나서 만물이 완전히 싸여진 상태', 소양(昭陽 : 癸子)은 '양기가 시작되어 싹트고 만물이 생(生)을 잉태한 상태'.

정조(正朝) 및 정석(正夕)에 우선 일표(一表 : 標柱·그림 1의 A)

를 동방에 세워두고 다른 일표를 가지고 앞의 표(A)의 뒤쪽(西方) 십보(十步) 지점에서 해가 처음으로 북우(北隅 : 甲)에서 뜨는 것을 관망한다. 해가 질 때에는 또 일표(C)를 동방에 세우고 서방의 표(B)에 의해 해가 북우(北隅 : 辛)에 지는 것을 관망하고 이것에 의해 동서(東西)를 정한다. (즉 A·C) 두 표의 중앙과 서쪽의 표(B)와 연결되는 선이 동서의 바른 방각(方角)이다.

동짓날에 해는 동남우(東南隅 : 巽)를 나와 서남우(西南隅 : 坤)로 들어간다. 춘분(春分) 추분(秋分)에 이르면 해는 동방의 중(中 : 卯)을 나와 서방의 중(中 : 酉)으로 들어간다. 하지에는 동북우(東北隅 : 艮)를 나와 서북우(西北隅 : 乾)로 들어간다. 지일(至日)에는 정남(正南)에 온다.

동서남북의 넓이를 알려면 사표(四表 : 그림 2, (가)의 P·R·S·T)를 1리(里) 평방의 거리에 세우고 춘분 혹은 추분에 앞서기 10여 일, 북(北 : 북측의 2)과 표(P·R)를 따라, 여명서부터 일출에 이르기까지를 관망하고 (二表와) 상응하는 때를 살핀다. 상응한 때(는 春分·秋分이며), 해와 이표(二表 : P·R)는 일직선상에 있다. 그러므로 다음에는 남표(南表 : S)에 의해 관망하고 (XS)가 전표(前表 : PT)를 끊은 길이(YT)를 가지고 법(法 : 除數)으로 하고 그것으로 표의 광(廣)을 제(除)하고, (그 商에) 표의 무(袤)를 승(乘)하면 이것(北後表 R)에서 동과 서에 이르는 거리를 알게 되는 것이다.

예를 들면 (南後表 S에서) 해가 나오는 것을 보고, 전표(前表 : PT)를 끊은 길이(YT)가 1촌(寸)이라고 하면 1촌마다 1리의 비율이 된다. 1리는 1만 8천 촌(寸)이므로 이 수를 승(乘)하면 이것(R)에서 동방(X)으로 1만 8천 리라고 하는 계산이다.

한편 해가 지는 것(그림 (2) (나)의 X′)을 보고 전표(前表 : RS)를 끊은 길이(Y′S)가 반촌(半寸)이라고 하면 반촌마다 1리의 비율이 되

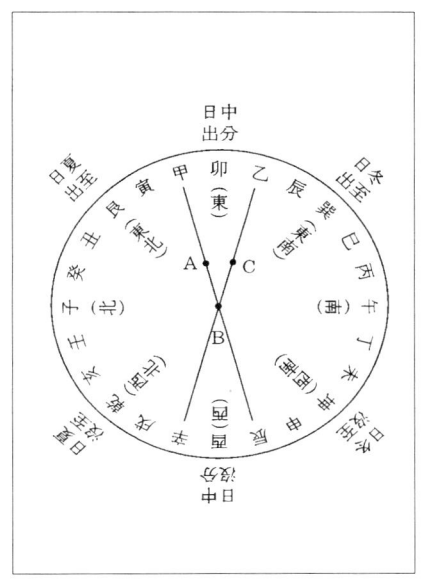

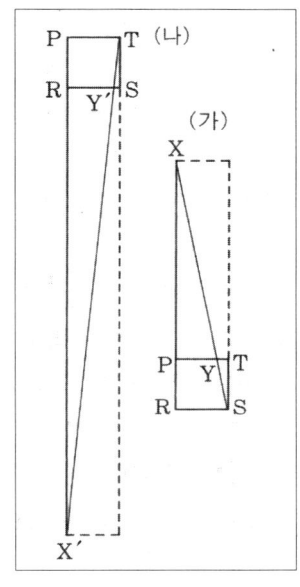

그림 1 正朝夕圖

그림 2 測日遠句股比例圖

전당의 ≪회남천문훈보주≫에 의
해 그림 2의 (나)를 보충했다.

며, 반촌을 가지고 1리의 적촌(積寸 : 1만 8천 촌)을 제(除)하면 3만
6천 리를 얻는다. 이 제수(除數)가 이것(P)에서 서(西 : X′)까지의 이
수(里數)이다. 이것을 합계한 것이 동서의 이수(里數), 즉 동극(東極)
에서 서극(西極)에 이르는 길이이다.

　아직 춘분이 안 되었는데도 (예컨대 1월에) (해와 二表가) 일직선
으로 보이고 추분(秋分)이 되었건만 일직선이 안되면 (예컨대 秋分을
지난 9월에 일직선이 된다면) 이곳은 (中處에서) 남쪽으로 치우침이
다. 아직 추분이 안 되었는데 (예컨대 7월에) 일직선으로 보이고 춘분
이 되었는데도 일직선으로 되지 않는다면 (예컨대 춘분을 지난 3월에

일직선이 되었다면) 이곳은 북쪽으로 치우침이다.

춘분·추분의 날에 일직선으로 되면 이곳은 남북의 중앙과 동서를 연결하는 선상(線上)에 있다. 남북의 중앙에서 정면의 위를 알고자 할 경우, 아직 추분이 아닌데도 (해와 二表가) 일직선이 안 되면 (추분의 해와 일직선이 되면), 즉 남북의 중(中 : 남북을 잇는 선의 중심)에 있는 것이 된다.

남북의 중심에서 남극과 북극에 이르는 거리를 알고자 하면, 서남(西南)의 표(表 : S)에서 해를 관망한다. 하짓날 처음으로 뜬 해가 북표(北表 : PR)와 (P에서) 교차되면 동(東)의 표(表 : RX)와 동북의 표가 같게 되며, 정동(正東)은 1만 8천 리이므로 중심(中心 : S)에서 북극까지의 거리 또한 1만 8천 리이다. 이것을 2배하면 남북의 거리가 된다.

중점(中點)에서의 수(數)에 의하지 않는 경우에는 전표(前表 : PT)를 끊은 길이를 이것에 증감한다. 즉 전표의 안을 끊은 길이가 1촌(寸)이라 하고 1촌마다에서 해와의 거리는 1리를 감한다. 또 표의 밖을 끊은 길이가 1촌이라 하고, 1촌마다에서 해와의 거리는 1리를 증가하게 된다.

하늘의 높이를 알려고 하면 높이 1장(丈)의 표를 정남북(正南北)에 1천 리의 거리를 두고 세운 다음, 같은 날에 그 그림자를 잰다. 북표(北表)의 그림자가 2척(尺), 남표(南表)의 그림자가 1척(尺) 9촌(寸)이라고 하면 이 경우, 남쪽으로 가기 1천 리마다 그림자는 1촌씩 짧아진다. 따라서 남쪽으로 가기 2만 리의 지점에서 그림자는 없어지는데 (이것은) 곧 해의 직하(直下)에 해당되는 지점이다.

그림자가 2척(尺)으로서 높이가 1장(丈)이라면 그림자는 1이고 높이는 5의 비율이다. 그러므로 이곳에서 남쪽으로, 해의 직하에 해당하는 이수(里數 : 2만 리)를 놓고, 이것을 5배하면 10만 리가 된다. 이것이 하늘의 높이이다. 만약 그림자와 표(表)가 똑같은 길이라면 이 경우 높이와 (해의 直下까지의) 거리는 똑같다.

原文　正朝夕, 先樹一表東方, 操一表, 卻去前表十步, 以參望日始出北廉. 日直入, 又樹一表於東方, 因西方之表, 以參望日方入北廉, 則定東方. 兩表之中, 與西方之表, 則東西之正也.

日冬至, 日出東南維, 入西南維. 至春秋分, 日出東中, 入西中. 夏至出東北維, 入西北維. 至則正南.

欲知東西南北廣袤之數者, 立四表, 以爲方一里距. 先春分若秋分十餘日, 從距北表, 參望日始出及旦, 以候相應.

相應則此與日直也. 輒以南表, 參望之, 以入前表數爲法, 除擧廣, 除立表袤, 以知從此東西之數也.

假使視日出, 入前表中一寸, 是寸得一里也. 一里積萬八千寸, 得從此東萬八千里. 視日方入, 入前表半寸, 則半寸得一里. 半寸而除一里積寸, 得三萬六千里. 除則從此西里數也. 幷之東西里數也, 則極徑也.

未春分而直, 已秋分而不直, 此處南也. 未秋分而直, 已春分而不直, 此處北也. 分至而直, 此處南北中也. 從中處, 欲知中南也, 未秋分而不直, 此處南北中也.

從中處, 欲知南北極遠近, 從西南表, 參望日. 日夏至始出, 與北表參, 則是東與東北表等也. 正東萬八千里, 則從中北, 亦萬八千里也. 倍之南北之里數也. 其不從中之數也, 以出入前表之數, 益損之. 表入一寸, 寸減日近一里. 表出一寸, 寸益遠一里.

欲知天之高, 樹表高一丈, 正南北相去千里, 同日度其陰. 北表二尺南表尺九寸, 是南千里, 陰短寸, 南二萬里, 則無景, 是直日下也. 陰二尺而得高一丈者, 陰一而高五也. 則置從此南, 至日下里數, 因而五之爲十萬里, 則天高也. 若使景與表等, 則高與遠等也.

[註解] ○正朝夕(정조석)……東西之正也(동서지정야)……—'정조석(正朝夕)'이란 말은 난해한데 문맥상 추리할 때 정조(正朝) 및 정석(正夕)으로서, 각각 일출시(日出時)·일몰시(日沒時)를 가리키는 것으로 생각된다. 그림 1은 십이지(十二支)·팔괘(八卦) 가운데(四隅를 나타낸다), 사괘(四卦)·십간(十干) 중(中央에 배당되는 戊己를 제외한다), 팔간(八干)에 따라 24방(方)을 나타낸 것이다. 역문(譯文)에서 일출(日出)을 갑(甲, 日沒을 辛)이라 한 것은 전당(錢塘)의 ≪천문훈보주(天文訓補註)≫의 예시에 따른 것이다. ○欲知東西南北(욕지동서남북)……東西之數也(동서지수야)—'광무(廣袤)'의 광(廣)은 동서(東西), 무(袤)는 남북(南北)의 넓이란 의미. 본문에는 이 사표(四表)의 위치에 대하여 아무 기록도 없어서 임의의 장소인 것처럼 생각되기도 한다. 그러나 춘추(春秋)의 분(分)에 전후이표(前後二表)와 해가 일직선이 되는 장소라고 하면 역시 동서를 연결하는 선상(線上), 더구나 다음의 주(註)에서 설명하는 것처럼 그 중점(中點)이 아니면 안된다는 결론이 나온다. ○假使視日出(가사시일출)……則極徑也(즉극경야)—그림 2에 의해 알 수 있는 것처럼 △XRS와 △STY, △X′TP와 △TSY′는 각각 닮은꼴이므로, 지금 YT를 1촌(寸), Y′S를 반촌(半寸)이라 하면 XR은 1만 8천 리, X′P는 3만 6천 리, 양자를 합하면 동서 5만 4천 리가 된다. 그러나 동서 5만 4천 리는 후문(後文)에서 말하는 남북 3만 6천 리와의 상대비(相對比)로 보더라도 난해하다. ○未春分而直(미춘분이직)……分至而直(분지이직), 此處南北中也(차처남북중야)—앞에서 든 그림 1에 따라 일출(日出)의 방각(方角)을 편의상 월별로 약기(略記)하면, 5월(하지)에는 간(艮), 4·6월에는 인(寅), 3·7월에는 갑(甲), 2·8월(春秋의 分)에는 묘(卯), 1·9월에는 을(乙), 10·12월에는 진(辰), 11월(동지)에는 손(巽)이 된다. 이것에 의해 추분(秋分) 이후(9·10월)와 동지(冬至 : 11월)와 춘분(春分) 이전(12·1월)에 직(直)이 되는 지점은 남(南)이며, 춘분 이후(3·4월)와 하지(5월)와 추분 이전(6·7월)에 직(直)이 되는 지점은 북(北)이란 것을 알 수 있다.

권4

지형훈(墬形訓)

'지(墬)'는 '지(地)'의 고자(古字)로, 지형(墬形)은 글자 뜻 그대로 땅의 형상을 말한다. 본편의 내용은 고대 중국의 지지(地誌)로서 유명한 ≪산해경(山海經)≫과 일치되는 것이 많다. 그리고 ≪산해경≫에 많이 경도되어 있어서, 본편의 내용도 현실적인 지지라고 하기보다는 오히려 공상적·전설적 지지의 성격을 띠고 있다고 할 수 있다.

대지(大地)가 신고 있는 곳, 육합(六合) 사이, 사극(四極)의 안에는 일월(日月)에 의해 비춰지고 성신(星辰)의 운행에 따라 다스려지며, 사시(四時)의 순환에 의해 정돈되고 태세(太歲)의 추이(推移)에 따라 바로잡혀지고 있다. 천지 사이에는 구주(九州)와 팔주(八柱)가 있다. 육지는 구산(九山), 산지(山地)에는 구새(九塞), 택지(澤地)에는 구수(九藪)가 있으며 바람에는 팔등(八等), 물에는 육품(六品)의 유별(類別)이 있다.

구주란 무엇인가? 동남은 신주(神州)로서 농토(農土)라고 한다. 정남(正南)은 차주(次州)로서 옥토(沃土)라고 한다. 서남(西南)은 융주(戎州)로서 도토(滔土)라고 한다. 정서(正西)는 엄주(弇州)로서 병토(幷土)라고 한다. 정중(正中)은 기주(冀州)로서 중토(中土)라고 한다. 서북은 대주(臺州)로서 비토(肥土)라고 한다. 정북(正北)은 제주(濟州)로서 성토(成土)라고 한다. 동북은 박주(薄州)로서 은토(隱土)라고 한다. 정동(正東)은 양주(陽州)로서 신토(申土)라고 한다.

구산(九山)이란 무엇인가? 회계산(會稽山), 태산(泰山), 왕옥산(王屋山), 수산(首山), 태화산(太華山), 기산(岐山), 태행산(太行山), 양장산(羊腸山), 맹문산(孟門山)이다.

구새(九塞)란 무엇인가? 태분(太汾), 승애(澠阨), 형원(荊阮), 방성(方城), 효판(殽阪), 정경(井陘), 영자(令疵), 구주(句注), 거용(居庸)이다.

구수(九藪)란 무엇인가? 월(越)의 구구(具區), 초(楚)의 운몽(雲夢), 진(秦)의 양우(陽紆), 진(晋)의 대륙(大陸), 정(鄭)의 포전(圃田), 송(宋)의 맹제(孟諸), 제(齊)의 해우(海隅), 조(趙)의 거록(鉅鹿), 연(燕)의 소여(昭余)이다.

팔풍(八風)이란 무엇인가? 동북의 바람을 염풍(炎風)이라 하고, 동방의 바람을 조풍(條風)이라 하며, 동남의 바람을 경풍(景風)이라 하고, 남방의 바람을 거풍(巨風)이라 하며, 서남(西南)의 바람을 양풍(涼風)이라 하고, 서방의 바람을 요풍(飂風)이라 하며, 서북의 바람을 여풍(麗風)이라 하고, 북방의 바람을 한풍(寒風)이라 한다.

육수(六水)란 무엇인가? 하수(河水), 적수(赤水), 요수(遼水), 흑수(黑水), 강수(江水), 회수(淮水)이다.

사해(四海)의 안을 모두 합쳐 동서는 2만 8천 리, 남북은 2만 6천 리이다. 하천(河川)의 유역은 8천 리에 이르며 그 가운데 골짜기를 통과하기 6곳, 명칭을 가지는 강은 6백에 이르고 육로(陸路)는 3천 리에 달한다. 우(禹)임금은 일찍이 태장(太章)에게 명하여 동극(東極)에서 서극(西極)까지 걸어가게 하였던바 2억 3만 3천5백 리 75보(步)였다. 또 수해(豎亥)에게 명하여 북극에서 남극까지 걸어가게 하였던바 2억 3만 3천5백 리 75보였다.

큰 하천의 깊은 곳으로서 3인(仞) 이상인 곳이 합계 2억 3만 3천5백 59개소였다. 우임금은 식토(息土)로, 홍수를 일으키는 강을 메워 명산(名山)을 만들었고 곤륜산(崑崙山)을 파서 허물어 낮은 땅을 메웠다.

原文 墜之所載, 六合之閒, 四極之內, 照之以日月, 經之以星辰, 紀之以四時, 要之以太歲. 天地之閒, 九州八柱, 土有九山, 山有九塞, 澤有九藪, 風有八等, 水有六品.

何謂九州. 東南神州, 曰農土. 正南次州, 曰沃土. 西南戎州, 曰滔土. 正西弇州, 曰幷土. 正中冀州, 曰中土. 西北臺州, 曰肥土. 正北濟州, 曰成土. 東北薄州, 曰隱土. 正東陽州, 曰申土.

何謂九山. 會稽·泰山·王屋·首山·太華·岐山·太行·羊腸·孟門.

何謂九塞. 曰, 太汾·澠阨·荊阮·方城·殽阪·井陘·令疵·句注·居庸.

何謂九藪. 曰, 越之具區, 楚之雲夢, 秦之陽紆, 晉之大陸, 鄭之
圃田, 宋之孟諸, 齊之海隅, 趙之鉅鹿, 燕之昭余.

何謂八風. 東北曰炎風. 東方曰條風. 東南曰景風. 南方曰巨風.
西南曰涼風. 西方曰飂風. 西北曰麗風. 北方曰寒風.

何謂六水. 曰, 河水・赤水・遼水・黑水・江水・淮水.

闔四海之內, 東西二萬八千里, 南北二萬六千里. 水道八千里,
通谷六, 名川六百, 陸徑三千里. 禹乃使太章步自東極, 至于西極,
二億三萬三千五百里七十五步. 使豎亥步自北極, 至于南極, 二億
三萬三千五百里七十五步. 凡鴻水淵藪自三仞以上, 二億三萬三千
五百五十有九. 禹乃以息土塡洪水, 以爲名山掘崑崙虛, 以下地.

註解 ○墜之所載(지지소재)……要之以太歲(요지이태세)－이 부분은 《산
해경(山海經)》 <해외남경(海外南經)>에 보이는데 여기서는 사극(四極)
을 사해(四海)라고 했다. ○六合(육합)－천지와 사방(四方)을 가리킨다. 즉
천하(天下)란 뜻이다. ○四極(사극)－사방의 끝. ○要之以太歲(요지이태
세)－태세(太歲 : 木星)의 소재에 따라 역년(曆年)이 정해지는 것을 가
리킨다. ○九州(구주)－중국 전토를 9로 나누는 것은 《서경(書經)》 우
공(禹貢)에서 시작되며, 그 명칭은 예주(豫州)・기주(冀州)・연주(兗州)・
청주(靑州)・서주(徐州)・양주(揚州)・형주(荊州)・옹주(雍州)・양주(梁
州)라고 한다. 《여씨춘추(呂氏春秋)》 <유시람(有始覽)>도 양주(梁州)
를 유주(幽州)라고 한 것 외에는 우공(禹貢)과 일치된다. ○九州八柱(구
주팔주)－《초학기(初學記)》 <오총재지(五總載地)> 제1, 《어람(御覽)》
<36지부(地部)>에 '천유구부팔기(天有九部八紀), 지유구주팔주(地有九州
八柱)'라고 되어 있으며 같은 《어람》 <157주군부(州郡部)> 3에 '지유구
주팔주(地有九州八柱)'라고 되어 있다. 한편 팔주란 천지 사이에 있어서
하늘을 지탱하는 8개의 기둥이다. ○九塞(구새)－새(塞)는 험준한 산골짜
기 사이에 있는 곳으로서 몇몇 인마(人馬)가 겨우 지나갈 수 있는 어려

운 곳을 가리킨다. 즉 관소(關所)라든가 요새(要塞)를 설치할 수 있는 장소를 가리킴이다. ≪여씨춘추≫ <유시람>은 승애(灛阨)를 명애(冥阨)라고 했다. ○九藪(구수)―수(藪)란 초목이 무성한 평원이라든가 습지를 일컬음이다.<유시람>은 월(越)을 오(吳)로, 정(鄭)을 양(梁)으로, 양우(陽紆)를 양혁(陽革)으로, 소여(昭余)를 대소(大昭)로 쓰고 있다. ○八風(팔풍)―<천문훈(天文訓)> 참조. ○水道(수도)―물이 흐르는 수로(水路). ○陸徑(육경)―육상(陸上)의 길. ○太章(태장)·豎亥(수해)―태장·수해는 선행(善行)을 한 사람. 모두 우임금의 신하이다. ○淵藪(연수)―연(淵)은 물고기가 모이는 곳. 수(藪)는 조수(鳥獸)가 모이는 곳. 전(轉)하여 물건이 많이 모이는 곳을 가리킨다. ○息土(식토)―아무리 파내도 불어나는 토지. 식토는 모멸되지 아니하며, 이를 파내도 점점 더 많아진다란 뜻이다. ○崑崙虛(곤륜허)―곤륜산을 가리킨다. ≪설문(說文)≫에 '곤륜구(崑崙丘), 이를 곤륜허라고 한다'라고 되어 있다. 허(虛)는 태구(太丘).

중턱에는 9층 성루(城樓)가 있으며 그 높이는 1만 1천 리 114보(步) 2척(尺) 6촌(寸)이었다. 그 위에는 목화(木禾) 나무가 있고 길이는 5심(尋)이다. 그 서쪽에는 주수(株樹)·옥수(玉樹)·선수(璇樹)·불사수(不死樹)가 있으며, 동쪽에는 사당(沙棠)·낭간(琅玕)이 있고, 남쪽에는 강수(絳樹)가 있으며 북쪽에는 벽수(碧樹)·요수(瑤樹)가 있다. 목화 옆에는 사면에 40개의 문이 있으며 문과 문의 간격은 4리이다. 문의 넓이는 9순(純), 1순이란 1장(丈) 5척(尺)이다. 그 문 옆에는 구정(九井)이 있고 서북쪽 모퉁이에는 옥횡(玉橫)의 그릇이 줄에 매어져 있다.

북문(北門)은 열려져 있어서 불주(不周)의 바람이 들어오고 속에는 대궁전옥실(大宮殿玉室)이 있다. 현포(縣圃)와 양풍(涼風)과 번동(樊桐) 등 3산(山)은 곤륜산의 창합문(閶闔門) 안에 있는데 이것이 소포(疏圃)이다. 소포에 있는 못[池]에는 황수(黃水)가 솟아나고 있다.

황수는 삼주(三周)하여 다시 수원(水源)으로 되돌아온다. 이것이 단수(丹水)라고 하는 것으로서 이 물을 마시면 불사(不死)한다. 하수(河水 : 黃河)는 곤륜산 동북쪽 모퉁이에서 발원(發源)하여 발해(渤海)까지 관통하며 흐르고 있다. 우(禹)임금이 일찍이 황하의 흐름을 바로잡은 적석산(積石山)에서부터 흘러나오는 것이다.

적수(赤水)는 곤륜산 동남쪽 모퉁이에서 발원하여 서남쪽으로 흐르며 남해(南海)의 단택(丹澤) 동쪽으로 흘러들고 있다. 적수의 동쪽에 약수(弱水)가 있으며 궁석산(窮石山)에서 흘러나와 합려(合黎)에 이른다. 그 지류(支流)는 유사(流沙)에 흘러 이곳을 가로지르며 남류(南流)하여 남해에 도달한다.

양수(洋水)는 곤륜산의 서북쪽 모퉁이에서 발원하여 우민국(羽民國) 남쪽에서 남해로 흐르고 있다. 위의 네 하천은 천제(天帝)의 신천(神泉)이며 이 물은 백약(百藥)을 조화하며 만물을 윤택하게 만들어 준다.

곤륜산에는 그 갑절 높이인 곳에 양풍(涼風)이라고 하는 산이 있으며 그 산에 오르면 불사(不死)할 수 있다. 또 그 갑절 높이인 곳에 현포(縣圃)라는 산이 있는데 이 산에 오르면 영(靈)을 얻어 풍우(風雨)를 마음대로 부릴 수 있다. 다시 그 갑절의 높이인 곳이 곧 상천(上天)인데 이곳에 오르면 신령(神靈)을 얻는다. 이곳이 천제(天帝)의 거처하는 곳이다.

부목(扶木)은 양주(陽州)에 있다. 태양이 빛나는 곳이다. 건목(建木)은 도광산(都廣山)에 있으며 그곳에서 제제(諸帝)가 오르내린다. 그곳에서는 해가 중천에 있어도 그림자가 생기지 아니하고 목소리를 내도 울리지 아니한다. 아마도 천지(天地)의 중앙일 것이다. 약목(若木)은 건목(建木) 서쪽에 있으며 그 끝에는 10개의 태양이 있어서 그

빛이 땅위를 비추고 있다.

原文 中有增城九重, 其高萬一千里百一十四步二尺六寸. 上有
木禾, 其修五尋. 珠樹·玉樹·琁樹·不死樹, 在其西. 沙棠·琅
玕, 在其東. 絳樹在其南. 碧樹·瑤樹, 在其北. 旁有四面四十門,
門閒四里, 門九純, 純丈五尺. 旁有九井, 玉橫維其西北之隅. 北門
開以內不周之風. 傾宮·旋室. 縣圃·涼風·樊桐, 在崑崙閶闔之
中, 是其疏圃. 疏圃之池, 浸之黃水.

黃水三周, 復其原. 是謂丹水, 飮之不死. 河水出崑崙東北陬, 貫
渤海. 入禹所導積石山. 赤水出其東南陬, 西南注南海丹澤之東.
赤水之東弱水, 出自窮石, 至于合黎. 餘波入于流沙, 絶流沙南至
南海. 洋水出其西北陬, 入于南海羽民之南. 凡四水者帝之神泉.
以和百藥, 以潤萬物.

崑崙之丘, 或上倍之, 是謂涼風之山. 登之而不死. 或上倍之, 是
謂縣圃. 登之乃靈, 能使風雨. 或上倍之, 乃維上天. 登之乃神, 是
謂太帝之居.

扶木在陽州, 日之所曜. 建木在都廣, 衆帝所自上下, 日中無景,
呼而無響. 蓋天地之中也. 若木在建木西, 末有十日, 其華照下地.

註解 ○五尋(오심)―길이 35척(尺). ○沙棠(사당)·琅玕(낭간)―모두
옥(玉)의 이름인데 일설에 사당(沙棠)은 나무 이름이라고 한다. ≪서산경
(西山經)≫에도 '곤륜의 언덕에 나무가 있는데 그 모양이 당(棠)과 같다'
라고 되어 있다. ○玉橫(옥횡)―불사약을 받는 그릇. ○傾宮(경궁)―넓이 1
경(頃:100畝)이나 되었다고 하는 광대한 궁(宮). ○旋室(선실)―선옥(旋
玉)으로 장식한 방. 일설에는 기계로 다듬은 방이라고 한다. ○疏圃(소
포)―야채밭. 곤륜의 소포는 <남명훈(覽冥訓)>에도 보인다. ○河水出崑

崙東北陬(하수출곤륜동북취), 貫渤海(관발해) ─ 황하가 곤륜 부근(첫번째 河源)에서 발원하여 발해로 흘러가는 것을 가리킨다. ○入禹所導積石山(입우소도적석산) ─ ≪서경≫ 우공(禹貢)에 '하(河)를 적석(積石)에 끌어들여 용문(龍門)에 이르게 하다'라고 되어 있는 것처럼 곤륜에서 발원한 황하의 흐름이 적석산에 들어가고 중국에서의 하원(河源)이 됨을 가리킨다. ≪한서(漢書)≫ <서역전(西域傳)>은 우전(于闐)·총령(葱嶺) 등 두 근원지에서 나온 하수(河水)는 동쪽 끝 포창해(蒲昌海)에 흘러들어 지하를 잠행한 다음 남쪽 끝 적석산으로 나와 중국의 강을 이룬다고 기록했다. '적석산'은 서해성(西海省) 서령현(西寧縣)에 있는 산. ○丹澤(단택) ─ 팔택(八澤)의 하나. 단수(丹水)와 가까운 곳이라 하여 단택이란 이름이 붙여졌다. 다음 절을 참조할 것. ○至于合黎(지우합려)……流沙(유사) ─ ≪서경≫ 우공에 같은 글이 있다. 합려는 오늘날의 감숙성 장액현(張掖縣)에 있는 지명. 일설에는 산 이름이라고도 하고 강 이름이라고도 한다. ○絶流沙(절류사) ─ 절(絶)은 과(過)의 뜻. 유사(流沙)는 가로질러 흐르는 것. ○洋水(양수) ─ 일설에 양수(養水)라고도 한다. ○扶木(부목) ─ 부상(扶桑)이라고도 하며 탕곡(湯谷 : 陽谷) 남쪽 동해에 있는 상상상의 신목(神木). 해가 뜨는 곳이라고 한다. ○曝(비) ─ 비추는 것. ○建木(건목) ─ 남방군(南方郡) 광산(廣山)에 있다고 하는 상상상의 신목(神木). 이것을 '천지지중(天地之中)'이라고 하는 설은 ≪여씨춘추≫ <유시람>에 보이는데 ≪산해경≫ <해내남경(海內南經)>에서는 이 나무에 대하여 '그 모양은 소와 같고…… 그 잎은 나(羅 : 얇은 비단)와 같으며, 그 열매는 난(欒 : 멀구슬나무 열매)과 같고 그 나무는 구(薗 : 느릅나무)와 같다'라고 기록했다. ○都廣(도광) ─ 남쪽의 산 이름. ≪산해경≫ <해내경(海內經)>에서는 남쪽의 들 이름이라고 했다. 그야 어쨌든 천지(天地)의 중심부라고 하는 상상상의 지명이다. ○末有十日(말유십일), 其華照下地(기화조하지) ─ 약목(若木) 끝에 10개의 태양이 걸려 있고 연꽃 모양을 하고 있으면서 땅위를 비춘다.

구주(九州)의 넓이는 주위가 1천 리 사방이다. 구주 바깥쪽에는 팔인(八殥)이 있으며 이것도 1천 리 사방이다. 동북쪽에서 헤아리어 무통(無通)이라 하며 대택(大澤)이라고 한다. 동쪽에 대저(大渚)라 하는 곳과 소해(少海)라 하는 곳이 있다. 동남방에 있는 것을 구구(具區)라 하고 원택(元澤)이라고 한다. 남방에 있는 것을 대몽(大夢)이라 하고 호택(浩澤)이라고 한다. 서남방에 있는 것을 저자(渚資)라 하고 단택(丹澤)이라고 한다. 서방에 있는 것을 구구(九區)라 하고 천택(泉澤)이라고 한다. 서북방에 있는 것을 대하(大夏)라 하고 해택(海澤)이라고 한다. 북방에 있는 것을 대명(大冥)이라 하고 한택(寒澤)이라고 한다. 이 모든 팔인팔택(八殥八澤)에 걸린 구름이 구주에 비를 뿌리는 것이다.

팔인 밖에는 팔굉(八紘)이 있으며 이것 또한 1천 리 사방의 넓이가 있다. 동북방에서 헤아려 화구(和丘)라 하며 황토(荒土)라고 한다. 동방에 있는 것을 극림(棘林)이라 하고 상야(桑野)라고 한다. 동남방에 있는 것을 대궁(大窮)이라 하고 중녀(衆女)라고 한다. 남방에 있는 것을 도광(都廣)이라 하고 반호(反戶)라고 한다. 서남방에 있는 것을 초요(焦僥)라 하고 염토(炎土)라고 한다. 서방에 있는 것을 금구(金丘)라 하고 옥야(沃野)라고 한다. 서북방에 있는 것을 일목(一目)이라 하고 사소(沙所)라고 한다. 북방에 있는 것을 적빙(積冰)이라 하고 위우(委羽)라고 한다. 이 모든 팔굉(八紘)의 기(氣)는 추위와 더위를 발생시키고 팔풍(八風)의 정(正)도 어울려서 비바람을 일으킨다.

팔굉 밖에는 또한 팔극(八極)이 있다. (팔극은) 동북쪽부터 헤아려 방토(方土)의 산이라 하며 창문(蒼門)이라고 한다. 동방에는 동극의 산이 있고 개명(開明)의 문이 있다. 동남방에는 파모(波母)의 산이 있고 양문(陽門)이 있다. 남방에는 남극의 산이 있고 서문(暑門)이 있다. 서남방에는 편구(編駒)의 산이 있고 백문(白門)이 있다. 서방에는 서극의 산이 있고 창합(閶闔)의 문이 있다. 서북방에는 부주(不周)의 산이 있고 유도(幽都)의 문이 있다. 북방에는 북극의 산이 있고 한문(寒門)이 있다. 이 모든 팔극의 구름은 천하에 비를 내리고, 팔문에서 부는 바람은 추위와 더위를 조정하며, 팔굉(八紘)·팔인(八殥)·팔택(八澤)의 구름은 구주에 비를 내리며 중토(中土)를 적당히 화(和)하게 만든다.

原文　九州之大, 純方千里. 九州之外, 乃有八殥, 亦方千里. 自東北方, 曰無通, 曰大澤. 東方曰大渚, 曰少海. 東南方曰具區, 曰元澤. 南方曰大夢, 曰浩澤. 西南方曰渚資, 曰丹澤. 西方曰九區, 曰泉澤. 西北方曰大夏, 曰海澤. 北方曰大冥, 曰寒澤. 凡八殥八澤之雲, 是雨九州.

八殥之外, 而有八紘, 亦方千里. 自東北方, 曰和丘, 曰荒土. 東方曰棘林, 曰桑野. 東南方曰大窮, 曰衆女. 南方曰都廣, 曰反戶. 西南方曰焦僥, 曰炎土. 西方曰金丘, 曰沃野. 西北方曰一目, 曰沙所. 北方曰積冰, 曰委羽. 凡八紘之氣, 是出寒暑, 以合八正, 必以風雨.

八紘之外, 乃有八極. 自東北方, 曰方土之山, 曰蒼門. 東方曰東極之山, 曰開明之門. 東南方曰波母之山, 曰陽門. 南方曰南極之山, 曰暑門. 西南方曰編駒之山, 曰白門. 西方曰西極之山, 曰閶闔之門. 西北方曰不周之山, 曰幽都之門. 北方曰北極之山, 曰寒門. 凡八極之雲, 是雨天下, 八門之風, 是節寒暑, 八紘·八殥·八澤之雲, 以雨九州, 而和中土.

註解　○純(순)－연(緣 : 주위)이란 뜻. ○八殥(팔인)－인(殥)은 원(遠)과 같다. 팔방의 멀고 먼 끝이란 의미로서 여기서는 구주의 바깥쪽에 있는

팔방의 지역을 가리킨다. 여기서 열거하는 지명(地名)으로 추리하건대 수택(藪澤)이라고 생각했던 듯하다. ○無通(무통)……大冥(대명)―동남쪽의 '구구(具區)'는 이미 설명한 바 있는 구수(九藪) 속에 '월지구구(越之具區)'라고 있으며, 그 다음의 '대몽(大夢)'은 '운몽(雲夢)'을 가리키는 것이라고 할 때, 이것도 '초지운몽(楚之雲夢)'과 같은 것이 된다. 이리하여 '구주' 속의 지명과 그 밖에 있다고 하는 '팔인'의 지명이 중복되는데, 중원(中原)을 중심지로 하는 지리관(地理觀)에서 본다면 월(越)·초(楚)는 먼 벽지이므로 때로는 구주 밖에 놓여진 것으로 간주했던 것이리라. '무통(無通)'에서 '대명(大冥)'에 이르는 팔지(八地)는 이러한 지명을 포함시켰을 것으로 추리하건대 '대택(大澤)……한택(寒澤)'의 팔지와 함께 요는 수택(藪澤 : 沼澤)의 이름으로 생각된다. ○八紘(팔굉)―굉(紘)은 유(維), 즉 줄이다. 천지를 잇고 있는 8개의 줄에 에워싸인 공간으로서 곧 천지사방을 일컫는다. 여기서는 '팔인(八殥)' 바깥쪽에 있는 팔방의 지역. 열거되어 있는 지명으로 추찰할 때 구릉(丘陵)·평원(平原)으로 생각하고 있었던 것 같다. ○和丘(화구)……積冰(적빙)―'화구(和丘)'는 그 방위에 있는 산 이름으로서 본편에 보이며, '도광(都廣)'은 앞에서 이미 설명했다. '일목(一目)'은 뒤에 나오는 해외(海外) 36개국 속에 '일목지민(一目之民)'이라고 되어 있다. '초요(焦僥)'는 단인지국(短人之國)으로 신장삼척(身長三尺)이 안 된다고 한다. '금구(金丘)'는 서방(西方)은 (오행설에서) 금(金)의 방위에 해당되기 때문이며, '적빙(積冰)'은 북방은 한빙(寒冰)이 쌓이는 곳으로 그런 이름이 붙여졌다고 한다. ○荒土(황토)……委羽(위우)―옥야(沃野)에서 옥(沃)은 백(白)의 뜻이므로 서방(西方)을 옥야라 한다. 본편에 '옥민(沃民)'이란 말이 나온다. '위우(委羽)'는 본편에서도 북방의 산 이름으로 나온다. ○八極(팔극)―여기서는 팔굉(八紘) 바깥쪽에 있다고 하는 팔방의 극지(極地). 그곳에는 각각 고준(高峻)한 산이 있으며 그 산 사이는 팔문(八門)을 이루고 있다. 그래서 중국에 바람을 보내고 비와 구름을 가져다준다고 한다. ○方土之山(방토지산)……北極之山(북극지산)―

방토(方土)・파모(波母)・편구(編駒) 등 3산의 유래는 불상(不詳). '불주지산(不周之山)'은 서북쪽 산으로서 이 책에 자주 나온다. 한편 <천문훈(天文訓)>에서는 바람 이름으로 나온다. ○蒼門(창문)……寒門(한문)－창문(蒼門 : 東北)・백문(白門 : 西南)은 오행의 색깔에 따라서, 개명지문(開明之門)에서 개(開)는 양(陽)이란 의미로서 해가 뜨는 문이라고 했다. 창합(閶闔)은 본편에 곤륜(崑崙)의 문이라 했고 또 <천문훈>에서는 바람의 이름이라고 했다.

동방의 아름다운 것으로 의무려산(醫毋閭山)의 순(珣)・우(玗)・기(琪)가 있다. 동남방의 아름다운 것에 회계(會稽)의 죽전(竹箭)이 있다. 남방의 아름다운 것에 양산(梁山)의 서각(犀角)・상아가 있다. 서남방의 아름다운 것에 화산(華山)의 황금・석옥(石玉)이 있다. 서방의 아름다운 것에 곽산(霍山)의 야광주(夜光珠)・오색옥(五色玉)이 있다. 서북방의 아름다운 것에 곤륜산의 구림(球琳)・낭간(琅玕)이 있다. 북방의 아름다운 것에 유도산(幽都山)의 근각(筋角)이 있다. 동북방의 아름다운 것에 척산(斥山)의 문피(文皮)가 있다. 중앙의 아름다운 것에 대악(岱岳 : 泰山)이 있으며 그곳에서는 오곡과 상마(桑麻)가 나고 어염(魚鹽)을 산출한다.

原文 東方之美者, 有醫毋閭之珣・玗・琪焉. 東南方之美者, 有會稽之竹箭焉. 南方之美者, 有梁山之犀象焉. 西南方之美者, 有華山之金石焉. 西方之美者, 有霍山之珠玉焉. 西北方之美者, 有崑崙之球琳・琅玕焉. 北方之美者, 有幽都之筋角焉. 東北方之美者, 有斥山之文皮焉. 中央之美者, 有岱嶽, 以生五穀桑麻, 魚鹽出焉.

註解 ○醫毋閭(의무려)－산 이름. 요녕성 북진현(北鎭縣) 서쪽에 있다.

의무려(醫無閭), 의무려(醫巫閭)라고도 한다. ○珣(순)·玗(우)·琪(기)— 모두 옥(玉)의 이름. ≪설문(說文)≫에 '순(珣)이란 의무려의 순우기(珣玗璂), ≪주서(周書)≫에서 말하는 이른바 이옥(夷玉)이다'라고 되어 있으며 마찬가지로 '우(玗)란 돌의 옥(玉)과 비슷한 것'이라고 했다. 기(琪)는 또 기(璂)와 같다. 일설에 순우기를 모두 합쳐 한 개의 옥 이름으로 치기도 한다. ○竹箭(죽전)—전(箭)은 조죽(篠竹). 천죽(天竹)을 말함이다. ○霍山 之珠玉(곽산지주옥)—야광을 내는 구슬. 오색 구슬. 곽산은 안휘성 서쪽에 있는 산. ○球琳(구림)·琅玕(낭간)—모두 미옥(美玉). ○幽都之筋角 (유도지근각)—유도(幽都)는 북방의 지명. 목축이 성행했으므로 이 땅에서 산출되는 심줄과 뿔은 궁노(弓弩)를 만드는 데 요긴하게 쓰였다. ○文 皮(문피)—호랑이라든가 표범의 무늬가 있는 모피. ○中央之美者(중앙지 미자)—팔방(八方：八極)의 미(美)가 모두 산물인 데 비하여 중앙만은 태산이라고 한 것은 태산을 중국의 상징으로 보았었기 때문이리라.

대저 땅의 모양은 동서(東西)를 위(緯)라 칭하고 남북을 경(經)이라 칭한다. 산은 적덕(積德)이며 강은 적형(積刑)이다. 높은 곳은 생(生)이고 낮은 곳은 사(死)이다. 구릉(丘陵)은 모(牡)이고 계곡은 빈(牝)이다.

강이 둥글게 흐르는 곳에는 주(珠)가 있고 사각(四角)으로 구부러져 흐르는 곳에는 옥(玉)이 있다. 맑은 물에서는 황금이 나오고 용이 사는 연(淵)에서는 옥영(玉英)이 난다.

토지는 각각 그 땅에 유사한 것을 산출한다. 그러므로 산기(山氣)가 있는 곳에는 남자가 많고, 택기(澤氣)가 있는 곳에는 여자가 많다. 수기(水氣)가 있는 곳에는 음자(暗者)가 많고, 풍기(風氣)가 있는 곳에는 농자(聾者)가 많다. 임기(林氣)가 있는 곳에는 융자(癃者)가 많고, 목기(木氣)가 있는 곳에는 구자(傴者)가 많다. 습기가 있는 곳에는 종자(燴者)가 많고, 석기(石氣)가 있는 곳에는 힘센 자가 많으며, 험준한 기(氣)가 있는 곳에는 영자(癭者)가 많다. 서기(暑氣)가 있는 곳에는 요절(夭折)하는 자가 많고, 한기(寒氣)가 있는 곳에는 장수하는 자가 많다.

곡기(谷氣)가 있는 곳에는 신체가 마비되는 자가 많고, 구기(丘氣)가 있는 곳에는 왕자(尪者)가 많다. 연(衍)의 기가 있는 곳에는 인자(仁者)가 많고, 능(陵)의 기가 있는 곳에는 강욕(强欲)한 자가 많다. 경토(輕土)인 곳에는 예리한 자가 많고, 중토(重土)인 곳에는 지둔(遲鈍)한 자가 많다. 청류(淸流) 가장자리의 사람은 목소리가 작고, 탁류(濁流) 가장자리의 사람은 목소리가 크다. 급류(急流) 가장자리의 사람은 경망하며, 지류(遲流) 가장자리의 사람은 묵직하다. 중토(中土)에서는 성인(聖人)이 많이 배출된다.

사람이란 모두 각기 그 사는 곳의 기(氣)와 비슷하며 각 종류에 감응한다는 것을 나타내는 것이다. 그러므로 남방에는 말라 죽지 아니하는 풀이 나고, 북방에는 녹지 아니하는 얼음이 있으며, 동방에는 군자(君子)의 나라가 있고, 서방에는 형잔(形殘)의 시(尸)가 있어서 잠이 들든 깨든 간에 꿈을 꾸며 죽은 다음에는 귀신이 된다. 자석(磁石)은 물체를 위로 들어올리고, 운모(雲母)는 물을 가져다주며, 토룡(土龍)은 비를 부르고 제비와 기러기는 봄·가을에 교대로 날아온다. 조개·게·진주·거북은 달이 차고 이지러짐에 따라 성쇠(盛衰)한다.

이러하므로 단단한 땅에서는 사람들이 강의(剛毅)해지고 약한 땅에서는 사람들이 나약해진다. 거친 땅에서는 사람들이 대범해지고 모래땅에서는 사람들이 섬세해진다. 비옥한 땅에서는 사람들이 아름다워지고 척박한 땅에서는 사람들이 추해진다.

물을 마시는 자는 헤엄을 잘 치고 추위에 잘 견디어 내며, 흙을 먹는 자는 마음도 없고 숨도 안 쉰다. 나무를 먹는 자는 힘이 강하고 크다. 풀을 먹는 자는 달리기는 잘하지만 어리석다. 잎을 먹는 자는 실을 토하다가 나비가 된다. 고기를 먹는 자는 용감하고 또 정한(精悍)하다. 기(氣)를 먹는 자는 정신이 총명하고 장수한다. 곡물을 먹는 자는 지혜는 뛰어나지만 단명(短命)한다. 아무것도 먹지 않는 자는 불사(不死)이며 신령(神靈)을 갖는다.

원문 凡地形東西爲緯, 南北爲經. 山爲積德, 川爲積刑. 高者爲生, 下者爲死. 丘陵爲牡, 谿谷爲牝.

水圓折者有珠, 方折者有玉. 淸水有黃金, 龍淵有玉英.

土地各以其類生. 是故山氣多男, 澤氣多女. 障氣多喑, 風氣多聾. 林氣多癃, 木氣多傴. 岸下氣多尰, 石氣多力, 險阻氣多癭. 暑氣多夭, 寒氣多壽. 谷氣多痹, 丘氣多尪. 衍氣多仁, 陵氣多貪. 輕土多利, 重土多遲. 淸水音小, 濁水音大. 湍水人輕, 遲水人重. 中土多聖人.

皆象其氣, 皆應其類. 故南方有不死之草, 北方有不釋之冰, 東方有君子之國, 西方有形殘之尸, 寢居直夢, 人死爲鬼. 磁石上飛, 雲母來水, 土龍致雨, 燕鴈代飛. 蛤·蟹·珠·龜, 與月盛衰. 是故堅土人剛, 弱土人肥, 壚土人大, 沙土人細, 息土人美, 耗土人醜.

食水者, 善游能寒, 食土者, 無心而慧, 食木者, 多力而奰, 食草者, 善走而愚, 食葉者, 有絲而蛾, 食肉者, 勇敢而悍, 食氣者, 神明而壽, 食穀者, 知慧而夭, 不食者, 不死而神.

주해 ○凡地形(범지형)……谿谷爲牝(계곡위빈)─이 구절은 ≪대대례기(大戴禮記)≫ <역본명(易本命)>·≪공자가어(孔子家語)≫ <집비(執轡)>에 같은 글이 있는데 그곳에서는 그 다음에 하문(下文)인 '합해주구(蛤蟹珠龜)' 이하가 이어지고 있다. ○緯(위)─가로줄. ○經(경)─세로줄.

○積德(적덕)·積刑(적형)−덕은 양(陽), 형은 음(陰)을 의미하여 산(山)을 양기(陽氣)의 누적, 강(江)을 음기의 누적으로 본다. ○高者(고자)·下者(하자)−양(陽)인 산을 생(生), 음(陰)인 강을 사(死)로 본다. ○圓折(원절)……有玉(유옥)−원절은 양, 방절(方折)은 음. 주(珠)는 음중(陰中)의 양, 옥은 양중(陽中)의 음이라고 했는데 불명(不明). ○癃(륭)·傴(구)−모두가 곱사등이란 뜻인데 양자(兩字)의 구별은 불상(不詳). ○尰(종)−다리가 붓는 병. 각기(脚氣). ○癭(영)−상하(上下)의 험준한 기(氣)가 충돌하는 데서 생기는 인질(咽疾). ○痺(비)−신체가 마비되는 병. 류머티즘 종류. ○尪(왕)−정강이가 굽은 사람을 의미한다고 보는 학자도 있지만 그렇게 되면 구기(丘氣)하고는 대립되지 않는다. ≪좌전(左傳)≫ 희공(僖公) 21년에 '무왕(巫尪)'이라고 되어 있는데 이것에 따라 곱사등이라고 풀이해 둔다. ○東方有君子之國(동방유군자지국)−동방은 목덕(木德)으로서 인(仁), 그러므로 군자의 나라가 있다라는 뜻. 동(東)은 목(木)에 해당한다. ○西方有形殘之尸(서방유형잔지시)−형잔(形殘)은 형(刑)을 받은 티가 몸에 남아있는 것. 시(尸)는 난해한데 후문(後文)에 '침거직몽(寢居直夢)'이라고 되어 있는 것에 의하면 살아 있어도 시체와 똑같은 것이라 하여 산송장이란 뜻이 아닐까? ○土龍(토룡)−흙으로 만든 용. 기우제를 지낼 때 사용되었다. <설산훈(說山訓)>에도 '토룡으로 비를 내리게 해달라고 비는 것과 같다'고 하였다. ○脃(취)−위약한 것. ○壚土(노토)−거친 땅. ○息土(식토)−여기서는 비옥한 땅이란 뜻인 듯하다. ○食水者(식수자)−물속에서 생활하는 물고기·자라, 혹은 가마우지·오리 등의 물새 종류. ○食土者(식토자)−지렁이 등, 흙을 먹고 살아가는 동물을 가리킨다. ○無心而慧(무심이혜)−기식(氣息)이 없다란 뜻. ○食木者(식목자)−곰·큰곰 등의 생물. ○羆(비)−장대(壯大)하다는 뜻. ○食草者(식초자)−미록류(麋鹿類)인 초식동물을 가리킨다. ○食葉者(식엽자)−누에 등 잎을 먹는 동물. ○食肉者(식육자)−호랑이·표범 등의 맹수. 혹은 독수리·매 등의 맹금류를 가리킨다. ○食氣者(식기자)−선인

(仙人) 등. ○食穀者(식곡자)-인류를 가리킨다.

대저 인간·조수(鳥獸)·만물(萬物)·벌레류에는 각각 태어나서 살아가는 도리가 있다. 태생(胎生)이거나 난생(卵生)이거나, 비행을 하거나 주행(走行)을 하는 등 그 실정을 아는 자는 없다. 단, 그 지(知)가 도(道)에 이른 자만이 그 본원(本源)을 파악할 수 있는 것이다.

하늘은 1. 땅은 2. 사람은 3. 3을 3배하면 9. 9의 9배가 81. 1은 일(日)을 주관한다. 일(日)의 수는 10. 일(日)은 사람을 주관한다. 그러므로 사람은 10개월 만에 태어난다. 9의 8배가 72. 2는 우(偶)를 주관한다. 우(偶)는 기(奇)를 이어서 신(辰 : 12辰)을 주관하며, 신(辰)은 월(月)을 주관하고 월(月)은 마(馬)를 주관한다. 그래서 마(馬)는 12개월 만에 태어난다. 9의 7배가 63. 3은 두(斗)를 주관하고 두(斗)는 견(犬)을 주관한다. 그러므로 개는 3개월 만에 태어난다. 9의 6배가 54. 4는 시(時)를 주관하며 시(時)는 돈(豚)을 주관한다. 그러므로 돼지는 4개월 만에 태어난다.

9의 5배가 45. 5는 음(音 : 五音)을 주관하며 음은 원(猿)을 주관한다. 그러므로 원숭이는 5개월 만에 태어난다. 9의 4배가 36. 6은 율(律)을 주관하며 율은 미록(麋鹿)을 주관한다. 그러므로 미록은 6개월 만에 태어난다. 9의 3배는 27. 7은 성(星)을 주관하며 성(星)은 호(虎)를 주관한다. 그러므로 호랑이는 7개월 만에 태어난다. 9의 2배는 18. 8은 풍(風)을 주관하며 풍(風)은 충(蟲)을 주관한다. 그러므로 벌레는 8개월(8일의 잘못?)만에 부화된다.

새라든가 물고기는 모두 음(陰)에서 태어나고 양(陽)에 속한다. 그러므로 새라든가 물고기는 모두가 난생(卵生)이다. 물고기는 물속에서 헤엄치고 새는 구름에서 난다. 입동(立冬)에는 제비와 새가 바다에 들어가 조개가 된다.

만물이 태어나면서부터 각각 그 종류를 달리하고 있는 것은 누에는 씹어 먹기는 하지만 마시지는 아니하고, 매미는 마시기는 하지만 씹어 먹지는 아니하며, 하루살이는 씹어 먹지도 아니하고 마시지도 아니한다. 개린류(介鱗類)는 여름에 먹이를 잡고 겨울에는 칩거한다. 통째로 삼키는 유(類)는 그 몸에 8개의 구멍이 있으며 난생(卵生)을 하고, 작인류(嚼咽類)는 그 몸에 9개의 구멍이 있고 태생(胎生)을 한다.

네 발 가진 것에게는 날개가 없고 뿔이 있는 것에는 윗니가 없다. 뿔이 없는 것은 비계가 있어서 앞발로 일어서고 뿔이 있는 것은 기름이 있어서 뒷발로 일어선다. 낮에 태어나는 것은 아비를 닮고 밤에 태어나는 것은 어미를 닮는다. 지음(至陰)인 것은 암컷을 낳고 지양(至陽)인 것은 수컷을 낳는다. 곰과 큰곰은 겨울잠을 자고 하늘을 나는 새는 시절에 따라 날아가고 또 날아온다.

이리하여 백수(白水)는 옥(玉)에 적합하고 흑수(黑水)는 저(砥)에 적합하며, 청수(靑水)는 벽(碧)에 적합하고 적수(赤水)는 단(丹)에 적합하며, 황수(黃水)는 금(金)에 적합하고 청수(淸水)는 구(龜)에 적합하다. 분수(汾水)는 혼탁하여 마(麻)에 적합하고 제수(濟水)는 고루 부드러워서 맥(麥)에 적합하며, 하수(河水)는 더욱 부드러워서 숙(菽)에 적합하고 낙수(雒水)는 경리(輕利)하여 화(禾)에 적합하며, 위수(渭水)는 힘이 강하여 서(黍)에 적합하고 한수(漢水)는 중안(重安)하여 죽(竹)에 적합하고, 강수(江水)는 비인(肥仁)하여 도(稻)에 적합하다. 평지(平地)에 사는 사람은 지혜가 있어서 오곡을 기르는 데 적합하다.

原文 凡人民禽獸, 萬物貞蟲, 各有以生. 或奇或偶, 或飛或走, 莫知其情. 唯知通道者, 能原本之.

　天一, 地二, 人三. 三, 三而九. 九九八十一. 一主日. 日數十. 日主人. 人故十月而生. 八九七十二. 二主偶. 偶以承奇主辰, 辰主月, 月主馬. 馬故十二月而生. 七九六十三. 三主斗, 斗主犬. 犬故三月而生. 六九五十四. 四主時, 時主麂. 麂故四月而生. 五九四十五. 五主音, 音主猿. 猿故五月而生. 四九三十六. 六主律, 律主麋鹿. 麋鹿故六月而生. 三九二十七. 七主星, 星主虎. 虎故七月而生. 二九十八. 八主風, 風主蟲. 蟲故八月而化.

鳥魚皆生於陰, 屬於陽. 故鳥魚皆卵生. 魚游於水, 鳥飛於雲. 故立冬燕雀, 入海, 化爲蛤.

萬物之生, 而各異類, 蠶食而不飮, 蟬飮而不食, 蜉蝣不飮不食. 介鱗者夏食而冬蟄. 齕吞者八竅而卵生, 嚼咽者九竅而胎生. 四足者無羽翼, 戴角者無上齒. 無角者膏而無前, 有角者脂而無後. 晝生者類父, 夜生者似母. 至陰生牝, 至陽生牡. 夫熊羆蟄藏, 飛鳥時移.

是故白水宜玉, 黑水宜砥, 靑水宜碧, 赤水宜丹, 黃水宜金, 淸水宜龜. 汾水濛濁而宜麻, 濟水通和而宜麥, 河水中調而宜菽, 雒水輕利而宜禾, 渭水多力而宜黍, 漢水重安而宜竹, 江水肥仁而宜稻. 平土之人, 慧而宜五穀.

註解   ○天一(천일), 地二(지이), 人三(인삼)－1은 양(陽), 2는 음(陰), 사람은 천지(天地 : 음양)에서 생겨난다 하여 사람을 3으로 한다. ○日數十(일수십)－10이란 갑(甲)에서 계(癸)까지의 십간(十干). ○律(율)－육률(六律). 황종(黃鐘)·태주(太簇)·고선(姑洗)·유빈(蕤賓)·이칙(夷則)·무역(無射). ○蟲故八月而化(충고팔월이화)－≪설문(說文)≫에 '풍동(風動)하여 충(蟲)이 생긴다. 고로 충(蟲)은 8일만에 화(化)한다'라고 되어 있으며 ≪논형(論衡)≫ <상충(商蟲)>에 '충(蟲)은 8일 만에 화(化)한다'라고 되어 있다. ○鳥魚皆生於陰(조어개생어음)－≪대대례기(大戴禮記)≫ 왕

빙진(王聘珍) 주(注)에 '음(陰)에서 태어난다 함은 난생(卵生)을 가리키는 것'이라고 했다. ○屬於陽(속어양)－위 주(注)에 '양(陽)에 속한다고 함은 허(虛)에 비유(飛游)함을 말함'이라고 했다. ○燕雀(연작)……爲蛤(위합)－<시칙훈(時則訓)>에 계추(季秋)의 일로서 '빈작(賓雀) 대수(大水)에 들어가 조개가 되다'라는 구절이 있다. ○介鱗(개린)－어류(魚類)·패류(貝類). ○齕呑(흘탄)－씹지 않고 마시는 것. 이 흘탄자란 새라든가 물고기류를 가리킨다. ○嚼咽(작인)－저작인음(咀嚼咽飮). 먹이를 씹어서 삼키는 것. 이 작인자란 사람이라든가 짐승 등, 이른바 포유류를 가리킨다.

동방(東方)은 강과 골짜기 물이 흘러드는 곳이며 또 해와 달이 뜨는 곳이다. 그곳에 사는 사람은 태형(兌形)으로서 머리가 작고 코가 크며 입이 크고, 딱 바라지고 올라간 어깨에 발부리로 걷는다. 신체의 9개 구멍은 눈과 통하고 힘줄의 기(氣)가 이것에 이어져 있다. 창색(蒼色)은 간장(肝臟)을 주관한다. 몸집은 크고 지혜가 일찍 열리지만 장수하지는 못한다. 동방의 땅은 보리에 적합하며 호랑이와 표범이 많다.

남방(南方)은 양기(陽氣)가 모이는 곳이며 더위와 습기가 자리잡고 있다. 그곳에 사는 사람은 키가 크고 태상(兌上)으로서 입이 크고 눈은 찢어져서 길다. 신체의 9개 구멍은 귀에 통하여 있고 혈맥(血脈)이 이것에 이어져 있다. 적색(赤色)은 심장을 주관한다. 일찍이 장정이 되지만 조사(早死)한다. 그 땅은 벼에 적합하며 물소와 코끼리가 많다.

서방(西方)은 고지(高地)이며 골짜기 물이 흘러나오고 해와 달이 지는 곳이다. 그곳에 사는 사람은 얼굴이 네모지고, 등이 굽었으며 목이 길고 몸을 뒤로 젖히고 걷는다. 신체의 9개 구멍은 코와 통하고 있으며 피부가 그곳에 이어져 있다. 백색(白色)은 폐장(肺臟)을 주관한다. 용감하긴 하지만 인애(仁愛)가 결핍된다. 그 땅은 기장[黍]에 적합하며 긴털소와 코뿔소가 많다.

북방(北方)은 명암(冥暗)하여 밝지 못하고 하늘이 닫히는 곳이요, 얼음이 쌓이는 곳이며 겨울잠을 자는 동물이 구멍 속으로 들어가는 곳이다. 그곳에 사는 사람은 흡형(翕形)으로서 돼지 목에 어깨가 넓고 몸통은 길다. 신체의 9개 구멍은 음부(陰部)와 통하며 뼈가 이것에 이어져 있다. 흑색(黑色)은 신장(腎臟)을 주관한다. 어리석지만 장수한다. 그 땅은 콩에 적합하며 개와 말이 많다.

중앙은 사방으로 통하며 풍기(風氣)가 통하는 곳으로서 우로(雨露)가 모이는 곳이다. 그곳에 사는 사람은 얼굴이 길고 턱이 짧으며 수염이 멋지게 나고 보기 싫을 만큼 뚱뚱하다. 신체의 9개 구멍은 입에 통하고 있으며 피부와 살이 이것에 이어져 있다. 황색(黃色)은 위(胃)를 주관한다. 총명하며 정치를 좋아한다. 그 땅은 벼에 적합하며 소와 양 등 육축이 많다.

原文 東方川谷之所注, 日月之所出. 其人兌形小頭, 隆鼻大口, 鳶肩企行. 竅通於目, 筋氣屬焉. 蒼色主肝, 長大早知而不壽. 其地宜麥, 多虎豹.

南方陽氣之所積, 暑濕居之. 其人脩形兌上, 大口決眦. 竅通於耳, 血脈屬焉. 赤色主心, 早壯而夭. 其地宜稻, 多兕象.

西方高土, 川谷出焉, 日月入焉. 其人面末僂, 脩頸卬行. 竅通於鼻, 皮革屬焉. 白色主肺, 勇敢不仁. 其地宜黍, 多旄犀.

北方幽晦不明, 天之所閉也, 寒冰之所積也, 蟄蟲之所伏也. 其人翕形短頸, 大肩下尻. 竅通於陰, 骨幹屬焉. 黑色主腎, 惷愚而壽. 其地宜菽, 多犬馬.

中央四達, 風氣之所通, 雨露之所會也. 其人大面短頤, 美須惡肥. 竅通於口, 膚肉屬焉. 黃色主胃, 慧聖而好治. 其地宜禾, 多牛羊及六畜.

註解 ○東方川谷之所注(동방천곡지소주)-중국의 하천은 동쪽으로 흘러 바다에 들어가는 것이 많으므로 이렇게 말한다. ○兌形小頭(태형소두)-태(兌)는 예(銳)인데 태형(兌形)이란 두부(頭部)가 작고 몸집은 비만형임을 가리키는 것이리라. ○蒼色主肝(창색주간)·其地宜麥(기지의맥)-동방에 창(蒼)·간(肝)·맥(麥)을 배당하는 것은 오행설(五行說)의 배당에 의한다. 이하 남방에 적(赤)·심(心)·도(稻)를, 서방에 백(白)·폐(肺)·서(黍)를, 북방에 흑(黑)·신(腎)·숙(菽)을, 중앙에 황(黃)·위(胃)·화(禾)를 배당하는 것도 마찬가지이다. 단, 오장(五臟)·오곡(五穀) 공히 <시칙훈(時則訓)>과는 다소 차이가 있다. ○脩形(수형)·兌上(태상)-불상(不詳). 수형(脩形)은 장신(長身), 태상(兌上)은 특히 머리가 첨두형(尖頭型)인 것을 가리키는 것이리라. ○兕象(시상)-시(兕)는 소와 비슷한 맹수. ○其人面末僂(기인면말루)-말루(末僂)는 등이 구부러지는 병. ○旄犀(모서)-긴털소와 코뿔소. ○翕形(흡형)-불상(不詳). 흡(翕)은 오므라지다란 뜻으로서 태형(兌形)과는 반대로 머리와 어깨가 크고 신체의 하부가 오그라든 체형을 가리키는 것이 아닌가 생각된다. ○惷愚(준우)-무지(無知)한 것. ○六畜(육축)-소·말·양·돼지·개·닭 등 6종류의 가축.

목(木)은 토(土)에 이기고 토는 수(水)에 이기며, 수는 화(火)에 이기고 화는 금(金)에 이기며 금은 목(木)에 이긴다. 이러하므로 벼는 봄에 났다가 가을에 시들고, 콩은 여름에 났다가 겨울에 시든다. 보리는 가을에 났다가 여름에 시들고, 냉이는 겨울에 났다가 중하(中夏 : 季夏의 잘못인듯)에 시든다.

목(木)이 장성해지면 수(水)는 늙고 화(火)는 태어나며, 금(金)은 간히고 토(土)는 죽음에 임한다. 화(火)가 장성하면 목(木)은 늙고 토(土)는 태어나며 수(水)는 간히고 금(金)은 죽음에 임한다. 토(土)가 장성해지면 화(火)는 늙고 금(金)은 태어나며 목(木)은 간히고 수(水)는 죽음에 임한다. 금(金)이 장성해지면 토(土)는 늙고 수(水)는 태어나며 화(火)는 간히고 목(木)은 죽음에 임한다. 수(水)가 장성해지면 금(金)은 늙고 목(木)은 태어나며 토(土)는 간히고 화(火)는 죽음에 임한다.

음(音)에는 오음(五音)이 있으며 궁(宮)이 그 중심이 된다. 색(色)에는 오장(五章 : 五色)이 있으며 황(黃)이 그 중심이다. 미(味)에는 오변(五變)이 있으며 감(甘)이 그 중심이다. 위(位)에는 오재(五材)가 있으며 토(土)가 그 중심이다.

이렇게 해서 토(土)를 단련하여 목(木)을 태어나게 하고, 목(木)을 단련시키어 화(火)를 태어나게 하며, 화(火)를 단련시키어 구름을 태어나게 하고, 구름을 단련시키어 수(水)가 태어나게 하며, 수(水)를 단련시키어 토(土)로 돌아가게 한다. 감(甘)을 단련하여 산(酸)을 태어나게 하고, 산(酸)을 단련시키어 신(辛)을 태어나게 하며, 신(辛)을 단련시키어 고(苦)를 태어나게 하고, 고(苦)를 단련시키어 함(鹹)을 태어나게 하며, 함(鹹)을 단련시키어 감(甘)에 돌아가도록 한다.

궁(宮)을 변화시키어 치(徵)를 태어나게 하고, 치(徵)를 변화시켜 상(商)을 태어나게 하며, 상(商)을 변화시키어 우(羽)를 태어나게 하고, 우(羽)를 변화시키어 각(角)을 태어나게 하며, 각(角)을 변화시켜 궁(宮)을 태어나게 한다.

이렇게 해서 수(水)로 토(土)를 화합케 하고, 토(土)로 화(火)를 화합케 하며, 화(火)로 금(金)을 화합케 하고, 금(金)으로 목(木)을 다스리고, 목(木)은 다시 토(土)로 돌아간다. 이처럼 오행(五行)이 서로 다스리고 다스림을 받아서 만물의 기능이 성립되고 있는 것이다.

原文 木勝土, 土勝水, 水勝火, 火勝金, 金勝木. 故禾春生秋死, 菽夏生冬死, 麥秋生夏死, 薺冬生中夏死. 木壯, 水老, 火生, 金囚, 土死. 火壯, 木老, 土生, 水囚, 金死. 土壯, 火老, 金生, 木囚, 水死. 金壯, 土老, 水生, 火囚, 木死. 水壯, 金老, 木生, 土囚, 火死.

音有五聲, 宮其主也. 色有五章, 黃其主也. 味有五變, 甘其主也. 位有五材, 土其主也. 是故鍊土生木, 鍊木生火, 鍊火生雲, 鍊雲生水, 鍊水反土. 鍊甘生酸, 鍊酸生辛, 鍊辛生苦, 鍊苦生鹹, 鍊鹹反甘. 變宮生徵, 變徵生商, 變商生羽, 變羽生角, 變角生宮. 是故以水和土, 以土和火, 以火化金, 以金治木, 木復反土. 五行相治, 所以成器用.

註解 ○禾春生秋死(화춘생추사)……—'화(禾)'는 벼, '숙(菽)'은 콩, '제(薺)'는 냉이(야채). 생사(生死)의 시기는 벼가 봄(春 : 木)→가을(秋 : 金), 콩은 여름(夏 : 火)→겨울(冬 : 水), 보리는 가을(秋 : 金)→여름(夏 : 火), 야채[薺]는 겨울(冬 : 水)→이른 여름(季夏 : 土)이라는 식으로 상승설(相勝說)에 의한 것이다(원문에서는 薺의 죽음이 中夏인데 <時則訓>을 근거로 하여 季夏로 고쳤다). ○五聲(오성)—5단계의 기본적인 음계(音階). 궁(宮)·상(商)·각(角)·치(徵)·우(羽). ○五章(오장)—오미(五味)와 같다. 함(鹹)·고(苦)·산(酸)·신(辛)·감(甘). ○位有五材(위유오재)—소재(素材)에 5가지의 종류가 있다는 정도의 의미이다. ○鍊土生木(연토생목)……—토(土)→목(木)→화(火)→운(雲 : 金)→수(水)의 순서는 일종의 생성설(生成說)일 것으로 생각되는데 이른바 생성설(<시칙훈>)과는 다르다. ○火生雲(화생운)—운(雲)은 금기(金氣)를 낳는 곳이다.

대저 해외에는 36개국이 있다. 서북(西北)에서 서남에 걸쳐서는 수고민(脩股民), 천민(天民), 숙신민(肅愼民), 백민(白民), 옥민(沃民), 여자민(女子民), 장부민(丈夫民), 기고민(奇股民), 일비민(一臂民), 삼신민(三身民)이 사는 나라 10개국이다.

서남에서 동남에 걸쳐서는 결흉민(結胸民), 우민(羽民), 환두국민(讙頭國民), 나국민(裸國民), 삼묘민(三苗民), 교고민(交股民), 불사민(不死民), 천흉민(穿胸民), 반설민(反舌民), 시훼민(豕喙民), 착치민(鑿齒民), 삼두민(三頭民), 수비민(脩臂民)이 사는 13개국이 있다.

동남에서 동북에 걸쳐서는 대인국(大人國), 군자국(君子國) 등 2개국과 흑치민(黑齒民), 현고민(玄股民), 모민(毛民), 노민(勞民)이 사는 4개국을 합치어 6개국이 있다.

동북에서 서북에 걸쳐서는 기종민(跂踵民), 구영민(句嬰民), 심목민(深目民), 무장민(無腸民), 유리민(柔利民), 일목민(一目民), 무계민(無繼民)이 사는 7개국이 있다.

原文 凡海外三十六國. 自西北至西南方, 有脩股民·天民·肅愼民·白民·沃民·女子民·丈夫民·奇股民·一臂民·三身民.

自西南至東南方, 結胸民·羽民·讙頭國民·裸國民·三苗民·交股民·不死民·穿胸民·反舌民·豕喙民·鑿齒民·三頭民·脩臂民.

自東南至東北方, 有大人國·君子國·黑齒民·玄股民·毛民·勞民. 自東北至西北方, 有跂踵民·句嬰民·深目民·無腸民·柔利民·一目民·無繼民.

註解 ○脩股民(수고민)—수(脩)는 장(長), 고(股)는 각(脚)이다. 즉 다리가 긴 사람이란 뜻. ≪산해경(山海經)≫ <해외서경(海外西經)>에 ‘긴

다리의 나라는 웅상(雄常 : 肅愼의 나무 이름) 북쪽에 있다'라고 했다. ○
肅愼民(숙신민)─숙신은 북이(北夷)의 하나로 알려졌었다(≪左傳≫ 昭公
9년, ≪國語≫ 魯語 下 등). <해외서경>에 '백민(白民)의 북쪽에 있으
며 나무가 있는데 그 이름을 웅상(雄常)이라 한다'라고 되어 있다. ○白
民(백민)─백신(白身), 머리도 역시 하얗다. ○沃民(옥민)─<해외서경>에
는 안 보인다. <해외서경>의 '여자국(女子國)'과 '백민지국(白民之國)'
중간에 있는 '제옥지야(諸沃之野)'라고 되어 있는 것이 이것에 해당되는
것일까? ○女子民(여자민)─그 백성은 수염이 없으며 여자와 같다. ○丈
夫民(장부민)─<해외서경>에 '그 사람들은 의관대검(衣冠帶劍)한다'라고
되어 있다. ○奇股民(기고민)─기(奇)는 척(隻 : 외짝), 고(股)는 다리. 외짝
다리의 백성. <해외서경>에는 이와 유사한 나라 이름으로서 '기굉지국(奇
肱之國)'이 있으나 기고와 기굉의 관계는 불명. ○一臂民(일비민)─팔이 하
나인 백성. ≪여씨춘추(呂氏春秋)≫ <구인(求人)>에 '서쪽 끝 삼위(三危)의
나라, 무산(巫山) 아래 음로흡기(飮露吸氣)하는 백성은 기굉일비(其肱一
臂)……'라고 되어 있다. ○三身民(삼신민)─머리는 하나에 몸이 셋, 서방
(西方)의 나라이다. ○結胸民(결흉민)─<해외서경> 곽박주(郭璞註)에 '결
흉이란 억전질출(臆前胅出)하여 사람이 결후(結喉)하는 것과 같다'라고
했다. 가슴이 앞으로 부풀어 나온 사람을 가리키는 것일까? ○羽民(우
민)─<해외남경(海外南經)> <대황남경(大荒南經)>에 '머리가 길고 몸
에 날개가 나있다'라고 했다. 또 ≪여씨춘추≫ <구인>에 '우인(羽人)'이
란 글이 있으며, 새의 부리를 달고 있으며 등 위에 날개가 있다고 한다. ○
讙頭國民(환두국민)─<해외남경>에 '인면(人面)에 날개가 있고, 새 부리
로 물고기를 잡다'라고 되어 있다. 한편 ≪서경(書經)≫ <순전(舜典)>에
'환두(讙兜)를 숭산(崇山)에 풀어놓다'란 구절이 있다. ○裸國民(나국민)─
≪산해경≫에는 해당되는 나라 이름이 보이지 않는다. <원도훈(原道訓)>
에 '우(禹)임금이 나국(裸國)에 이르자……'라고 되어 있으며, 남방에 있
다. ○三苗民(삼묘민)─예장(豫章)의 팽려(彭蠡 : 潘陽湖)에 있다. <숙진

훈(俶眞訓)〉에서 이미 나온 '유묘(有苗)'와 같다. ○交股民(교고민)−〈해외내경〉에는 교경국(交脛國). 두 다리가 좌우로 바뀌어 있는 사람. ○不死民(불사민)−〈해외남경〉에 '흑색(黑色)이고 장수하며 죽지 않는다'라고 되어 있다. ≪여씨춘추≫ 〈구인〉에 '불사지향(不死之鄕)'이란 구절이 있다. ○穿胸民(천흉민)−가슴 앞에 구멍을 뚫고, 그 구멍이 등에 달하여 있는 나라의 사람. 〈해외남경〉에 보인다. ○反舌民(반설민)−중국어가 아닌 다른 말을 사용하는 나라의 사람. 일설에 의하면 혀의 뿌리가 앞에 있으며 혀끝이 목구멍 쪽을 향하고 있는 나라의 사람이라고 한다. ≪여씨춘추≫ 〈위욕(爲欲)〉에 '만이(蠻夷)는 반설(反舌), 수속이습(殊俗異習)의 나라'라는 구절이 있다. 반설(反舌)은 이어(夷語)로서 중국과 상반되므로 반설이라고 한다는 것이다. 〈해외남경〉에 '기설국(岐舌國)'이라고 되어 있는 것이 이것에 해당된다고 한다(≪산해경≫ 箋疏). ○豕喙民(시훼민)−그 부리는 멧돼지〔豕〕와 같다란 뜻. ≪산해경≫에는 이에 해당되는 나라가 보이지 않는다. ○鑿齒民(착치민)−일치(一齒)를 토해내면 입 아래로 나오기 3척(尺)이다. 즉 이가 끌처럼 길고 날카로운 나라의 사람. 〈본경훈(本經訓)〉에 '착치가 백성에 해(害)를 주었다'란 구절이 있으며 〈해외남경〉에는 '예(羿)에게 사살 당했다'라고 되어 있다. ○三頭民(삼두민)−〈해외남경〉에서는 '삼수국(三首國)'. ○脩臂民(수비민)−장비(長臂)인데 비(臂)가 몸보다도 길다고 한다. ○大人國(대인국)−동방에 있다고 하는 나라(國 : 民)의 이름(이하 같다). 〈해외동경(海外東經)〉에 '사람이 어찌나 큰지 앉아서 배〔船〕를 깎다'라고 했다. ○君子國(군자국)−〈해외동경〉에 '그곳 사람들은 양보하기를 좋아하여 다투지 아니한다'라고 되어 있다. ○黑齒民(흑치민)−그 사람들은 이가 검으며 벼를 먹고 뱀을 먹는다. 탕곡(湯谷 : 陽谷) 가장자리에서 산다. 나라 이름은 ≪여씨춘추≫ 〈구인〉에 보이며, 또 〈수무훈(脩務訓)〉에 '서쪽 끝 옥민(沃民)을 가르치고 동쪽 끝 흑치(黑齒)에 이르다'라고 되어 있다. ○玄股民(현고민)−그 넓적다리는 검고 새가 좌우에서 따른다고 한다. ○毛民(모민)−온몸에 화살촉과 같은 털

이 나있는 나라 사람. ○勞民(노민)─정리조요(正理躁擾)하여 안정되지
않는다. 동요하여 침착성이 없는 나라 사람을 가리키는 것이리라. ○跂踵
民(기종민)─북방에 산다는 나라 사람(이하 같다). 발뒤꿈치를 땅에 대지
않은 채 다섯 발가락만으로 걸어다니는 나라 사람이라고 한다. ○句嬰民
(구영민)─구영(九嬰 : 水火의 怪)이란 뜻. <해외북경(海外北經)>에 '구
영지국(拘纓之國)'이라고 한 것이 이것에 해당되는 것으로 생각되는데 거
기에서는 '한 손으로 갓끈[纓]을 잡는다'라고 했다. ○深目民(심목민)─
<대황북경(大荒北經)>에 '반성(盼姓), 물고기를 먹다'라고 되어 있으며 호
(胡 : 胡人)의 류(類)로 눈이 아주 깊다. 눈이 움푹 패인 나라 사람이란 뜻
이리라. ○無腸民(무장민)─<해외북경>에 '심목(深目) 동쪽에 있으며 그곳
사람은 키가 크고 장(腸)이 없다'라고 했다. ○柔利民(유리민)─<해외북경>
에 '일수일족(一手一足), 반슬(反膝), 곡족(曲足)', 일설에 '유리국(留利
國)이라 한다'라고 되어 있다. ○一目民(일목민)─그곳 사람은 한 개의 눈
이 얼굴 중앙에 있다. ○無繼民(무계민)─그곳 사람은 모두 후사(後嗣)가
없다.

낙당산(雒棠山)과 무인산(武人山)은 서북쪽 귀퉁이에 있다. 방어
(魴魚)는 그 남쪽에서 생서(生棲)한다. 신(神) 둘이 팔을 붙들고 제
(帝)를 위해 밤을 새며 그 서남쪽에 있다. 삼주수(三珠樹)는 그 동북
에 있다. 옥수(玉樹)라는 나무가 적수(赤水) 가에서 살고 있다. 곤륜
(崑崙)과 화구(華丘)는 그 동남에 있다. 그곳에는 유옥(遺玉)과 청마
(靑馬), 시육(視肉)이 있으며 양도(楊桃), 감사(甘樝), 감화(甘華) 등
여러 가지 과실이 익는다. 화구는 그 동북쪽 모퉁이에 있다. 삼상(三
桑)과 무지(無枝)는 그 서쪽에 있다. 과보(夸父)와 첩이(耴耳)는 그
북쪽에 살고 있다. 과보가 그 지팡이를 버린 곳이 등림(鄧林)이다.
곤오(昆吾)의 언덕은 남쪽에 있으며 헌원(軒轅)의 언덕은 서쪽에
있다. 무함(巫咸)은 그 북쪽에 살며 등보산(登保山)에 서 있다. 양곡

(暘谷)과 부상(榑桑)의 나무는 동쪽에 있다. 유융씨(有娀氏)의 나라는 불주산(不周山) 북쪽에 있다. 유융씨의 딸 중 큰딸은 간적(簡翟), 작은딸은 건자(建疵)이다. 서왕모(西王母)는 유사(流砂) 가에 있다. 낙민(樂民)과 나려(拏閭)는 곤륜(崑崙) 약수(弱水)의 모래톱에 있다. 삼위산(三危山)은 낙민(樂民)의 서쪽에 있다. 소명(宵明)과 촉광(燭光)은 황하 속 모래톱에 있으면서 사방 천리를 비추고 있다. 용문(龍門)은 하연(河淵)에 있다.

단지(湍池)는 곤륜에 있다. 현요수(玄燿水)와 부주산과 신지(申池)는 해우(海隅)에 있다. 맹제(孟諸)는 패(沛)에 있다. 소실산(少室山)·태실산(太室山)은 기주(冀州)에 있다. 촉룡(燭龍)은 안문(雁門) 북쪽에 있는데 위우산(委羽山)에 가리어서 태양이 안 보인다. 그곳의 신(神)은, 얼굴은 사람이고 몸은 용의 모습을 하고 있으며 다리가 없다. 후직(后稷)의 총묘(冢墓)는 건목(建木) 서쪽에 있다. 그곳 사람은 죽더라도 다시 살아난다. 그 반(半)은 물고기가 되어 그 땅 일대에 살고 있다. 유황(流黃)과 옥민(沃民)은 그 북쪽 3백 리에 살고 있다. 구국(狗國)은 그 동쪽에 있다. 뇌택(雷澤)에 신(神)이 있으며 몸은 용, 머리는 사람의 모습을 하고 있는데 배를 두드리며 즐거워하고 있다.

原文 雒棠·武人, 在西北陬. 硠魚在其南. 有神二人, 連臂爲帝候夜, 在其西南方. 三珠樹在其東北方. 有玉樹, 在赤水之上. 崑崙·華丘, 在其東南方. 爰有遺玉·靑馬·視肉, 楊桃·甘櫨·甘華, 百果所生. 和丘在其東北陬. 三桑·無枝, 在其西. 夸父·耽耳, 在其北方. 夸父棄其策, 是爲鄧林.

昆吾丘在南方. 軒轅丘在西方. 巫咸在其北方, 立登保之山. 暘谷·榑桑, 在東方. 有娀在不周之北. 長女簡翟, 少女建疵. 西王母, 在流沙之瀕. 樂民·拏閭, 在崑崙弱水之洲. 三危在樂民西. 宵明·燭光, 在河洲, 所照方千里. 龍門在河淵.

　湍池在崑崙. 玄燿·不周·申池, 在海隅. 孟諸在沛. 少室·太室, 在冀州. 燭龍在雁門北. 蔽于委羽之山不見日. 其神人面龍身而無足. 后稷壠在建木西. 其人死復蘇. 其半魚, 在其閒. 流黃·沃民, 在其北方三百里. 狗國在其東. 雷澤有神, 龍身人頭, 鼓其腹而熙.

註解　○雒棠(낙당)·武人(무인)－모두 해가 지는 곳의 산 이름. ○䰱魚(방어)－잉어와 같다. 신성한 사람이 그것을 타면 구야(九野)를 간다. 잉어와 비슷한 상상상의 물고기. ○連臂爲帝候夜(연비위제후야)－팔을 잡고 소리치며 야경을 도는 것. ○爰有遺玉(원유유옥)……百果所生(백과소생)－<해외동경>에 비슷한 글이 보이는데 소재하는 산 이름은 이것과 다르다. ○視肉(시육)－이 말은 ≪산해경≫ 해외제경(海外諸經)에 빈번히 나온다. 특히 <해외남경>의 곽주(郭註)에 '모양은 우간(牛肝)과 비슷하며 두 눈이 있고, 이것을 다 먹어도 원래처럼 다시 생긴다'라고 하였다. ○耴耳(첩이)－귀가 길게 늘어진 모습. <해외북경>은 '섭이(聶耳)'라고 기록했다. ○夸父棄其策(과보기기책)－과보(夸父)가 자기 자신을 모르는 채 태양과 힘겨루기를 하다가 목이 말라서 도중에 갈사(渴死)했을 때, 짚고 있던 지팡이를 버렸는데 그것이 화(化)하여 등림(鄧林)이 되었다 한다. ≪산해경≫ <해외북경>, ≪열자(列子)≫ <탕문(湯問)> 등에 그 고사가 기록되어 있다. ○巫咸(무함)－전설상의 신무(神巫) 이름. ○有娀(유융)－여기서는 유융씨(有娀氏)의 나라란 뜻. 유융씨의 딸 간적(簡翟 : 簡狄)은 은(殷)나라 시조 설(契)의 어머니로 알려져 있다. ○三危(삼위)－서쪽 끝에 있다고 하는 산. 삼위산(三危山). ○玄燿(현요)－현요(玄燿)는 물 이름. 일설에 산명(山名)이다. 여기서는 물 이름으로 번역했다. ○海隅(해우)－구수(九藪)의 하나. 제국(齊國)에 있다. ○孟諸(맹제)－구수의 하나. 송(宋)의 수택(藪澤). ○少室(소실), 太室(태실)－곤륜산의 별명. 하남성 등

봉현(登封縣) 북쪽에 있으며 숭산(嵩山)이라고도 한다. 세 봉우리가 있
는데 동쪽 봉우리를 태실(太室), 서쪽 봉우리를 소실(少室), 가운데 봉우
리를 준극(峻極)이라 한다. ○燭龍(촉룡)―〈해외북경〉에 의하면 종산(鍾
山)의 신(神). 신장(身長)이 천 리에 인면사신(人面蛇身)이다. 이것이 눈을
뜨고 있을 때는 낮이고, 잠자고 있을 때는 밤이 되며, 또 숨을 내쉬면 겨
울이 되고, 들이마시면 여름이 된다고 한다. 여기서는 이 촉룡이 사는 지
역을 가리켜 촉룡이라고 한 것 같다. ○委羽之山(위우지산)―북쪽 끝에
있다고 하는 산. 팔굉(八紘)의 하나로 꼽는다. ○后稷壠(후직롱)―지명.
롱(壠)은 총(冢). 후직은 순(舜)임금의 신하. 주왕조(周王朝)의 개조(開
祖)이다. ○建木(건목)―〈지형훈〉 참조. ○沃民(옥민)―앞 절 참조.

장강(長江)은 민산(岷山)에서 발원하여 동쪽으로 흐르고 한수(漢
水)를 지나 바다로 들어가며 왼쪽으로 돌아 북쪽으로 흘러가서 개모산
(開母山) 북쪽에 이르며, 오른쪽으로 돌아 동쪽으로 흘러가서 동극(東極)
에 도달한다. 황하(黃河)는 적석산(積石山)에서 발원하며 저수(睢水)는
형산(荊山)에서 발원한다. 회수(淮水)는 동백산(桐柏山)에서 발원하
며 휴수(雎水)는 우산(羽山)에서 발원한다. 청장수(淸漳水)는 갈려산(楬
戾山)에서 발원하고 탁장수(濁漳水)는 발포산(發包山)에서 발원한다.
  제수(濟水)는 왕옥산(王屋山)에서 발원하고, 시수(時水)·사수(泗
水)·기수(沂水) 등 세 강은 대산(臺山)·태산(台山)·술산(術山) 등
세 산에서 발원한다. 낙수(洛水)는 엽산(獵山)에서 발원하고 문수(汶
水)는 불기산(弗其山)에서 발원하며 흘러서 제수(濟水)에 합류한다.
  한수(漢水)는 파총산(嶓冢山)에서 발원하고 경수(涇水)는 박락산
(薄落山)에서 발원한다. 위수(渭水)는 조서동혈산(鳥鼠同穴山)에서
발원하고 이수(伊水)는 상위산(上魏山)에서 발원한다. 낙수(雒水)는

웅이산(熊耳山)에서 발원하고 준수(浚水)는 화규(華竅)에서 발원한다.

유수(維水)는 복주산(覆舟山)에서 발원하고 분수(汾水)는 연경산(燕京山)에서 발원한다. 임수(衽水)는 분웅산(濆熊山)에서 발원하고 치수(淄水)는 목이산(目飴山)에서 발원한다. 단수(丹水)는 고저산(高褚山)에서 발원하고 반수(般水)는 초산(嶕山)에서 발원한다.

호수(鎬水)는 선우산(鮮于山)에서 발원하고 양수(涼水)는 모로(茅盧)·석량(石梁) 등 두 산에서 발원한다. 여수(汝水)는 맹산(猛山)에서 발원하고 기수(淇水)는 대호산(大號山)에서 발원한다. 진수(晋水)는 용산(龍山), 즉 결줄산(結絀山)에서 발원하고 합수(合水)는 봉양(封羊)에서 발원한다.

요수(遼水)는 저석산(砥石山)에서 발원하고 부수(釜水)는 경산(景山)에서 발원한다. 기수(岐水)는 석교산(石橋山)에서 발원하고 호타수(呼沱水)는 노평산(魯平山)에서 발원한다. 이도연(泥塗淵)은 만산(樠山)에서 발원하고 유류수(維濕水)는 북쪽으로 흘러 북연(北燕)으로 빠져나간다.

原文 江出岷山, 東流絶漢入海, 左還北流, 至于開母之北, 右還東流, 至于東極. 河出積石, 睢出荊山, 淮出桐柏山, 睢出羽山, 淸漳出楬戾, 濁漳出發包, 濟出王屋, 時·泗·沂出臺·台·術, 洛出獵山, 汶出弗其, 流合於濟. 漢出嶓冢, 涇出薄落之山, 渭出鳥鼠同穴, 伊出上魏, 雒出熊耳, 浚出華竅, 維出覆舟, 汾出燕京, 衽出濆熊, 淄出目飴, 丹水出高褚, 般出嶕山, 鎬出鮮于, 涼出茅盧·石梁, 汝出猛山, 淇出大號, 晋出龍山結絀, 合出封羊, 遼出砥石, 釜出景, 岐出石橋, 呼沱出魯平, 泥塗淵出樠山, 維濕北流, 出於燕.

註解 ○江出岷山(강출민산)－민산은 지금의 감숙·사천성 경계에 있

는 산. 양자강의 하원(河源)은 실제로는 티베트 고원의 동북부에 있으며
운남(雲南)·귀주(貴州) 두 성(省)을 우회한 다음 북쪽으로 흘러 사천성
의 병산(屛山)에 이르고 이 부근의 민산에서 발원하여 남쪽으로 흐르는
민강(岷江)과 합류, 이른바 장강(長江 : 양자강)으로서의 양상을 갖추고
동쪽으로 흐르게 된다. 여기서 '강은 민산에서 나다'라고 한 것은 민강을
본류(本流)로 생각하는 설로서 그것은 고대 중국에 있어 일반적인 견해
였다. ㅇ東流絶漢(동류절한)―절(絶)은 과(過)의 뜻. 동쪽으로 흐르다가
그 도중에서 한수(漢水)를 받아들인다는 뜻이리라. ㅇ開母(개모)·東極
(동극)―개모(開母)는 산 이름. 동해(東海) 가운데 있다. 개모·동극(동쪽
끝), 모두 대해(大海) 속의 지점이다. ㅇ河出積石(하출적석)―황하의 근
원을 적석산으로 보는 설(<지형훈> 참조). ㅇ雎出荊山(저출형산)―저수
(雎水)는 불상(不詳). 일설에 '낙수(雒水 : 洛水)'의 잘못이라고 한다. 형
산이라고 하는 산은 각지에 있다. ≪사기(史記)≫ <봉선서(封禪書)>에 '황
제(黃帝)가 수산(首山)의 동(銅)을 캐어 형산(荊山) 마루에서 정(鼎)을
주조했다'고 하는 유명한 이야기에서 말하는 형산은 하남성 서쪽인 문향
현(閿鄕縣)에 있는 외에, 산동·안휘·호북·섬서 등 여러 성(省)에 있으
며, 저수(雎水)가 불명(不明)이라면 여기서는 어느 형산인지 추정할 근거
가 없다. ㅇ淮出桐柏山(회출동백산)―≪서경≫ <우공(禹貢)>에 '회수(淮
水)는 동백(桐柏 : 하남성 남부에 있는 산)이 이끈다'라고 되어 있다. ㅇ濁
漳出發包(탁장출발포)―발포산(發包山)은 일설에 발구(發鳩 :≪水經註≫)
라 한다. 산서성 장자현(長子縣)에 있는 산. ㅇ時(시)·泗(사)·沂出臺(기
출대)·台(태)·術(술)―시(時)·사(泗)·기(沂)는 수명(水名), 대(臺)·
태(台)·술(術)은 산명(山名)이라고 하는데, 모두 산동성에 있는 강 이름,
산 이름인 것은 분명할 것으로 생각된다. ㅇ洛出獵山(낙출엽산)―낙수(洛
水)는 예주(豫州 : 하남성)의 강으로 유명한데 같은 이름의 강이 옹주(雍
州 : 섬서성)에도 있다. 낙(洛)은 동남쪽으로 흘러 위(渭)로 들어간다. ≪시
경≫에 '저 낙수를 바라보니 물만이 넘실거리고 있네'라고 했는데 이 낙

수는 옹주의 낙수를 가리킨다. ○汶出弗其(문출불기)─문수(汶水)는 산동성 태산의 동북쪽을 흐른다. ≪시경≫ <제풍(齊風)> 재구(載驅)에 '문수는 넘실넘실 흐르고 행인은 웅성거리네'라는 구절이 있다. '문수'는 이것을 가리키는 것으로 생각된다. ○漢出嶓冢(한출파총)─한수(漢水)는 섬서성 영강현(寧羌縣)의 북쪽 파총산(嶓冢山)을 근원으로 한다. 처음 상류는 양수(漾水)라 했는데 동남쪽으로 흘러 면수(沔水)가 되며, 한중(漢中)에 들어가 동쪽으로 흐르는데 이것이 한수(漢水)이다. ≪서경≫ <우공>에 '파총산(嶓冢山)으로부터 양수(漾水)를 인도하여 동쪽으로 흘러 한수(漢水)를 이룬다'라고 되어 있다. ○渭出鳥鼠同穴(위출조서동혈)─조서동혈은 감숙성 위원현(渭源縣)의 산. 새와 쥐가 함께 같은 구멍 속에 살면서 이 산에 있었다 하여 이런 이름이 생겼다고도 하고 일설에는 두 산(山)이라고도 한다. ≪서경≫ <우공>에 '조서동혈산(鳥鼠同穴山)으로부터 위수를 인도하여 동쪽으로 흘러 풍수(灃水)와 합친다'라고 되어 있다. ○雒出熊耳(낙출웅이)─낙(雒)은 낙(洛). 웅이산(熊耳山)은 하남성에 있으며 ≪서경≫ <우공>에 '웅이산(熊耳山)으로부터 낙수를 인도하여 동북쪽으로 흘러 간수(澗水)·전수(瀍水)와 합친다'라고 되어 있다. 한편 낙수의 근원에 대하여 ≪산해경≫은 '상락(上洛)의 서산(西山)', ≪한서(漢書)≫ <지리지(地理志)>는 '상락현(上雒縣)의 총령산(冢嶺山)', ≪수경(水經)≫은 '상락현(上洛縣)의 환거산(讙擧山)'으로 되어 있는 등 여러 설이 있다. 요컨대 이런 것들은 현재의 웅이연봉(熊耳連峰) 중의 한 산이리라. ○汾出燕京(분출연경)─≪수경≫에 '분수(汾水)는 태원(太原)의 분양현(汾陽縣) 북쪽 관총산(管涔山)으로 나온다'라고 되어 있다. 현재는 관총산(管涔山)이다. ○丹水出高褚(단수출고저)─고저(高褚)는 총령산(冢嶺山)이라고도 한다. ○般出樵山(반출초산)─≪수경주(水經註)≫ 제수(濟水)에 '반수(般水)는 반양현(般陽縣) 동남쪽, 용산(龍山)에서 나온다'라고 되어 있다. ○晋出龍山結絀(진출용산결줄)─용산은 진양(晋陽 : 太原)의 서쪽에 있다. ≪수경주≫ 진수(晋水)에 '결줄은 용산의 이명(異名)이다'라고 했다. ○遼出砥石(요출저석)─요수에는 대요수(大遼水)와 소요수(小遼水)가 있으며, 여기서는 대요수를 가리킴이다. ≪수경≫ 대요수조(條)에 '새외(塞外)의 위백평산(衛白平山)으로 나온다'라고 되어 있으며 주(註)에 '또 말한다. 저석산(砥石山)에서 나와 새외서부터 동쪽으로 흐른다'라고 했다. 저석산의 소재는 불명인데 요는 북방의 새외 땅에 있는 산. ○釜出景(부출경)─경산(景山)은 한단(邯鄲) 서남쪽에 있으며 부수(釜水)가 흘러나가는 곳이며, 그 근원은 소용돌이가 심하여 실로 세차게 끓는 솥 안의 더운 물 같다. 고로 부(釜)라고 한다. ○維湛北流(유류북류), 出於燕(출어연)─연(燕)은 북연(北燕 : 塞外의 땅). 지금의 북경(北京) 부근에서 발원하여 북류하면서 새외로 흘러든다.

제계섭제(諸稽攝提)는 그곳에서 조풍(條風)을 불러일으킨다. 통시(通視)는 그곳에서 명서풍(明庶風)을 불러일으킨다. 적분약(赤奮若)은 그곳에서 청명풍(淸明風)을 불러일으킨다. 공공(共工)은 그곳에서 경풍(景風)을 불러일으킨다. 제비(諸比)는 그곳에서 양풍(涼風)을 불러일으킨다. 고계(皐稽)는 그곳에서 창합풍(閶闔風)을 불러일으킨다. 우강(隅强)은 그곳에서 불주풍(不周風)을 불러일으킨다. 궁기(窮奇)는 그곳에서 광막풍(廣莫風)을 불러일으킨다.

原文 諸稽攝提, 條風之所生也. 通視, 明庶風之所生也. 赤奮若, 淸明風之所生也. 共工, 景風之所生也. 諸比, 涼風之所生也. 皐稽, 閶闔風之所生也. 隅强, 不周風之所生也. 窮奇, 廣莫風之所生也.

註解 ○諸稽攝提(제계섭제)……窮奇(궁기)─모두 천신(天神)의 이름. 아마도 동북쪽에서 정북쪽에 이르는 팔방(八方)의 하늘을 주관하는 신(神)이리라. 한편 제계섭제와 적분약(赤奮若)은 인(寅)·축(丑)의 세명(歲

名)과 관계가 있을 것으로 생각된다. ㅇ條風(조풍)……廣莫風(광막풍)-
동북쪽에서 정북쪽에 이르는 팔방의 바람. 여기서 말하는 바람의 이름은
<지형훈>에 이미 나온 것과는 다르며 <천문훈(天文訓)>에서 설명하는
팔풍(八風)과 합치된다.

　발(窣)□은 해인(海人)을 낳고, 해인은 약균(若菌)을 낳으며, 약균
은 성인(聖人)을 낳고 성인은 서인(庶人)을 낳는다. 발(窣)이 있는
모든 것(즉 인간)은 서인(庶人)에게서 태어난다.
　우가(羽嘉)는 비룡(飛龍)을 낳고 비룡은 봉황을 낳으며 봉황은 난
조(鸞鳥)를 낳고 난조는 서조(庶鳥)를 낳는다. 깃이 있는 모든 것은
서조에게서 태어난다.
　모독(毛犢)은 응룡(應龍)을 낳고 응룡은 건마(建馬)를 낳으며, 건
마는 기린을 낳고 기린은 서수(庶獸)를 낳는다. 털이 나있는 모든 것
은 서수에게서 태어난다.
　개린(介鱗)은 교룡(蛟龍)을 낳고 교룡은 곤경(鯤鯁)을 낳으며 곤
경은 건사(建邪)를 낳고 건사는 서어(庶魚)를 낳는다. 비늘이 있는
모든 것은 서어에게서 태어난다.
　개담(介潭)은 선룡(先龍)을 낳고 선룡은 현원(玄黿)을 낳으며, 현
원은 영구(靈龜)를 낳고 영구는 서구(庶龜)를 낳는다. 갑각(甲殼)이
있는 모든 것은 서구에서 태어난다.
　온난습윤(溫暖濕潤)은 용태(容態)를 형성한다. 온난습윤은 모풍(毛
風)에서 생기고 모풍은 습현(濕玄)에서 생긴다. 습현은 우풍(羽風)에
서 생기고 우풍은 난개(煗介)를 낳으며 난개는 인박(鱗薄)을 낳고 인
박은 난개(煗介)를 낳는다. 발(窣)□·우가(羽嘉)·모독(毛犢)·개린
(介鱗)·개담(介潭)의 5종류는 밖으로부터 흥하여 대대로 모습을 비

슷하게 하면서 번식해 나간다.

　일풍(日馮)은 양알(陽閼)을 낳고 양알은 교여(喬如)를 낳으며, 교여는 간목(幹木)을 낳고 간목은 서목(庶木)을 낳았다. 모든 나무는 서목에서 태어난다.

　근발(根拔)은 정약(程若)을 낳고 정약은 현옥(玄玉)을 낳으며 현옥은 예천(醴泉)을 낳고 예천은 황고(皇辜)를 낳으며, 황고는 서초(庶草)를 낳았다. 모든 근생(根生)은 서초에서 태어났다.

　해려(海閭)는 굴룡(屈龍)을 낳고 굴룡(屈龍 : 遊龍)은 용화(容華)를 낳고 용화는 표(藁)를 낳으며 표는 조(藻)를 낳고 조는 부초(浮草)를 낳았다. 부생(浮生)하는 모든 것 중 근생(根生)하지 않는 것은 모두 조에서 태어났다.

原文　窫生海人, 海人生若菌, 若菌生聖人, 聖人生庶人. 凡窫者, 生於庶人. 羽嘉生飛龍, 飛龍生鳳皇, 鳳皇生鸞鳥, 鸞鳥生庶鳥. 凡羽者, 生於庶鳥. 毛犢生應龍, 應龍生建馬, 建馬生麒麟, 麒麟生庶獸. 凡毛者, 生於庶獸. 介鱗生蛟龍, 蛟龍生鯤鯁, 鯤鯁生建邪, 建邪生庶魚. 凡鱗者, 生於庶魚.

　介潭生先龍, 先龍生玄黿, 玄黿生靈龜, 靈龜生庶龜. 凡介者, 生於庶龜. 煖濕生容. 煖濕生於毛風, 毛風生於濕玄. 濕玄生羽風, 羽風生煖介, 煖介生鱗薄, 鱗薄生煖介. 五類雜種興乎外, 肯形而蓄.

　日馮生陽閼, 陽閼生喬如, 喬如生幹木, 幹木生庶木. 凡木者, 生於庶木. 根拔生程若, 程若生玄玉, 玄玉生醴泉, 醴泉生皇辜, 皇辜生庶草. 凡根芨草者, 生於庶草. 海閭生屈龍, 屈龍生容華, 容華生藁, 藁生萍藻, 萍藻生浮草. 凡浮生不根芨者, 生於萍藻.

註解　○窫(발)―두 군데서 보이는 발(窫)자는 다른 곳에는 거의 그 용

례(用例)가 없다. 서두의 발(穵)자 아래에 한 글자가 빠졌다(이하의 羽嘉·毛犢 등에 준한다)고 말한 학자의 설에 따라 '발(穵)□'로 기록했다. 몸속의 가느다란 털, 솜털 등의 털이 나있는 데 불과한 것은 사람이므로 인간이란 뜻으로 번역했다. ㅇ庶人(서인)·庶鳥(서조)……—각 종류의 조형(祖形)이란 정도의 의미일 것이다. ㅇ飛龍(비룡)—날개가 있는 용. ㅇ蛟龍(교룡)—비늘이라든가 갑각(甲殼)이 있는 용. ㅇ根拔生程若(근발생정약)—근발은 근생(根生)하는 풀의 끝. ㅇ海閭(해려)—부초(浮草)의 조상. ㅇ屈龍(굴룡)—굴룡은 유룡(游龍 : 鴻)의 잘못으로 ≪시경≫ <정풍(鄭風)> 산유부소(山有扶蘇)에 '습유유룡(濕有游龍)'이라고 되어 있는 구절을 인용했다. 모전(毛傳)에 '용은 홍초(紅草 : 개여뀌)이다'라고 되어 있으며 유룡은 제멋대로 퍼져나가는 홍초를 가리킴이다. ㅇ容華(용화)—부용(芙蓉)의 초화(草花). ㅇ藨(표)—뿌리가 없이 물에 떠있는 풀.

정토(正土)의 기(氣)는 애천(埃天)을 통제한다. 애천은 5백년 만에 결(缺)을 낳고, 결은 5백년 만에 황홍(黃澒)을 낳으며, 황홍은 5백년 만에 황금(黃金)을 낳고 황금은 1천년 만에 황룡(黃龍)을 낳으며 황룡은 땅에 들어가 황천(黃泉)을 낳는다. 황천의 티끌이 하늘에 올라가 황운(黃雲)이 되면 음양의 기(氣)가 충돌하여 우레가 되고 격양하여 번개가 되었다. 위의 것이 아래로 흘러내리고 유수(流水)가 되어 통하면서 황해(黃海)로 합류한다.

편토(偏土)의 기(氣)는 청천(靑天)을 통어한다. 청천은 8백년 만에 청증(靑曾)을 낳고 청증은 8백년 만에 청홍(靑澒)을 낳으며 청홍은 8백년 만에 청금(靑金)을 낳고 청금은 1천년 만에 청룡(靑龍)을 낳았다. 청룡은 땅에 들어가 청천(靑泉)을 낳았다. 청천의 티끌이 하늘에 올라가 청운(靑雲)이 되면 음양의 기가 충돌하여 우레가 되고 격양하여 번개가 되었다. 위의 것이 아래로 흘러내려 유수(流水)가 되어 청해(青海)에 합류한다.

　모토(牡土)의 기는 적천(赤天)을 통어하며 적천은 7백년 만에 적단(赤丹)을 낳고, 적단은 7백년 만에 적홍(赤汞)을 낳으며, 적홍은 7백년 만에 적금(赤金)을 낳고, 적금은 1천년 만에 적룡(赤龍)을 낳으며, 적룡은 땅에 들어가 적천(赤泉)을 낳는다. 적천의 티끌이 하늘에 올라가 적운(赤雲)이 되면 음양의 기가 충돌하여 우레가 되고 격양되어 번개가 되었다. 위의 것이 아래로 다가와서 유수(流水)가 되어 통하고 적해(赤海)에 합류한다.

　약토(弱土)의 기는 백천(白天)을 통어한다. 백천은 9백년 만에 백여(白礜)를 낳고, 백여는 9백년 만에 백홍(白汞)을 낳고, 백홍은 9백년 만에 백금(白金)을 낳으며, 백금은 1천년 만에 백룡(白龍)을 낳았다. 백룡이 땅에 들어가 백천(白泉)을 낳았다. 백천의 티끌이 하늘에 올라가 백운(白雲)이 되면 음양의 기가 충돌하여 우레가 되고 격양되어 번개가 되었다. 위의 것이 아래에 다가와 유수(流水)가 되어 통하고 백해(白海)에서 합류한다.

　빈토(牝土)의 기는 현천(玄天)을 통어한다. 현천은 6백년 만에 현저(玄砥)를 낳고 현저는 6백년 만에 현홍(玄汞)을 낳으며, 현홍은 6백년 만에 현금(玄金)을 낳고 현금은 1천년 만에 현룡(玄龍)을 낳았다. 현룡이 땅에 들어가 현천(玄泉)을 낳았다. 현천의 티끌이 하늘에 올라가 현운(玄雲)이 되면 음양의 기가 충돌하여 우레가 되고 격양되어 번개가 되었다. 위의 것이 아래로 다가와 유수(流水)가 되어 통하고 현해(玄海)에서 합류한다.

原文　正土之氣也, 御乎埃天. 埃天五百歲生缺, 缺五百歲生黃汞, 黃汞五百歲生黃金, 黃金千歲生黃龍, 黃龍入藏, 生黃泉. 黃泉之埃, 上爲黃雲, 陰陽相薄爲雷, 激揚爲電. 上者就下, 流水就通, 而合于黃海.

偏土之氣, 御乎靑天. 靑天八百歲生靑曾, 靑曾八百歲生靑頹, 靑頹八百歲生靑金, 靑金千歲生靑龍, 靑龍入藏, 生靑泉. 靑泉之埃, 上爲靑雲, 陰陽相薄爲雷, 激揚爲電. 上者就下, 流水就通, 而合于靑海.

牡土之氣, 御于赤天. 赤天七百歲生赤丹, 赤丹七百歲生赤頹, 赤頹七百歲生赤金, 赤金千歲生赤龍, 赤龍入藏, 生赤泉. 赤泉之埃, 上爲赤雲, 陰陽相薄爲雷, 激揚爲電. 上者就下, 流水就通, 而合于赤海.

弱土之氣, 御于白天. 白天九百歲生白礜, 白礜九百歲生白頹, 白頹九百歲生白金, 白金千歲生白龍, 白龍入藏, 生白泉. 白泉之埃, 上爲白雲, 陰陽相薄爲雷, 激揚爲電. 上者就下, 流水就通, 而合于白海.

牝土之氣, 御于玄天. 玄天六百歲生玄砥, 玄砥六百歲生玄頹, 玄頹六百歲生玄金, 玄金千歲生玄龍, 玄龍入藏, 生玄泉. 玄泉之埃, 上爲玄雲, 陰陽相薄爲雷, 激揚爲電. 上者就下, 流水就通, 而合于玄海.

註解　○正土(정토)－중앙의 땅. ○埃天(애천)－중앙의 하늘. 중앙은 오행(五行) 중 토(土)에 해당하므로 황진(黃塵)에 싸인 하늘이라고 한 것이리라. ○缺(결)－≪초학기(初學記)≫ 27 <보기부(寶器部)> 금(金) 제1에는 '결(缺)'을 '결(玦)'로 쓰고 그 주(註)에 '결(玦)은 석(石)이다'라고 했다. 또 후문(後文)과의 대응으로 보면 '황결(黃玦)'이라 했던 것이 아닐까. ○五百歲(오백세)……六百歲(육백세)－오행설로서 각 오행을 토(土)－5, 수(水)－6, 화(火)－7, 목(木)－8, 금(金)－9로 한다(<시칙훈> 참조). 애천(埃天：黃天)을 5백 세, 청천(靑天)을 8백 세, 적천(赤天)을 7백 세, 백

천(白天)을 9백 세, 현천(玄天：黑天)을 6백 세로 보는 것은 이것에 근거한다. ㅇ黃澒(황홍)－홍(澒)은 수은(水銀). 석류(石類)에서 금류(金類)에 이르는 중간으로서 유동적인 금류(金類)를 가리키는 것일까? ㅇ黃海(황해)－중앙의 바다. 이하 청해(靑海)·적해(赤海)·현해(玄海)·백해(白海)는 동·남·북·서의 바다이다. ㅇ偏土(편토)－정토(正土)에 비하여 편원(偏遠)한 땅을 가리킴이다. 여기서는 동방의 땅을 가리킨다. ㅇ靑曾(청증)－청석(靑石). ㅇ牡土(모토)－모(牡)는 북방의 빈(牝：陰)에 대해 양(陽)을 가리킨다. 남방의 땅이란 뜻이다. ㅇ赤丹(적단)－적단사(赤丹沙). ㅇ白礜(백여)－여석(礜石). <서산경(西山經)>에 '서남쪽 380리, 고도(皐塗)의 산이라 한다……. 백석(白石)이 있는데 그 이름을 여(礜)라고 한다. 이것으로 쥐를 독살할 수 있다'라고 했으며 또 <설림훈(說林訓)>에도 '사람이 여석을 먹으면 죽는다'라고 하였다. 이처럼 독석(毒石)인데, 여기서는 서쪽의 돌이란 정도의 뜻이리라. ㅇ玄天(현천)－현(玄)은 흑(黑)의 의미. <천문훈>에도 '북방을 현천이라고 한다'라고 되어 있다. ㅇ玄砥(현저)－흑석(黑石)을 말한다.

권 5

시칙훈(時則訓)

　<시칙훈>은 시령사상(時令思想)을 기록한 편(篇)이다. 시령사상이란 1년 12개월의 각 월(月)의 기후 풍물에 대응한 각 월의 천자(天子)의 정령(政令) 제사를 설명하는 것이다. 시령을 기록한 ≪여씨춘추(呂氏春秋)≫ <십이기(十二紀)>, ≪예기(禮記)≫ <월령(月令)>과 일치되는 부분이 많다. <십이기>와 <월령>은 그 내용이 거의 같은데 <시칙훈>은 이 두 가지에 비하여 간략한 형태로 되어 있다.

　맹춘(孟春)의 달, 이달에 초요(招搖)는 인(寅)의 방향을 가리키고 일몰(日沒)에는 삼수(參宿)가 남중(南中)하고 일출(日出)에는 미수(尾宿)가 남중한다. 위(位)로는 동방(東方), 일(日 : 干)로는 갑을(甲乙)에 해당하며, 성덕(盛德)은 (五行의) 목(木)에 있다. 동물로는 인(鱗), 음(音)으로는 각(角), 율(律)은 태주(太簇)에 해당된다. 수(數)로는 8, 맛으로는 산(酸), 냄새는 전(羶), 비는 곳은 문, 제사에는 비장(脾臟)을 먼저 바친다. 동풍이 얼음을 녹이고 겨울잠을 자던 동물이 활동하기 시작한다. 물고기는 수면에 올라와 얼음을 등에 지고, 수달은 강가에 물고기를 늘어놓으며 기러기는 북쪽으로 날아간다.

　천자(天子)는 청의(靑衣)를 입고 창룡(蒼龍)의 말에 타며 창옥(蒼玉)을 띠고 청기(靑旗)를 세운다. 보리와 양(羊)을 먹고 팔풍(八風)의 물을 마시며 개목(萁木) 태운 불로 취사를 한다. 동궁에서 여자를 부르는데 청색 옷을 입고 청채(靑采)를 몸에 두르며 금슬을 갖춘다. 무기(武器)로는 모(矛), 가축으로는 양(羊), 청양(靑陽)의 당(堂) 왼쪽 작은 방에서 조회(朝會)를 열고 춘령(春令)을 발포하며 덕을 펴고 은혜를 시행하며, 경상(慶賞)을 행하고 부역(賦役)을 줄여준다.

　입춘(立春) 날, 그날에 천자는 스스로 삼공(三公)·구경(九卿)·대부(大夫)를 거느리고 동방의 교외에서 세(歲)를 맞이하고 제단의 자리를 정비하며 폐백으로 귀신에게 빌고, 희생으로는 황소를 사용한다. 나무 베는 것을 금하고 새 둥지를 허물거나 태 속의 새끼〔胎〕와 큰사슴의 새끼〔夭〕를 죽이거나 사슴새끼〔麛〕와 알을 취하지 못하도록 하며 사람들을 모아 성곽을 쌓지 않도록 한다. 격(骼)과 자(胔)를 묻어준다.

　맹춘에 하령(夏令)을 행하면 풍우(風雨)는 불순해지고 초목은 일찍 시들어 떨어지며 나라 안에 공황이 일어난다. 추령(秋令)을 행하면 백성에게 역병(疫病)이 만연하며 회오리바람과 큰비가 내습하고 쑥 등

잡초가 일제히 자라난다. 동령(冬令)을 행하면 큰비가 해(害)를 주고
서리가 내리며 커다란 우박이 내리고 기장이 안 익는다. 정월에는 사
공(司空)을 임명한다. 나무로는 버드나무에 해당한다.

[原文] 孟春之月. 招搖指寅, 昏參中, 旦尾中, 其位東方, 其日甲
乙, 盛德在木. 其蟲鱗. 其音角, 律中太簇. 其數八. 其味酸, 其臭
羶. 其祀戶, 祭先脾. 東風解凍, 蟄蟲始振蘇. 魚上負冰, 獺祭魚,
候鴈北. 天子衣靑衣, 乘蒼龍, 服蒼玉, 建靑旗. 食麥與羊, 服八風
水, 爨萁燧火. 東宮御女, 靑色衣, 靑采, 鼓琴瑟. 其兵矛. 其畜羊.
朝于靑陽左个, 以出春令, 布德施惠, 行慶賞, 省徭賦.

立春之日. 天子親率三公・九卿・大夫, 以迎歲于東郊, 修除祠
位, 幣禱鬼神, 犧牲用牡. 禁伐木, 母覆巢殺胎夭, 母麛母卵, 母聚
衆置城郭. 掩骼薶骴.

孟春行夏令, 則風雨不時, 草木早落, 國乃有恐. 行秋令, 則其民
大疫, 飄風暴雨總至, 黎莠蓬蒿竝興. 行冬令, 則水潦爲敗, 雨霜大
雹, 首稼不入. 正月官司空. 其樹楊.

[註解] ○孟春(맹춘)―음력 1월, 각 사계(四季)를 맹(孟)・중(仲)・계
(季)로 나누고 1년 12개월에 배당하면 1월(정월)은 맹춘, 2월은 중춘(仲
春), 3월은 계춘(季春), 4월은 맹하(孟夏)라는 식으로 12월의 계동(季冬)
에 이른다. ○招搖指寅(초요지인)―초요(招搖)란 북두칠성(北斗七星)의
제칠성(第七星), 즉 초요성을 가리킴이다. 북두칠성의 자루에 해당하는
세별[斗杓] 중(<천문훈> 참조), 제6성과 제7성을 일직선으로 연결한 방
각(方角)을 두건(斗建)이라고 하며, 두건이 인(寅)의 방각을 가리키는 때
를 지인(指寅 : 建寅)이라고 한다. 한편 인(寅)이란 십이지(十二支)를 12
방향에 배당할 때, 동북동(東北東)에 해당한다. 두표(斗杓)는 하루에 하

늘을 일주하는데 지남(指南 : 建寅)이란 특히 혼(昏 : 해가 질 때)에 있는
방각을 가리킴이다. 즉, 두표가 정월의 혼에는 인(寅)을 가리키는 것을
말함이다. 이와 마찬가지로 2월에는 묘(卯)를, 3월에는 진(辰)을 가리키
고 12월에는 축(丑)을 가리킨다. ○參(삼)-28수(宿)의 하나. ○尾(미)-
28수의 하나. ○甲乙(갑을)-10간(干)을 오행에 배당하는 경우 갑을은 오
행의 목(木)에 해당한다. ○鱗(인)-비늘이 있는 것. ○角(각)-오음(五音)
의 하나. 오음이란 궁(宮)·상(商)·각(角)·치(徵)·우(羽)를 말하며
오행에 배당하면 각(角)은 목(木)에 해당된다. ○太簇(태주)-육률(六律)
의 하나. 육률이란 황종(黃鐘)·태주(太簇)·고선(姑洗)·유빈(蕤賓)·이
칙(夷則)·무역(無射). 육려(六呂)와 함께 12율려라 하며 이것에 의해 음
률을 나타낸다. 시령(時令)에서는 이것을 1년 12개월에 배당한다. ○八
(팔)-≪서경(書經)≫ 홍범(洪範)에 '1일(日) 수(水), 2일 화(火), 3일 목
(木), 4일 금(金), 5일 토(土)'라고 되어 있는 것처럼 오행의 생성(生成)
순서는 1-수, 2-화, 3-목, 4-금, 5-토, 6-수, 7-화, 8-목, 9-금,
10-토로 된다. 또 4계(季)에 오행을 배당하는 경우에는 춘(春)-목(木),
하(夏)-화(火), 추(秋)-금(金), 동(冬)-수(水)가 된다. 그런 까닭에 오
행의 목(木)에 해당되는 봄은 8이 되는 셈이다. ○羶(전)-비린내. ○其
祀戶(기사호)-이 시기에 호(戶), 즉 문을 제사지내는 뜻을, 겨울잠을 자
던 동물이 활동하기 시작하는 것과, 문에서 밖으로 나가는 것을 연관지어
서 해석했다. ○祭先脾(제선비)-봄에 비장(脾臟)으로 제사지내는 것인데
비장이 오행의 토(土)에 배당되는 고로, 목(木)은 토(土)에 이긴다는 상극설
(相剋説)이 있다. 그러나 비장을 목(木)에 배당시키는 설도 있는 것 같아
서 일정치 않다. 또 이 구절은 조두(俎豆)를 진열할 때 비장을 앞쪽에 놓
는다는 뜻이라고도 한다. ○振蘇(진소)-활동하기 시작하다. 진(振)은 동
(動), 소(蘇)는 생(生). ○蒼龍(창룡)-≪주례(周禮)≫ 하궁사마(夏宮司馬)
에 '말[馬] 8척(尺) 이상을 용이라 한다'라고 했다. ○八風水(팔풍수)-팔
풍(八風)이란 8방(方)의 바람(<지형훈> 참조). 팔풍의 수(水)란 팔방 각

방향에서 불어오는 바람이 가져다주는 비를 가리키는 것일까? <지형훈>
에 '대저 팔극(八極)의 구름, 이것이 천하에 비를 뿌린다……'라고 하였다.
○爨其燧火(찬개수화)─개목(其木)을 태운 불로 취사하는 것. ○青色衣
(청색의)……鼓琴瑟(고금슬)─이 대목은 천자(天子)의 복장 등을 가리키
는 것이라고 해석될는지 모르지만 여기서는 일단 여자의 것으로 풀이했
다. ○靑陽左个(청양좌개)─청양(青陽)은 명당 동쪽에 있는 당(堂). 개(个)
는 그 좌우에 있는 작은 방. 명당이란 천자가 정교(政敎)를 행하고, 또
상제(上帝)와 조상을 제사지내며 제후(諸侯)를 만나보는 당(堂)이다. 5실
(室 : 일설에는 9室)로 이루어지며 대묘대당(大廟大堂)을 중심으로 하여
그 동쪽에 청양대묘(青陽大廟), 남쪽에 명당대묘(明堂大廟 : 좁은 의미에
서의 明堂), 서쪽에 총장대묘(總章大廟), 북쪽에 현당대묘(玄堂大廟)가
＋형으로 배치되어 있다. 또 청양·명당·총장·현당의 각 대묘 좌우에
는 소방(小房 : 작은 방)이 부속되어 있어서 그것을 각각 좌개우개(左个
右个)라고 칭한다. <월령>은 맹춘(孟春 : 正月)으로부터 계동(季冬 : 12
월)에 이르는 각 달에, 천자가 조회하는 당방(堂房)을 따로 정하고 있음
을 설명하고 있는 것으로서, 그 경우 원칙적으로는 중춘(仲春)·중하(仲
夏)·중추(仲秋)·중동(仲冬)의 달에 동서남북의 대묘가 배당되며, 맹
(孟)의 달에는 그 좌개(左个)가, 계(季)의 달에는 그 우개(右个)가 배당된
다. <월령>, 《여씨춘추》 <십이기(十二紀)>(이하 <십이기>라고 칭한
다)는 이것에 따르고 있는데, 단 <시칙훈>에서는 계하(季夏)의 달을 오
행의 토(土)에 배당함으로써 이 달에는 중궁(中宮 : 중앙의 대묘대당을
가리킨다)을 가리키고 있다. ○春令(춘령)─봄에 내야 하는 정령(政令). 하
령(夏令)·추령(秋令)·동령(冬令)도 이것에 따른다. ○東郊(동교)─교외
8리(里)의 교(郊). ○骼(격)─백골(白骨). ○薶骴(매자)─매(薶)는 묻다. 자
(骴)는 살이 붙어 있는 뼈. ○黎莠蓬蒿(여수봉고)─여수(黎莠)는 잡초. 봉
고(蓬蒿)는 쑥. 모두 작물을 말라 죽게 하는 것들이다. ○水潦(수료)─큰
비. 홍수. 《설문(說文)》에서는 '요(潦)'를 '큰비의 모양'이라고 했다. ○

司空(사공)-수토(水土)의 일을 주관한다.

　중춘(仲春)의 달, 이달에 초요(招搖)는 묘(卯)의 방향을 가리키며, 일몰(日沒)에는 호성(弧星)이 남중하고 일출(日出)에는 건성(建星)이 남중한다. 위(位)로는 동방(東方), 일(日)로는 갑을(甲乙)에 해당된다. 동물로는 인(鱗), 음(音)에서는 각(角), 율(律)은 협종(夾鐘)에 해당한다. 수(數)에서는 8, 맛에서는 산(酸), 냄새로는 전(羶)이다. 비는 곳은 호(戶), 제사에는 비장(脾臟)을 먼저 바친다. 비가 내리기 시작하고 복숭아와 오얏 꽃이 피며 꾀꼬리가 울고 매가 변화하여 비둘기가 된다.

　천자(天子)는 청의(靑衣)를 입고 창룡(蒼龍)의 말을 타며 창옥(蒼玉)을 띠고 청기(靑旗)를 세운다. 보리와 양(羊)을 먹고 팔풍(八風)의 물을 마시며 개목(其木)을 땐 불로 취사를 한다. 동궁에서 여자를 부르는데 청색 옷을 입고 청채(靑采)를 몸에 장식하고 금슬을 갖춘다. 무기(武器)로는 모(矛), 가축으로는 양(羊)이다. 청양(靑陽)의 태묘(太廟)에서 조회를 하고 관원에게 명하여 옥사(獄舍)에 갇혀 있는 경범자들을 용서해주고 질곡(桎梏)을 풀어 주고, 태략(笞掠)을 행하지 않으며 재판을 하지 않고 어린아이들을 돌봐주며, 고독한 사람들을 구휼하고 어린 싹을 길러낸다. 길일(吉日)을 택하여 백성들로 하여금 토지신(土地神)에게 제사지내도록 한다.

　이달은 낮과 밤의 길이가 같고 우레가 치기 시작하며 겨울잠을 자던 동물이 모두 활발하게 움직여댄다. 우레가 치기 3일 전에 방울을 흔들며 민중에게 다음과 같이 명한다. '우레가 치려고 한다. 그 기거동작을 신중하게 하지 않는 자는 태어나는 아이가 불구자가 되며 반드시 흉재(凶災)가 일어날 것이다'라고.

또 관시(官市)에 명령하여 도량형(度量衡)과 석(石), 두용(斗桶), 권(權), 개(槩) 등의 단위와 눈금을 일정하게 바로잡는다. 천택(川澤)과 유수지(遊水池)를 마르게 하거나 산림을 불태우거나 군사(軍事) 등을 행하여 농작물을 해치는 일이 없도록 한다. 제사에는 희생을 사용하지 아니하고 규벽(圭璧)이라든가 피폐(皮幣)를 사용한다.

중춘에 추령(秋令)을 행하면 나라 안에 홍수가 지고, 한기(寒氣)가 몰려들며 외국의 군대가 침입한다. 동령(冬令)을 내리면 양기가 압도되어 보리는 익지 아니하고 많은 백성이 서로 해친다. 하령(夏令)을 내리면 나라 안에 큰 가뭄이 들어 난기(煖氣)가 일찍 찾아오고 충명(蟲螟)이 곡물을 해친다. 2월에는 창관(倉官)을 임명한다. 나무로는 살구나무가 해당된다.

原文 仲春之月. 招搖指卯, 昏弧中, 旦建星中. 其位東方, 其日甲乙. 其蟲鱗. 其音角, 律中夾鐘. 其數八. 其味酸, 其臭羶. 其祀戶, 祭先脾. 始雨水, 桃李始華, 蒼庚鳴, 鷹化爲鳩. 天子衣靑衣, 乘蒼龍, 服蒼玉, 建靑旗. 食麥與羊, 服八風水, 爨其燧火. 東宮御女, 靑色衣. 靑采, 鼓琴瑟. 其兵矛. 其畜羊. 朝于靑陽太廟, 命有司, 省囹圄, 去桎梏, 毋笞掠, 止獄訟, 養幼小, 存孤獨, 以通句萌. 擇元日, 令民社.

是月也, 日夜分, 雷始發聲, 蟄蟲咸動蘇. 先雷三日, 振鐸以令於兆民曰, 雷且發聲. 有不戒其容止者, 生子不備, 必有凶災. 令官市, 同度量, 鈞衡石, 角斗桶, 端權槩. 毋竭川澤, 毋漉陂池, 毋焚山林, 毋作大事, 以妨農功. 祭不用犧牲, 用圭璧更皮幣.

仲春行秋令, 則其國大水, 寒氣總至, 寇戎來征. 行冬令, 則陽氣不勝, 麥乃不熟, 民多相殘. 行夏令, 則其國大早, 煖氣早來, 蟲螟爲害. 二月官倉. 其樹杏.

註解 ○卯(묘)—동방. ○弧(호)—호성(弧星)은 여귀(輿鬼:28宿의 하나), 남쪽에 있다. ○建星(건성)—북두성(北斗星)의 위에 있는 육성(六星). ○夾鐘(협종)—육려(六呂)의 하나. 육려란 대려(大呂)·협종·중려(仲呂)·임종(林鐘)·남려(南呂)·응종(應鐘)이다. 12율(律) 중 음(陰)의 소리에 속하는 6종의 소리. ○省囹圄(성영어)—영어(囹圄)는 옥사(獄舍). 옥사에 갇혀 있는 경범자는 용서한다는 뜻. ○桎梏(질곡)—차꼬와 수갑. ○笞掠(태략)—태형을 가하는 것. ○句萌(구맹)—초목이 싹틀 때의 모양. 맹(萌)은 직립(直立)한 것. <월령> 계춘(季春) 조(條)에 '구(句)는 굴생(屈生)하는 것이다. 망(芒)하여 곧게 되는 것을 맹(萌)이라고 한다'라고 했다. ○元日(원일)—길일(吉日). ○分(분)—동등한 것. ○鐸(탁)—금구(金口)에 목설(木舌)을 가진 방울의 일종. ○兆民(조민)—많은 수의 백성. ○容止(용지)—기거동작(起居動作). ○生子不備(생자불비)—태어나는 아이가 불구란 뜻. ○角(각)—평탄하게 하다. ○端(단)—바로잡다. ○漉(녹)—물이 마르다. ○大事(대사)—융족정벌(戎族征伐)의 일, 즉 군사(軍事). ○用圭璧更皮幣(용규벽갱피폐)—피(皮)는 사슴의 가죽, 폐(幣)는 붉은 기가 있는 시커먼 비단. ○煖氣(난기)—난(煖)은 난(煖)의 별자(別字). ○蟲螟(충명)—마디충. ○倉(창)—나라의 곡창을 관리하는 관원. ≪주례(周禮)≫ 지방사도(地方司徒)에 '창인(倉人), 속입(粟入)의 장(藏)을 관장하다'라고 되어 있다.

계춘(季春)의 달, 이 달에 초요(招搖)는 진(辰)의 방향을 가리키고, 일몰(日沒)에는 칠성수(七星宿)가 남중(南中)하며 일출(日出)에는 견우수(牽牛宿)가 남중한다. 위(位)로는 동방(東方), 일(日)로는 갑을(甲乙)에 해당한다. 동물로는 인(鱗), 음(音)으로는 각(角), 율(律)로는 고선(姑洗)에 해당한다. 수(數)로는 팔(八), 맛으로는 산(酸), 냄새로는 전(羶)이다. 비는 곳은 문[戶], 제사에는 비장(脾臟)을 먼저 바친다. 오동나무 꽃이 피기 시작하며 두더지·들쥐 등이 변화하여 메추라기가 되며 무지개가 처음으로 나타나고 마름풀이 비로소 나기 시작한다.

천자(天子)는 청의(靑衣)를 입고 창룡(蒼龍)의 말에 타며 창옥(蒼玉)을 띠고 청기(靑旗)를 세운다. 보리와 양(羊)을 먹고 팔풍(八風)의 물을 마시며 개목(其木)을 태워 일으킨 불로 취사를 한다. 동궁에서 여자를 부르는데 청색의 옷을 입고 청채(靑采)를 몸에 걸치며 금슬을 갖춘다. 무기(武器)로는 모(矛), 가축으로는 양(羊)이다. 청양(靑陽)의 당(堂) 오른쪽 작은 방에서 조회를 한다. 배를 주관하는 관원〔舟牧〕이 배를 뒤집어 조사하는데 5회 반복해서 한 다음 고장이 없음을 천자에게 주상한다. 천자는 그때서야 비로소 배에 타고 다랑어를 조묘(祖廟)에 바치면서 보리가 익기를 기도한다.

이날은 생기가 왕성하여 양기가 발산되고 구부러진 것이나 곧은 것이나 새싹이 모두 나와 생육하므로 남아 있는 것이 없다. 천자는 관리에게 명하여 곡물창고를 열게 하고 가난한 자와 곤경에 처한 자를 구휼한다. 국고(國庫)를 열고 폐백을 내어 제후들에게 사신을 보내서 명사들을 초치하고 현인(賢人)들을 예로 맞아들인다. 사공(司空)에게 명하여 이렇게 말한다. '시절(時節)의 비가 내리어, 수면(水面)이 급작스럽게 높아지고 있다. 나라 안을 두루 돌아다니면서 모조리 시찰하라. 제방을 수리하고 수로를 통하게 하며 도로를 정비하되 국도(國都)에서 국경에 이르기까지 철저하게 하라. 또 사냥을 금지시키되 조수(鳥獸)를 포획하는 그물이라든가 독약을 도읍의 9문(門)에서 가지고 나가는 일이 없도록 하라.'

그리고 산림을 주관하는 관리〔野虞〕에게 명하여 뽕나무와 산뽕나무를 베지 못하도록 금지시킨다. 종다리가 그 날개를 퍼덕이고 올빼미가 뽕나무에 날아올 때, 짐(栚)·곡(曲)·거(筥)·광(筐)을 준비한다. 그리고 후희(后姬)는 재계하고 동방을 향하여 스스로 뽕을 따며, 부인들의 일거리를 줄여주는 한편 양잠을 장려한다. 오고(五庫)의 관리에게 명하여 공인(工人)에게 금철(金鐵)·피혁(皮革)·힘줄과 뿔·화살대[箭幹]·지료(脂膠)·단칠(丹漆) 등을 음미케 하여 불량한 것이 없도록 한다.

하순(下旬)의 길일을 택하여 성대하게 음악을 합주하고 환희의 기쁨을 맞게 한다. 그리고 황소와 수말을 목장에서 암컷과 교미시킨다. 도읍의 관원에게 명하여 9문(門)에서 귀신을 쫓아내게 하고 개와 양을 희생으로 바치어 사기(邪氣)를 일소하고 춘기(春氣)가 넘치게 한다.

이달에 월령을 행하면 단비가 30일간 계속해서 내린다. 계춘(季春)에 동령(冬令)을 행하면 한기(寒氣)가 밀려와서 초목이 모두 시들고 나라 안에는 대공황이 일어난다. 하령(夏令)을 행하면 백성들에게 역병(疫病)이 만연하며 시절에 따른 비가 내리지 않아서 산릉(山陵)에는 초목이 생육하지 않는다. 추령(秋令)을 행하면 하늘에는 음침한 기가 뒤덮고 장맛비가 일찍부터 내리며 전란(戰亂)이 일제히 발발한다. 3월에는 향관(鄕官)을 임명한다. 나무로는 오얏나무에 해당한다.

[原文] 季春之月. 招搖指辰, 昏七星中, 旦牽牛中. 其位東方, 其日甲乙. 其蟲鱗. 其音角, 律中姑洗. 其數八. 其味酸, 其臭羶. 其祀戶, 祭先脾. 桐始華, 田鼠化爲駕, 虹始見, 萍始生. 天子衣靑衣, 乘蒼龍, 服蒼玉, 建靑旗. 食麥與羊, 服八風水, 爨其燧火. 東宮御女, 靑色衣, 靑采, 鼓琴瑟. 其兵矛. 其畜羊. 朝于靑陽右个. 舟牧覆舟, 五覆五反. 乃言具于天子. 天子焉始乘舟, 薦鮪於寢廟, 乃爲麥祈實.

是月也, 生氣方盛, 陽氣發泄, 句者畢出, 萌者盡達, 不可以內. 天子命有司, 發囷倉, 助貧窮, 振乏絶. 開府庫, 出幣帛, 使諸侯,

聘名士, 禮賢者. 命司空, 時雨將降, 下水上騰. 循行國邑, 周視原
野. 修利隄防, 導通溝瀆, 達路除道, 從國始至境. 止田獵, 畢弋·
罝罘·羅罔·餧毒之藥, 毋出九門. 乃禁野虞, 毋伐桑柘. 鳴鳩奮
其羽, 戴鵀降于桑, 具栚·曲·筥·筐. 后妃齋戒, 東鄕親桑, 省婦
使, 勸蠶事. 命五庫, 令百工, 審金鐵·皮革·筋角·箭榦·脂膠·
丹漆, 無有不良. 擇下旬吉日, 大合樂, 致歡欣. 乃合纍牛騰馬, 游
牝于牧. 令國儺九門, 磔攘以畢春氣.

　行是月令, 甘雨至三旬. 季春行冬令, 則寒氣時發, 草木皆肅, 國
有大恐. 行夏令, 則民多疾疫, 時雨不降, 山陵不登. 行秋令, 則天
多沈陰, 淫雨早降, 兵革竝起. 三月官鄕. 其樹李.

註解　○辰(진)－동남동의 방각(方角). ○七星(칠성)－28수(宿)의 하나.
○姑洗(고선)－12율(律)의 하나. ○鮪(유)－잉어와 비슷한 대어(大魚). 한
자의 뜻은 다랑어이다. ○寢廟(침묘)－조묘(祖廟). ○發泄(발설)－발산(發
散)하다. ○囷倉(균창)－곡물창고. <십이기>에는 '둥근 것은 균(囷)이라 하
고 모가 진 것을 창(倉)이라 한다'고 했다. ○振(진)－구휼하다. ○達路除
道(달로제도)－도로를 정비하다. ○畢弋(필익)·罝罘(차부)·羅罔(나망)·
餧毒之藥(위독지약)－필(畢)은 조수(鳥獸)를 포획하는 그물, 익(弋)은 실
을 꿴 화살로 새를 잡는 것. 차(罝)는 토끼, 부(罘)는 사슴 등을 각각 잡
는 그물. 나망(羅罔)은 여러 가지 그물의 총칭. 위독(餧毒)은 짐승에게 먹
이는 독. ○九門(구문)－도읍의 성문 12개 중 동방의 3문을 제외한 9문.
○栚(짐)·曲(곡)·筥(거)·筐(광)－짐(栚)은 누에치는 채반을 얹는 가로
대. 곡(曲)은 박(薄), 즉 누에를 치는 채반, 거(筥)는 바닥이 둥근 그릇.
광(筐)은 바닥이 네모진 그릇. 모두 누에치는 도구이다. ○五庫(오고)－
<월령>의 공소(孔疏)에, '능씨(能氏)가 말하기를 각각 종류를 달리한다.
금철(金鐵)을 일고(一庫)로 하고, 피혁근(皮革筋)을 일고로 하고, 각치
(角齒)를 일고로 하고, 우전간(羽箭榦)을 일고로 하고, 지료단칠(脂膠丹

漆)을 일고로 한다'라고 했다. ○儺(나)－귀신을 쫓아내는 것. 궁중의 모
퉁이, 어둠침침한 곳에서 북을 치며 큰 소리를 치는데 이렇게 함으로써
불상(不祥)의 기(氣)를 몰아낸다. ○磔攘(책양)－책(磔)은 <십이기>에 개
라든가 양을 매다는 것이라고 했다. 양(攘)은 물리치다. ○登(등)－결실
하다. ○鄕(향)－향촌(鄕村)을 다스리는 관리. ≪주례(周禮)≫ <지방사도
(地方司徒)>에서 말하는 향사(鄕師)가 이에 해당하는 것일까?

　맹하(孟夏)의 달, 이달에 초요(招搖)는 사(巳)의 방향을 가리키며
일몰(日沒)에는 익수(翼宿)가 남중(南中)하고, 일출(日出)에는 무녀수
(婺女宿)가 남중한다. 위(位)로는 남쪽, 일(日)로는 병정(丙丁)에 해당
하며 성덕(盛德)은 화(火)이다. 동물로는 우(羽), 음(音)으로는 치(徵),
율(律)로는 중려(仲呂)에 해당된다. 수(數)로는 칠(七), 맛으로는 고
(苦), 냄새로는 초(焦)이다. 비는 곳은 부뚜막, 제사에는 폐(肺)를 먼
저 바친다. 사마귀가 울고 지렁이가 나타난다. 하눌타리가 나며 씀바귀
가 자라난다.
　천자(天子)는 적의(赤衣)를 입고 적류(赤騮)의 말을 타고 적옥(赤
玉)을 차고 적기(赤旗)를 세운다. 콩과 닭을 먹고 팔풍(八風)의 물을
마시며 산뽕나무를 땐 불로 취사를 한다. 남궁(南宮)에서 여자를 부
르는데 적색 옷을 입고 적채(赤采)를 몸에 걸치고 우생(竽笙)을 분다.
무기(武器)로는 극(戟), 가축으로는 닭이다. 명당(明堂) 왼쪽 작은 방
에서 조회를 하고 하령(夏令)을 발포한다.
　입하(立夏) 날, 이날에 천자는 스스로 삼공(三公)·구경(九卿)·대
부(大夫)를 이끌고 남쪽 교외에서 세(歲)를 맞이하고 돌아와서 공이
있는 자에게 상을 주며, 제후를 봉하고 예악을 갖추어 좌우의 신하들
에게 향응을 베푼다. 태위(太尉)에게 명하여 걸출한 인물을 주상(奏

上)케 하여 현량한 자를 뽑고 효제(孝悌)하는 자를 기용하며 작위(爵位)와 녹(祿)을 주도록 한다.

하늘이 장양(長養)하는 바를 도와, 긴 것은 더욱 길게, 높은 것은 더욱 높게 하도록 하며 파괴하는 일이 없도록 하는 한편 토목공사를 일으키거나 큰 나무를 벌채하는 일이 없도록 한다. 야우(野虞)에게 명하여 전야(田野)를 순찰하면서 농사를 장려케 하고 수축(獸畜)을 쫓아내어 곡물을 해치는 일이 없도록 한다. 천자는 돼지와 함께 보리를 맛보는데 그때 먼저 조묘(祖廟)에 바친다. 백약(百藥)을 모은다. 미초(靡草)가 시들어 마르고 보리가 결실한다. 하찮은 죄를 범한 자를 판결하고 경범자를 처벌한다.

맹하(孟夏)에 추령(秋令)을 행하면 해로운 비가 자주 내리어 곡물은 성장하지 못하고 사방의 백성들은 성곽에 피난하여 일신의 안전을 꾀한다. 동령(冬令)을 행하면 초목이 일찍 시들어 버리고 그런 연후에 홍수가 져서 성곽을 파괴한다. 춘령(春令)을 행하면 메뚜기가 해를 입히고 폭풍이 내습하여 키가 크게 자라야 할 풀도 자라지 못한다. 4월은 전관(田官)을 임명한다. 나무로는 복숭아나무가 해당된다.

原文 孟夏之月. 招搖指巳, 昏翼中, 旦婺女中. 其位南方, 其日丙丁, 盛德在火. 其蟲羽. 其音徵, 律中仲呂. 其數七. 其味苦, 其臭焦. 其祀竈, 祭先肺. 螻蟈鳴, 丘蚓出. 王瓜生, 苦菜秀. 天子衣赤衣, 乘赤駵, 服赤玉, 建赤旗. 食菽與雞, 服八風水, 爨柘燧火. 南宮御女, 赤色衣, 赤采, 吹竽笙. 其兵戟. 其畜雞. 朝于明堂左个, 以出夏令.

立夏之日. 天子親率三公·九卿·大夫, 以迎歲於南郊, 還乃賞賜, 封諸侯, 脩禮樂, 饗左右. 命太尉, 贊傑俊, 選賢良, 擧孝悌, 行爵出祿. 佐天長養, 繼脩增高, 無有隳壞, 毋興土功, 毋伐大樹. 令野虞, 行田原, 勸農事, 驅獸畜, 勿令害穀. 天子以彘嘗麥, 先薦寢廟. 聚畜百藥. 靡草死, 麥秋至. 決小罪, 斷薄刑.

孟夏行秋令, 則苦雨數來, 五穀不滋, 四鄰入保. 行冬令, 則草木早枯, 後乃大水, 敗壞城郭. 行春令, 則蝗蟲爲敗, 暴風來格, 秀草不實. 四月官田. 其樹桃.

註解 ○巳(사)−동남동의 방각(方角). ○翼(익)−28수(宿)의 하나. ○婺女(무녀)−28수의 하나. 수녀(須女)라고도 한다. ○羽(우)−날개가 있는 것. ○徵(치)−오음(五音)의 하나. 오행설로는 화(火)에 해당한다. ○仲呂(중려)−육려(六呂)의 하나. ○赤騮(적류)−<십이기>에는 꼬리가 검고 몸체는 빨간 말이라고 했다. ○竽笙(우생)−우(竽)는 큰 생(笙). 두 가지 모두 관악기이다. ○戟(극)−쌍날이 달린 창. ○明堂左个(명당좌개)−여기서 말하는 명당은 좁은 의미의 명당으로서 5실(室)로 이루어진 이른바 명당의 남쪽 당(堂). ○歲(세)−하(夏). ○太尉(태위)−무관(武官)의 최고 벼슬. 대사마(大司馬)에 해당한다. ○贊(찬)−주상(奏上)하다. ○靡草(미초)−냉이. ○田(전)−농사를 주관하는 관리.

중하(仲夏)의 달, 이달에 초요(招搖)는 오(午)의 방향을 가리키며, 일몰(日沒)에는 항수(亢宿)가 남중(南中)하고 일출(日出)에는 위수(危宿)가 남중한다. 위(位)로는 남방(南方), 일(日)로는 병정(丙丁)에 해당한다. 동물로는 우(羽), 음(音)으로는 치(徵), 율(律)로는 유빈(蕤賓)에 해당한다. 수(數)로는 칠(七), 맛으로는 고(苦), 냄새로는 초(焦), 비는 곳은 부뚜막이고 제사에는 폐(肺)를 먼저 바친다. 소서(小暑)가 오고 사마귀가 나타나며 왜가리가 울고 때까치가 목소리를 죽인다.

천자(天子)는 적의(赤衣)를 입고 적류(赤騮)의 말을 타며 적옥(赤

玉)을 차고 적기(赤旗)를 세운다. 콩과 닭을 먹고 팔풍(八風)의 물을 마시며 산뽕나무를 땐 불로 취사를 한다. 남궁(南宮)에서 여자를 부르는데 적색의 옷을 입고 적채(赤采)를 몸에 걸치고 우생(竽笙)을 분다. 무기(武器)로는 극(戟), 가축으로는 닭이다.

명당(明堂)의 태묘(太廟)에서 조회하고 악사(樂師)에게 명하여 소고(小鼓)[鞀], 말 위에서 치는 소고(小鼓)[鼖], 금슬, 관(管), 소(簫)를 손에 들고 우지(竽篪)를 조정하고, 종경(鐘磬)을 준비하고, 방패, 도끼, 창, 깃발을 단 창을 잡게 한다. 관리에게 명하여 백성들을 위해 산천(山川)의 수원(水源)에 제사를 지내도록 하고 상제(上帝)에게 성대한 기우제를 지내는데 그때 성대한 음악을 사용토록 한다.

천자는 병아리와 함께 수수를 맛보고 앵두를 먹는데 그때 우선 조묘(祖廟)에 바친다. 백성들에게 금하기를 남(藍)을 베어 염색하는 일이라든가 초목을 태워 재를 만드는 일이 없도록 하고 천을 바래지 않도록 한다.

문과 여(閭)를 닫지 못하게 하고 관(關), 시(市)를 징수하지 못하게 하고 중죄인의 형을 감형해 주고 음식을 늘여 주며 아내가 없는 자, 남편이 없는 자를 긍휼히 여기고 나랏일로 인하여 죽은 사람의 자손을 구호한다. 암말은 무리에서 떼어 갈라두고 날뛰고 다니는 망아지는 잡아다가 말을 기르는 관원에게 맡기는 등의 정령(政令)을 반포한다.

낮의 길이가 제일 길며 음양의 기(氣)가 다투고 죽음과 삶이 나뉘어진다. 군자(君子)는 재계하고 몸을 신중히 하며 조급해하지 말고 음성과 용모에 절도를 갖는 한편 양념을 담백하게 한다. 백관은 평정을 기하고 사물에 조심한 연후에 행동하되 살며시 눈트는 음기(陰氣)의 생성을 안정시킨다. 사슴의 뿔이 빠져서 떨어지고 매미가 울기 시작한다. 약초가 나고 무궁화가 핀다. 백성에게 금하기를 불을 내지 않도록 한다. 높고 전망이 좋은 장소에 있으면서 멀리 바라보고 구릉

(丘陵)에 올라가 고대(高臺)의 당(堂)에 있는 것이 좋다.

중하(仲夏)에 동령(冬令)을 행하면 우박과 싸라기눈이 곡물을 해치고 도로는 통하지 않으며 광포한 군대가 내습한다. 춘령(春令)을 행하면 오곡이 여물지 않고 백등(百螣)이 일제히 발생하여 나라 안은 기근에 허덕이게 된다. 추령(秋令)을 행하면 초목이 시들어 말라 떨어지고 과실은 시기에 맞지 않게 조숙하며 백성은 역병(疫病)에 시달린다. 5월은 상(相)을 임명한다. 나무로는 느릅나무이다.

原文 仲夏之月. 招搖指午, 昏亢中, 旦危中. 其位南方, 其日丙丁. 其蟲羽. 其音徵, 律中蕤賓. 其數七. 其味苦, 其臭焦. 其祀竈, 祭先肺. 小暑至, 螳蜋生, 鵙始鳴, 反舌無聲. 天子衣赤衣, 乘赤騮, 服赤玉, 載赤旗. 食菽與雞, 服八風水, 爨柘燧火. 南宮御女, 赤色衣, 赤采, 吹竽笙. 其兵戟. 其畜雞. 朝于明堂太廟, 命樂師, 脩鞀鼗琴瑟・管簫, 調竽簴, 飾鐘磬, 執干戚・戈羽. 命有司, 爲民祈祀山川百源, 大雩帝, 用盛樂.

天子以雛嘗黍, 羞以含桃, 先薦寢廟. 禁民無刈藍以染, 毋燒灰, 毋暴布. 門閭無閉, 關市無索, 挺重囚, 益其食, 存鰥寡, 振死事. 游牝別其羣, 執騰駒, 班馬政, 日長至, 陰陽爭, 死生分. 君子齋戒, 愼身無躁, 節聲色, 薄滋味. 百官靜, 事無徑, 以定晏陰之所成. 鹿角解, 蟬始鳴, 半夏生, 木堇榮. 禁民無發火. 可以居高明, 遠眺望, 登丘陵, 處臺榭.

仲夏行冬令, 則雹霰傷穀, 道路不通, 暴兵來至. 行春令, 則五穀不孰, 百螣時起, 其國乃饑. 行秋令, 則草木零落, 果實蚤成, 民殃於疫. 五月官相. 其樹楡.

註解 ○午(오)-남방(南方). ○亢(항)-28수(宿)의 하나. ○危(위)-28

수의 하나. ㅇ蕤賓(유빈)−육률(六律)의 하나. ㅇ焦(초)−단내. 눋은 냄새.
ㅇ小暑(소서)−더위가 점점 더해갈 때. 24기(氣)의 하나. ㅇ明堂太廟(명
당태묘)−명당(明堂 : 5室로 이루어진 이른바 明堂의 남쪽 堂)의 중앙
방. ㅇ挺(정)−느슨하게 하다. ㅇ振死事(진사사)−선인(先人)은 난(難)으로
죽는 일이 있으면 그 자손을 진기(振起)한다란 뜻. ㅇ班(반)−고하다. ㅇ馬
政(마정)−양마관(養馬官). ㅇ事無徑(사무경)−상세히 파악한 다음에 행하
는 것. ㅇ解(해)−떨어지다. ㅇ榮(영)−피다. ㅇ臺榭(대사)−흙을 사방에
높이 쌓아 올린 것을 대(臺)라고 하며 그 위에 세운 건물을 사(榭)라고
한다. ㅇ百螣(백등)−메뚜기의 큰 무리. ㅇ相(상)−재상(宰相).

계하(季夏)의 달, 이달에 초요(招搖)는 목(木)의 방향을 가리키고
일몰(日沒)에는 심수(心宿)가 남중(南中)하며, 일출(日出)에는 규수
(奎宿)가 남중(南中)한다. 위(位)로는 중앙, 일(日)로는 무기(戊己)에
해당하며 성덕(盛德)은 토(土)에 있다. 동물로는 영(臝), 음(音)으로
는 궁(宮), 율(律)은 백종(百鐘)에 해당한다. 수(數)로는 오(五), 맛으
로는 감(甘), 냄새로는 향(香)이다. 비는 곳은 중앙의 방[中霤], 제사
에는 심장(心臟)을 먼저 바친다. 서늘한 바람이 불기 시작하고 귀뚜
라미가 서남쪽 모퉁이의 방[奧]에서 살며, 매가 날개를 퍼덕이는 연
습을 하고 썩은 풀이 변화하여 노래기가 된다.
　천자(天子)는 황의(黃衣)를 입고 황류(黃騮)의 말에 타고 황옥(黃
玉)을 차고 황기(黃旗)를 세운다. 기장과 소를 먹고 팔풍(八風)의 물
을 마시며 산뽕나무를 때는 불에 취사를 한다. 중궁(中宮)에서 여자
를 부르는데 황색 옷을 입고 황채(黃采)를 몸에 걸친다. 무기(武器)
로는 검(劍), 가축으로는 소이다. 중궁(中宮)에서 조회하고 고기잡이
를 관장하는 관리에게 명하여 상어와 악어를 잡게 하고 또 거북과 푸
른바다거북을 잡게 한다.

지택(池澤)을 주관하는 관리〔澤人〕에게 명하여 국용(國用)으로 바치는 갈대〔材葦〕를 수납케 한다. 사감대부(四監大夫)에게 명하여 백현(百縣)의 질추(秩芻)로 희생용 동물을 기르게 하여 옥황상제(玉皇上帝)·명산·대천·사방의 신(神)·종묘(宗廟)·사직(社稷)에 바치고 백성들을 위해 복을 빌고 시혜한다. 죽은 자를 조상하고 환자를 문병하며 노인을 위로하면서 쌀죽을 주고, 방석을 두껍게 해주며 만물의 끝을 온전케 해서 보낸다. 부관(婦官)에게 명하여 천을 염색케 하되 청·황·백·흑 등의 모양과 배색이 선미(善美)하지 않은 것이 없도록 하고 종묘의 옷을 짓는 데 공급하며 반드시 모두 선명하게 한다.

이달은 수목이 무성해지는데 그것을 벌채하는 일이 없도록 한다. 제후들을 모아서 토목공사를 일으키거나 백성들을 동원하여 전쟁을 일으키거나 해서는 안된다. 반드시 천벌이 내릴 것이다. 흙은 습윤하여 찌는 듯 덥고 이따금 큰비가 내린다. 풀을 베어 퇴비를 만들어 가지고 논밭에 뿌림으로써 토양을 기름지게 하는 것이 좋다.

계하(季夏)에 춘령(春令)을 행하면 곡물의 열매가 시들어 떨어지고 풍해(風欬)가 만연하여 백성들은 나라를 버리고 옮겨가지 않으면 안 된다. 추령(秋令)을 행하면 구(丘)·습(隰)에 큰비가 내리며 가장(稼穡)은 여물지 않고, 부녀(婦女)의 재액(災厄)이 많다. 동령(冬令)을 행하면 찬바람이 시절에 맞지 않게 불며, 매와 새매가 일찍부터 먹이를 잡고, 사방의 백성이 성곽으로 피난한다. 6월에는 소내(少內)를 임명한다. 나무로는 가래나무가 해당된다.

原文　季夏之月, 招搖指未, 昏心中, 旦奎中. 其位中央, 其日戊己, 盛德在土. 其蟲羸, 其音宮, 律中百鐘. 其數五. 其味甘, 其臭香. 其祀中霤, 祭先心. 涼風始至, 蟋蟀居奧, 鷹乃學習, 腐草化爲蚈. 天子衣黃衣, 乘黃騮, 服黃玉, 建黃旗. 食稷與牛, 服八風水,爨柘燧火. 中宮御女, 黃色衣, 黃采. 其兵劒. 其畜牛, 朝于中宮.
乃命漁人, 伐蛟取鼉, 登龜取黿. 令湳人, 入材葦. 命四監大夫, 令
百縣之秩芻, 以養犧牲, 以供皇天上帝·名山大川·四方之神·宗
廟社稷, 爲民祈福行惠. 令弔死問疾, 存視長老, 行稃鬻, 厚席蓐,
以送萬物歸也. 命婦官染采, 黼黻文章·靑黃白黑, 莫不質良, 以
給宗廟之服, 必宣以明.

　是月也, 樹木方盛, 勿敢斬伐. 不可以合諸侯, 起土功, 動衆興
兵. 必有天殃. 土潤溽暑, 大雨時行. 利以殺草糞田疇, 以肥土彊.

　季夏行春令, 則穀實解落, 多風欬, 民乃遷徙. 行秋令, 則丘隰水
潦, 稼穡不孰, 乃多女災. 行冬令, 則風寒不時, 鷹隼蚤摯, 四鄙入
保. 六月官少內. 其樹梓.

註解　○未(미)－남남서(南南西)의 방각(方角). ○心(심)－28수(宿)의
하나. ○奎(규)－28수의 하나. ○其位中央(기위중앙)……祭先心(제선심)－
이 구절과 거의 같은 내용이 <월령>이라든가 <십이기>에서는 계하(季
夏)의 조(條) 끝에 '중앙'이란 조로 부기(付記)되어 있다. 영(贏)은 우모
인개(羽毛鱗介)를 가지지 않은 것을 가리킨다. ○宮(궁)－오음(五音)의 하
나. ○百鐘(백종)－육려의 하나. 임종(林鐘)을 가리킨다. ○鷹乃學習(응내
학, 습)－매가 날개를 퍼덕이는 연습을 하는 것. ○朝于中宮(조우중궁)－
'중궁(中宮)'이란 5실(室)로 이루어진, 이른바 명당(明堂) 중앙의 대묘대
당(大廟大堂). ○蛟(교)－상어류. <설림훈(說林訓)>에 '교(蛟)는 물고기
의 속(屬)'이라고 했다. ○登(등)－'잡다'를 특별히 경어체로 한 말. ○秩
芻(질추)－질(秩)은 상(常). 항상 바쳐야 하는 목초(牧草). ○稃鬻(부죽)－
부(稃)는 쌀. ○黼黻文章(보불문장)－백(白)과 흑(黑)의 배색을 보(黼)라
하고, 청(靑)과 적(赤)의 배색을 불(黻)이라 한다. 흑과 적의 배색을 문
(文)이라 하고, 적과 백의 배색을 장(章)이라 한다. ○質良(질량)－질(質)
은 미(美), 양(良)은 선(善)이다. ○宣以明(선이명)－선(宣)은 편(徧), 명

(明)은 선명하다는 뜻. ○溽暑(욕서)−무더위. ○風欬(풍해)−기침이 나오
는 감기. ○女災(여재)−갓난아기가 자라지 않은 것을 가리킴. ○摯(지)
−사냥감을 잡다. ○四鄙入保(사비입보)−사계(四界)의 백성이 모두 성
곽에 들어가 스스로 지키는 것을 뜻함. ○少內(소내)−국고의 수입을 주
관하는 관리.

　맹추(孟秋)의 달, 이달에 초요(招搖)는 신(申)의 방향을 가리키며
일몰(日沒)에는 두수(斗宿)가 남중(南中)하고 일출(日出)에는 필수
(畢宿)가 남중한다. 위(位)로는 서방(西方), 일(日)로는 경신(庚辛)에
해당하며 성덕(盛德)은 금(金)에 있다. 동물로는 모(毛), 음(音)으로
는 상(商), 율(律)은 이칙(夷則)에 해당한다. 수(數)로는 구(九), 맛으
로는 신(辛), 냄새로는 성(腥)이다. 비는 곳은 문(門), 제사에는 간장
(肝臟)을 먼저 바친다. 서늘한 바람이 불고 백로(白露)가 내린다. 한
선(寒蟬)이 울고 매는 잡은 새를 늘어놓는다.
　이달에 비로소 형육(刑戮)을 실시한다. 천자(天子)는 백의(白衣)를
입고 백락(白駱)의 말에 타며 백옥(白玉)을 차고 백기(白旗)를 세운
다. 마(麻)의 열매와 개를 먹고 팔풍(八風)의 물을 마시며, 산뽕나무를
땔 불로 취사를 한다. 서궁(西宮)에서 여자를 부르는데 백색 옷을 입
고 백채(白采)를 몸에 걸치고 백종(白鐘)을 친다. 무기(武器)로는 월
(戉), 동물로는 개이다. 총장(總章)의 당(堂) 왼쪽 작은 방에서 조회를
하고 추령(秋令)을 발포한다. 불효부제(不孝不悌)한 자, 육포(戮暴)를
행하는 버릇없는 자를 색출하여 처벌하고 손기(損氣)를 돕는다.
　입추(立秋) 날, 이날에 천자는 스스로 삼공(三公)・구경(九卿)・대
부(大夫)를 거느리고 서방(西方) 교외에서 세(歲：秋)를 맞고, 돌아
와서는 군솔(軍率)・무인(武人)에게 조정에서 상을 준다. 장수(將帥)

에게 명하여 병졸을 선발하고 무기를 다루게 하되 걸출한 자를 선발해서 훈련을 시키고 공적이 있는 자에게 임무를 주어, 불의한 자를 정벌케 하고 포악한 자는 힐문하여 주멸해서 천하를 평화롭게 만든다.

관리에게 명하여 법칙을 정비하고 형옥(刑獄)을 정돈하며 간사한 짓을 금하게 하고 재판을 엄밀히 하도록 하며 소송을 공평하게 다루도록 한다. 천지는 숙연해지기 시작하고 만물은 무성한 상태를 유지하지 못하게 된다. 이달에 농작물은 비로소 숙성한다.

천자는 새 곡식을 맛보는데 그때 우선 조묘(祖廟)에 바친다. 백관에게 명하여 추수를 시작하고 제방을 완전케 하며 성채를 견고히 하고 홍수에 대비하여 성곽과 궁전을 수선케 한다. 후(侯)를 봉한다거나 대관(大官)을 임명한다거나 성대한 선물을 보낸다거나 대사(大使)를 파견하는 일이 없도록 한다.

이달의 월령을 행하면 서늘한 바람이 30일 동안 분다. 맹추(孟秋)에 동령(冬令)을 행하면 음기(陰氣)가 압도하여 개충(介蟲)이 곡식을 해치고 외적이 내습한다. 춘령(春令)을 행하면 나라 안에 한발(旱魃)이 일어나며 양기(陽氣)가 다시 돌아와서 오곡이 여물지 않는다. 하령(夏令)을 내리면 나라 안에 화재가 많이 일어나고 한서(寒暑)가 불순해지며 백성에게 학질이 유행한다. 7월에는 고(庫)를 임명한다. 나무로는 멀구슬나무가 해당된다.

原文   孟秋之月. 招搖指申, 昏斗中, 旦畢中. 其位西方, 其日庚辛, 盛德在金. 其蟲毛. 其音商, 律中夷則. 其數九. 其味辛, 其臭腥. 其祀門, 祭先肝. 涼風至, 白露降. 寒蟬鳴, 鷹乃祭鳥. 用始行戮. 天子衣白衣, 乘白駱, 服白玉, 建白旗. 食麻與犬, 服八風水, 爨柘燧火. 西宮御女, 白色衣, 白采, 撞白鐘. 其兵戈. 其畜狗. 朝于總章左个, 以出秋令. 求不孝不悌, 戮暴傲悍而罰之, 以助損氣.

立秋之日. 天子親率三公・九卿・大夫, 以迎歲于西郊, 還乃賞
軍率・武人於朝. 命將率, 選卒厲兵, 簡練桀俊, 專任有功, 以征不
義, 詰誅暴慢, 順彼四方. 命有司, 脩法制, 繕囹圄, 禁姦塞邪, 審
決獄, 平詞訟. 天地始肅, 不可以嬴. 是月農始升穀. 天子嘗新, 先
薦寢廟. 命百官, 始收斂, 完隄防, 謹障塞, 以備水潦, 脩城郭, 繕
宮室. 毋以封侯立大官, 行重幣出大使.

行是月令, 涼風至三旬. 孟秋行冬令, 則陰氣大勝, 介蟲敗穀, 戎
兵乃來. 行春令, 則其國乃旱, 陽氣復還, 五穀無實. 行夏令, 則國
多火災, 寒暑不節, 民多瘧疾. 七月官庫. 其樹楝.

註解 ○申(신)−서남서(西南西)의 방각(方角). ○斗(두)−28수(宿)의
하나. ○畢(필)−28수의 하나. ○商(상)−오음(五音)의 하나. 오행의 배당
으로는 금(金)에 해당한다. ○夷則(이칙)−육률의 하나. ○白駱(백락)−검
은색 갈기를 가진 백마(白馬). ○總章左个(총장좌개)−총장(總章)은 명
당(明堂)의 서향(西向) 당(堂). 좌개(左个)는 그 남쪽의 작은 방. ○介蟲
(개충)−갑라(甲羅)라든가 껍질을 가진 동물. <십이기>에는 '개충은 거
북의 속(屬)이다'라고 했다. ○庫(고)−무기고를 관리하는 관원.

중추(仲秋)의 달, 이달에 초요(招搖)는 유(酉)의 방향을 가리키고
일몰(日沒)에는 견우수(牽牛宿)가 남중(南中)하며 일출(日出)에는 자
준수(觜嶲宿)가 남중한다. 위(位)로는 서방(西方), 일(日)로는 경신
(庚辛)에 해당된다. 동물로는 모(毛)이고 음(音)으로는 상(商), 율(律)
로는 남려(南呂)에 해당한다. 수(數)로는 구(九), 맛으로는 신(辛), 냄
새로는 성(腥), 비는 곳은 문(門), 제사에는 간장(肝臟)을 우선 바친
다. 서늘한 바람이 불어오고 기러기가 북쪽으로 날아가며 제비는 남

쪽으로 돌아가고 뭇 새가 하늘을 비상한다.

천자(天子)는 백의(白衣)를 입고 백락(白駱)에 타고 백옥(白玉)을 차고 백기(白旗)를 세운다. 마(麻)의 열매를 개와 함께 먹고 팔풍(八風)의 물을 마시며 산뽕나무를 땐 불로 취사를 한다. 서궁(西宮)에서 여자를 부르는데 백색의 옷을 입고 백채(白采)를 몸에 걸치고 백종(白鐘)을 두드린다. 무기(武器)로는 큰 도끼[戉], 가축으로는 개이다.

총장(總章)의 당(堂) 태묘(太廟)에서 조회를 한다. 관리에게 명하여 형벌을 다시 엄격하게 하고 참살(斬殺)의 형은 반드시 적확하게 행하여 굽히거나 가감(加減)을 하지 못하도록 한다. 판결한 형벌이 적확하지 않으면 도리어 재앙을 받게 될 것이다. 이달에는 장로(長老)를 봉양하는데 궤장(几杖)을 주고 죽을 내리어 음식의 예를 갖춘다. 또 재축관(宰祝官)에게 명하여 희생을 바칠 때 가축을 장부로 조사하고 살이 쪘는지 여위었는지, 결함은 없는지, 털의 색깔은 순수한지를 조사케 하고, 색깔의 윤기도 관찰하고 종별(種別)을 음미하고 대소(大小)를 계량하고 노유(老幼)를 조사하여 희생으로서 부적절하지 않도록 한다.

그런 다음에 천자는 귀신을 내쫓고 추기(秋氣)를 제어한다. 개와 함께 마(麻)의 열매를 맛보는데 그때 먼저 조묘(祖廟)에 바친다. 이달에는 성곽을 쌓고 도읍을 조영(造營)하며 물을 빼는 용수로[竇]라든가 저장용 혈창(穴倉)[窌]을 파고 곡물창고를 수리하는 게 좋다. 또 관리에게 명하여 백성들로 하여금 납세를 잘하도록 독려하고 채소를 창고 안에 많이 비축토록 하며 보리 심기를 권장한다. 만약 시기를 잃는 자가 있으면 단호하게 처벌한다.

이달에는 우레가 겨우 몇으며 겨울잠을 자는 동물들은 그 입구를 막는데 살기(殺氣)는 점차 그 세(勢)를 더해나가고 양기는 날로 쇠해가며 물은 마르기 시작한다. 낮과 밤의 길이가 똑같은 추분(秋分)이 되면 도량(度量)을 통일하고 권(權)과 형(衡)을 균일하게 하며 균석(鈞石)의 단위를 바르게 하고 두용(斗桶)을 똑같게 한다. 관소(關所)와 시장(市場)을 정비하여 상인을 왕래케 하고 재화(財貨)를 수입하여 백성들의 생활에 편리하도록 한다. 사방에서 모여들고 먼 곳에서도 모두 찾아와 재물은 부족하지 않게 된다. 상(上)도 결핍함이 없어서 모든 사물이 순조로워진다.

중추(仲秋)에 춘령(春令)을 내리면 가을비가 내리지 않아 초목은 꽃을 피지 못하고 나라 안에 큰 공황이 일어난다. 하령(夏令)을 행하면 그 나라에 한발(旱魃)이 일어나고 겨울잠을 자는 동물이 겨울잠에 들지를 못하며 곡물이 모두 다시 소생한다. 동령(冬令)을 행하면 풍재(風災)가 자주 일어나고 우레가 일찍부터 치지 않아 초목은 일찍이 시들어 떨어진다. 8월은 위(尉)를 임명한다. 나무로는 산뽕나무에 해당한다.

原文 仲秋之月. 招搖指酉, 昏牽牛中, 旦觜嶲中. 其位西方, 其日庚辛. 其蟲毛. 其音商, 律中南呂. 其數九. 其味辛, 其臭腥. 其祀門, 祭先肝. 涼風至, 候鴈來, 玄鳥歸, 羣鳥翔. 天子衣白衣, 乘白駱, 服白玉, 建白旗. 食麻與犬, 服八風水, 爨柘燧火. 西宮御女, 白色衣, 白采, 撞白鐘. 其兵戈. 其畜犬.

朝于總章太廟. 命月司, 申嚴百刑, 斬殺必當, 無或枉撓. 決獄不當, 反受其殃. 是月也, 養長老, 授几杖, 行糜鬻飲食. 乃命宰祝, 行犧牲, 案芻豢, 視肥瞜全粹, 察物色, 課比類, 量小大, 視少長, 莫不中度. 天子乃儺, 以御秋氣. 以犬嘗麻, 先薦寢廟. 是月可以築城郭, 建都邑, 穿竇窖, 脩囷倉. 乃命有司, 趣民收斂, 畜采多積聚, 勸種宿麥. 若或失時, 行罪無疑.

是月也, 雷乃始收, 蟄蟲培戶, 殺氣浸盛, 陽氣日衰, 水始涸. 日

夜分, 一度量, 平權衡, 正鈞石, 角斗桶. 理關市來商旅, 入貨財,
以便民事. 四方來集, 遠方皆至, 財物不匱. 上無乏用, 百事乃遂.

　仲秋行春令, 則秋雨不降, 草木生榮, 國有大恐. 行夏令, 則其國
乃旱, 蟄蟲不藏, 五穀皆復生. 行冬令, 則風災數起, 收雷先行, 草
木蚤死. 八月官尉. 其樹柘.

註解　○酉(유)―서방(西方). ○觜嶲(자준)―28수(宿)의 하나. ○南呂
(남려)―육려의 하나. ○太廟(태묘)―총장(總章)의 중앙에 있는 방. ○申
(신)―<월령>에 '신(申)은 중(重)이다'라고 했다. ○枉撓(왕요)―왕(枉)
은 곡(曲), 요(撓)는 약(弱). ○宰祝(재축)―제사를 관장하는 관원. ○案
(안)―그 부서(簿書)를 연구하여 이를 열조(閱祖)토록 하는 것. ○芻豢
(추환)―풀을 먹여 기르는 것이 추(芻), 곡식을 주어 기르는 것이 환(豢)
이다. 즉 모두 가축을 의미함이다. ○肥臞全粹(비구전수)―비(肥)는 살찌
다. 구(臞)는 여위다. 전(全)은 결함이 없다. 수(粹)는 털 색깔이 순수한
것. ○御(어)―멎는 것. ○鈞石(균석)―무게의 단위. 30근이 균(鈞)이고 120
근이 석(石)이다. ○尉(위)―무관(武官).

계추(季秋)의 달, 이달에 초요(招搖)는 술(戌)의 방향을 가리키며
일몰(日沒)에는 허수(虛宿)가 남중(南中)하고 일출(日出)에는 유수
(柳宿)가 남중한다. 위(位)로는 서방(西方), 일(日)로는 경신(庚辛)이
다. 동물로는 모(毛)이고 음(音)으로는 상(商), 율(律)로는 무역(無射)
에 해당한다. 수(數)로는 구(九), 맛으로는 신(辛), 냄새로는 성(腥)이
다. 비는 곳은 문(門), 제사에는 간장(肝臟)을 먼저 바친다. 기러기가
날아가고 처마 밑에 살던 참새는 바다에 들어가 조개가 된다. 국화나
무에 노란 꽃이 피고, 승냥이는 잡은 짐승을 늘어놓으며 맹수(猛獸)
를 죽인다.

천자(天子)는 백의(白衣)를 입고 백락(白駱)의 말에 타고 백옥(白玉)을 차고 백기(白旗)를 세운다. 마(麻)의 열매를 개와 함께 먹으며 팔풍(八風)의 물을 마시고 산뽕나무를 땐 불로 취사를 한다. 서궁(西宮)에서 여자를 부르는데 백색 옷을 입고 백채(白采)를 몸에 걸치고 백종(白鐘)을 두드린다. 무기(武器)로는 월(戉), 가축으로는 개이다. 총장(總章)의 당(堂) 오른쪽 작은 방에서 조회를 한다.

관리에게 명하여 호령을 다시 엄격하게 하고 백관·귀천(貴賤) 모두가 거두어 저장하는 데 전념케 하며 천지의 수장(收藏)에 맞추어 방출(放出)하는 일이 없도록 시킨다. 또 총재(冢宰)에게 명하여 농사를 모두 추수케 하고 오곡의 장부를 정하되 제(帝)의 적전(籍田)에 대한 수확을 신저(神抵)를 위한 창고에 수납토록 한다.

이달에는 서리가 내리기 시작하며 공인(工人)들은 일을 쉰다. 관리에게 명하여 이렇게 말한다. '한기(寒氣)가 온전히 도래하여 민력(民力)은 그것을 감당해내지 못한다. 모두 방에 들도록 하라'. 상순(上旬) 정(丁)의 날에, 학교로 들어가 취주(吹奏)를 배우게 하고 성대하게 상제(上帝)를 향응케 하며, 희생을 맛보고 제후(諸侯)를 회합시키며 제현(諸縣)을 제어한다. 내년을 위해 삭일(朔日)과, 제후(諸侯)가 백성에게 부과할 세금 기준을 정하고, 공물(貢物)의 수(數)는 원근(遠近)이라든가 특산물을 가지고 기준을 세운다. 또 수렵을 가르치고 5가지의 무기를 익히도록 한다.

태복(太僕)과 칠추(七騶)에게 명하여 모든 수레에 말을 붙들어 매고 정기(旌旗)를 세우되, 등급에 따라 모든 관원에게 알맞도록 분배하여 문밖에 정렬토록 한다. 사도(司徒)는 채찍을 허리띠에 차고 북면(北面)하여 다시 한 번 위의(威儀)를 갖춘다. 천자는 여복(厲服)을 입고 장식을 폭넓게 하고 활을 들어 화살을 메우고 수렵을 한다.

주사(主祠)에게 명하여 금(禽)을 사방에 제사지내게 한다. 이달에 초목은 누렇게 시들어 떨어진다. 그러므로 나무를 베어 숯을 굽는다. 겨울잠을 자는 동물은 모두 칩거한다. 형옥(刑獄)을 재촉하여 죄인을 지체 없이 처벌토록 하고 봉록(俸祿)이 부당한 자와 나라의 부양(扶養)이 부적절한 자로부터 그것을 몰수한다. 도로를 개통 정비하기를 국경지대로부터 도읍에 이르기까지 철저하게 한다. 이달에는, 천자는 개와 함께 마(麻)의 열매를 맛보는데 그때 우선 조묘(祖廟)에 바친다.

계추(季秋)에 하령(夏令)을 행하면 나라 안에 홍수가 일어나며 겨울철을 대비하기 위한 저장물이 부패하고 백성들에게는 구질(軌窒)이 유행한다. 동령(冬令)을 행하면 나라 안에 도둑이 횡행하고 변경은 불안한 상태가 되며 토지는 외적에 의해 분할당한다. 춘령(春令)을 내리면 따뜻한 바람이 불어 민풍(民風)이 게을러지며, 군대가 일제히 봉기한다. 9월에는 후관(候官)을 임명한다. 나무로는 느티나무에 해당된다.

原文 季秋之月. 招搖指戌, 昏虛中, 旦柳中. 其位西方, 其日庚辛. 其蟲毛. 其音商, 律中無射. 其數九. 其味辛, 其臭腥. 其祀門, 祭先肝. 候鴈來, 賓雀入大水爲蛤. 菊有黃華, 豺乃祭獸戮禽. 天子衣白衣, 乘白駱, 服白玉, 建白旗. 食麻與犬, 服八風水, 爨柘燧火. 西宮御女, 白色衣, 白采, 撞白鐘. 其兵戈. 其畜犬. 朝于總章右个. 命有司, 申嚴號令, 百官貴賤, 無不務入, 以會天地之藏, 無有宣出. 乃命冢宰, 農事備收, 擧五穀之要, 藏帝籍之收於神倉.

是月也, 霜始降, 百工休. 乃命有司曰, 寒氣總至, 民力不堪, 其皆入室. 上丁入學習吹, 大饗帝, 嘗犧牲, 合諸侯, 制百縣. 爲來歲, 受朔日與諸侯所稅於民輕重之法, 貢歲之數, 以遠近·土地所宜爲度. 乃敎於田獵, 以習五戎. 命太僕及七騶, 咸駕戴旌, 授車以級, 皆正設于屛外. 司徒搢朴, 北嚮以贊之. 天子乃厲服廣飾, 執弓操

矢以獵. 命主祠, 祭禽四方. 是月草木黃落. 乃伐薪爲炭. 蟄蟲咸
俯. 乃趣獄刑, 毋留有罪, 收祿秩之不當, 供養之不宜者. 通路除
道, 從境始至國而后已. 是月天子乃以犬嘗麻, 先薦寢廟.

  季秋行夏令, 則其國大水, 冬藏殃敗, 民多鼽窒. 行冬令, 則國多
盜賊, 邊竟不寧, 土地分裂. 行春令, 則煖風來至, 民氣解墮, 師旅
竝興. 九月官候. 其樹槐.

註解 ○戌(술)−서북서(西北西)의 방각(方角). ○虛(허)−28수(宿)의
하나. ○柳(유)−28수의 하나. ○無射(무역)−육률의 하나. ○賓雀(빈작)−
노작(老雀). 사람의 당우(堂宇)에 서숙(栖宿)하는 것이 빈객과 같다 하여
빈(賓)이라고 한다. <월령>에서는 '홍안내빈(鴻鴈來賓), 작입대수위합(爵
入大水爲蛤)'으로 되어 있다. 한편 <지형훈(墜形訓)>에서는 이것을 입동
(入冬) 때의 일이라고 하였다. ○豺(시)−이리의 종류. 개와 비슷하며 꼬
리가 길고 그 색깔은 누렇다. ○宣出(선출)−드러내다. 나타내다. ○擧五
穀之要(거오곡지요)−요(要)는 부서(簿書)이다. <월령>에 '조세(租稅)를
정하는 것'이라고 했다. ○帝籍(제적)−천자의 적전(籍田). 적전이란 천자
가 조묘(祖廟)에 바치기 위한 쌀을 농사짓는 논. ○上丁(상정)−상순(上
旬)의 정일(丁日). ○貢歲(공세)−제후가 천자에게 바치는 공물(貢物). ○
五戎(오융)−도(刀)·검(劍)·모(矛)·극(戟)·시(矢)이며   융(戎)이란
무기(武器)를 뜻한다. ○太僕(태복)−거가(車駕)를 다루는 관리. ○七騶
(칠추)−말을 다루는 관리. ○贊(찬)−위의(威儀)를 갖추는 것. ○厲服(여복)−
위압적인 군복. ○廣飾(광식)−차는 장식을 넓게 하다. ○禽(금)−처음으
로 짐승을 잡은 사람. 처음으로 짐승을 잡은 자의 것으로 사방에 제사지
내어 그 공에 보답한다. 그 신(神)이 있는 곳을 알지 못하므로 널리 이를
사방에서 찾는다. ○殃敗(앙패)−부패하다. ○鼽窒(구질)−콧병. ○師旅(사
려)−사(師)는 2천5백 명의 군단(軍團), 려(旅)는 5백 명. ○候(후)−적국
의 상황을 조사하는 관리.

맹동(孟冬)의 달, 이달에 초요(招搖)는 해(亥)의 방향을 가리키며 일몰(日沒)에는 위수(危宿)가 남중(南中)하고 일출(日出)에는 칠성수(七星宿)가 남중한다. 위(位)로는 북방(北方), 일(日)로는 임계(壬癸)에 해당된다. 성덕(盛德)은 수(水)에 해당한다. 동물로는 개(介), 음(音)으로는 우(羽), 율(律)로는 응종(應鐘)에 해당한다. 수(數)로는 육(六), 맛으로는 함(鹹), 냄새로는 부(腐)이다. 비는 곳은 우물이고 제사에는 신장(腎臟)을 먼저 바친다.

물이 얼기 시작하고 땅도 얼어붙기 시작한다. 꿩은 큰물 속에 들어가 진(蜃)이 되며 무지개는 숨어서 안보이게 된다. 천자(天子)는 흑의(黑衣)를 입고 현려(玄驪)에 타며 현옥(玄玉)을 차고 현기(玄旗)를 세운다. 기장과 돼지를 먹고 팔풍(八風)의 물을 마시며 소나무를 땐 불로 취사를 한다. 북궁(北宮)에서 여자를 부르는데 검은 옷을 입고 흑채(黑采)를 몸에 걸치며 경석(磬石)을 친다. 무기(武器)로는 쇄(鍛), 가축으로는 돼지이다.

현당(玄堂) 왼쪽 작은 방에서 조회를 하며 동령(冬令)을 발포한다. 관원에게 명하여 숱한 금령(禁令)들을 정비하고 밖으로 이동하는 것을 금하며 성리(城里)의 문을 닫고, 대대적으로 손님들을 찾아내어 형벌을 가하고 처벌할 사람을 죽이며, 윗사람에게 아부하여 법을 어지럽히는 자를 죽인다.

입동일(立冬日), 이날에 천자(天子)는 스스로 삼공(三公)·구경(九卿)·대부(大夫)를 거느리고 북쪽 교외에서 세(歲)를 맞으며 귀환하여, 국사(國事)를 위해 죽은 사람을 포상하고 고아와 과부를 도와준다. 이날에 태축(太祝)에게 명하여 신위(神位)에 기도하고 귀책(龜策)을 점쳐서 그 괘조(卦兆)를 알아보고 길흉을 관찰케 한다. 그런 다음 천자는 비로소 구(裘)를 입고 백관에게 명하여 엄격하게 저장토록 한다.

사도(司徒)에게 명하여 곡물을 집적(集積)하고 성곽을 수리하며 성리(城里)의 문을 경계하고, 문의 빗장을 엄중하게 하고 자물쇠에 주의를 기울이며 봉인을 견고히 하도록 시킨다. 변경의 수비를 굳게 하고 요새를 완전케 하며 야산의 간도(間道)를 끊는다.

상사(喪事)의 월수(月數)를 철저히 지키게 하고 관곽(棺槨)이라든가 의금(衣衾)의 두께를 상세히 조사하며 구롱(丘壟)의 대소고저(大小高低)를 재고 귀천존비(貴賤尊卑)의 각 등급을 명확하게 정한다. 이달에는 공관(工官)의 장(長)이 그 업적을 제출하고 제기(祭器)를 진열하여 그 법식을 알아보며 견실정치(堅實精緻)한 것을 그 상(上)으로 한다. 공관(工官)이 만약 열악태만(劣惡怠慢)한 일을 하거나 과도하게 기교를 쓰면 반드시 이를 처벌한다.

이달에는 대대적으로 겨울 제사를 지내고 술을 마시며, 천자는 명년을 천신(天神)에게 기도하고 성대하게 나라 신(神)에게도 제사를 지내는데 그것이 끝난 다음에는 선조(先祖)를 향응하고 농부들을 위로하며 휴식토록 한다. 장수에게 명하여 무술을 강의하고 사(射)·어(御)를 가르치며 힘세기를 시험토록 한다. 수우(水虞)와 어부(漁夫)에게 명하여 수천지택(水泉池澤)의 세금을 바로잡게 하는데 그때에는 너무 과도하게 하지 않도록 한다.

맹동(孟冬)에 춘령(春令)을 행하면 동폐(凍閉)의 기(氣)가 풀어지지 않고 지기(地氣)가 새며 백성들이 다수 유망(流亡)한다. 하령(夏令)을 내리면 폭풍이 다발하고 겨울철과 같은 추위가 없으며 겨울잠을 자는 동물들이 다시 기어나온다. 추령(秋令)을 행하면 눈과 서리가 때에 안 맞게 쏟아지고 작은 병란(兵亂)이 일제히 일어나며 토지를 약탈당한다. 10월에는 사마(司馬)를 임명한다. 나무로는 박달나무가 해당된다.

原文 孟冬之月. 招搖指亥, 昏危中, 旦七星中. 其位北方, 其日

壬癸. 盛德在水. 其蟲介. 其音羽, 律中應鐘. 其數六. 其味鹹, 其
臭腐. 其祀井, 祭先腎. 水始冰, 地始凍. 雉入大水爲蜃, 虹藏不見,
天子衣黑衣, 乘玄驪, 服玄玉, 建玄旗. 食黍與彘, 服八風水, 爨松
燧火, 北宮御女, 黑色衣, 黑采, 擊磬石. 其兵鎩. 其畜彘. 朝于玄
堂左个, 以出冬令. 命有司, 脩羣禁, 禁外徙, 閉門閭大搜客, 斷罰
刑, 殺當罪, 阿上亂法者誅.

立冬之日. 天子親率三公·九卿·大夫, 以迎歲于北郊, 還乃賞
死事, 存孤寡. 是月命太祝, 禱祀神位, 占龜策, 審卦兆, 以察吉凶.
於是天子始裘, 命百官, 謹蓋藏. 命司徒, 行積聚, 脩城郭, 警門閭,
脩楗閉, 愼管籥, 固封璽. 脩邊境, 完要塞, 絶蹊徑. 飭喪紀, 審棺槨
衣衾之薄厚, 營丘壟之小大高庳, 使貴賤卑尊, 各有等級. 是月也,
工師效功, 陳祭器, 案度程, 堅致爲上. 工事苦慢, 作爲淫巧, 必行
其罪. 是月也, 大飮蒸, 天子祈來年於天宗, 大禱祭于公社, 畢饗先
祖, 勞農夫以休息之. 命將率講武, 肄射御, 角力勁. 乃命水虞·漁
師, 收水泉池澤之賦, 毋或侵牟.

孟冬行春令, 則凍閉不密, 地氣發泄, 民多流亡. 行夏令, 則多暴
風, 方冬不寒, 蟄蟲復出. 行秋令, 則雪霜不時, 小兵時起, 土地侵
削. 十月官司馬. 其樹檀.

註解 ○亥(해)-북북서(北北西)의 방각(方角). ○危(위)-28수(宿)의
하나. ○七星(칠성)-28수의 하나. ○介(개)-갑라(甲羅)가 있는 것. ○羽
(우)-오음(五音)의 하나. ○應鐘(응종)-육려의 하나. ○玄驪(현려)-검은
말. ○磬石(경석)-두드리는 돌. ○鎩(쇄)-칼날 밑이 있는 칼. ○玄堂左个
(현당좌개)-현당은 명당(明堂)의 북향(北向) 당(堂). 좌개(左个)는 그 서
쪽의 작은 방. ○搜(수)-수(搜)와 같다. ○太祝(태축)-≪주례(周禮)≫ <춘
관종백(春官宗伯)>에 '대축(大祝)은 육축(六祝)의 사(辭)를 관장하고 이로

써 귀신이 나타날 때 복상(福祥)을 기도하고 영정(永貞)을 구한다'라고 되어 있다. ○蓋藏(개장)—저장(貯藏). ○楗閉(건폐)—문의 빗장. ○蹊徑(혜경)—야산에 나있는 길로서 짐승이 다니는 길. ○飭(칙)—다스린다는 뜻. ○喪紀(상기)—기(紀)는 수(數). 25월(月)의 수. 한편 25개월이란 3년상의 월수인데, 이 3년상에 대해서는 27개월이란 설과, 후세의 36개월설도 있다. ○營(영)—도(度 : 재다). ○工師(공사)—<월령>에 '공사(工師)는 공관(工官)의 장(長)이다'라 했다. ○淫巧(음교)—기교가 지나치는 것. ○飮烝(음증)—증(烝)은 겨울 제사. 이때에 성대하게 제사지내고 음주를 많이 하며 다음해의 복상(福祥)을 구한다. ○肄(이)—배우다. ○水虞(수우)—물을 관장하는 관리. ○侵牟(침모)—과도하게 거두어들이다. 모(牟)는 많다는 뜻. ○司馬(사마)—군사를 주관하는 관리.

중동(仲冬)의 달, 이달에 초요(招搖)는 자(子)의 방향을 가리키며, 일몰(日沒)에는 벽수(壁宿)가 남중(南中)하고 일출(日出)에는 진수(軫宿)가 남중하며 위(位)로는 북방(北方), 일(日)로는 임계(壬癸)에 해당된다. 동물로는 개(介), 음(音)으로는 우(羽), 율(律)로는 황종(黃鐘)에 해당한다. 수(數)로는 육(六), 맛으로는 함(鹹), 냄새로는 부(腐)이다. 빌 곳은 우물, 제사에는 신장(腎臟)을 먼저 바친다.

얼음은 점차 얼어붙고 땅에는 금이 생긴다. 간단(鶡鴠)이 울지 않게 되며 호랑이가 교미하기 시작한다. 천자(天子)는 흑의(黑衣)를 입고 철려(鐵驪)의 말에 타고 현옥(玄玉)을 차고 현기(玄旗)를 세운다. 기장과 돼지를 먹으며 팔풍(八風)의 물을 마시고 소나무를 땐 불로 취사를 한다. 북궁(北宮)에서 여자를 부르는데 흑색 옷을 입고 흑채(黑采)를 몸에 걸치고 경석(磬石)을 친다. 무기(武器)로는 쇄(鍛), 가축으로는 돼지이다.

현당(玄堂)의 태묘(太廟)에서 조회한다. 관리에게 명하여 다음과 같이 말한다. '토목공사를 일으키거나 거실을 개방하거나 또는 대중을 징발해서는 안 된다.' 이런 짓을 하는 것은 천지의 폐장(閉藏)을 여는 것이라고 한다. 겨울잠을 자는 동물들은 모두 죽고 백성들은 틀림없이 역병(疫病)에 걸리며 차례로 멸망된다. 서둘러 도둑을 잡고 음일(淫泆) 또는 거짓된 짓을 하는 자를 죽인다.

이달을 창월(暢月)이라고 한다. 엄윤(奄尹)에게 명하여 궁정의 규칙을 엄하게 하고 문(성문)과 여(閭)를 점검하며, 방실(房室)을 근엄하게 하고 엄격하게 닫아서 부인의 일을 간략하게 한다. 또 술을 주관하는 관리[大酋]에게 명하여 찹쌀[秫]과 쌀을 같은 분량으로 하고 누룩을 제때에 만들며 물에 담그고 불로 찌는 것은 반드시 청결하게 하고 우물물은 향기로운 것을 고르며 도자기는 양질의 것에 담고 불을 적당하게 조절하는 등 착오가 없도록 한다.

천자는 그런 다음 관리에게 명하여 천하의 대천(大川)·명택(名澤)에 제사지내도록 한다. 이달에는 거두어들이어 쌓아놓지 않은 농작물이라든가 들에 내팽개친 채로 둔 우마축수(牛馬畜獸)를 취하더라도 힐문(詰問)하지 아니한다. 산림수택(山林藪澤)에서 채소를 취하거나 금수(禽獸)를 사냥하는 자가 있으면 임야를 주관하는 관리[野虞]가 이를 교도한다. 그러나 탈취하는 자가 있으면 처벌하고 용서하지 않는다.

이달에는 낮의 길이가 제일 짧아지며 음양(陰陽)의 기(氣)가 다툰다. 군자는 재계하고 기거(起居)에는 반드시 몸을 근신하며 조용히 지내되 음악과 여색을 멀리하고 기욕(嗜慾)을 억누르며 신체를 안녕하게 가짐으로써 심신을 평안하게 한다. 이달에는 여지(荔枝)가 싹을 틔우고 운향(芸香)이 비로소 자라며 지렁이가 기어다니고 큰사슴의 뿔이 빠지며 샘이 용솟음친다. 그렇게 되면 수목(樹木)을 벌채하고 대나무 화살감을 채취한다. 관원 중 쓸모없는 자와 기물(器物) 중 불필요한 것들을 폐지시킨다. 궐정(闕庭:宮苑)·문려(門閭)를 수리하고 뇌옥(牢獄)을 수축한다. 이런 일들은 천지의 폐장(閉藏)을 돕기 위함이다.

중동(仲冬)에 하령(夏令)을 행하면 나라 안에 한발(旱魃)이 일어 나고 기무(氣霧)가 어둡게 끼며 우레가 친다. 추령(秋令)을 행하면 비가 자주 내려서 오이와 호리병박이 익지 않고 나라 안에 큰 전란이 일어난다. 춘령(春令)을 행하면 해충이 농작물을 해치고 우물물이 모두 마르며 백성들에게 역병(疫病)이 유행한다. 11월에는 도위(都尉)를 임명한다. 나무로는 대추나무가 해당된다.

原文 仲冬之月. 招搖指子, 昏壁中, 旦軫中. 其位北方, 其日壬 癸. 其蟲介. 其音羽, 律中黃鐘. 其數六. 其味鹹, 其臭腐. 其祀井, 祭先腎. 冰益壯, 地始坼. 鶡鴠不鳴, 虎始交. 天子衣黑衣, 乘鐵驪, 服玄玉, 建玄旗. 食黍與彘, 服八風水, 爨松燧火. 北宮御女, 黑色 衣, 黑采, 擊磬石. 其兵鎩. 其畜彘. 朝于玄堂太廟. 命有司曰, 土 事無作, 無發室居及起大衆. 是謂發天地之藏. 諸蟄則死, 民必疾 疫, 有隨以喪. 急捕盜賊, 誅淫泆詐僞之人.

命曰暢月. 命奄尹, 申宮令, 審門閭, 謹房室, 必重閉, 省婦事. 乃命大酋, 秫稻必齊, 麴蘖必時, 湛熾必潔. 水泉必香, 陶器必良, 火齊必得, 無有差忒. 天子乃命有司, 祀四海大川名澤. 是月也, 農 有不收藏積聚, 牛馬畜獸有放失者, 取之不詰. 山林藪澤, 有能取 疏食, 田獵禽獸者, 野虞敎導之. 其有相侵奪, 罪之不赦.

是月也, 日短至, 陰陽爭. 君子齋戒, 處必掩身, 欲靜去聲色, 禁 嗜欲, 寧身體, 安形性. 是月也, 荔挺出, 芸始生, 丘蚓結, 麋角解, 水泉動. 則伐樹木, 取竹箭. 罷官之無事, 器之無用者. 涂闕庭·門 閭, 築囹圄. 所以助天地之閉. 仲冬行夏令, 則其國乃旱, 氛霧冥 冥, 雷乃發聲. 行秋令, 則其時雨水, 瓜瓠不成, 國有大兵. 行春令,則蟲螟爲敗, 水泉咸竭, 民多疾癘. 十一月官都尉. 其樹棗.

註解 ○子(자)—북방(北方). ○壁(벽)—28수(宿)의 하나. ○軫(진)—28
수의 하나. ○黃鐘(황종)—12율(律)의 하나. ○鐵驪(철려)—<월령>에 쇠
와 같은 색깔을 가진 말이라고 되어 있으며, 또 <십이기>에서는 검은색의
말이라고 하였다. ○淫泆(음일)—제멋대로. ○暢月(창월)—<월령>에 '창
(暢)은 더욱 충실하게 하는 것. 태음(太陰), 일을 하는 데 있어 폐장(閉藏)
을 가장 중요시하다'라고 했다. 속으로 폐장하여 충실한 달[月]. ○湛熺
(담희)—담(湛)은 물에 담그다. 희(熺)는 불로 취사를 하다. ○荔(려)—
<월령>에서는 '여정(荔挺)'은 큰 부추라고 하였다. ○挺出(정출)—뻗어
나가다. ○芸(운)—돌미나리. <월령>에서는 풀향기라고 했다. ○涂(도)—
길을 막다. ○氛霧(기무)—여기에서의 기(氛)는 길흉을 나타내는 기(氣).
○都尉(도위)—군사를 주관하는 관리.

계동(季冬)의 달, 이달에 초요(招搖)는 축(丑)의 방향을 가리키며
일몰(日沒)에는 누수(婁宿)가 남중(南中)하고, 일출(日出)에는 저수
(氐宿)가 남중한다. 위(位)로는 북방(北方), 일(日)로는 임계(壬癸)에
해당된다. 동물로는 개(介), 음(音)으로는 우(羽), 율(律)은 대려(大呂)
에 해당한다. 수(數)로는 육(六), 맛으로는 함(鹹), 냄새로는 부(腐)이
다. 비는 곳은 우물, 제사에는 신장(腎臟)을 바친다. 기러기는 북쪽을
향하고 까치는 집을 지으며 장끼는 까투리를 찾아 울고, 닭은 암탉을
불러 알을 낳게 한다.
천자(天子)는 흑의(黑衣)를 입고 철려(鐵驪)의 말에 타고 현옥(玄
玉)을 차고, 현기(玄旗)를 세운다. 보리와 돼지를 먹으며 팔풍(八風)
의 물을 마시고 소나무를 땐 불로 취사를 한다. 북궁(北宮)에서 여자
를 부르는데 흑색 옷을 입고 흑채(黑采)를 몸에 걸치며 경석(磬石)을

친다. 무기(武器)로는 쇄(鍛), 가축으로는 돼지이다.

현당(玄堂)의 오른쪽 작은 방에서 조회를 하고 관리에게 명하여 성대하게 귀신을 내쫓는데 사방에서 개와 양(羊)을 목매달고, 농경을 권장하기 위한 토우(土牛)를 밖에 내놓는다. 어부에게 명하여 고기잡이를 시작하도록 한다. 천자는 스스로 사냥과 고기잡이에 나서고 그 사냥감은 먼저 조묘(祖廟)에 바친다. 백성들에게 오곡의 씨앗을 내오게 한다.

또 농사를 맡은 관리〔農〕에게 쟁기 작업을 계획케 하고 가래 등을 수리하는 등 농기구를 정비케 한다. 악사(樂師)에게 명하여 성대하게 취주(吹奏)를 합주케 한 다음 음악을 중지시킨다. 또 사감(四監)에게 명하여 질신(秩薪)을 거두어들이게 하여 조묘(祖廟)와 백사(百祀)의 화롯불〔薪燎〕을 위해 공급한다.

이달에는 해가 그 차(12次)를 다 돌고, 달은 그 기(紀)를 다 돌아 끝내며, 별은 하늘을 일주하고 세(歲)는 새로 시작하려고 한다. 명령을 내리어 농민을 평정케 하고 부역에 사용하는 일이 없도록 한다. 천자는 공경(公卿)·대부(大夫)와 국전(國典)을 정비하고 시령(時令)을 논의하며 맞이하는 해가 평안하도록 준비한다. 그런 다음 태사(太史)에게 명하여 제후(諸侯)의 서열을 조정케 하고 희생물을 부과케 하며 황천상제(皇天上帝)·사직(社稷)을 위한 초식수(草食獸)를 바치도록 한다. 또 동성(同姓)인 나라에 명하여 조묘(祖廟)를 위한 가축을 바치게 하고 경사대부(卿士大夫)로부터 서민에 이르기까지 산림명천(山林名川)의 제사를 위해 바치도록 한다.

계동(季冬)에 추령(秋令)을 행하면 하얀 서리가 일찍 내리고 개충(介蟲)이 요망스런 해를 끼치어 사방의 백성이 성곽으로 피난한다. 춘령(春令)을 행하면 태아와 유아가 해를 입고 나라 안에 오래도록 재앙이 일어난다. 이것을 이름하여 '역(逆)'이라고 한다. 하령(夏令)을 행하면 나라 안에 홍수가 져서 해를 입고 때에 맞는 눈이 내리지 않으며 얼음이 녹는다. 12월에는 옥관(獄官)을 임명한다. 나무로는 상수리나무가 해당된다.

原文 季冬之月. 招搖指丑, 昏婁中, 旦氐中. 其位北方, 其日壬癸. 其蟲介. 其音羽, 律中大呂. 其數六. 其味鹹, 其臭腐. 其祀井, 祭先腎. 鴈北鄕, 鵲加巢, 雉雊雞呼卵. 天子衣黑衣, 乘鐵驪, 服玄玉, 建玄旗. 食麥與彘, 服八風水, 爨松燧火. 北宮御女, 黑色衣, 黑采, 擊磬石. 其兵鏦. 其畜彘. 朝于玄堂右个, 命有司, 大儺旁磔, 出土牛. 命漁師始漁. 天子親往射漁, 先薦寢廟. 令民出五種. 令農計耦耕事, 脩耒耜, 具田器. 命樂師, 大合吹而罷. 乃命四監, 收秩薪, 以供寢廟及百祀之薪燎.

是月也, 日窮于次, 月窮于紀, 星周于天, 歲將更始. 令靜農民, 無有所使. 天子乃與公卿大夫飾國典, 論時令, 以待嗣歲之宜. 乃命太史, 次諸侯之列, 賦之犧牲, 以供皇天上帝社稷之饗. 乃命同姓之國, 供寢廟之芻豢, 卿士大夫至于庶民, 供山林名川之祀.

季冬行秋令, 則白露早降, 介蟲爲妖, 四鄙入保. 行春令, 則胎夭傷, 國多痼疾. 命之曰逆. 行夏令, 則水潦敗國, 時雪不降, 冰凍消釋. 十二月官獄. 其樹櫟.

註解 ○丑(축)—북북동(北北東)의 방각(方角). ○婁(루)—28수(宿)의 하나. ○氐(저)—28수의 하나. ○羽(우)—오음(五音)의 하나. ○大呂(대려)—육려의 하나. ○雊(구)—<월령>에 '구(雊)는 장끼가 우는 것이다'라고 했다. ○雞呼卵(계호란)—닭이 울어 알을 찾는 것. ○出土牛(출토우)—토우(土牛)를 내는 것은 오늘날 향현(鄕縣)에서 농경을 권하기 위해 토우를 밖으로 끌어내는 것과 같다. ○耦耕(우경)—두 사람이 나란히 한 조(組)가 되어 경작하는 것. ○秩薪(질신)—일정량의 땔나무. ○日窮于次(일궁

우차), 月窮于紀(월궁우기)―해와 달은 1년에 12번 만나는데 그것을 모두 도는 것. 차(次)란 그 만나는 성수(星宿). 기(紀)란 달이 해와 만나는 것. ○太史(태사)―문서 기록관. ○祆(요)―요(妖)와 통한다. ○獄(옥)―재판을 주관하는 관리.

5방위(方位). 동방의 극(極)은 갈석산(碣石山)에서 조선(朝鮮)을 지나고 대인국(大人國)을 지나 동방의 일출(日出) 장소, 부목(榑木)의 땅, 청구(靑丘) 수목(樹木)의 들에 이른다. 그곳은 태호(太皡)와 구망(句芒)이 주관하는 토지로서 1만 2천 리이다.

그곳에서는 다음과 같은 정령(政令)이 발포된다. '금지사항을 느슨히 하여 폐쇄를 열고 막힌 것을 통하게 하여 장새(障塞)를 개통시키라. 교제를 원활케 하고 원한과 미움을 버리며 노역(勞役)이나 처벌을 면해주고 우환을 제거하며 형벌을 중단하라. 관소(關所)와 나루를 개통하고 재고(在庫)를 내며, 외적과 강화하고 사방을 진무하며 부드러운 은혜를 펴고 완강한 행동을 중단하라.'

남방(南方)의 극(極)은 북호손(北戶孫) 밖에서 전욱(顓頊)의 나라를 지나 남방의 위화염풍(委火炎風)의 들에 이른다. 그곳은 적제(赤帝)·융축(融祝)이 주관하는 토지로서 1만 2천 리이다.

그곳에서는 다음과 같은 정령이 발포된다. '유덕자(有德者)에게 작위(爵位)를 주고, 유공자를 상주며 현량한 자를 후하게 대우하라. 기갈이 든 자는 구휼하고 농업에 힘쓰는 자를 추천하며 빈궁한 자를 구원하고 고아와 과부를 위로하며 환자를 위문하라. 큰 녹(祿)을 주고 큰 상을 베풀며 끊어진 종족을 잇고, 후사가 없는 집을 일으켜 세우며 후(侯)를 봉하고 현명한 재상을 세우라.'

중앙(中央)의 극(極)은 곤륜(崑崙)에서 동방의 양항산(兩恒山), 즉 해와 달이 지나는 곳으로서 장강(長江)·한수(漢水)가 흘러내리는 곳, 또 중민(衆民)의 들, 곧 오곡에 적합한 곳으로서, 용문(龍門)과 하수(河水)·제수(濟水)가 가로지르고 식토(息土)에 의해 우(禹)임금이 홍수를 다스렸던 주(州)를 지나 동방의 갈석(碣石)에 이른다. 그곳은 황제(黃帝)·후토(后土)가 주관하는 토지로서 1만 2천 리이다.

그곳에서는 다음과 같은 정령(政令)이 발포된다. '공평하여 일방적으로 치우치지 말며, 공명정대하여 가혹하지 말며, 온전히 윤택하게 감싸서 포용하지 않음이 없고 보편성 있게 하여 사적(私的)인 것이 없으며 올바르고 조용하게 하여 화합토록 하라. 죽을 나누어 주되 노쇠한 자를 봉양케 하고 죽은 자를 조문하며 환자를 위문하고 만물이 돌아가는 것을 전송하라.'

서방(西方)의 극(極)은 곤륜에서 유사(流沙)·침우(沈羽)를 지나 서방의 삼위국(三危國)인 석성(石城)·금실(金室)·음기(飮氣)의 백성들이 있는 불사(不死)의 들에 이른다. 그곳은 소호(小皞)·욕수(蓐收)가 주관하는 토지로서 1만 2천 리이다.

그곳에서는 다음과 같은 정령(政令)이 발포된다. '엄격하게 법을 적용하여 처벌할 자를 죽이고 도적에 대비하며, 간사한 행동을 금하라. 각지의 지방관을 독려해서 수장(收藏)을 엄히 하고 성곽을 수리하며 망가진 수로(水路)를 보수하고 좁은 길은 막으며 도랑을 막아 유수(流水)를 멎게 하고 계곡을 막는다. 문(門), 여(閭)를 지키고 군대를 포진시키며 백관(百官)을 뽑아 불법자를 죽이라.'

북방(北方)의 극(極)은 구택(九澤)에서 하회(夏悔)의 극(極)을 지나 북방의 영정(令正) 골짜기에 이른다. 얼음이 얼고 설포상선(雪雹霜霰)이 내리어 습윤하고 하천이 엇갈리는 들이 있다. 그곳은 전욱(顓頊)·현명(玄冥)이 주관하는 토지로서 1만 2천 리이다.

그곳에서는 다음과 같은 정령(政令)이 발포된다. '금령을 엄중히 하고 폐장(閉藏)을 튼튼하게 하라. 요새(要塞)를 수리하고 관소(關所)와 나루를 수선하며 밖으로의 이동을 금하고 형벌을 단행하여 처벌할 자를 처형하라. 문려(門閭)를 닫고 외래자를 대수색하며, 교유(交遊)를 금하고 야락(夜樂)을 금하며 문려를 저녁때는 일찍 닫고 아침에는 늦게 열라. 간사한 자를 수색하고 간사한 자가 붙잡히면 엄하게 금고(禁固)하고, 천절(天節)이 이미 끝난 때에 해당하므로 형살(刑殺)할 때에 사면하는 일이 없어야 하며, 신분이 높은 친족이 있다 하더라도 법도를 가지고 처단하라. 물을 흘려주거나 저장고(貯藏庫)를 열거나 죄를 용서해 주어서는 안 된다.'

原文 五位. 東方之極, 自碣石山過朝鮮, 貫大人之國, 東至日出之次, 榑木之地, 靑丘樹木之野. 太皞・句芒之所司者, 萬二千里. 其令曰, 挺羣禁, 開閉閣, 通窮窒, 達障塞. 行優游, 棄怨惡, 解役罪, 免憂患休罰刑. 開關梁, 宣庫財和外怨, 撫四方, 行柔惠, 止剛强.

南方之極, 自北戶孫之外, 貫顓頊之國, 南至委火炎風之野. 赤帝祝融之所司者, 萬二千里. 其令曰, 爵有德, 賞有功, 惠賢良. 救飢渴, 擧力農, 振貧窮, 惠孤寡, 憂罷疾. 出大祿, 行大賞, 起毀宗, 立無後, 封建侯, 立賢輔.

中央之極, 自崑崙東絶兩恆山, 日月之所道, 江漢之所出, 衆民之野, 五穀之所宜, 龍門河濟相貫, 以息壤堙洪水之州, 東至於碣石. 黃帝后土之所司者, 萬二千里. 其令曰, 平而不阿, 明而不苛, 包裹覆露, 無不囊懷, 溥氾無私, 正靜以和. 行稺鬻, 養老衰, 弔死問疾, 以送萬物之歸.

西方之極, 自崑崙絶流沙沈羽, 西至三危之國, 石城金室飮氣之民, 不死之野. 少皞蓐收之所司者, 萬二千里. 其令曰, 審用法, 誅必辜, 備盜賊, 禁姦邪. 飭羣牧, 謹著聚, 脩城郭, 補決竇, 塞蹊徑,遏溝瀆, 止流水, 雒谿谷. 守門閭陳兵甲, 選百官, 誅不法.

北方之極, 自九澤, 窮夏晦之極, 北至令正之谷. 有凍寒積冰, 雪
雹霜霰, 漂潤羣水之野. 顓頊玄冥之所司者, 萬二千里. 其令曰, 申
羣禁, 固閉藏, 脩障塞, 繕關梁, 禁外徙, 斷罰刑, 殺當罪. 閉門閭,
大搜客, 止交游, 禁夜樂, 蚤閉晏開, 以索姦人, 姦人已德, 執之必
固, 天節已幾, 刑殺無赦, 雖有盛尊之親, 斷以法度. 毋行水, 毋發
藏, 毋釋罪.

註解 ○五位(오위)-중앙과 사방의 5방위(方位). ○碣石山(갈석산)-요
서(遼西)에 있다고 하는 산. ○次(차)-머무는 곳. ○榑木之地(부목지지)-
부목(榑木)이란 부상(榑桑:扶桑). 신목(神木)의 이름으로서 태양이 이 나
무에서 떠오른다고 한다. ○太皞(태호)·句芒(구망)-동방을 다스리는 제
(帝)와 동방을 지키는 신(神). '태호(太皞)·황제(黃帝)·적제(赤帝)·소
호(少皞)·전욱(顓頊)'과, '구망(句芒)·축융(祝融)·후토(后土)·욕수(蓐
收)·현명(玄冥)'이라는 두 부류를 <천문훈>에서는 5방의 제(帝)와 좌
(佐)라고 칭하며(南方은 炎帝·朱明), ≪예기(禮記)≫ <월령>에서는 5계
(季)의 제(帝)와 신(神)이라고 칭한다(南方의 帝는 炎帝). ○挺(정)-느
슨하게 하다. ○北戶孫(북호손)-나라 이름. 남쪽 끝에 있으므로 항상 해
가 북쪽을 지나가는 까닭에 북측에 창문을 낸다 하여 이런 이름이 생겼다
한다. ○絕(절)-지나가다. ○息壤(식양)-식토(息土). <지형훈> 참조 <본
경훈(本經訓)>에 '보범무사(普氾無私)'라고 되어 있는 것은 이것과 같은
뜻이다. ○覆露(복로)-뒤집어씌워서 축축하게 하다. 로(露)는 윤(潤). ○
囊懷(낭회)-싸서 안다. ○溥氾(부범)-고루 퍼지다. ○流沙(유사)-유사
는 곤륜의 서남쪽에 있다. ○沈羽(침우)-≪어람(御覽)≫에서는 약수(弱
水)를 가리키는 것이라고 했다. ○著聚(저취)-적취(積聚)하는 곳의 물건.
○決瀆(결독)-결괴(決壞)된 수로(水路). ○雒(옹)-막다. ○夏晦(하회)-
하(夏)는 대(大), 회(晦)는 명(暝). ○德(덕)-득(得)이란 뜻. ○幾(기)-

≪어람(御覽)≫에 '기(幾)는 종(終)이다'라고 했다.

6합(合). 맹춘(孟春)과 맹추(孟秋)가 합(合)이며, 중춘(仲春)과 중추(仲秋)가 합이며, 계춘(季春)과 계추(季秋)가 합이다. 맹하(孟夏)와 맹동(孟冬)이 합이며 중하(仲夏)와 중동(仲冬)이 합이며, 계하(季夏)와 계동(季冬)이 합이다. 맹춘에는 낮이 길어지기 시작하고 맹추에는 낮이 짧아지기 시작한다. 중춘에는 씨뿌리기를 시작하고 중추에는 수확을 시작한다. 계춘에는 성대하게 씨를 뿌리고 계추에는 성대하게 수확을 한다.

맹하(孟夏)에는 따뜻해지기 시작하며 맹동(孟冬)에는 한랭(寒冷)하기 시작한다. 중하(仲夏)에는 낮의 길이가 가장 길어지며 맹동(孟冬)에는 낮의 길이가 제일 짧아진다. 계하(季夏)에는 덕(德)의 시혜가 끝이 나고 계동(季冬)에는 형벌의 시행이 끝이 난다.

그러므로 정월에 정령(政令)을 잘못 내리면 7월에 서늘한 바람이 불기 시작하지 않는다. 2월에 정령을 잘못 내리면 8월에 우레가 끝이 나지 않는다. 3월에 정령을 잘못 내리면 9월에 서리가 내리지 않는다. 6월에 정령을 잘못 내리면 11월에 겨울잠 자는 동물이 겨울이건만 그 주거(住居)에서 나온다. 6월에 정령을 잘못 내리면 12월에 초목이 시들어 낙엽지지 않는다.

7월에 정령을 잘못 내리면 정월에 엄한(嚴寒)이 안 풀린다. 8월에 정령을 잘못 내리면 2월에 우레가 치지 않는다. 9월에 정령을 잘못 내리면 3월에 봄바람이 멎지를 않는다. 10월에 정령을 잘못 내리면 4월에 초목이 안 자라난다. 11월에 정령을 잘못 내리면 5월에 우박과 서리가 내린다. 12월에 정령을 잘못 내리면 6월에 오곡이 꽃을 안 피운 채 익어간다.

봄에 하령(夏令)을 행하면 기(氣)가 새고, 추령(秋令)을 행하면 물이 용솟음치며 동령(冬令)을 내리면 숙연해진다. 여름에 춘령(春令)을 행하면 바람이 불고, 추령(秋令)을 행하면 기(氣)가 흐트러지며 동령(冬令)을 행하면 만물이 영락(零落)한다. 가을에 하령(夏令)을 행하면 꽃이 피고 춘령(春令)을 행하면 번무(繁茂)해지며 동령(冬令)을 행하면 시들어 버린다. 겨울에 춘령(春令)을 행하면 기(氣)가 새고, 하령(夏令)을 행하면 한발(旱魃)이 일어나며 추령(秋令)을 행하면 안개가 낀다.

原文 六合. 孟春與孟秋爲合, 仲春與仲秋爲合, 季春與季秋爲合. 孟夏與孟冬爲合, 仲夏與仲冬爲合, 季夏與季冬爲合. 孟春始贏, 孟秋始縮. 仲春始出, 仲秋始內. 季春大出, 季秋大內. 孟夏始緩, 孟冬始急. 仲夏至脩, 仲冬至短. 季夏德畢, 季冬刑畢.

故正月失政, 七月涼風不至. 二月失政, 八月雷不藏. 三月失政, 九月不下霜. 四月失政, 十月不凍. 五月失政, 十一月蟄蟲冬出其鄕. 六月失政, 十二月草木不脫. 七月失政, 正月大寒不解. 八月失政, 二月雷不發. 九月失政, 三月春風不濟. 十月失政, 四月草木不實. 十一月失政, 五月下雹霜. 十二月失政, 六月五穀疾狂.

春行夏令泄, 行秋令水, 行冬令肅. 夏行春令風, 行秋令蕪, 行冬令格. 秋行夏令華, 行春令榮, 行冬令耗. 冬行春令泄, 行夏令旱, 行秋令霧.

註解 ○六合(육합)-6가지의 짜맞춤. ○出(출)-씨앗을 뿌리는 것. ○內(내)-수렴(收斂)하는 것. ○緩(완)-양안(陽安). ○急(급)-한숙(寒肅). ○至脩(지수)-최장(最長). 수(脩)는 장(長). ○疾狂(질광)-화(華), 즉 꽃이 안 피고 열매 맺는 것을 가리킨다.

　제도(制度). 음양의 대제(大制)에는 6가지의 도(度)가 있다. 천(天)이 승(繩)이고 지(地)가 준(準)이며 춘(春)이 규(規)이고 하(夏)가 형(衡)이며 추(秋)가 구(矩)이고 동(冬)이 권(權)이다. 승이란 만물을 바르게 하는 것, 준이란 만물을 수평으로 하는 것, 규란 만물을 둥글게 하는 것, 형이란 만물을 평정(平正)하게 하는 것, 구란 만물을 방정(方正)하게 하는 것, 권이란 만물을 재는 것이다.

　승이라고 하는 도(度)는 똑바르되 구부러지지 않고 길게 뻗되 다함이 없으며 오래되어도 줄어들지 않고 멀리 있어도 잊혀지지 않는다. 하늘과 덕(德)을 공유(共有)하고 신(神)과 명(明)을 공유하며 바라는 바는 그것을 얻고 미워하는 것은 사라져 간다. 예로부터 지금에 이르기까지 왜곡되는 일이 없다. 그 덕은 대단히 치밀하며 또한 광대하여 만물을 포용한다. 그런데다가 상제(上帝)는 만물의 종주(宗主)로 삼았던 것이다.

　준(準)이란 도(度)는 수평으로서 험한 기복(起伏)이 없고 균등해서 편사(偏私)가 없으며 광대하여 만물을 포용하고 관유(寬裕)하여 만물을 화합하며, 유(柔)하여 강(剛)하지 않고 날카롭지만 부러지지 않으며 어디까지나 흘러가서 막히지 않고 평범하면서도 비굴하지 않으며 모든 방향으로 통하면서도 원칙을 갖추고, 주밀하면서도 빠뜨리는 일이 없다. 이 준이 수평에서 벗어나는 일이 없으면 만물은 모두 평정(平正)하여 백성은 음모를 꾸미지 않고 원망이 생기는 일이 없다. 그런 까닭에 상제(上帝)는 만물의 평준으로 삼았던 것이다.

　규(規)란 도(度)는 돌아가도 다하는 일이 없고 원(圓)을 그려도 빗나가지 않으며 부드럽지만 방종(放縱)은 아니다. 규모가 광대하며 관유(寬裕)하고 물건에 따라 느끼어 움직이는 데 반드시 조리가 있고 모든 방향에 통하면서도 원칙을 갖추며, 느긋하고 평안하며 어떤 원한도 생기는 일이 없다. 이 규가 도(度)를 잃지 않으면 만물을 낳게 하는 기(氣)는 정연하게 갖추어진다.

형(衡)이라는 도(度)는 굼뜨지만 늦는 일이 없고 평정(平正)하여 사원(私怨)을 남기지 않으며 시혜를 하지만 그것을 덕으로 생각하지 않고 남을 조위(弔慰)하면서도 책(責)하지는 않는다. 항상 백성의 녹(祿)을 공평하게 하고 부족을 보충해주며 풍성하게 오직 덕만을 행하여 양육함으로써 만물을 번창케 하고 오곡을 여물게 하며 국토를 충실케 한다. 그 정령(政令)을 잘못 내리지 않으면 천지는 공명(公明)하다.

구(矩)라는 도(度)는 엄격하더라도 빼앗지 아니하고 강직하여 흐트러지지 않으며 거두어들여도 원망을 사지 않고 수납(收納)해도 해치지 아니하고 위엄이 있어도 놀라게 하지 않으며 정령(政令)이 행해져서 폐지당하는 일이 없다. 살벌한 자를 잡아서 원수를 갚는다. 이 구가 공정을 계속 유지해 나간다면 주살(誅殺)해야 할 모든 자들이 모두 복종한다.

권(權)이라고 하는 도(度)는 엄격하지만 도(度)를 넘는 일이 없고, 살(殺)을 주로 하지만 잘게 다지지는 않으며, 충만하여 열매가 있으며 주밀(周密)하더라도 빠뜨리는 일이 없고 물건을 해치더라도 취득하지는 않으며 죄인을 주살(誅殺)하여 용서하는 일이 없다. 성신(誠信)하여 반드시 해내고, 실직하고 견고하여 사악(邪惡)을 제거하며 굽히지를 못한다. 그런 까닭에 겨울의 정령(政令)이 행해지려고 할 때는 반드시 약한데도 강하고 유(柔)한데도 강(剛)하며, 이 권(權)이 올바라서 잘못되는 일이 없으면 만물은 폐장(閉藏)을 완수한다.

명당(明堂)의 제(制). 이 제(制)는 조용하면 준(準)을 따르고 움직이면 승(繩)을 따르며 봄에는 규(規)에 의해 다스려지고 가을에는 구(矩)에 의해 다스려지며 겨울에는 권(權)에 의해 다스려지고 여름에는 형(衡)에 의해 다스려진다. 이렇게 하면 조(燥)·온(溫)·한(寒)·서(暑)는 시절 그대로 도래하고 은혜의 우로(雨露)는 시절에 따라서 내린다.

原文   制度. 陰陽大制有六度. 天爲繩, 地爲準, 春爲規, 夏爲衡,
秋爲矩, 冬爲權. 繩者所以繩萬物也, 準者所以準萬物也, 規者所
以員萬物也, 衡者所以平萬物也. 矩者所以方萬物也, 權者所以權
萬物也.

繩之爲度也, 直而不爭, 脩而不窮, 久而不弊, 遠而不忘. 與天合
德. 與神合明, 所欲則得, 所惡則亡. 自古及今, 不可移匡. 厥德孔
密, 廣大以容. 是故上帝以爲物宗.

準之爲度也, 平而不險, 均而不阿, 廣大以容, 寬裕以和, 柔而不
剛, 銳而不挫, 流而不滯, 易而不穢, 發通而有紀, 周密而不泄. 準
平而不失, 萬物皆平, 民無險謀, 怨惡不生. 是故上帝以爲物平.

規之爲度也, 轉而不復, 員而不垸, 優而不縱. 廣大以寬, 感動有
理, 發通有紀, 優優簡簡, 百怨不起. 規度不失, 生氣乃理.

衡之爲度也, 緩而不後, 平而不怨, 施而不德, 弔而不責. 常平民
祿, 以繼不足, 教教陽陽, 唯德是行, 養長化育, 萬物蕃昌, 以成五
穀, 以實封疆. 其政不失, 天地乃明.

矩之爲度也, 肅而不悖, 剛而不憒, 取而無怨, 內而無害, 威厲而
不懾, 令行而不廢. 殺伐旣得, 仇敵乃克. 矩正不失, 百誅乃服.

權之爲度也, 急而不嬴, 殺而不割. 充滿以實, 周密而不泄, 敗物
而弗取, 罪殺而不赦. 誠信以必, 堅愨以固, 糞除苛慝, 不可以曲.
故冬正將行, 必弱以强, 必柔以剛, 權正而不失, 萬物乃藏. 明堂之
制. 靜而法準, 動而法繩, 春治以規, 秋治以矩, 冬治以權, 夏治以
衡. 是故燥溼寒暑, 以節至. 甘雨膏露, 以時降.

註解   ○繩(승)-바르게 하는 것. ○移匡(이광)-왜곡(歪曲)하다. ○復

(복)-머물다. ○垸(완)-빠지다란 의미. ○敦敦陽陽(발발양양)-발(敦)
은 발(勃)과 통한다. 형세 좋게 무성한 모습의 형용. ○嬴(영)-느슨해지
다. ○糞除苛慝(분제가특)-분제(糞除)는 '없애다' '제거하다'. 가특(苛慝)
은 심한 사악(邪惡).

권 6

남명훈(覽冥訓)

명(冥)이란 사람의 감각이라든가 지려(知慮)를 초월한 아주 미묘한 경지를 가리키는 것이며, 남(覽)이란 그 기미(機微)를 찰지(察知)하라는 것이다. 그러나 그 명(冥)을 오로지 도가적(道家的)인 득도자(得道者), 또는 초월자(超越者)의 경지로 설명하는 등 논조가 일정하지는 않다.

옛날, 사광(師曠)이 '백설곡(白雪曲)'을 연주했던바, 신기한 것이 하늘에서 춤을 추며 내려왔고, 갑작스럽게 비바람이 일어나 평공(平公)의 병이 무거워졌으며 진(晋)나라의 국토는 한발(旱魃)에 뒤덮였다. 또 제(齊)나라의 신분이 낮은 과부가 사실무근함을 하늘에 호소하자 제나라 어전(御殿)에 벼락이 치고, 경공(景公)이 대(臺)에서 떨어져 부상을 입었으며, 바다에서는 해일(海溢)이 일어났다.

대저 이런 일들, 즉 악사라든가 과부는 그 신분이 채원(菜園)의 관원보다도 낮고 권력으로 말한다면 우모(羽毛)보다도 경미한 자들이다. 그러나 성심성의껏 마음을 다하여 그 일에 임하면 그 진실이 하늘에 통하며, 하늘도 그 지정(至精)에 감동하는 법이다.

이러하므로 상천(上天)의 응징은 비록 광막(廣漠)과 같은 무인지경, 멀리 떨어져 있는 은둔처, 몇 겹으로 둘러싸인 암옥(岩屋), 또는 인적이 닿지 않는 난소(難所)에 숨어 있다 하더라도 도저히 피할 수 없는 것은 분명하다.

原文 昔者師曠奏白雪之音, 而神物爲之下降, 風雨暴至, 平公癃病, 晉國赤地. 庶女叫天, 雷電下擊, 景公臺隕, 支體傷折, 海水大出. 夫瞽師庶女, 位賤尚蒙, 權輕飛羽. 然而專精厲意, 委務積神, 上通九天, 激厲至精. 由此觀之, 上天之誅也, 雖在壙虛幽閒, 遼遠隱匿, 重襲石室, 界障險阻, 其無所逃之, 亦明矣.

註解 ○師曠(사광)—춘추시대 진(晋)나라 악사로 유명한 사람. 그 이름은 이 책 <원도훈>을 비롯하여 <범론훈> <수무훈> <태족훈> 등 여러 편에서도 볼 수 있다. 또 <주술훈>에서는 '장님으로서 재상(宰相)이 되다', <제속훈>에서는 '일찍 화복(禍福)을 안 득도자(得道者)'라고 되어 있다. 같은 취지의 이야기가 ≪한비자(韓非子)≫ <십과(十過)>와 ≪사기(史

記)≫ <악서(樂書)>에도 보인다. ○白雪(백설)－금곡(琴曲)의 이름. 고상한 곡인데 예로부터 난곡(難曲)이라고 하였다. ○癃病(융병)－중한 병을 뜻한다. ○赤地(적지)－가뭄이 계속되어 지상의 초목이 고사(枯死)하는 것. ○庶女(서녀)－제(齊)나라의 비천한 과부가 없는 죄를 문책 당하게 되었는데 해명이 안 되자, 하늘에 자신의 무실한 죄를 호소했다고 하는 이야기. ○尙菜(상지)－지이(葈耳：채소 이름)를 관리하는 미천한 관원.

주(周)나라 무왕(武王)이 은(殷)나라 주왕(紂王)을 토벌하기 위해 맹진(孟津)에서 황하를 건널 때에 양후(陽侯：水神)가 일으킨 파도가 거슬러 쳐서 배가 전복되고 질풍이 일어나 주위가 캄캄해졌으며 사람도 말도 안 보일 정도였다. 그래서 무왕은 왼손에 황월(黃鉞)을 잡고 오른손으로는 백모(白旄)를 들어올리고, 눈을 부라리며 수신(水神)에게 소리쳤다. "나는 천하를 다스리고자 한다. 누군가? 내 뜻을 훼방하는 자는?" 그러자 바람도 멎고 파도도 잔잔해졌다.

또 초(楚)나라 노양공(魯陽公)이 한(韓)나라와 싸우고 있을 때다. 아직 싸움이 한창인데 해가 지려고 했다. 그래서 과(戈)를 손에 들고 태양을 향하여 휘두르자 30도쯤 원위치로 돌아왔다.

대저 천성을 온전히 하고 진실을 보지(保持)하며 신체를 손상시키는 일이 없으면 뜻밖의 곤경에 처하더라도 정성(精誠)은 하늘에 통하는 법이다. 처음부터 대도(大道)를 벗어나지 않는 자라면 무엇을 하더라도 불가능한 일이 없는 것이다. 원래 죽고 사는 것을 똑같게 보는 사람에 대해서는 협박을 해도 효과가 없다. 그런 의기를 가진 용자(勇者)는 혼자이더라도 삼군(三軍)의 병력에 필적한다.

자신의 명예만을 구하려는 용자까지도 이러한즉, 천지를 사는 집으로 삼고 만물을 포용하여 조화자(造化者)와 벗이 되고, 안으로는 지화(至和)를 지니면서 외견(外見)으로는 보통사람이며, 많은 것을 하나로 수약(收約)하고 미지의 것도 추찰(推察)할 수가 있어서, 그 다음이 도(道)와 함께 불멸(不滅)인 사람에게 있어서는 더 말할 것이 없다.

原文   武王伐紂, 渡于孟津. 陽侯之波, 逆流而擊, 疾風晦冥, 人馬不相見. 於是武王左操黃鉞, 右秉白旄, 瞋目而撝之曰, 余在天下, 誰敢害吾意者. 於是風濟而波罷. 魯陽公與韓搆難. 戰酣日暮. 援戈而撝之, 日爲之反三舍.

夫全性保眞, 不虧其身, 遭急迫難, 精通于天. 若乃未始出其宗者, 何爲而不成. 夫死生同域, 不可脅陵. 勇武一人, 爲三軍雄. 彼直求名耳, 而能自要者, 尙猶若此. 又況夫宮天地, 懷萬物, 而友造化, 含至和, 直偶于人形, 觀九鑽一, 知之所不知, 而心未嘗死者乎.

註解   ○孟津(맹진)―일설에는 맹진(盟津)이라고도 한다. 지금의 하남성 맹진현(孟津縣). ○陽侯之波(양후지파)―옛날 양후란 사람이 있었는데 물에 빠져 죽은 다음 수신(水神)이 되어 파도를 일으킨다고 전해온다. 한편 ‘양후파(陽侯波)’ 전설은 ≪초사(楚辭)≫ 9장 애영(哀郢)과 ≪전국책(戰國策)≫ <한책(韓策)>에도 보인다. ○左操黃鉞(좌조황월), 右秉白旄(우병백모)―황월(黃鉞)은 황금으로 장식을 한 큰 도끼. 백모(白旄)는 모우(旄牛)의 꼬리를 깃대 위에 단 기(旗). ≪서경(書經)≫ <목서(牧誓)>에 보인다. ○魯陽公(노양공)―노양은 초(楚)나라 현(縣) 이름. 공(公)은 평왕(平王)의 손자인 자마자기(子馬子期)의 아들. ○三舍(삼사)―28수(宿) 각각을 1사(舍)로 하고, 1사는 10도로 하므로 3사는 30도가 된다. ○全性保眞(전성보진)―성(性)은 인간의 본성, 진(眞)은 그것에 갖추어져 있는 지고(至高)의 덕(德). 양자는 별개의 것이 아니라 전성(全性)이 곧 보진(保眞)의 도(道)가 된다는 것이다. ○夫死生(부사생)……而心未嘗死者乎(이심

미상사자호)-≪장자≫ <덕충부(德充符)>에 같은 취지의 글이 있다. ○觀
九鑽一(관구찬일)-구(九)는 천지의 지수(至數), 일(一)은 지소(至少). 많
은 것을 보아 하나로 요약한다는 뜻.

옛날 옹문자(雍門子)는 가곡(歌哭)을 가지고 맹상군(孟嘗君)을 만
났다. 그리고 인사가 끝나자 가슴을 쓸어내리며 노래 부르기 시작했다.
맹상군은 소리조차 내지 못하면서 몇 번이고 눈물을 흘렸는데 그 눈물
은 멈출 줄을 몰랐다. 이처럼 정신(진심)이 속에 형성됨으로써, 비로
소 비애(悲哀)의 정(情)을 다른 사람의 마음에서도 일어나게 했던 것
인데 이것은 배워서 얻어지는 것이 아니다.

평범한 인간으로서 군주의 마음 형성을 터득할 수 없는 자로 하여
금, 그 외형(外形)만을 흉내 내보았자, 남들로부터 웃음을 살 뿐이다.
예를 들면 포차자(蒲且子)가 백인(百仞)이나 되는 높은 하늘에서 나
는 새를 쏘아 떨어뜨린다거나 첨하(詹何)가 물속 깊은 곳에 있는 물
고기를 유인해낼 수 있는 것은 두 사람 모두 자연의 도(道)의 청정
(淸淨)과 조화를 몸에 익히고 있었기 때문이다.

본디 사물이 서로 변화하여 영향을 주고받는 것은 심오하고 신비
한 일로서 그 어떤 예지(叡知)를 가지고도 논하기 어려우며, 그 어
떤 명찰(明察)을 가지고도 터득할 수 없다. 예를 들어 동풍(東風)이
불어대면 술은 발효하고, 누에가 실을 토해내기 시작하면 상음(商音)
의 금선(琴線)이 끊어지는 것은 물류(物類)가 감응하는 것임에 다름
아니다.

갈대의 재를 사용해서 창 아래에 비치는 달빛으로 원(圓)을 그리고
그 일부분을 잘라내면 그것에 따라 달무리의 일부분이 이지러진다든
가, 또 큰 고래가 죽으면 혜성이 나타나는 것도 물류가 감응하여 움

직이기 때문이다.

그러므로 성인(聖人)이 자리에 있으면 도(道)를 속에 지닌 채로 말 한마디 하지 않더라도 그 은택은 만민에게 미치며, 또 군신간(君臣間)에 이심(離心)이 있다면 불협화의 징후는 하늘에 나타나는데 이것 역시 신기(神氣)가 서로 응하는 증거이다. 또 산에서 생기는 구름은 풀덤불과 같고 물가에 떠다니는 안개는 물고기 비늘과 같으며 햇빛을 받는 구름은 봉화(烽火)와 같고 비구름은 파도와 같다. 이런 것들은 각각 동류(同類)의 것들을 닮고 있는 것으로서 이것 또한 감응한다는 증거이다.

原文 昔雍門子, 以哭見於孟嘗君. 已而陳辭通意, 撫心發聲. 孟嘗君爲之, 增欷歔唈, 流涕狼戾, 不可止. 精神形於內, 而外諭哀於人心, 此不傳之道. 使俗人不得其君形者, 而效其容, 必爲人笑. 故蒲且子之連鳥於百仞之上, 而詹何之鶩魚於大淵之中, 此皆得淸淨之道, 太浩之和也.

夫物類之相應, 玄妙深微, 知不能論, 辯不能解. 故東風至而酒湛溢, 蠶咡絲而商絃絶, 或感之也. 畵隨灰而月運闕, 鯨魚死而彗星出, 或動之也. 故聖人在位, 懷道而不言, 澤及萬民, 君臣乖心, 則背譎見於天, 神氣相應徵矣. 故山雲草莽, 水雲魚鱗, 旱雲煙火, 涔雲波水. 各象其形類, 所以感之.

註解 ○雍門子(옹문자)-제(齊)나라의 옹문주(雍門周). 금(琴)을 잘 타고 곡(哭)도 잘했다. 한편 옹문(雍門)이란 제나라의 성문으로서 가곡(歌哭)을 잘하는 사람이 이 부근에 많이 살고 있었는데 이 사람들은 옹문을 성(姓)으로 썼다. 옹문주도 그 중 한 사람이었다. ○以哭見於孟嘗君(이곡견어맹상군)-여기서 곡(哭)이라 함은 본문에 비추어 말하면 스스로

통곡하여 상대방을 비통한 감정으로 이끄는 기술일 것이다. 그러나 ≪설원(說苑)≫ <선설(善說)>에서는 맹상군이 '선생은 금(琴)을 잘 타고 북도 잘 친다던데 문(文 : 맹상군의 이름)을 슬프게 만들 수 있겠소?'라고 물었을 때, 이에 답하여 옹문자는 금을 탐으로써 맹상군을 울게 했다고 되어 있다. 이것에 의하면 여기서 말하는 곡(哭)이란, 상대방을 울게 만드는 기술을 뜻하는 것인지도 모른다. 한편 같은 취지의 기사가 <무칭훈(繆稱訓)>에도 보이고 위에서 소개한 ≪설원≫ 그리고 ≪논형(論衡)≫ <감허(感虛)>에도 보인다. ○孟嘗君(맹상군)－전국시대 제(齊)나라의 왕족인 전문(田文)을 가리킨다. ○歔唈(오읍)－목소리가 안 나오는 것. ○狼戾(낭루)－눈물이 많이 흐르는 모습. ○蒲且子(포차자)－초(楚)나라의 활쏘기 명수. 그 이름은 <인간훈> 및 ≪열자(列子)≫ <탕문(湯問)>에 보인다. ○詹何(첨하)－초나라의 낚시의 명수. 일설에는 도술(道術)에 통했었다고 한다. ○東風至而酒湛溢(동풍지이주심일)－심(湛)은 청주(淸酒) 아래에 침전하는 술찌끼. 동풍(東風 : 木風)이 불면 그것이 오미(五味) 중 목(木)에 해당하는 산(酸 : 酢)이 되어, 술 속에 들어가 심(湛)을 생성케 한다. ○蠶咡絲而商絃絶(잠이사이상현절)－잠(蠶)은 오화(午火 : 十二支 중 巳・午는 오행의 火에 배당한다)에, 상(商)은 오음 중 금(金)에 해당한다. 그래서 '화장(火壯)하면 금수(金囚)'의 이치에 따라 상현(商絃)이 잘린다고 한다. ○畫隨灰而月運闕(화수회이월운궐)－회(灰)는 갈대의 재. 운(運)은 군(軍 : 暈)으로서 해와 달의 주변에 생기는 담광(淡光)의 운기(雲氣). 달빛이 비치는 창 아래에서 갈대를 불살라 재를 만들고 원형(圓形)을 그린 다음, 그것의 일부분을 치우면 달무리 역시 같은 상황이 나타난다고 한다. ○鯨魚死而慧星出(경어사이혜성출)－경어(鯨魚)는 큰 물고기. 길이가 몇 리(里)로, 바닷가에서 죽는다. 물고기의 몸은 천하로서 혜성이 변이(變異)를 일으키어 인간에게 해롭다. 두 가지가 함께 움직인다. ○旱雲(한운)－양기(陽氣)가 올라가서 생기는 봉화(烽火)와 비슷한 구름. ○涔雲(잠운)－물기를 머금은 파도와 같은 구름.

부수(夫燧)라는 그릇은 태양의 열을 모아서 불을 취하고 방제(方諸)라는 그릇은 달빛을 모아 이슬을 취한다. 천지간의 광대(廣大)함은 제아무리 역술(曆術)에 교묘한 자라 하더라도 그것을 숫자로 나타낸다는 것은 불가능하며, 손은 작은 먼지와 같은 물건을 잡을 수는 있어도 빛을 잡을 수는 없다.

그렇건만 손으로 잡을 수 있는 그릇으로도 천상(天上)에서 동류(同類)를 끌어들이면 물과 불 따위를 즉석에서 얻을 수 있는 것은, 음양의 같은 기(氣)가 서로 기능을 하기 때문이다. 은(殷)나라의 부열(傅說)이 죽었을 때 그 정령(精靈)이 혜성에 올라타고 날아간 것도 이것에 의한다.

즉 지성(至盛)의 음기(陰氣)가 요요(颾颾)한 상태에 있고 지성의 양기가 혁혁(赫赫)한 상태에 있을 때, 양자가 서로 교류하면서 화합하면 만물은 생겨난다. 수컷만 많이 있고 암컷이 전혀 없는 상태에서는 조화의 신비를 가지고 있다 하더라도 만들어 낼 수가 없을 게 아니겠는가. 그러한 것이야말로 불언지변(不言之辯), 부도지도(不道之道)라고 하는 것이다. 그렇다면 멀리 있는 나라를 따르게 하는 데에 사자(使者)는 쓸데없으며, 근친자와 친해지는 데 말은 필요가 없다.

단 야행(夜行)하는 자만이 이 도리를 체득하고 있다. 발 빠른 군마(軍馬)는 배척당하여 경작을 하는 데 종사하고 수레바퀴 자국이 먼 나라에까지 이어지지 아니한다.

이런 것을 가리켜 좌치(坐馳), 육침(陸沈), 주명(晝冥), 소명(宵明)이라고 하며 또 한동(寒冬)에도 아교를 녹이고 서하(暑夏)에도 얼음을 얼린다고 하는 것이다.

原文   夫燧取火於日, 方諸取露於月. 天地之閒, 巧曆不能擧其數, 手徵忽怳, 不能覽其光. 然以掌握之中, 引類於太極之上, 而水火可立致者, 陰陽同氣, 相動也. 此傳說之所以騎辰尾也.

故至陰飂飂, 至陽赫赫, 兩者交接成和, 而萬物生焉. 衆雄而無雌, 又何化之所能造乎. 所謂不言之辯, 不道之道也. 故召遠者, 使無爲焉. 親近者, 言無事焉. 惟夜行者, 爲能有之. 故卻走馬以糞, 而車軌不接於遠方之外. 是謂坐馳陸沈, 晝冥宵明, 以冬鑠膠, 以夏造冰.

註解 ○夫燧(부수)－태양에서 불을 채화하기 위한 동반(銅盤). <천문훈>에서 말하는 양수(陽燧)와 같다. ≪주례(周禮)≫ 추관사훤씨(秋官司烜氏) 조(條)에 '부수를 가지고 태양에서 명화(明火) 채취하는 것을 주관한다'라고 했으며 그 정주(鄭註)에 '부수는 양수(陽燧)이다'라고 되어 있다. ○方諸(방제)－커다란 조개. 만월(滿月) 아래에 놓고 그 속에 내린 이슬을 모으는데 이것을 월수(月水)라고 한다. ○巧曆(교력)－역도(曆道)에 통요한 사람. ○忽怳(홀황)－황홀과 같다. 여기서는 황홀하여 눈에도 안 띄는 미세물(微細物)이란 의미. ○太極(태극)－천지만물의 근원. 여기서는 하늘이란 의미. ○傳說(부열)－은(殷)나라 고종(高宗：武丁)의 재상(宰相). 죽은 다음 그 정령(精靈)은 하늘에 올라가 별이 되었다고 한다(≪장자≫ <대종사(大宗師)>). ○至陰飂飂(지음요요)……萬物生焉(만물생언)－≪장자≫ <전자방(田子方)>에 같은 취지의 글이 보인다. 요요는 <지형훈>에 서방(西方)의 바람이라 했고, 냉엄한 모습을 가리킨다. ○召遠(소원)……親近(친근)－같은 취지의 글이 ≪관자(管子)≫ <형집(形執)>에 보인다. ○夜行者(야행자)－음행(陰行)에 비유되는데 음행이란 신화(神化)이다. 야행하는 자는 눈에 띄지 않게 행동하므로 이것을 심행(心行)으로 보고 이런 비유가 생겨나게 된 것이리라. ○卻走馬以糞(각주마이분)－≪노자(老子)≫ 제46장에 있는 구절. ○坐馳(좌치)－가만있으면서도 신화(神化)를 행한다. 이 말은 ≪장자≫ <인간세(人間世)> 심재(心齋) 조(條)에 보이는데 거기서는 오히려 바람직한 경지로 표현하고 있다. ○陸沈(육침)－육지에

있으면서도 물속에 가라앉는다. 즉 세속에 거하면서도 은신한다는 의미. ≪장자≫<즉양(則陽)>에 보인다. ㅇ晝冥宵明(주명소명)―주명(晝冥)은 백주(白晝)에도 암명(暗冥)을 갖는다는 뜻이고, 소명(宵明)은 어두운 밤에도 광명(光明)을 갖는다는 뜻. ㅇ以冬(이동)·以夏(이하)―사시(四時)를 초월한 경지를 가리킴이다.

대저 도(道)란 공평무사하여 그것을 체득한 사람에게 있어서는 만족하고도 남음이 있으며 체득하지 못한 사람에 있어서는 부족함이 있는 것이다. 그러므로 도에 따르는 자는 이(利)를 얻는데 도를 거스르는 자는 재앙을 받을 것이다. 그것은 마치 수후(隋侯)의 주(珠)라든가 화씨(和氏)의 벽(璧)과 같은 것이어서 이것을 얻는 자는 부자가 되고 이것을 잃는 자는 빈궁한 자가 된다. 그 득실(得失)의 정도는 심원미묘(深遠微妙)하여 지(知)로써 논하기가 어렵고, 웅변으로 설명하기도 어려운 것이다.

그렇다면 어떻게 해야 그 득실의 정도를 알 수 있는 것일까? 예를 들면 지황(地黃)이란 풀은 뼈를 만드는 데 이롭고 감초(甘草)는 살을 자라나게 하는 데 효과가 있는 약이다. 그러나 뼈를 붙이는 데 살을 자라나게 하는 약을 쓴다든가, 살을 자라나게 하는 데 뼈 붙이는 약을 쓴다는 것은 마치 주(周)나라 왕손작(王孫綽)이 반신불수에 효험이 있다는 약을 두 배 사용하여 이미 죽은 사람을 소생시키려고 했던 것과 비슷한 일로서, 이 또한 잘못된 것이다.

대저 불은 나무를 태울 수 있으므로 화력(火力)을 가지고 금속(金屬)을 녹이려는 것은 도리에 맞는 일이라고 하겠다. 그러나 자석(磁石)이 철(鐵)을 잡아당기는 능력이 있다 하여 기와를 잡아당기려고 해도 그것은 무리이다. 사물은 원래 경중(輕重)에 의해 논할 일이 아니다.

부수(夫燧)가 태양에서 불을 채취하고, 자석이 쇠를 잡아끌며, 게가 옻칠을 먹어치우고, 해바라기가 태양 쪽을 향하는 것 등은, 제아무리 총명한 사람이라 하더라도 흉내 낼 수 없는 일들이다. 무릇 이목(耳目)을 의지하는 고찰(考察)로는 사물의 이치를 밝힐 수 없는 것이며, 심경을 의지하는 논의로는 사물의 시비를 정할 수가 없다.

그러므로 지혜를 가지고 다스리게 되면 그 나라를 보존하기가 어렵다. 단, 천지의 조화에 통하고 자연의 감응에 맡기는 자가 일국을 제대로 보존할 수 있다. 요산(嶢山)이 허물어져서 박락(薄落)의 물이 마르자 구야(區冶)가 태어나 순구(淳鉤)의 검(劍)이 이루어졌다. 주(紂)가 무도했던 것은 측근에 좌강(左强)이 있었기 때문이며 같은 시대에 태공(太公)이 있었기에 무왕(武王)의 공업(功業)이 성취되었던 것이다. 그렇게 볼 때 이해(利害)라든가 화복(禍福)이란 것은 구해서 얻어지는 것이 아니다.

原文　夫道者無私就也, 無私去也. 能者有餘, 拙者不足. 順之者利, 逆之者凶. 譬如隋侯之珠, 和氏之璧, 得之者富, 失之者貧. 得失之度, 深微窈冥, 難以知論, 不可以辯說也. 何以知其然. 今夫地黃主屬骨, 而甘草主生肉之藥也. 以其屬骨, 責其生肉, 以其生肉, 論其屬骨, 是猶王孫綽之欲倍偏枯之藥, 而以生殊死之人, 亦可謂失論矣.

若夫以火能焦木也, 因使銷金, 則道行矣. 若以慈石之能連鐵也, 而求其引瓦, 則難矣. 物固不可以輕重論也. 夫燧之取火於日, 慈石之引鐵, 蟹之敗漆, 葵之鄉日, 雖有明智, 弗能然也. 故耳目之察, 不足以分物理, 心意之論, 不足以定是非. 故以智爲治者, 難以持國, 唯通于太和, 而持自然之應者, 爲能有之. 故嶢山崩而薄落之水涸, 區冶生而淳鉤之劍成. 紂爲無道, 左强在側. 太公竝世, 故武王之功立. 由是觀之, 利害之路, 禍福之門不可求而得也.

註解 ○隋侯之珠(수후지주)-수후가 얻었던 명옥(明玉). 수후는 한동
(漢東)의 나라 희성(姬姓 : 周나라 天子와 同姓)의 제후라고 한다. 큰 뱀
의 단장(斷腸)을 불쌍하게 여기어 약을 발라서 치유시켜 주었던바 후에
이 큰 뱀이 강물 속에서 대주(大珠)를 물어다 줌으로써 보은했다 한다.
반고(班固)의 ≪서도부(西都賦)≫에 '수후명월(隋侯明月)'이라고 되어 있으
며 명월의 주(珠)·야광(夜光)의 주(珠)라고 칭해진다. ○和氏之璧(화씨
지벽)-초(楚)나라 사람인 화씨가 얻은 명옥(明玉). ≪한비자(韓非子)≫
<화씨(和氏)>에 자세한 설명이 있다. 한편 수후지주(隋侯之珠) 화씨지
벽(和氏之璧)을 연칭(連稱)하는 대목은 <설산훈(說山訓)>에도 보인다.
○王孫綽(왕손작)-주(周)나라 사람, 혹은 위(衛)나라 사람이라 하는데
≪어람(御覽)≫의 주(註)에는 노(魯)나라 사람이라고 했다. 이 이야기는
다른 책에서는 찾아볼 수가 없다. ○偏枯之藥(편고지약)-반신불수 병에
효과가 있다는 약. ○嶢山(요산)-지금의 섬서성 남전현(藍田縣)에 있는
산. ○薄落(박락)-강 이름. 지금의 섬서성 경양현(涇陽縣) 부근에 있는
경수(涇水). ○區冶(구야)-춘추시대 월(越)나라의 명공(名工). 구야(歐
冶)로도 쓴다. ○淳鈎(순구)-명검(名劍). <제속훈(齊俗訓)>은 순균(淳
鈞 : 淳均)으로 썼다. ○左强(좌강)-은(殷)나라 주왕(紂王)의 유신(諛臣).

본디 도(道)와 덕(德)의 관계는 생가죽을 무두질하여 부드러운 가
죽으로 만드는 것과 같은 것이다. 무두질을 하면 할수록 가죽의 본질
은 잃어져 간다. 즉, 도란 그것을 멀리하고자 하면 도리어 가까워지고,
가깝게 하고자 하면 도리어 멀어진다. 그 도를 얻을 수 없는 것은 마
치 물속에 있는 물고기를 보는 것 같아서 보이기는 하지만 여간해서
는 잡을 수 없는 것과 마찬가지이다.

　그러므로 성인(聖人)의 마음은 거울과 같아서 영상(映像)을 보내는 것도 아니려니와 출영(出迎)하는 것도 아니다. 무심히 응하기만 할 뿐 그 어떤 것도 비춰기를 거부하는 일이 없는데 그렇다고 해서 영상(映像)을 담아두지도 않는다. 그러기에 모든 변화에 따라 할 뿐 상처받는 일이 없다. 이처럼 도를 얻는다는 것은 잃는 것이며 잃는다는 것은 얻는 것이다.

　예를 들면 슬(瑟)을 조현(調弦)하는 사람이 (두 대의 瑟을 나란히 놓고 한쪽 瑟로) 궁(宮)을 타면 (다른 瑟의) 궁(宮)이 울리며, 마찬가지로 각(角)을 타면 각현(角弦)이 울었다. 이것은 같은 음이 서로 호응하기 때문이다. 또 (한쪽 瑟의) 한 현(弦)을 개조(改調)하여 5음의 어느 것에도 맞지 않게 하고 (근원적인 1음으로 해서) 탔던바 (다른 瑟의) 25현 모두가 이에 응했다. 원래 각음 사이에 본질적인 차이가 있는 것이 아니고, 또 이미 음의 군(君 : 5음을 포함하는 근원적인 1음)이 형성되어 있기 때문이다.

　태화(太和)에 통한 사람은 마치 은밀하게 미주(美酒)에 취하여 평안하게 잠을 자고 있는 것과 같아서 그 사이에 유유자적하여 취해 오르는 것을 모른다. 평안함 속에 매몰되어 아무 정념(情念)도 가지는 일 없이 생애를 끝내는데 그러면서도 도의 근본에서 벗어나는 일이 없다. 이것이야말로 대통(大通)이라고 하는 것이다.

原文　夫道之與德, 若韋之與革, 遠之則邇, 近之則疏. 不得其道, 若觀儵魚. 故聖人若鏡, 不將不迎, 應而不藏. 故萬化而無傷. 其得之乃失之, 其失之乃得之也.

　今夫調弦者, 叩宮宮應, 彈角角動. 此同聲相和者也. 夫有改調一弦, 其於五音無所比鼓之, 而二十五弦皆應. 此未始異於聲, 而音之君已形也. 故通於太和者, 惛若純醉而甘臥, 以游其中, 而不知其所由至也. 純溫以淪, 鈍悶以終, 若未始出其宗. 是謂大通.

註解 ○夫道之(부도지)……近之則疏(근지즉소)－혁(革)의 질(質)은 도(道)와 같고 위(韋)의 질은 덕과 같다. 이 경우 덕이란 사람이 도를 몸에 익히기 위해 노력하는 모습, 이것을 생가죽을 가공해서 부드러운 가죽으로 만드는 것에 비유하되, 도리어 피혁의 본질을 잃는(도에서 멀어지는 것) 것에 비유한 것으로 본다. ○若觀儵魚(약관숙어)－숙어(儵魚)는 작은 물고기. 작은 물고기는 물속에 있는 것을 볼 수는 있지만 잡기란 어렵다. 도(道) 역시 마찬가지라고 하는 것. ○聖人若鏡(성인약경)……萬化而無傷(만화이무상)－≪장자≫ <응제왕(應帝王)>에 '지인(至人)의 마음 작용은 거울과 같다. (사물을) 보내지도 않고 맞아들이지도 않는다. (사물에 따라) 응하여 (비춰주되) 감추지 않는다. 그러니까 사물에 대응하여 (자기) 몸을 손상시키지 않을 수 있는 것이다(至人之用心若鏡 不將不迎 應而不藏 故能勝物而不傷).'라고 되어 있는 것에 따른다. ○今夫調弦者(금부조현자)……已形也(이형야)－≪장자≫ <서무귀(徐无鬼)>에 보이는, 같은 취지의 글에 따라 보충 해석했다. 한편 ≪장자≫에서는 '조현(調弦)'을 '조슬(調瑟)'로 적고 있다. ○純溫(순온)－순(純)은 일(一)이고 온(溫)은 화(和). ○鈍悶(둔민)－무정(無情).

　한편 적리(赤螭)와 청규(靑虯)가 기주(冀州)에서 놀 때는 하늘은 맑게 개고 땅은 안정되어 있으며 독수(毒獸)는 꼼짝하지 않는 채로 있고, 새도 퍼덕이며 날지 않는다. 그리고 적리와 청규는 우거진 숲속으로 들어가 천매(薦梅) 열매를 따서 천천히 씹으며 즐기는데 그다지 움직이려고 하지 않는다. 그래서 사선(蛇鱓)은 이것을 업신여기며 그다지 센 놈이 아니라며 강이나 바다 속에서 이것에 도전한다.
　그러나 한 번, 검은 구름이 새벽녘에 뭉게뭉게 피어오르고 음과 양

의 이기(二氣)가 서로 다투어 질풍을 일으키는데다가 억수같은 비가
쏟아지면 적리와 청규는 폭풍을 타고 하늘에 올라가며 그 위세는 천
지를 뒤흔들고 그 위엄은 사해(四海) 안에 떨친다. 이렇게 되면 원선
(蚖鱓)조차도 진흙 속에 깊이 몸을 파묻고 곰과 큰곰은 언덕과 산의
바위 벽에 몸을 숨기며 호랑이와 표범은 구멍 속에 틀어박히어 포효
하는 일이 없다. 원(猨)과 유(狖)는 기겁을 하여 나뭇가지에서 떨어진
다. 이처럼 무서워하는 것은 비단 사선류(蛇鱓類)뿐만이 아니다.

봉황이 지덕(至德)의 군주 때문에 날아올 때는 천둥 번개가 치지
아니하고 비바람도 불지 않으며 강과 골짜기가 넘치지 아니하고 초목
은 온화하다. 그러므로 연작(燕雀)이 봉황을 업신여기어 그다지 센
놈이 아니라고 생각한 끝에 천지간에서 이것에 도전을 한다. 그러나
봉황이 만인(萬仞) 위에 높이 날면서 사해(四海) 끝까지 비상을 할
때면 서쪽으로는 곤륜산 마루의 소포(疏圃)를 지나고 황하 저주(砥
柱)의 격류를 마시며, 동쪽으로는 몽범(蒙氾) 물가에서 선회하고, 기
주(冀州 : 中國) 끝까지라도 소요한다.

혹은 동남쪽의 도광산(都廣山)을 지나, 서쪽 억절(抑節) 땅에서 일
몰(日沒)을 보고 약수(弱水) 가에서 날개를 씻은 다음, 밤은 북쪽 끝
인 풍혈(風穴)에서 머물면 이때는 홍곡(鴻鵠)과 창학(鶬鸖)까지도 무
서워하며 몸을 엎드리고 부리를 물가에 박은 채 요지부동한다. 두려
워하는 것은 비단 연작류(燕雀類)뿐만이 아니다. 즉 사선(蛇鱓)이나
연작 따위는 소동(小動)에는 민감하지만 대동(大動)에 의해 나오는
바는 알지 못하는 것이다.

原文 今夫赤螭·靑虬之游冀州也, 天淸地定, 毒獸不作, 飛鳥不
駭. 入榛薄, 食薦梅, 嘬味含甘, 步不出頃畝之區. 而蛇鱓輕之以爲
不能, 與之爭於江海之中. 若乃至於玄雲之素朝, 陰陽交爭, 降扶

風, 雜凍雨, 扶搖而登之, 威動天地, 聲震海內. 蚖鱣著泥百仞之中, 熊羆匍匐丘山巇巖, 虎豹襲穴而不敢咆, 猨狖顚蹶, 而失木枝. 又況直蛇鱣之類乎.

鳳凰之翔至德也, 雷霆不作, 風雨不興, 川谷不澹, 草木不搖. 而燕雀佼之以爲不能, 與之爭於宇宙之閒. 遷至其曾逝萬仞之上, 翱翔四海之外, 過崑崙之疏圃, 飮砥柱之湍瀨, 遭回蒙汜之渚, 尙佯冀州之際, 徑躡都廣, 入日抑節, 濯羽弱水, 暮宿風穴. 當此之時, 鴻鵠・鶬鸙, 莫不憚驚伏竄, 注喙江裔. 又況直燕雀之類乎. 此明於小動之迹, 而不知大節之所由者也.

註解 ○赤螭(적리)・青虯(청규)－둘 다 용(龍)의 일종. ○冀州(기주)－일반적으로는 중국의 동북쪽. 즉 현재의 하북성・산서성 및 하남성 등의 황하 이북 지방을 가리킨다. 그러나 ≪회남자≫에서는 9주(州)의 중토(中土)라고 하며(<지형훈> 참조), 다음 <남명훈>에도 나오는 것처럼 중국 전국토를 가리킨다. ○薦梅(천매)－풀이름. 뽕 열매와 비슷하다. ○嘗味(참미)－오랜 시간을 두고 맛보다. ○蛇鱣(사선)・蚖鱣(원선)－모두 바다뱀. 특히 심해(深海)의 뱀을 원선이라고 한다. ○丘山巇巖(구산경암)－경암(巇巖)은 험한 바위. ○猨狖(원유)－긴팔원숭이와 긴꼬리원숭이. ○況(황)－≪광아(廣雅)≫ 석언(釋言)에 '황(況)은 자야(茲也)'라고 한 것에 따랐다. ○曾逝(증서)－증(曾)은 고(高), 서(逝)는 높이 나는 것. ○崑崙(곤륜)－중국 서쪽에 있다고 하는 영산(靈山)(<지형훈> 참조). ○疏圃(소포)－채소밭. ○蒙汜(몽범)－일출지(日出地). ○砥柱(저주)－저주(底柱)라고도 하며 황하 중류, 하남성 서쪽 끝인 섬현(陝縣)에 있는 산. 높은 산이 황하를 덮치듯 솟아 있어서 그 그림자가 물속에 기둥처럼 비친다 하여 이런 이름이 붙여졌다. 우(禹)임금이 치수(治水)를 할 때 산을 뚫어 강이 통하게 만들었다고 전해지며 급류(急流)로 유명하다. ○遭回(전회)－돌아가다. ○都廣(도광)－동남쪽에 있다고 하는 상상의 산. ○弱水(약수)－

중국 서쪽에 있는 산. 지금의 감숙성에서 발원하고 북쪽 끝인 영하성(寧
夏省)에 이르며 거연해(居延海)로 들어간다. 일설에는 곤륜산 산자락에
있다고 하며 또 조지국(條支國)에 있다고도 한다. ○風穴(풍혈)—극북(極
北)에 있으며 찬바람이 땅속에서 불어나오는 곳이라고 한다. ○鴻鵠(홍
곡)—기러기·고니 따위의 큰 새.

옛날 왕량(王良)이라든가 조보(造父)가 수레를 몰 때, 수레에 올라
가 고삐를 잡으면 말은 가지런하게 일체(一體)가 되고, 달리기 시작
하면 보조를 맞추며, 힘쓰는 것도 휴식을 요구하는 것도 모두 한결
같으며, 마음은 기쁨에 넘치고 기(氣)는 부드러우며, 몸의 상태는 절
호(絶好)하여 가볍게 달린다. 달리는 것을 기뻐하고 나아가는 것을
즐기므로, 달리면 사라지고 왼쪽으로 돌 때나 오른쪽으로 돌 때나 채
찍이 지시하는 대로, 그리고 돌 때는 고리처럼 정확하게 원을 그렸다.
그래서 세상 사람들은 모두 이 두 사람의 재주에 감탄했다. 그러나
아직 충분한 것이라고 할 수 없다.
    예컨대 겸차(鉗且)와 대병(大丙)이 수레를 몰 때는 고삐도 재갈도
떼어 버리고 가죽 채찍, 대나무 채찍을 버린 채, 수레를 움직이려고
하지도 않는데 자연히 움직이기 시작하며, 말을 달리게 하지도 않건
만 자연히 달려 나가는 것이다. 해와 달이 스스로 운행하는 것과 같
고 별이 반짝이며 하늘을 도는 것과 같으며 번개처럼 달려가고 귀신
처럼 순식간에 상승한다. 그 진퇴굴신(進退屈伸)의 거동에는 조짐도
운동도 나타내 보이지 아니한다.
    그러므로 지시하는 일도 없고 질타하는 일도 없건만 북쪽으로 돌아
가는 기러기를 갈석산(碣石山)에서 따라잡는가 하면 남행하는 봉황
을 고여산(姑餘山)에서 추월하는 등 자재로우며 그 달리는 모습은 하

늘을 나는 새가 순식간에 그림자를 숨기는 것과 같다. 공중을 나는
화살을 짓밟아 뭉개고 불어대는 바람을 깔보며, 회오리바람을 따라잡
는가 하면 순식간에 돌아온다.

　새벽녘에 부상(榑桑) 땅을 떠나 해와 함께 낙당산(落棠山)에 들어
갈 정도이다. 이것이야말로 아무 일도 하지 않고도 모든 것을 성취할
수 있는 것이어서, 사려(思慮)의 분별이라든가 또는 잔재주에 의한
것이 아니다. (말을 몰려는) 마음이 가슴속에서 용솟음치고 있을 뿐이
고, 심령(心靈)이 여섯 마리의 말을 따르게 하려는, 이것이야말로 몰
지 아니하고 몬다는 것이다.

　原文　昔者王良·造父之御也, 上車攝轡, 馬爲整齊而斂諧, 投足
調均, 勞逸若一, 心怡氣和, 體便輕畢, 安勞樂進, 馳騖若滅, 左右
若鞭, 周旋若環. 世皆以爲巧. 然未見其貴者也.

　　若夫鉗且·大丙之御也, 除轡銜, 去鞭棄策, 車莫動而自擧, 馬
莫使而自走也. 日行月動, 星燿而玄運, 電奔而鬼騰, 進退屈伸, 不
見朕垠. 故不招指, 不咄叱, 過歸鴈於碣石, 軼鶤雞於姑餘, 騁若飛,
騖若絶, 縱矢躡風, 追猋歸忽. 朝發榑桑, 入日落棠. 此假弗用而能
以成其用者也. 非慮思之察, 手爪之巧也. 嗜欲形於胸中, 而精神
踰於六馬, 此以弗御御之者也.

　註解　○王良(왕량)－춘추시대 진(晉)나라의 명어자(名御者). 일설에 조
간자(趙簡子)의 어자라고도 한다. 죽은 다음 승천하여 별〔王良星〕이 되
었다고 한다. ○造父(조보)－비렴(飛廉)의 아들. 주(周)나라 목왕(穆王)의
어자로서 그 서유(西遊) 이야기와 함께 유명하다. ○輕畢(경필)－필(畢)은
질(疾). ○環(환)－환옥(環玉)의 하나. 원형으로서 고리의 끈이 중공(中孔)
의 반경과 같다. ○鉗且(겸차)·大丙(대병)－모두 태을(太乙 : 太一)의 어

자(御者). 일설에 옛날의 득도자(得道者). 신기(神氣)에 의해 음양을 제어
했다. 대병(大丙)은 <원도훈>에도 태고의 어자라고 나와 있다. ○朕垠(짐
은)-짐(朕)은 조짐, 은(垠)은 형상. ○鵷鷄(운계)-봉황의 별명. ○縱矢
(종시)-종(縱)은 리(履 : 밟다). ○躡風(섭풍)-섭(躡)은 도(蹈). 종(縱)과
같은 뜻이다. ○追猋(추표)-표(猋)는 회오리바람. ○榑桑(부상)-부상(扶
桑)과 같다. 동방, 해가 뜨는 땅. ○假弗用(가불용)……-≪노자(老子)≫에
서 말하는 '무위(無爲)하지만 하지 않는 일이 없다'(제37장)와 같다.

옛날 황제(黃帝)가 천하를 다스리던 때 역목(力牧)과 태산계(太山
稽)는 보좌역이었는데 해와 달의 운행을 조사하고 음양 이기(二氣)의
소장(消長)을 헤아리며 사계(四季)의 추이를 밝히고 12율(律)과 역법
(曆法)을 바로잡았다. 또 남녀자웅(男女雌雄)의 차별을 정하고 상하
귀천의 순서를 밝혔으며 강자가 약자를 압도하거나 다세(多勢)가 무
세(無勢)를 학대하지 못하도록 하였다.

그래서 백성들은 천수를 누리며 일찍 죽는 일이 없다. 해마다 오곡
이 잘 여물어 흉년 드는 일이 없고 모든 관리들은 공정하여 사심(私
心)이 없으며 상하(上下)가 마음을 합치어 과오를 범하지 않고 법령
은 밝게 시행되어 애매하지 않으며, 보좌하는 사람들은 공정하여 아
첨하는 일이 없다. 백성들은 논밭의 경계를 침범하지 않고 어부는 강
의 구부러진 곳을 다투지 않는다.

길가에 떨어진 것을 줍는 자가 없고 시장에서는 에누리하는 자가
없다. 성곽 문은 닫는 일이 없고 촌리(村里)에는 도적이 출몰하지 않
는다. 비천한 자까지도 재물을 서로 양보하며 개와 돼지까지도 콩과
조를 먹다가 싫증이 나서 길바닥에 토해낼 정도이니 분노하고 다투는
마음은 조금도 없다.

이리하여 해와 달은 맑고 밝으며 성신(星辰)은 운행에 착오를 일으키지 않으며 비바람은 시절에 좇고 오곡이 잘 여물며, 맹수는 함부로 물어뜯지 아니하고, 맹금(猛禽)은 함부로 낚아채지 않는다. 봉황은 궁정에서 날고 기린은 교외에서 놀며 청룡은 천자의 어가(御駕)를 끌고 비황(飛黃)은 궁정의 마구간에 매어 있으며, 여러 북방의 이적(夷狄)의 나라까지 공물(貢物)을 바치지 않는 나라가 없다. 그러나 복희(虙戲 : 伏犧)씨의 치도(治道)에는 아직 미치지 못하는 것이다.

[原文] 昔者黃帝治天下, 而力牧・太山稽輔之, 以治日月之行, 律陰陽之氣, 節四時之度, 正律歷之數, 別男女, 異雌雄, 明上下, 等貴賤, 使强不掩弱, 衆不暴寡. 人民保命而不夭, 歲時孰而不凶, 百官正而無私, 上下調而無尤, 法令明而不闇, 輔佐公而不阿. 田者不侵畔, 漁者不爭隈, 道不拾遺, 市不豫賈, 城郭不關, 邑無盜賊, 鄙旅之人, 相讓以財, 狗彘吐菽粟於路, 而無忿爭之心.

於是日月精明, 星辰不失其行, 風雨時節, 五穀登孰, 虎狼不妄噬, 鷙鳥不妄搏, 鳳凰翔於庭, 麒麟游於郊, 靑龍進駕, 飛黃伏皁, 諸北儋耳之國, 莫不獻其貢職. 然猶未及虙戲氏之道也.

[註解] ○不爭隈(부쟁외)—외(隈)는 강의 만곡부(彎曲部). 깊어서 물고기가 많이 모여든다. ○鄙旅之人(비려지인)—가난한 나그네. 여기서는 비천한 자 모두를 가리킨다. ○登孰(등숙)—등(登)은 실(實), 숙(孰)은 숙(熟). 자라나고 익는 것. ○飛黃(비황)—모양은 여우와 비슷하며 등에 뿔이 나있고 1천(일설에는 3천) 세(歲)나 장수한다는 신마(神馬). ○儋耳(담이)—북극(北極)에 있다고 하는 나라(≪산해경≫ <大荒北經>).

먼 옛날의 일이다. 사우(四隅)의 기둥이 허물어지고 구주(九州)의 땅은 조각조각 찢어지며, 하늘은 모두 덮지 못하고, 땅은 다 싣지 못하며, 불은 무시무시하게 타면서 퍼지고 꺼지지 않으며, 홍수는 끝없이 퍼져나가면서 멎지를 않고, 맹수는 양민을 마구 잡아먹으며 맹금(猛禽)은 노인과 아이들에게 덤벼들었다. 그래서 여와(女媧)는 오색돌을 다듬어 창천(蒼天)을 보수하고 큰 거북의 다리를 잘라서 사우(四隅)의 기둥을 세우고 흑룡(黑龍)을 죽이어 기주(冀州) 땅을 수재에서 구해냈고 갈대를 태워 그 연기로 홍수를 멎게 했다.

이렇게 해서 창천은 보수되었고 사우는 정비되었으며 홍수는 말랐고 기주 땅은 평온하게 되었으며 간교한 조수(鳥獸)는 죽어 사라졌고 양민은 다시 삶을 되찾았다. 사람들은 대지를 밑으로 하고 하늘을 위로 껴안으며, 화창한 봄도 무더운 여름도 만물이 시드는 가을도 만물을 저장하는 겨울도 네모진 베개와 새끼줄 침상에서 잠잘 수 있게 되었다.

음양의 기(氣)가 막히어 침체되면 구멍을 뚫어 소통되기를 꾀하고 난기(亂氣)가 물체에 충돌하여 백성의 축재(蓄財)를 범하는 일이 있으면 이것을 끊어서 방지한다. 이때 사람들은 잠을 자도 깊게 자려 하는 일이 없었고 일어나도 교지(巧知)를 짜내는 일이 없었다. 어떤 사람은 말[馬]처럼 행동하고 어떤 사람은 소처럼 행동하며 어슬렁거리면서 걸어다니고 멍청하게 바라보고 있다.

우직(愚直), 그 자체 속에서도 부드러움을 보지(保持)하고 더구나 그것으로 인하여 생기는 바를 알 수도 없다. 안개처럼 무엇을 찾아야 할는지도 모르고 움직이는 그림자처럼 행선지를 아는 바도 없다. 이때가 되자 조수(鳥獸)는 그 발톱과 어금니를 감추고 충사(蟲蛇)는 그 독을 숨기며 덮치거나 물어뜯고자 하는 의지도 없었다.

생각하건대 그 대공(大功)은, 위로는 구천(九天)에 이르고, 아래로는 황천 밑에 이르며, 명성은 후세에 들리고 그 빛은 만물을 비추고 있다. (자신은) 뇌차(雷車)에 타고 응룡(應龍)에 끌리어 가되 청룡(靑龍)을 좌우에 대동하고 손에는 무상(無上)의 서옥(瑞玉)을 잡고, 상서로운 도장의 부서(符書)를 좌석으로 삼으며 황운(黃雲)을 말머리 장식으로 삼고, 백리(白螭)를 앞세우며 분사(奔蛇)를 뒤따르게 하고, 하늘을 소요하는데 귀신을 따르게 하여 구천(九天)에 올라가 천제(天帝)를 영문(靈門)에서 배알하고, 청정평화(淸靜平和)로운 가운데 태조(太祖) 밑에서 휴식했다.

하지만 그 공적을 자랑하거나 그 명성을 세우고자 하지 않았고, 안으로 진인(眞人)의 도를 지키며 천지의 자연 그대로를 따를 뿐이었다. 왜냐하면 도덕이 높아서 하늘에 통하고 깜찍함이 사라져 버렸기 때문이다.

原文 往古之時, 四極廢, 九州裂, 天不兼覆, 地不周載, 火爁焱而不滅, 水浩洋而不息. 猛獸食顓民, 鷙鳥攫老弱. 於是女媧鍊五色石, 以補蒼天, 斷鼇足, 以立四極, 殺黑龍, 以濟冀州, 積蘆灰, 以止淫水. 蒼天補, 四極正, 淫水涸, 冀州平, 狡蟲死, 顓民生. 背方州, 抱圓天, 和春陽夏, 殺秋約冬, 枕方寢繩, 陰陽之所壅沈不通者, 竅理之, 逆氣戾物, 傷民厚積者絶止之. 當此之時, 臥倨倨, 興盰盰, 一自以爲馬, 一自以爲牛, 其行蹎蹎, 其視瞑瞑. 侗然皆得其和, 莫知所由生. 浮游不知所求, 魍魎不知所往. 當此之時, 禽獸蟲蛇, 無不匿其爪牙, 藏其螫毒, 無有攫噬之心.

考其功烈, 上際九天, 下契黃壚, 名聲被後世, 光暉熏萬物. 乘雷車, 服應龍驂靑虬, 援絶應, 席蘿圖, 絡黃雲, 前白螭, 後奔蛇, 浮游消搖, 道鬼神, 登九天, 朝帝於靈門, 宓穆休于太祖之下. 然而不彰其功, 不揚其聲, 隱眞人之道, 以從天地之固然. 何則道德上通, 而智故消滅也.

註解 ○爁焱(남염)－불이 세차게 타면서 퍼지는 것. ○顓民(전민)－전(顓)은 선(善). ○女媧(여와)－여와(女媧)는 음제(陰帝), 복희(虙戱)의 다스림을 보좌한 자이며 삼황(三皇) 때 하늘이 서북쪽은 완전치 못하여 이를 보충했다. 삼황의 하나로 헤아려지는 수도 있으며 인면사신(人面蛇身)의 신화적 인물이다. ○殺黑龍(살흑룡), 以濟冀州(이제기주)－흑룡은 수정(水精). 이것을 죽인다는 것은 홍수를 멈추게 하는 것을 의미한다. 기주는 이 경우 중국 전토를 가리킨다. '제(濟)'는 구제한다는 뜻. ○和春(화춘)·陽夏(양하)·殺秋(살추)·約冬(약동)－춘하추동 네 계절을 각 특징에 따라 수식(修飾)한다. 햇빛 부드러운 봄, 햇살이 강한 여름, 만물이 시드는 가을, 1년을 마감하는 겨울. ○枕方寢繩(침방침승)－방(方)은 구(榘 : 曲尺)의 4촌(寸)이다. 침승(寢繩)이란 몸을 바르게 하여 눕는 것. 요컨대 네모진 베개와 새끼줄로 엮은 가마니를 침상으로 삼아 평안하게 자는 것을 가리킨다. ○陰陽之所壅沈不通者(음양지소옹침불통자)－음양이 옹(擁 : 가려지다)한 곳은 침체되어 통하지 않는다. ○倨倨(거거)－사려(思慮)하지 않는 모습. ○盱盱(우우)－지교(知巧)를 부리지 않는 상태. ○浮游不知所求(부유부지소구)……－이와 비슷한 글이 ≪장자≫ <재유(在宥)>에 보인다. ○黃壚(황로)－황천 밑의 노토(壚土). ○乘雷車(승뇌차)－우렛소리를 수레 소리에 비유해서 한 말. ○應龍(응룡)·靑虯(청규)－뿔이 있는 것을 용이라 하고, 뿔이 없는 것을 규(虯)라고 한다. 규(虯)는 용의 일종. 응룡이란 덕(德)에 응하여 나타나는 용. 일설에는 유익룡(有翼龍). ○援絶應(원절응)－수절(殊絶)의 서응(瑞應)이 도와서 이를 이룬다. 절응(絶應)은 특별한 상서(祥瑞), 더없는 서조(瑞兆). ○蓏圖(나도)－도적(圖籍)을 나열해 놓고 앉을 자리로 삼다. 일설에는 나도(蓏圖)란 수레 위에 마련한 자리라고 한다. ○白螭(백리)－용의 일종으로서 서조(瑞兆)에 응하여 나타난다. ○奔蛇(분사)－뱀의 일종으로서 서조에 응하여 나타난다. ○太祖(태조)－도(道)의 태종(太宗). 도의 근원.

　세월이 흘러, 하(夏)나라 걸왕(桀王) 시대가 되면 군주는 암우해져서 도(道)는 문란해졌는데 바로잡히지 않고, 오제(五帝)가 정해놓은 상벌(賞罰)을 버렸으며 삼왕(三王)의 시대에 만든 법전(法典)을 배척하고 말았다. 그리하여 지고(至高)의 덕은 무너진 채 발양(發揚)되지 못하고 제왕의 도는 덮여진 채 부흥되지 못했다.

　일을 하면 천의(天意)에 반(反)하고 명령을 내리면 사계(四季)의 시령(時令)에 어긋나며 춘(春)·추(秋)는 만물 화합의 기(氣)를 말하지 못하고 천지는 생생(生生)의 덕을 잃었으며 인군(仁君)은 그 자리에 안주하지 못하고 대부(大夫)는 도리를 숨기며 직언을 하지 않는다.

　군신(群臣)은 군주의 사혹(思惑)에 신경을 쓰다가 영합만 하고 골육의 인연이 있는 자를 멀리하며 사악한 자를 내 편으로 끌어들이어 도당을 만들고는, 음모를 꾸미고 군신(君臣)·부자(父子)의 서열을 문란케 하고, 다투어 교만한 군주를 업고 그 뜻에 따르며 인륜을 문란케 하고 그 기도하는 바를 성취코자 한다. 그 때문에 군신(君臣)은 반목하여 친해질 수 없고, 골육의 인연이 있는 자는 서로 멀리 할 뿐 가까워지지 않으며, 사(社)에 심어놓은 나무는 말라 죽어가고, 용대(容臺)는 지진에 의해 전복된 채로 있다.

　개는 무리를 지어 짖어대면서 연못에 빠지고 돼지는 깔개 짚을 입에 문 채 물속으로 깊이 빠져든다. 미녀는 머리를 풀어 산발하고 얼굴에 먹을 칠한 채 화장을 하지 않고 가수(歌手)는 숯을 먹어 인후를 망가뜨리고는, 안에 숨어 있으면서 노래 부르지 않고, 장례식에서도 슬픔을 다하려 하지 않으며, 사냥에도 마음에 즐거움이 없다.

　서왕모(西王母)는 머리 장식을 빼서 버리고, 황제(黃帝)는 장탄식을 하고, 새는 날개를 떼어 남기고, 짐승은 다리를 상하게 하고, 산에는 좋은 목재가 없고, 택지에는 괸 물이 말라 버리고, 여우와 너구리는 구멍 속에 숨고, 소와 말은 멀리 도망치며, 밭에는 만족스러운 이

삭이 없고 길가에는 떼와 잔디 등 잡초도 나지 않고 금(金)은 산더미처럼 쌓여 그 모서리가 닳았고, 옥(玉)은 겹쳐져 있어서 그 무늬까지 마모되며, 거북을 다 죽이어, 새끼를 받을 암거북도 씨가 마르고 말았다. 그래도 아직 날마다 서죽(筮竹)으로 역점(易占)을 치고 있는 상태이다.

[原文] 逮至夏桀之時, 主闇晦而不明, 道瀾漫而不脩, 棄損五帝之恩刑, 推蹶三王之法籍. 是以至德滅而不揚, 帝道掩而不興, 擧事戾蒼天, 發號逆四時, 春秋縮其和, 天地除其德, 仁君處位而不安, 大夫隱道而不言. 羣臣準上意而懷當, 疏骨肉而自容邪人, 參耦比周而陰謀, 居君臣父子之閒, 而競載驕主而像其意, 亂人以成其事. 是故君臣乖而不親, 骨肉疏而不附, 植社槁而墟裂, 容臺振而掩履.

　犬羣嗥而入淵, 豕銜蓐而席澳, 美人挐首, 墨面而不容, 曼聲吞炭, 內閉而不歌, 喪不盡其哀, 獵不德其樂. 西姥折勝, 黃神嘯吟, 飛鳥鎩翼, 走獸廢脚, 山無峻榦, 澤無洼水, 狐狸首穴, 馬牛放失, 田無立禾, 路無莎薠, 金積折廉, 璧襲無理, 磬龜無腹, 蓍策日施.

[註解] ○瀾漫(난만)─물건이 난잡한 상태. ○準上意而懷當(준상의이회당)─'준(準)'은 망(望), '회(懷)'는 사(思), '당(當)'은 합(合). 주군의 뜻을 받아들이어 그 뜻에 적합하게 하는 것. ○參耦比周(참우비주)─참우(參耦)란 짝지어 늘어서는 것. 비주(比周)란 도당을 만들어 나쁜 짓 하는 것. ○植社槁而墟裂(식사고이하렬)─식사(植社)는 사(社)에 심어져 있는 수목(樹木). 하(墟)는 하(罅)와 같으며 째져서 틈이 생기는 것. ○容臺(용대)─예용(禮容)을 행하는 대(臺). ○西姥(서모)─서왕모(西王母). 서쪽 끝 곤륜산에 살며 불사(不死)의 약을 가지고 있는 여선인(女仙人). ○折勝(절승)─승(勝 : 婦人의 머리 장식)을 꺾는다는 의미. 서왕모의 모습에 대해

서는 항상 '승(勝)을 이다'라고 되어 있으며(≪山海經≫ <西山經> <大荒西經> 등), 또한 '승(勝)은 옥승(玉勝)'이라는 설도 있는데 이것에 따른다면 서왕모에 있어서의 '승(勝)'은 그 영력(靈力)의 상징이었는데 이것을 꺾는다는 것은 그 힘을 발휘하지 않겠다며 단념했다는 뜻이리라. ○黃神(황신)−황제(黃帝)의 신(神). ○鎩翼(쇄익)−≪문선(文選)≫에 쇄(鎩)는 날개를 손상시키는 것. ○莎藩(사번)−사(莎)는 사초(莎草), 번(藩)은 사(莎)에 비해서 다소 크다. 여기서는 떼와 잔디로 번역했다.

말세(末世 : 전국시대)가 되자 7국은 각기 씨족(氏族)이 다르고, 제후는 각각 법률을 정하여 풍속 습관도 각기 다르게 되었다. 합종연횡(合縱連衡)의 술책은 이 7국을 이반(離反)시켰는데 군사를 일으켜 서로 각축전을 벌였다. 성(城)을 공격하고는 마구 죽이고 고루(高樓)를 허무는가 하면 주거(住居)를 위협하고, 묘(墓)를 파헤쳐 유골을 꺼냈다. 병거(兵車)를 대형화하고 보루(保壘)를 높게 쌓으며 전쟁터로 가는 길을 청소하여 죽으러 나가는 길을 편리하게 만들고, 강적을 공략하여 불의(不義)의 무리를 토벌했다.

이리하여 백 명이 출정해서 한 명이 살아 돌아오면 그 사람의 명성은 실로 높아지는 것이었다. 그래서 몸이 튼튼하고 걸음을 잘 걷는 사람은 보병(步兵)이 되어 먼 외지(外地)에 가고, 노인과 몸이 약한 자는 내지(內地)에서 슬퍼하며 한탄하고, 잡병(雜兵)과 마부(馬夫)는 수레로 식량을 운반하는데, 갈 길은 멀고 눈서리는 사정없이 퍼부으며 낡아빠진 옷조차 제대로 입지 못한지라 사람은 지치고 수레는 망가진다. 질펀한 땅은 무릎까지 빠지므로, 서로 손을 잡고 가다가 머리를 들어 용을 써보지만 결국에는 수레의 가로대를 베개삼아 죽어간다.

남의 나라를 합병하여 영토를 보유한다는 것은 죽은 사람을 쌓아올리기 수 10만, 병거(兵車)를 파괴하기 수천 수백 대를 헤아리며,

궁(弓)·노(弩)·모(矛)·극(戟)·시(矢)·석(石)으로 상처 입은 자들이 길가에서 구조를 청하는 것에 다름아닙니다. 세상은 사람의 머리를 베개 삼고 사람의 살을 먹으며 사람의 간(肝)을 절이고, 사람의 피를 마시는데, 그것이 소·돼지의 종류보다 맛있는 것으로 생각하기에 이르렀다.

그러므로 하(夏)·은(殷)·주(周) 3대 이후에는 천하에서, 태어난 타성(惰性)인 채 살아가고 그 습속을 즐기며 장수를 누리고 학정(虐政) 때문에 요절하는 일이 없도록 해야겠다는 풍조가 없어졌다. 그렇게 된 이유는 무엇일까? 제후들이 공전(攻戰)만 일삼고, 천하는 합하여 일가(一家)가 되겠다는 생각을 하지 않기 때문이다.

原文 晚世之時, 七國異族, 諸侯制法, 各殊習俗. 縱橫閒之, 擧兵而相角, 攻城濫殺, 覆高危安, 掘墳墓, 揚人骸, 大衝車, 高重壘, 除戰道, 便死路, 犯嚴敵. 殘不義, 百往一反, 名聲苟盛也. 是故質壯輕足者, 爲甲卒千里之外, 家老羸弱, 悽愴於內, 厮徒·馬圉, 輓車奉饟, 道路遼遠, 霜雪亟集, 短褐不完, 人羸車弊, 泥塗至膝, 相攜於道, 奮首於路, 身枕格而死.

所謂兼國有地者, 伏尸數十萬, 破車以千百數, 傷弓弩·矛戟·矢石之創者, 扶擧於路. 故世至於枕人頭, 食人肉, 菹人肝, 飮人血, 甘之于芻豢, 故自三代以後者, 天下未嘗得安其情性而樂其習俗, 保其脩命, 而不夭於人虐也. 所以然者何也. 諸侯力征, 天下不合而爲一家.

註解 ○七國異族(칠국이족)─칠국(七國)이란 제(齊)·초(楚)·연(燕)·조(趙)·한(韓)·위(魏)·진(秦). 제(齊)의 성(姓)은 전(田), 초(楚)의 성은 미(羋), 연(燕)의 성은 요(姚), 조(趙)의 성은 조(趙), 한(韓)의 성은

한(韓), 위(魏)의 성은 위(魏), 진(秦)의 성은 영(嬴), 그러므로 이족(異族)이다. ○百往一反(백왕일반)—일설에 백 번 출정(出征)하여 한 번 승리를 거둔다는 의미. ○身枕格而死(신침격이사)—격(格)은 로(輅)와 같으며 만차(輓車)의 가로대이다. ○扶擧於路(부거어로)—병사의 시체가 길에 가득찬 것을 이렇게 표현한 것으로 풀이할 수도 있다. ○保其脩命(보기수명)—수(脩)는 장(長)이란 의미.

금세(今世 : 漢代)에 이르자, 위에 천자(天子)가 있어서 도덕을 근간으로 하고 인의(仁義)를 보좌로 하여, 천하를 통치하게 되었다. 가까이에 있는 사람은 지혜를 바치고 멀리 있는 사람은 그 덕(德)에 따른다. 팔짱을 끼고 고개를 끄덕이며 지시만 해도 사해(四海) 안에서는 모두 복종을 하고, 사계(四季)에 따라 공물(貢物)을 바쳐온다. 이리하여 천하는 혼연히 일가(一家)를 이루고 한가(漢家)의 자손은 대대로 군림하기에 이르렀는데 이것이야말로 그 옛날 오제(五帝)가 하늘의 덕을 맞아들일 수 있었던 것과 같은 것이다.

대저 성인(聖人)은 때[好機]를 만들어 낼 수는 없지만 때를 만나면 잃는 일이 없다. 보좌하는 신하가 유능하면 참언하거나 아첨하는 단서를 잡아내고, 말을 교묘하게 하는 변설을 중단시키며, 가혹한 법률을 없앨 수 있다. 또 번잡하고 너무 엄한 사무(事務)도 없애고 근거가 없는 거짓말을 못하게 하며 문벌(門閥)이 생기는 것을 막을 수 있다.

지교(知巧)한 행위를 없애고 태상(太常)을 몸에 익히며 내 몸이 있는 것을 잊고 마음의 총명을 물리치며, 도(道)의 혼명(混冥)과 일체가 되고 심의(心意)를 해방시키어 정신을 풀어 버리며 멍청해진 혼백조차도 잃어버린 것처럼 행동하면서 만물 하나하나를 그 근원에 되돌려 놓는다. 이것이야말로 복희씨(伏犧氏)의 치적(治積)을 터득하여 오제(五帝)의 도(道)에 되돌아가는 것이다.

原文 逮至當今之時, 天子在上位, 持以道德, 輔以仁義, 近者獻
其智, 遠者懷其德, 拱揖指麾, 而四海賓服, 春秋冬夏, 皆獻其貢職,
天下混而爲一, 子孫相代. 此五帝之所以迎天德也.

夫聖人者不能生時, 是至而弗失也. 輔佐有能, 黜讒佞之端, 息
巧辯之說, 除刻削之法, 去煩苛之事, 屛流言之迹, 塞朋黨之門. 消
知能, 脩太常, 隳肢體, 絀聰明, 大通混冥, 解意釋神, 漠然若無魂
魄, 使萬物各復歸其根. 則是所脩伏犧氏之迹, 而反五帝之道也.

註解 ○脩太常(수태상)—'태상(太常)'이란 천도(天道)라든가 자연처럼
항상 변하지 않는 위대한 것이란 의미이다. ○隳肢體(휴지체), 絀聰明(출총
명)……萬物各復歸其根(만물각복귀기근)—≪장자≫<재유(在宥)>에 '당
신의 몸을 잊어버리고 당신의 귀·눈의 작용을 막아 버리며 세상 사람들
과 사물을 잊은 채 자연의 도와 하나가 되는 거요. 마음을 풀어놓고 정신
을 헤쳐내서 휑하니 아무것도 모르게 한다면 만물은 무성해져서 각기 그
근본으로 돌아가오(墮爾形體 吐爾聰明 倫與物忘 大同乎涬溟 解心釋神
莫然無魂 萬物云云 各復其根)'라고 되어 있는 것과 용어상 약간의 차이
는 있어도 그 의미는 일치된다. 한편 끝 구절은 또 ≪노자(老子)≫ 제16
장에 '만물운운 각복귀기근(萬物云云 各復歸其根)'이라고 되어 있는 것
과 일치된다.

대저 겸차(鉗且)와 대병(大丙)은 고삐라든가 재갈을 사용하지 않
고서도 명어자(名御者)가 되어 천하에 명성을 떨쳤고, 복희(伏戲)와
여와(女媧)는 법령을 정하지 않았었건만 지덕자(至德者)로서 후세에

그 이름을 남겼다. 왜냐하면 허무순일(虛無純一)의 경지에 도달하여 소소한 일을 깊이 생각하는 따위의 짓을 하지 않았기 때문이다. ≪주서(周書)≫에서는 이렇게 말했다. '꿩을 잡으려다가 잡지 못했다 하더라도 다시 그 바람을 따르라'고 ―.

그런데 예를 들면 신불해(申不害)·한비자(韓非子), 그리고 상앙(商鞅)의 정치를 보면 뿌리를 뽑고 그 근본을 버리며, 거기서 생기는 근원은 구명코자 하지 않는다. 왜 이렇게 되었는가? 그들은 오형(五刑)을 정하여 가혹한 정치를 하고 도덕의 근본을 등지고는 소리(小利)를 위해서 다투며, 백성들을 함부로 참살하여 그 태반을 죽이면서도, 기뻐하고, 즐거워하며 자기는 잘 다스리고 있다고 생각한다. 이렇게 되면 마치 장작을 안고 불을 끄려고 하는 것이며 구멍을 파고 물을 멎게 하려는 것과 마찬가지이다.

대저 우물가의 나뭇가지가 자라서 물 항아리가 들어갈 수 없게 되고, 수로(水路) 가에 나뭇가지가 나서 배가 지나가지 못하게 된다. 3개월이 안 되어 말라 버리는 경우가 있다. 그 이유는 무엇이냐 하면 모두 미친 듯이 자라나서 그 근원이 없기 때문이다.

황하(黃河)가 몇 번이나 구비 돌아 바다로 흘러들면서도 물이 다 마르지 않는 것은 곤륜산이 그 수원(水源)이기 때문이다. 홍수(洪水)가 빠지지 않고 널리 퍼져 있다가도 10일이나 1개월 동안 비가 안 내리면 물이 말라서 바닥이 갈라지는 못〔池〕이 되어 버리는 것은 괴었던 물이 빗물일 뿐 수원(水源)이 없기 때문이다.

비유컨대 예(羿)가 불사(不死)의 선약(仙藥)을 서왕모(西王母)에게 청하여 얻었는데 그의 아내 항아(姮娥)가 그것을 훔쳐가지고 달나라로 도망쳤을 때, 예는 그녀를 따라가지도 않고 그저 망연자실할 뿐이었는데, 이것과 같다. 왜냐하면 그 불사약이 지니고 있는 근원을 잊어버렸기 때문이다.

그런 까닭에 불을 얻는 것보다는 부싯돌을 얻는 편이 낫고, 물을 길어오게 시키는 것보다는 우물을 파는 편이 나은 것이다.

原文 夫鉗且·大丙, 不施轡銜, 而以善御聞於天下, 伏戲·女媧, 不設法度, 而以至德遺於後世. 何則至虛無純一, 而不嘐喋苛事也. 周書曰, 掩雉不得, 更順其風. 今若夫申·韓·商鞅之爲治也, 捽拔其根, 蕪棄其本, 而不窮究其所由生. 何以至此也. 鑿五刑, 爲刻削, 乃背道德之本, 而爭於錐刀之末, 斬艾百姓, 殫盡太半, 而忻忻然常自以爲治. 是猶抱薪而救火, 鑿竇而止水.

夫井植生梓而不容甕, 溝植生條而不容舟, 不過三月必死. 所以然者何也. 皆狂生而無其本者也. 河水九折注於海, 而流不絶者, 崑崙之輸也. 潦水不泄, 瀇瀁極望, 旬月不雨, 則涸而枯澤, 受瀷而無源也. 譬若羿請不死之藥於西王母, 姮娥竊以奔月, 悵然有喪, 無以續之. 何則不知不死之藥所由生也. 是故乞火不若取燧, 寄汲不若鑿井.

註解 ○周書曰(주서왈)……—일을 할 때 한 번 실패하더라도 도리를 좇아 그대로 하라는 의미로 풀이한다. 한편 ≪주서≫라고 되어 있으나 지금 책에서는 보이지는 않는다. ○五刑(오형)—궁형(宮刑 : 去勢), 경(黥 : 入墨), 의(劓 : 코를 베는 형), 월(刖 : 다리를 자르는 형), 사(死 : 사형) 등 5종류의 형벌. ○錐刀之末(추도지말)—뾰족한 칼끝이란 뜻인데 전(轉)하여 소소한 일, 보잘것없는 이익. ○梓(양)—얼(櫱)과 같다. 움(나무 그루터기에서 나오는 새싹)이 나다.

권 7

정신훈(精神訓)

정신이란 말은 일반적으로 보면 두 글자를 합치어 사람의 마음을 의미하는 경우가 많은데 이 편에서는 그 정신을 정(精)은 기(氣)로, 신(神)은 수(守), 즉 사람을 지켜주는 것으로 분리해서 설명하고 있다. 그리고 정신이란 말을 도리어 사람의 생명을 유지하는 근원적인 것으로 풀이하고 있는 것이다. 다시 말해서 인간의 사생(死生)을 자연으로 보고 사생을 일여(一如)로 보는 것이며, 그런 의미에서는 ≪장자≫의 사생관을 계승하는 것이라고 할 수 있겠다.

옛날, 하늘도 땅도 없었을 때, 다만 무형(無形)이라고밖에 말할 수 없어서, 어둡고 깊게 망막혼돈(茫漠混沌)한 기(氣)가 어디선가 용솟음쳐 나와서 끝없이 이어졌다. 두 신(神)이 혼연일체가 되면서 나타나 천지를 창조하기 시작했다. (그 만드는) 방법은 너무나 깊어서 언제 끝이 날지 알 수가 없고 광막(廣漠)하여 언제 끝이 보일지도 알수가 없었다.

여기서 나뉘어져 음양(陰陽) 두 기(氣)가 생겨났고 흩어져서 팔방(八方)의 극(極)이 세워졌으며 강유(剛柔)가 서로 이루어지고 만물이 만들어졌다. 그때 혼탁한 기(氣)는 조수개충(鳥獸介蟲)이 되었고 청순한 기는 사람이 되었다. 한편 사람의 정신은 하늘의 것이며 육체는 땅의 것이다. (사람이 죽어서) 정신이 하늘문으로 들어가고 육체가 땅의 뿌리에 돌아갈 때 어찌 나라고 하는 존재가 있을 수 있겠는가?

그러므로 성인(聖人)은 천성을 본받아 진정으로 따르며 세속에 구애되지 않고 사람에게 미혹당하는 일 없이 천지를 부모로, 음양사시(陰陽四時)를 강기(綱紀)로 삼는 것이다. 한편 하늘은 정청(靜淸)하며 땅은 안태(安泰)하다. 만물은 거역하면 죽고 순응하면 산다. 정막(靜漠)해야만 신명(神明)은 깃들고, 허무해야만 도(道)는 존재하는 것이다.

그런데 이것을 밖에서 구할 때는 이것을 안에서 잃고, 안에서 지킬 때는 이것을 밖에서도 얻는다. 예컨대 근본(根本)과 지엽(枝葉)과 같은 것으로서, 나무를 그 본줄기를 잡아당기면 천지만엽(千枝萬葉) 모두가 따라오지 않는 것이 없는 것과 같다.

原文 古未有天地之時, 惟像無形. 窈窈冥冥, 芒芠漠閔, 澒濛鴻洞, 莫知其門. 有二神混生, 經天營地. 孔乎莫知其所終極, 滔乎莫知其所止息. 於是乃別爲陰陽, 離爲八極, 剛柔相成, 萬物乃形. 煩氣爲蟲, 精氣爲人. 是故精神者天之有也, 而骨骸者地之有也. 精神入其門, 而骨骸反其根, 我尙何存.

是故聖人法天順情, 不拘於俗, 不誘於人, 以天爲父, 以地爲母, 陰陽爲綱, 四時爲紀. 天靜以淸, 地定以寧. 萬物失之者死, 法之者生. 夫靜漠者, 神明之宅也, 虛無者, 道之所居也. 是故或求之於外者, 失之於內, 有守之於內者, 得之於外. 譬猶本與末也. 從本引之, 千枝萬葉, 莫不隨也.

註解 ○惟(유)―상(像)과 연계되어 망상(罔象), 즉 무형(無形). ○窈窈冥冥(요요명명)―깊고 어둠침침한 것. ○芒芠漠閔(망문막민)―망막하여 파악되지 않는 모습. ○澒濛鴻洞(홍몽홍동)―홍몽(澒濛)은 홍몽(鴻濛)과 같은 뜻으로서 천지자연의 원기(元氣), 홍동(鴻洞)은 끝없이 서로 이어지는 모습. ○孔乎(공호)―깊은 모습. ○滔乎(도호)―광대한 모습. ○別爲陰陽(별위음양)……萬物乃形(만물내형)―≪역경(易經)≫ <설괘전(說卦傳)>에 있는 '입천지도왈음양(立天之道曰陰陽), 입지지도왈강유(立地之道曰剛柔)'란 구절을 참고하면 이 네 구절은 천(天)·팔극(八極)·지(地)·만물이 형성되는 과정을 기록한 것으로 생각된다. '팔극(八極)'은 팔방으로 펼쳐지는 것. ○煩氣爲蟲(번기위충)―충(蟲)은 동물의 총칭. ○精神入其門(정신입기문)……我尙何存(아상하존)―≪열자(列子)≫ <천서(天瑞)>에 '황제왈(黃帝曰)'이라고 한 다음에 기록되어 있다. 한편 앞뒤의 기록에 대해서는 ≪예기(禮記)≫ <교특생(郊特牲)>에 '혼기(魂氣)는 하늘로 돌아가고 형혼(形魂)은 땅으로 돌아간다'라고 되어 있는 것을 참조.

정신은 하늘에서 받은 것이고 육체는 땅에서 받은 것이다. 그러므로 '하나는 둘을 낳고, 둘은 셋을 낳으며, 셋은 만물을 낳는다. 만물은 음기(陰氣)를 머금고 양기(陽氣)를 깃들이며 충기(冲氣)로서 이를 조화시킨다'라고 하며 또 '첫 달에 기름덩어리가 생기고 2개월에 살덩어리가 되며, 3개월에 태아(胎兒)의 형태를 갖추고 4개월에 피부가 생기며, 5개월에 근육이 생기고 6개월에 뼈가 굳어지며, 7개월에 모양새가 갖추어지고 8개월에 움직이기 시작하며 9개월에 놀고 10개월에 태어난다. 이처럼 형체가 갖춰지면 그곳에 오장(五臟)이 또한 갖춰진다'라고 한다.

그러므로 폐장(肺藏)은 눈을 주관하고 신장(腎臟)은 코를 주관하며 담낭(膽囊)은 입을 주관하고 간장(肝臟)은 귀를 주관하며, 비장(脾臟)은 혀를 주관한다. 바깥의 오관(五官)은 표(表)가 되고 안의 오장(五臟)은 이(裏)가 되어, 개폐(開閉)에도 신축(伸縮)에도 (兩者 사이에는 一體의) 법칙이 있는 것이다.

그리고 머리의 원형(圓形)은 하늘을 닮은 것이요, 발의 방형(方形)은 땅을 닮은 것이다. 하늘에 사시(四時)・오행(五行)・구해(九解)・366일이 있으면 사람에게도 사지(四肢)・오장(五臟)・구규(九竅)・366개의 마디가 있으며, 하늘에 풍우(風雨)・한서(寒暑)가 있으면 사람에게도 여탈(與奪)・희로(喜怒)가 있다.

또 담낭은 구름에, 폐는 기(氣)에, 간장은 바람에, 신장은 비에, 비장은 우레에 해당하는데, 이처럼 천지자연과 상관되어 마음이 이런 것들을 주관하고 있다. 그리고 이목(耳目)은 일월(日月)에 해당하고 혈기(血氣)는 풍우(風雨)에 해당한다. 태양에는 세 발 달린 까마귀가 있으며 달에는 두꺼비가 있다. 일월의 운행이 어긋나면 식(蝕)이 일어나 어두워지며 풍우가 시기를 달리하면 파괴가 일어나 재해(災害)가 생기고, 오성(五星)의 운행이 잘못되면 주(州)와 나라가 화를 입게 되는 것이다.

原文 夫精神者所受於天也, 而形體者所稟於地也. 故曰, 一生二, 二生三, 三生萬物. 萬物背陰而抱陽, 冲氣以爲和. 故曰, 一月而膏,

二月而胅, 三月而胎, 四月而肌, 五月而筋, 六月而骨, 七月而成,
八月而動, 九月而躁, 十月而生. 形體以成, 五藏乃形.

　是故肺主目, 腎主鼻, 膽主口, 肝主耳, 脾主舌. 外爲表而內爲
裏, 開閉張歙, 各有經紀. 故頭之圓也, 象天, 足之方也, 象地. 天
有四時·五行·九解·三百六十六日, 人亦有四支·五藏·九竅·
三百六十六節. 天有風雨寒暑, 人亦有取與喜怒.

　故膽爲雲, 肺爲氣, 肝爲風, 腎爲雨, 脾爲雷, 以與天地相參也,
而心爲之主. 是故耳目者日月也, 血氣者風雨也. 日中有踆烏, 而
月中有蟾蜍. 日月失其行, 薄蝕無光, 風雨非其時, 毀折生災, 五星
失其行, 州國受殃.

註解　○一生二(일생이)……爲和(위화)―≪노자≫ 제42장을 근거로 하
고 있다. ≪노자≫에서는 그 머리에 '도생(道生)'이란 구절이 있어서, '도'
로부터 만물이 생겨나는 순서를 기록하고 있다. 여기서는 '일(一)'을 근원
적인 것으로 보고 일부러 '도'를 생략한 것으로 보인다. ○一月而膏(일월
이고)……十月而生(십월이생)―수태(受胎)로부터　출생까지　10개월간의
경과를 적은 것이다. 같은 종류의 글이 ≪문자(文子)≫ <구수(九守)>와
≪광아(廣雅)≫ <석친(釋親)>에도 있다. '질(胅)'자를 ≪광아≫ <석고(釋
詁)>에서는 '종(腫 : 붓다)이다'라고 했는데 ≪집운(集韻)≫에서는 '수(脽),
즉 꽁무니를 잇는 살'이라 하는 등 잘 알 수 없다. 요컨대 '일월이고(一月
而膏)'와 '삼월이태(三月而胎)' 중간의 상황으로서 살덩어리와 같은 것을
가리킴인 것이리라. 한편 ≪문자≫는 '이월이맥(二月而脈)', ≪광아≫는
'이월이지(二月而脂)'라고 적고 있다. ○張歙(장흡)―흡(歙)은 오그라드는
것. 장흡은 신축(伸縮)이란 뜻이다. ○九解(구해)―구야(九野)의 뜻. ○九
竅(구규)―인체에 있는 9개의 구멍. 귀 2, 눈 2, 코 2, 입 1, 배설구 2를
가리킨다. 　○三百六十六日(삼백육십육일)……三百六十六節(삼백육십육
절)―1년간의　일수(日數)와 인체의 골절(骨節)　수를　상응시키는　경우,

360으로 헤아리는 것이 통례인데, 이 책에서도 <천문훈>에서는 360일
(日)·절(節)로 적고 있다. 그러므로 본문의 경우에도 '육(六)'자를 빼야
한다는 설이 유력한데, 1년간의 일수(日數)에 대해서는 이것을 366일로
치는 설도 있다(≪書經≫ <堯典>). ○日中有踆烏(일중유준오)—'준오(踆
烏)'는 세 발 달린 까마귀. 태양의 흑점(黑点)에서 연상된 것이라고 생각
되는데 다리를 세 개라고 한 것은 불명(不明).

천지의 도(道)는 끝없이 넓고 큰데, 그렇다 하더라도 그 광휘(光輝)
를 절제하고 그 신명(神明)을 아낀다. 하물며 사람이 이목(耳目)을 분
주하게 쓰면서 멈출 줄을 모르고, 정신을 마구 소모하면서 쉴 줄 몰라
도 괜찮은 것일까?

또 혈기(血氣)는 사람의 화(華)요, 오장(五臟)은 사람의 정(精)이
다. 혈기가 오장에 모여 있으면서 밖으로 발산되지 않으면 흉복(胸
腹)은 충실하고 기욕(嗜欲)은 없어진다. 흉복이 충실하고 기욕이 사
라지면 이목(耳目)은 맑아지고 청시(聽視)가 좋아진다. 이목이 맑아
지고 청시가 좋아지는 것을 명(明)이라고 한다.

오장(五臟)이 마음에 따라 달라지지 않으면 사지(邪志)가 사라지
고 행위는 바르게 된다. 사지가 사라지고 행위가 바르게 되면 정신이
활발해지고 기(氣)가 흐트러지지 않는다. 정신이 활발해지고 기가 흐
트러지지 않으면 마음은 안정된다. 마음이 안정되면 균형이 잡힌다.
균형이 잡히면 만사에 통달된다. 만사에 통달되면 신(神)이 된다.

신이 되면 보아서 보이지 않는 것이 없고 들어서 들리지 않는 것이
없으며 해서 이루어지지 않는 것이 없다. 이렇게 되면 우환이 스며들
틈도, 사기(邪氣)가 들어올 틈도, 사기가 엄습해 올 틈도 없다. 원래
사물에는 사해(四海) 끝까지 따라가도 보이지 않는 것이 있으며, 한

편으로는 애써 자기 몸속에 간직하고 있으면서도 깨닫지 못하는 것이 있다. 그러므로 구하는 것이 많은 사람은 도리어 얻는 바가 적고, 널리 보는 사람은 도리어 아는 것이 적은 것이다.

原文 夫天地之道, 至紘以大, 尙猶節其章光, 愛其神明. 人之耳目, 曷能久熏勞, 而不息乎, 精神何能久馳騁而不旣乎. 是故血氣者人之華也, 而五藏者人之精也. 夫血氣能專於五藏而不外越, 則胸腹充而嗜欲省矣. 胸腹充而嗜欲省, 則耳目淸聽視達矣. 耳目淸聽視達, 謂之明.

五藏能屬於心而無乖, 則敎志遯而行不僻矣. 敎志遯而行之不僻, 則精神盛而氣不散矣. 精神盛而氣不散則理. 理則均. 均則通. 通則神. 神則以視無不見, 以聽無不聞也, 以爲無不成也. 是故憂患不能入也, 而邪氣不能襲. 故事有求之於四海之外而不能遇. 或守之於形骸之內而不見也. 故所求多者所得少, 所見大者所知少.

註解 ○熏勞(훈로)－훈(熏)은 그을리는 것. 새카맣게 되어 일을 한다는 의미. ○血氣者(혈기자)……五藏者(오장자)……－혈기란 인간의 육체적 활동을 지탱해 주는 기(氣), 혹은 감정의 발발을 촉진하는 기(氣), 오장은 인간의 정신작용이 나오는 곳. 앞 단(段)에서 말한 것처럼 감각기관(感覺器官 : 五官)을 주관한다고 한다. 화(華)와 정(精)은 연칭(連稱)하여 '정화(精華)'라고 하듯이 모두 뛰어나다는 의미인데 여기서는 동적(動的)인 혈기를 화, 정적인 오장을 정이라고 칭한 것이리라. ○敎志遯(발지둔)－발(敎)은 돌아오다. 둔(遯)은 떠나다.

이목(耳目)은 정신의 창이며 기지(氣志)는 오장의 하인이다. 이목이 성색(聲色)의 쾌락에 빠지면 오장은 동요하여 안정을 잃고, 오장이 동요하여 안정을 잃으면 혈기는 들끓으며 쉬지를 못하고, 혈기가 들끓어서 쉬지 못하면 정신은 밖으로 튀어나와 안에 머물지 못하고, 정신이 밖으로 튀어나와 안에 머물지 못하면 산더미 같은 화복(禍福)이 그 몸에 다가와 있어도 이것을 분별조차 못한다.

이목을 청징투철(淸澄透徹)하게 하여 밖으로 유혹당하지 않게 하고 지기(志氣)를 허정염담(虛靜恬淡)케 해서 기욕(嗜欲)을 잘라내며, 오장을 안전충실케 하여 새나가지 않게 하고 정신을 몸 안에 머물러 있도록 해서 밖으로 흐트러지지 않게 하면, 과거를 망견(望見)하고 미래를 예견하는 것조차도 아주 쉬운즉, 어찌 화복의 분별에 머무를 뿐이겠는가?

그러므로 '밖에서, 또 밖에서 지(知)를 구하는 사람일수록 진지(眞知)는 얕다'고 하는 것이다. 이것은 곧 정신을 밖으로 새나가지 않게 하라는 뜻이다. 대저 색채는 눈의 기능을 혼란케 해서 흐리게 하며 음성은 귀를 시끄럽게 해서 그 기능을 둔하게 하며, 음식은 입의 기능을 혼란케 해서 마비시키며 분별은 마음을 산란케 해서 행동을 경박하게 만드는 것이다.

이 네 가지는 살아가는 데 있어 빼놓을 수 없을 만큼 중요한 것이지만 사람의 마음에 누(累)가 되기도 한다. 그러므로 '기욕(嗜欲)은 사람의 기(氣)를 흐트러뜨리고 호오(好惡)는 사람의 마음을 피곤하게 만든다. 그 즉시 없애지 않으면 지기(志氣)는 날로 쇠해진다'라고 하는 것이다. 대저 사람이 천수를 다 누리지 못하고 그 도중에서 형사(刑死)를 만나는 것은 왜일까? 그것은 너무나 살기를 집착하기 때문이다. 사는 것에 대하여 염담(恬淡)한 것, 이것이야말로 장수를 누리는 비결이다.

原文 夫孔竅者精神之戶牖也, 而氣志者五藏之使候也. 耳目淫

於聲色之樂, 則五藏搖動而不定矣. 五藏搖動而不定, 則血氣滔蕩
而不休矣. 血氣滔蕩而不休, 則精神馳騁於外而不守矣. 精神馳騁
於外而不守, 則禍福之至, 雖如丘山, 無由識之矣. 使耳目精明玄
達而無誘慕, 氣志虛靜恬愉而省嗜欲, 五藏定寧充盈而不泄, 精神
內守形骸而不外越, 則望於往世之前, 而視於來事之後, 猶未足爲
也. 豈直禍福之間哉.

故曰, 其出彌遠者, 其知彌少. 以言夫精神之不可使外淫也. 是
故五色亂目, 使目不明, 五聲譁耳, 使耳不聰, 五味亂口, 使口厲爽,
趣舍滑心, 使行飛揚. 此四者天下之所養性也. 然皆人累也. 故曰,
嗜欲者使人之氣越, 而好憎者使人之心勞. 弗疾去則志氣日耗. 夫
人之所以不能終其壽命, 而中道夭於刑戮者何也. 以其生生之厚.
夫惟能無以生爲者, 則所以脩得生也.

註解 ○孔竅(공규)—앞에서 설명한 바 있는 구규(九竅). 여기서는 특히
이목(耳目)을 가리킴이다. ○戶牖(호유)—문과 창. ○滔蕩(도탕)—격렬하
게 움직이는 모습. ○精明玄達(정명현달)—청징투철(淸澄透徹). ○恬愉(염
유)—마음이 조용하여 평안한 것. ○其出彌遠者(기출미원자), 其知彌少
(기지미소)—≪노자≫ 제47장의 글. ○是故五色亂目(시고오색란목)……
使行飛揚(사행비양)—같은 부류의 글이 ≪장자≫ <천지(天地)> <변무
(騈拇)>, ≪노자≫ 제12장에 보인다. 오색(五色)·오성(五聲 : 五音)·오
미(五味)는 <시칙훈(時則訓)>을 참조할 것. '화(譁)'는 시끄럽게 하다.
'여상(厲爽)'은 손상주고 상처주다. '취사(趣舍)'는 '취사(取捨)'와 같으며
마음의 분별이다. ○養性(양성)—여기서 말하는 성(性)은 생(生)이란 의
미. 삶을 다 누리는 것. ○以其生生之厚(이기생생지후)—≪노자≫ 제57
장의 구절. ○夫惟能無以生爲者(부유능무이생위자)……—≪노자≫ 제75
장의 말구(末句)와 같은 취지.

하늘과 땅이 하는 일은 각각 별개의 것으로 보이지만 서로 통하고 있으며 만물은 각기 다른 양상을 띠면서도 하나로 통괄되고 있다. 이 '하나'를 알면 '하나'로서 이해하지 못하는 바가 없고, 이 '하나'를 알지 못하면 하나로서 알 수가 없다. 예를 들어 나도 천하의 한 물체인데 천하는 내가 있어야만 만물을 구비하는 것일까? 아니면 내가 없어도 만물은 만물로서 구비될 수 있는 것일까? 그것은 모두 알 수가 없다.

그렇다면 나도 물체요, 만물도 물체인데 물체가 외물(外物)에 대하여 어째서 물체라고 하는 것인가? 그리고 이 나를 낳게 함으로써 얼마큼 증가했을까? 이 나를 죽임으로써 얼마만큼 감손(減損)되었다는 것일까?

조화(造化)는 이미 나를 질그릇으로 만들어 놓은 것이다. 이것에 거역하는 짓은 안할 것이다. 침을 맞고 뜸을 뜨며 오래 살고자 하는 사람의 현혹이 아니라는 것을 어찌 알리요. 목을 매어서까지 죽으려는 사람의, 행복하지 못함을 어찌 알 수 있으리오. 혹은 또 삶은 고역이고 죽음이야말로 휴식이란 것을, 이 넓은 천하에서 대체 누가 알리요. 나를 살리려고 한다면 거역하지 않고 살 것이고, 나를 죽이려고 한다면 거역하지 않고 죽자.

살 것을 욕심내면서도 그것에 집착하지 않고, 죽는 것을 싫어하면서도 그것을 거부하지 않으며, 비천한 신분일지라도 그것을 싫어하지 않고 귀중한 지위에 있더라도 그것을 기뻐하지 않으며, 천명(天命)에 따라 그것에 안주(安住)할 뿐 안달하지 않으리라. 살아서는 7척(尺)의 몸, 죽은 다음에는 1관(棺)의 흙, 태어나서 유형(有形)의 물체로 있는 것은 죽은 다음, 무형(無形) 속에 가라앉는 것과 다름이 없다. 그렇다면 내가 태어났다고 해서 물체는 늘어나지 않고, 내가 죽었다 해서 흙이 두꺼워지지 않는다. 그 사이의 어느 곳에 희증이해(喜憎利害)의 정(情)을 작용시킬 여지가 있단 말인가?

　대저 조화가 물체를 만드는 것은 마치 도공(陶工)이 진흙을 이기는
것과 비슷하다. 진흙은 대지(大地)에서 취하여져서 접시가 되든 사발
이 되든, 대지를 떠나지 않은 채로 있든 간에 다를 것이 없다. 그릇으
로 빚어진 다음에 미진(微塵)으로 되돌아가든, 접시나 사발로 남아
있든 간에 역시 다를 바가 없다.

　강가의 마을에서는 그곳 주민들이 강에서 물을 길어다가 밭에 뿌리
는데 강물은 싫어하지 않는다. 고여 있는 물을 싫어하는 집에서는 고
여 있는 물을 터서 강으로 흘러가게 하지만 고여 있던 물은 기뻐하지
않는다. 즉 물이 강에 있는 것은 밭에 대여진 것과 다름이 없고 고여
있는 것은 강에 있는 것과 다름이 없다. 그러기에 성인(聖人)은 시세
에 거역하지 않고 그 분수에 안주하며 세운(世運)에 따라 그 생업(生
業)을 즐기는 것이다.

　原文　夫天地運而相通, 萬物總而爲一. 能知一, 則無一之不知也,
不能知一, 則無一之能知也. 譬吾處於天下也, 亦爲一物矣. 不識
天下之以我備其物與, 且惟無我, 而物無不備者乎. 然則我亦物也,
物亦物也. 物之與物也, 又何以相物也. 雖然其生我也. 將以何益.
其殺我也, 將以何損.

　夫造化者, 旣以我爲坏矣. 將無所違之矣. 吾安知夫刺灸而欲生
者之非惑也, 又安知夫絞經而求死者之非福也. 或者生乃徭役也, 而
死乃休息也, 天下茫茫, 孰知之哉. 其生我也, 不彊求已, 其殺我也,
不彊求止. 欲生而不事, 憎死而不辭, 賤之而弗憎, 貴之而弗喜, 隨
其天資, 而安之不極. 吾生也, 有七尺之形, 吾死也, 有一棺之土.
吾生之比於有形之類, 猶吾死之淪於無形之中也. 然則吾生也, 物
不以益衆, 吾死也, 土不以加厚. 吾又安知所喜憎利害其間者乎.

　夫造化者之攫援物也, 譬猶陶人之埏埴也. 其取之地, 而已爲盆

盎也, 與其未離於地也, 無以異. 其已成器, 而破碎漫瀾, 而復歸其
故也, 與其爲盆盎, 亦無以異矣. 夫臨江之鄕, 居人汲水, 以浸其園,
江水弗憎也. 若洿之家, 決洿而注之江, 洿水弗樂也. 是故其在江
也, 無以異其浸園也, 其在洿也, 亦無以異其在江也. 是故聖人因
時以安其位, 當世而樂其業.

[註解] ○然則我亦物(연즉아역물)……又何以相物也(우하이상물야)―≪장
자≫ <인간세(人間世)>에 '너도 나도 다같이 하찮은 물체이다. 어찌 서
로를 하찮은 것이라고 헐뜯겠는가(若與予也皆物也. 奈何哉其相物也)'라
고 되어 있는 것과 비슷한 구절이다. ○坏(배)―굽지 않은 기와. ○刺灸
(자구)―침(鍼)과 구(灸 : 뜸). 絞經(교경)―목을 매는 것. 경(經)은 목이
다. ○徭役(요역)―공사(公事)에 사역(使役)당하는 것. ○茫茫(망망)―
넓은 모습. ○七尺(칠척)―<천문훈>에 '사람의 길이는 7척'이라고 되어
있는데 이것을 감안한 것이리라. ○攪援物(확원물)―조화자(造化者)가
만물을 갖가지 형태로 만드는 모습을 가리키는 것. ○埏埴(선식)―선(埏)
은 (흙을) 이기는 것. 식(埴)은 흙 또는 점토(粘土). ○盆盎(분앙)―옹기
의 이름. 분(盆)은 바닥이 좁고 주둥이가 넓다. 앙(盎)은 배가 두껍고 주
둥이가 좁다. 漫瀾(만란)―사방에 흐트러 놓다. ○洿(오)―고여 있는 물.

　그런데 슬픔과 즐거움은 덕(德)을 편중시키는 것이요, 기쁨과 노함
은 도(道)를 잘못 행케 하는 것이며, 좋아함과 미워함은 마음을 번잡
하게 하는 것이다. 그러므로 살아 있을 때는 하늘과 함께 행동하고
죽어서는 물체와 함께 변하며, 조용히 있을 때는 음기(陰氣)와 덕을
합치고, 움직일 때는 양기(陽氣)와 흐름을 같이한다고 한다.
　정신이 안정되면 하는 일에 막힘이 없고 외물(外物)에 흐트러지는
일이 없으면 천하는 자연히 귀복(歸服)하는 것이다. 즉 마음은 육체

의 주인이며 정신은 마음의 보물인데 육체를 마구 혹사하면 쓰러지고
정기(精氣)를 마구 낭비하면 쇠진해진다. 그러므로 성인(聖人)은 심
신을 특히 소중히 했으며 결코 잃지 않으려고 했다.

하후씨(夏后氏) 전래(傳來)의 진옥(珍玉)을 가진 자는 몇겹 상자
속에 넣고 소중히 간직했는데 이것은 최고의 보물이기 때문이다. 하
물며 정신의 보물은 하후씨의 진옥에 비할 바가 아니다. 그러므로 성
인은 무(無)를 가지고 유(有)에 응하며, 반드시 그 도를 구명하고, 허
(虛)를 가지고 실(實)을 받아들이어 반드시 그 절목(節目)을 궁심(窮
尋)한다. 마음 평안하게 자신을 비워서 천명(天命)을 다하는 것이다.
그러므로 특별히 소원(疏遠)하는 것도 없으려니와 또 특별히 친하는
것도 없다.

덕을 지키고 화(和)를 길러 하늘에 순응하고, 도를 나누며 덕과 친하
고, 복의 시초가 되지 아니하며 화(禍)의 첫머리가 되지 않고, 혼백은
그 있어야 할 곳에 있으며, 정신은 그 근원을 지키고 사생(死生)에 의
해 동요되는 일이 없다. 이것이야말로 지신(至神)이라고 하는 것이다.

原文   夫悲樂者德之邪也, 而喜怒者道之過也, 好憎者心之累也.
故曰, 其生也天行, 其死也物化, 靜則與陰合德, 動則與陽同波. 精
神澹然無極, 不與物散, 而天下自服. 故心者形之主也, 而神者心
之寶也. 形勞而不休則蹶, 精用而不已則竭. 是故聖人貴而尊之,
不敢越也.

夫有夏后氏之璜者, 匣匱而藏之, 寶之至也. 夫精神之可寶也, 非
直夏后氏之璜也. 是故聖人以無應有, 必究其理, 以虛受實, 必窮
其節, 恬愉虛靜, 以終其命. 是故無所甚疏, 而無所甚親, 抱德煬和,
以順于天, 與道爲際, 與德爲鄰, 不爲福始, 不爲禍先, 魂魄處其宅,
而精神守其根, 死生無變於己. 故曰至神.

註解 ㅇ悲樂者(비락자)……心之累也(심지루야)－유사한 글이 ＜원도훈＞, ≪장자≫ ＜각의(刻意)＞ 등에 보인다. ㅇ靜則(정즉)……動則(동즉)－≪장자≫ ＜천도(天道)＞ ＜각의＞에 같은 글이 있다. 이 한 절(節)에는 ≪장자≫ 두 편과 일치하는 글이 많고 그 논지도 밀착되어 있다. ㅇ澹然(담연)－평안하고 조용한 모습. ㅇ夏后氏(하후씨)……寶之至也(보지지야)－≪장자≫ ＜각의＞에 같은 취지의 글이 있다. '황(璜)'은 서옥(瑞玉)의 하나. 벽(璧)을 양분(兩分)한 모양. '갑(匣)'은 작은 상자, '궤(匵)'는 큰 상자. 몇 겹의 상자 속에 넣는다는 의미이다. ㅇ無所甚疏(무소심소)……以順于天(이순우천)－≪장자≫ ＜서무귀(徐无鬼)＞에 같은 글이 있고 '이를 진인(眞人)이라고 한다'가 이어진다. ㅇ不爲福始(불위복시), 不爲禍先(불위화선)－≪장자≫ ＜각의＞에 같은 글이 있다. ≪장자≫에서는 이 구절 다음에 '느끼고 후에 응하며 따라가서 후에 동한다'라고 한 것만 보아도 알 수 있듯이 화복은 모두 그 원인이 될 만한 행동을 적극적으로 하지 않는다는 의미이다.

　　이른바 진인(眞人)이란 그 성(性)이 도(道)와 일체가 된 사람을 가리킴이다. 즉 유(有)이면서 무(無)와 같고 실(實)이면서 허(虛)와 같고, 일(一：道)에 있으면서 이(二：道 이외의 것)를 모르고 속마음을 다스려, 밖인 물체와 관계가 없다. 순백(純白)하고 소박한데, 무위(無爲)에 의해 소박으로 돌아오고, 근본을 몸으로 하고 정신을 보지(保持)하며, 나아가서는 천지 사이에서 노닌다. 마음을 비워 세속의 밖에서 방황하고 무위자연의 행동으로 자적(自適)하며 교지(巧智)의 꾀함 따위는 마음에 두지도 않는다.
　　그런즉 사생(死生)의 대사(大事)에 있어서도 그것으로 인하여 움직이는 일이 없고 만물을 양육하는 천지에 대해서조차 구애받는 일이 없다. 마음의 온전함을 밝게 하여 물류(物流)에 초월하고 사물의 흐트러짐을 보더라도 대본(大本)을 잃지 않는다.

이러한 사람은 간담(肝膽)·이목을 잊고, 심지(心志)를 굳히며 도 (道)에 통달하여 하나인 근원과 어깨를 나란히 한다. 무위(無爲)에 거하고 무심(無心)으로 행하여 몸은 등걸과 같고 마음은 식은 재와 같으며 오장을 잊고 신체를 무(無)로 여기며, 배우지 않고도 알고, 보 지 않고도 보이며, 하지 않고도 이루고, 다스리지 않고도 다스려진다.

물체를 느낀 후에야 비로소 응하고 쫓긴 다음에야 겨우 움직이며, 하는 수 없이 가는데, 빛이 비춰자마자 그림자가 생기는 것과 같고 도(道)에 의하여 반드시 받아들인 다음에야 일어선다. 태청(太淸)의 근본을 품고 있어서 정욕이 들어갈 틈도 없으며 외물(外物)에 미혹당 하지도 않는다.

망양(茫洋)하여 허심(虛心)하고, 청안(淸安)하여 무사려(無思慮)하 고 습원(濕原)까지 불타는 더위에도 열을 안 받고, 대하(大河)가 얼 어붙는 추위에도 어는 일이 없고, 큰 번개가 산을 무너뜨려도 놀라는 일이 없고, 큰 바람이 해를 가려도 고민하는 일이 없다.

따라서 진보주옥(珍寶珠玉)도 돌멩이에 지나지 않으며, 제왕총비 (帝王寵妃)도 길가는 사람이요, 모장(毛嬙)·서시도 토우(土偶)에 지 나지 않는다. 사생(死生)을 한 번의 변화로 보며 만물을 한 종류로 보고 정기(精氣)를 태청(太淸)의 근원에 합치어 황홀지경에서 노닌 다. 정기를 (함부로) 쓰지 아니하고, 정신을 사용하지 않으며 혼돈의 소박(素朴)에 합일하여 지청(至淸)의 중심에 가서 선다.

이렇게 해서 잠을 잘 때는 꿈을 꾸지 아니하고 그 지(知)는 싹트는 일조차 없다. 그 백(魄)은 가라앉지 아니하고 그 혼(魂)은 (하늘에) 올라가지 아니하며 끝났다가는 시작하고 시작했다가는 끝나기를 반복 하여 그 단서조차 잡을 틈이 없다. 캄캄한 집에서 잠을 자고 환한 집 에서 눈을 뜨며 망막(茫漠)한 귀퉁이에서 휴식을 하고 무애(無涯)의 들에서 노닌다.

거(居)해도 모습이 없고 처(處)해도 흔적이 없으며 움직여도 형태
가 없고 조용한 때도 그 몸이 없으며 존재해도 없는 것과 같고 살았
어도 죽은 것과 같으며 틈이 없는 곳으로 출입을 하고 귀신까지도 다
루며, 측량할 수 없는 깊은 바닥에 가라앉고 틈이 없는 땅속으로 들
어간다. 이렇게 자유자재로 연속 변화하여 시작했다가는 끝이 나고
끝이 났다가는 시작하는데, 마치 환(環)과 같아서 그 어느 물건에도
비유할 수가 없다. 이것이야말로 정신이 도(道)에 도달한 모습이며
또 이것이야말로 진인(眞人)의 놀이이다.

原文 所謂眞人者, 性合于道也. 故有而若無, 實而若虛, 處其一,
不知其二, 治其內, 不識其外. 明白太素, 無爲復樸, 體本抱神, 以游
于天地之樊. 芒然仿佯于塵垢之外, 而消搖于無事之業. 浩浩蕩蕩
乎, 機械之巧, 弗載於心. 是故死生亦大矣, 而不爲變, 雖天地覆育,
亦不與之拶抱矣. 審乎無瑕, 而不與物糅, 見事之亂, 而能守其宗.

若然者亡肝膽, 遺耳目, 心志專于內, 通達耦于一. 居不知所爲,
行不知所之, 渾然而往, 逯然而來, 形若槁木, 心若死灰, 忘其五藏,
損其形骸, 不學而知, 不視而見, 不爲而成, 不治而辯. 感而應, 迫
而動, 不得已而往, 如光之燿, 如景之效, 以道爲紃, 有待而然. 抱
其太淸之本, 而無所容與, 而物無能營. 廓惝而虛, 淸靖而無思慮,
大澤焚, 而不能熱, 河漢涸, 而不能寒也, 大雷毁山, 而不能驚也,
大風晦日, 而不能傷也.

是故視珍寶珠玉, 猶礫石也, 視至尊窮寵, 猶行客也, 視毛嬙西
施. 猶俱魄也. 以死生爲一化, 以萬物爲一方, 同精於太淸之本, 而
游於忽區之旁. 有精而不使, 有神而不行, 契大渾之樸, 而立至淸
之中.

是故其寢不夢, 其智不萌, 其魄不抑, 其魂不騰, 反覆終始, 不知
其端緒. 甘瞑于太宵之宅, 而覺視于昭昭之宇, 休息于無委曲之隅,
而游敖于無形埒之野. 居而無容, 處而無所, 其動無形, 其靜無體,
存而若亡, 生而若死. 出入無間, 役使鬼神, 淪於不測, 入於無間,
以不同形相嬗也, 終始若環, 莫得其倫. 此精神之所以能登假於道
也. 是眞人之游也.

註解 ○處其一(처기일), 不知其二(부지기이)……以游于天地之樊(이유
우천지지번)―≪장자≫ <천지>에 유사한 글이 보이는데 ≪장자≫에서는
'혼돈씨(渾沌氏)의 술(術)을 가수(假修 : 겉껍질만 배운다)한 자'의 태도를
평하는 말로 되어 있다. 즉, '하나' '속'만을 알고 '둘' '겉'은 모르는 것은 오
히려 진(眞)의 도(道)에 거스르는 것이라고 했다. '명백태소(明白太素)'는
≪장자≫와 ≪문자(文子)≫ <수박(守樸)> 공히 '태(太)'를 '입(入)'으로 쓰
고 있다. '부박(復樸)'은 ≪노자≫ 제28장에도 보이며, 또 ≪장자≫에 자주
나온다. '번(樊)'은 울타리란 뜻. ○芒然仿佯于塵垢之外(망연방양우진구지
외), 而逍搖于無事之業(이소요우무사지업)―≪장자≫ <대종사(大宗師)>
와 <달생(達生)>에 보인다. '망연(芒然)'은 멍청한 모습. '방양(仿佯)'은
≪장자≫에 방황(彷徨)이라고 되어 있는 것처럼 정처없이 돌아다니는 것.
'진구(塵垢)'는 세속(世俗). '소요(消搖)'는 '소요(逍遙)'와 같으며 누긋하게
돌아다니는 모습. ○浩浩蕩蕩乎(호호탕탕호)―물이 널리 흐르는 모습. ○機
械之巧(기계지교)―인위(人爲)적인 재주. ○死生亦大矣(사생역대의)……
亦不與之抮抱矣(역불여지진포의)―≪장자≫ <덕충부(德充符)>에 유사한
글이 보인다. '복육(覆育)'은 보살피어 기르는 것. ≪장자≫에서는 '복추(覆
墜 : 顚覆・墜落이란 뜻)'로 썼는데 이 편이 해석하기 쉽다. '진포(抮抱)'는
집착을 뜻한다. ○亡肝膽(망간담), 遺耳目(유이목)―<숙진훈(俶眞訓)> 참
조. ○渾然(혼연)・逯然(녹연)―혼(渾)은 전행(轉行 : 굴러가다)하는 모습.
녹(逯)은 하는 바 없이 홀연히 왕래하는 것을 일컫는다. ○形若槁木(형약고

목), 心若死灰(심약사회)─≪장자≫ <제물론(齊物論)>과 <지북유(知北遊)> <경상초(庚桑楚)> <서무귀(徐无鬼)> 등에 보인다. '고목(槁木)'은 고목이 된 나무. '사회(死灰)'는 불이 꺼지고 식은 재. 육체의 존재를 잊고 마음을 적연부동(寂然不動)의 상태에 두는 것. ○無所容與(무소용여)─정욕을 받아들이는 바 없다. ○物無能營(물무능영)─영(營)은 혹(惑)이며 일설에 난(亂)이라고도 한다. ○廓惝(곽창)─넓어서 잡기 어려운 모습. ○大澤焚(대택분)……不能傷也(불능상야)─≪장자≫ <제물론>에 같은 논지의 글이 보인다. '하한(河漢)'은 황하와 한수(漢水)로서 큰 강이란 의미. ○礫石(역석)─작은 돌멩이. ○俱魄(기백)─기우제를 지낼 때 사용하는 토용(土俑). ○大渾之樸(대혼지박)─혼(渾)은 혼란하여 알 수 없는 것. ○其寢不夢(기침불몽)─≪장자≫ <대종사>에서도 역시 진인(眞人)의 모양으로 묘사되어 있다. ○甘暝于太宵之宅(감명우태소지택)……游敖于無形埒之野(유오우무형랄지야)─'감명(甘暝)'은 편안히 자다. '태소(太宵)'는 새벽녘. '무위곡지우(無委曲之隅)' '무형랄지야(無形埒之野)'는 '캄캄하여 형상이 없는 모습'이다. '유오(游敖)'는 오유(敖游 : 그 어느 것에도 구애받지 않고 마음대로 지내는 것)와 같다. 이 네 구절은 모두 득도자의 경지를 일컫는다. ○出入無間(출입무간)─≪노자≫ 제43장의 구절이다. '무간'은 틈이 없는 곳. 도(道)는 이르지 않는 곳이 없음을 가리킨다. ○以不同形相嬗也(이부동형상선야)─'선(嬗)'은 전(傳). 만물은 그 모양을 바꾸더라도 도(道)에 의해 상전생(相傳生)하는 것. ○精神之所以能登假於道也(정신지소이능등가어도야)─≪장자≫ <대종사>에 '지(知)가 능(能)하여 도(道)에 등가(登假)하자……'라고 되어 있으며, <덕충부>에 '길일(吉日)을 택하여 등가(登假)하다'라고 되어 있다. 도(道)에 이르는 것, 또 가(假)에 통하며, 신선설(神仙說)에서는 승선(昇仙)의 뜻이라고도 한다.

취구호흡(吹呴呼吸), 토고납신(吐故納新), 웅경조신(熊經鳥伸), 부욕원각(鳧浴蝯躩), 지시호고(鴟視虎顧) 등의 양생술(養生術)은 형해 (形骸)를 길러 장수를 하려는 사람들이 하는 것이며, 진인(眞人)은 이런 것에 마음을 두지 아니한다.

진인은 정신을 유동하는 대로 맡겨두고 그 충실을 유지시키며 밤낮으로 상하게 하는 일 없이 외물(外物)과 봄철의 화창함을 즐기는데, 이것이야말로 도(道)와 합일(合一)하고 사시(四時)의 변화를 그대로 마음속에 받아들이는 것이다. 그리고 이런 사람은 육체의 변화에 끝이 있을지언정 마음이 손상되는 일은 없고 댁(宅 : 身)을 떠나는 일은 있을지언정 정기(精氣)가 다하는 일은 없다.

대저 문둥병자는 걸음걸이에 이상이 있는 것은 아니며 미치광이는 육체에 결함이 있는 것은 아닌데 정신이 심히 산란해져 있는 상태에서는 누가 그 거동을 찰지(察知)할 수 있으리오. 육체가 마멸되더라도 정신이 불변이라면 그 불변에 의해 변화와 대처함으로써 천변만화에도 결코 궁해지지 아니한다. 변화되는 것은 이윽고 무형(無形)으로 돌아오고 불변인 것은 천지와 함께 영구(永久)하다.

무릇 나무가 시들 때는 나무를 푸르게 만드는 것이 사라지기 때문이다. 나무를 살리는 것, 그 자체가 어찌 나무 그 자체일 수가 있으리오. 그것은 형태에 차있는 것이 형체 그 자체일 수 없는 것과 마찬가지이다. 따라서 삶을 낳는 자[造化]는 결코 죽는 일이 없고, 삶을 부여받은 것[萬物]은 죽는다. 물체를 화(化)하는 것은 스스로 화(化)하는 일이 없고 화(化)함을 받는 것(만물)은 변화한다.

原文   若吹呴呼吸, 吐故內新, 熊經鳥伸, 鳧浴蝯躩, 鴟視虎顧, 是養形之人也, 不以滑心. 使神滔蕩, 而不失其充, 日夜無傷, 而與 物爲春. 則是合而生時于心也. 且人有革形, 而無損心, 有綴宅, 而 無耗精.

夫癩者趨不變, 狂者形不虧, 神將有所遠徙, 孰暇知其所爲. 故形有摩, 而神未嘗化者, 以不化應化, 千變萬抮, 而未始有極. 化者復歸於無形也, 不化者與天地俱生也. 夫木之死也, 靑靑去之也. 夫使木生者, 豈木也. 猶充形者之非形也. 故生生者未嘗死也. 其所生則死矣. 化物者未嘗化也. 其所化則化矣.

註解   ○吹呴呼吸(취구호흡)—취(吹)·호(呼)는 숨을 내쉬는 것. 구(呴)도 토해내는 것인데 일설에는 들이마신다는 뜻도 있다고 한다. 양생술(養生術)로서 호흡을 조절하는 것을 의미한다. ○吐故內新(토고내신)—'고(故)'는 낡은 공기, '내(內)'는 납(納)과 같다. ○熊經鳥伸(웅경조신), 鳧浴蝯躩(부욕원각), 鴟視虎顧(지시호고)—모두 불로장생을 하기 위한 운동. '웅경(熊經)'은 곰이 직립(直立)한 모습. 또는 곰이 나무를 지탱하면서 일어선 상태라고도 하고 곰이 나뭇가지에 매달려 있는 상태라고도 한다. '조신(鳥伸)'은 새가 목을 쭉 뺀 모습. 이것을 흉내 내면서 등을 펴는 운동을 한다. '부욕(鳧浴)'은 오리가 물놀이를 하는 모습. '원각(蝯躩)'은 원숭이가 춤을 추는 모습. 이것을 흉내 내면서 수족 운동을 한다. '지시(鴟視)'는 솔개(일설에는 올빼미)가 돌아보는 모습. '호고(虎顧)'는 호랑이가 돌아보는 모습, 이것을 흉내 내어 목운동을 한다. 양생술을 부정하는 논지(論旨)는 <각의(刻意)>에 있으며, 상게오술(上揭五術) 중 처음의 3술(術)은 그곳에 실려 있다. ○生時于心(생시우심)—《장자》 <대종사(大宗師)>에 보인다. 시간에 지배·속박당하는 것에서부터 해방되는 것. ○有綴宅(유철택), 而無耗精(이무모정)—정신이 댁(宅 : 身)을 떠나면 사람은 죽는데, 죽더라도 아직 정신이 소멸되지는 않는다는 것. ○萬抮(만진)—만화(萬化)하는 것. ○充形者(충형자)—여기서는 정기(精氣)를 가리킨다.

천하를 경소시(輕小視)하면 정신은 번거롭지 않고, 만물을 자세하게 살피면 심정은 미혹당하는 일이 없다. 사생(死生)을 같은 것으로 보면 지기(志氣)가 놀라는 일이 없고 변화를 같은 뿌리로 보면 명지(明知)가 가려지는 일이 없다. 범인(凡人)은 이것을 허언(虛言)이라고 하지만 그렇다면 유례(類例)를 들어 실증해 본다.

누구든 군주(君主)가 되고 싶어하는 것은, 그것에 의해 이목(耳目)의 욕구를 만끽하고 육체를 쾌적하게 둘 수가 있기 때문이다. 호화로운 누각은 누구나 선망하는 것 ─. 그런데 요(堯)임금은 서까래를 다듬지 않은 채로 썼으며 칠도 하지 않고 동자주(童子柱)도 없지 않은 집에서 살았다. 산해진미는 누구나 군침을 흘리는 것이다. 그러나 요임금은 현미와 기장밥, 명아주와 콩잎으로 끓인 국을 즐겨 먹었다.

호사한 옷은 누구나 입어보고 싶어하는 것이다. 그러나 요임금은 거친 베옷을 걸치고 사슴의 모피(毛皮)로 추위를 견디어냈다. 양생(養生)의 대비를 철저히 하기는커녕, 반대로 중차대한 임무에 고민을 더했던 것이다. 그러므로 천하를 온전히 순(舜)임금에게 양위했을 때는 무거운 짐을 내려놓은 기분이어서 형식적인 선양(禪讓)이었을 뿐만 아니라 군위(君位)에 집착이 전혀 없었던 것이다. 이상은 천하를 경소시(輕小視)한 전형적 모습이다.

우(禹)임금이 남방(南方)을 순찰하기 위해 양자강을 건넜던바 갑작스럽게 황룡(黃龍)이 배를 등으로 치받았다. 배를 타고 있던 사람들은 아연실색했다. 우임금은 그때 부드러운 미소를 띠면서 호령했다. "나는 천명(天命)을 받아 부지런히 만민을 위무하는 자로다. 삶은 한 때의 기숙(寄宿)이요 죽음은 영원한 귀택(歸宅)이다. 어찌 마음이 흔들릴소냐!" 그리고 용을 보기를 도마뱀 보듯 하고 안색 하나 바꾸지 않았다. 용은 마침내 귀를 늘어뜨리고 꼬리를 흔들며 도망쳤다. 우임금은 그 어떤 물체도 자세하게 살폈던 것이다.

　정(鄭)나라의 신무(神巫)가 호자림(壺子林)의 관상을 보고 징후를 읽어냈고 제자인 열자(列子)에게 말했다. 열자는 길을 걸어가며 울면서 호자림에게 말했다. 호자림은 천지가 아직 이름도 없고 형태도 없는 생기가 뒤꿈치에서 발동해 나오는 상태가 되었다. 호자림은 생사를 똑같게 보았던 것이다.

　자구(子求)는 나이 54세에 꼽추가 되었다. 척추는 머리 정수리보다 높고 흉간(胸肝)은 턱을 치받으며 양 넓적다리가 그 위에 놓이는가 하면 항문은 하늘을 찌를 것 같았는데 기어서 우물에 가고 자기 모습을 비춰보더니 "야아, 됐다. 조물주는 나를 이렇게 구부려 놓았구나"라고 말했다. 이것이 변화를 같은 뿌리로 본 것이다.

　그러므로 요임금의 신조를 보면 천하는 경소(輕小)하다는 것을 알 수 있고, 우임금의 지기(志氣)를 보면 만물이 자세한 것임을 알겠으며, 호자림의 논의를 살피면 사생(死生)이 똑같은 것임을 알겠고, 자구의 언행을 보면 변화는 같은 뿌리에 있음을 알 수 있는 것이다.

原文　輕天下則神無累矣, 細萬物則心不惑矣, 齊死生則志不懾矣, 同變化則明不眩矣. 衆人以爲虛言, 吾將擧類而實之.

　人之所以樂爲人主者, 以其窮耳目之欲, 而適躬體之便也. 今高臺層榭, 人之所麗也. 而堯樸梲不斲, 素題不枅. 珍怪奇味, 人之所美也. 而堯糲粢之飯, 藜藿之羹. 文繡狐白, 人之所好也. 而堯布衣揜形, 鹿裘御寒. 養性之具不加厚, 而增之以任重之憂. 故擧天下而傳之於舜, 若解重負然. 非直辭讓, 誠無以爲也. 此輕天下之具也.

　禹南省方, 濟于江, 黃龍負舟. 舟中之人, 五色無主. 禹乃熙笑而稱曰, 我受命于天, 竭力以勞萬民. 生寄也, 死歸也. 何足以滑和. 視龍猶蝘蜓, 顏色不變. 龍乃弭耳掉尾而逃. 禹之視物亦細矣.

　鄭之神巫相壺子林, 見其徵, 告列子. 列子行泣報壺子. 壺子持以天壤名實不入, 機發於踵. 壺子之視死生亦齊矣.

　子求行年五十有四, 而病傴僂. 脊管高于頂, 胸肝迫頤, 兩脾在上, 燭營指天. 匍匐自闚於井曰, 偉哉造化者, 其以我爲此拘拘邪. 此其視變化亦同矣.

　故覩堯之道, 乃知天下之輕也, 觀禹之志, 乃知萬物之細矣, 原壺子之論, 乃知死生之齊也, 見子求之行, 乃知變化之同也.

註解　○高臺(고대)─고전(高殿). ○層榭(층사)─여러 층 건물인 묘(廟). ○樸桷(박각)─다듬지 않은 서까래. ○素題(소제)─제(題)는 서까래의 끝부분. 그곳에 칠을 하지 않았다는 뜻. ○不枅(불연)─연(枅)은 동자주(童子柱). 즉 기둥 위에 얹어, 들보를 받치는 재목. 이 동자주를 얹지 않았다는 뜻이다. ○糲粢(여자)─현미와 기장. ○狐白(호백)─호백구(狐白裘). 여우 겨드랑이 밑의 하얀 모피로 만든 갖옷. 가볍고 따뜻해서 귀중한 고급 옷이었다. ○布衣(포의)─삼이라든가 칡으로 만든 옷. ○鹿裘(녹구)─사슴 가죽으로 만든 옷. ○省方(성방)─순수(巡狩)를 성(省)이라고 한다. 사방을 성시(省視)하는 것. 지방을 순시하는 것. ○黃龍(황룡)─파도를 황룡이 일으키는 것으로 보았던 것이리라. ○五色無主(오색무주)─놀라서 안색이 오색으로 변하며 일정치 않은 것. ○熙笑(희소)─한가롭게 웃는 것. ○蝘蜓(언정)─석척(蜥蜴：도마뱀). ○神巫相壺子林(신무상호자림)……機發於踵(기발어종)─≪장자≫＜응제왕(應帝王)＞, ≪열자(列子)≫＜황제(黃帝)＞에 상세한 설명이 있다. '신무(神巫)'는 신접한 무당. '호자림(壺子林)'은 호구자림(壺丘子林). 열자의 스승이라고 한다. '천양명실불입(天壤名實不入)'은 하늘과 땅이 아직 그 이름도 없고 실(實：形)도 없는 상태. '기발어종(機發於踵)'은 그런 상태를 나타내는 기미가 뒤꿈치에서 발생되는 것. ○子求行年五十(자구행년오십)……此拘拘邪(차구구야)─같은 취지의 글이 ≪장자≫＜대종사＞에 보인다. '촉영(燭營)'은 항문. '포복(匍匐)'은 기어가다. '구구(拘拘)'는 호모(好貌).

지인(至人)은 불발(不拔)의 기둥에 기대고 불관(不關)의 길을 가며, 불갈(不竭)의 창고에서 받고, 불사(不死)의 스승에게서 배우며, 가서 도달하지 못하는 곳이 없고 도달하여 통하지 않는 곳이 없다. 기거동작 모두를 성명(性命) 그대로 자재롭게 행동한다. 화복이해(禍福利害)가 아무리 많이 전변(轉變)하더라도 어찌 심의(心意)를 상하게 하겠는가?

이런 사람은 소박하여 정기(精氣)를 지키고 마치 매미와 뱀이 탈피하는 것처럼 세속을 이탈하여 태청(太淸)의 경지에서 자적(自適)하고 하늘에 가볍게 올라가서 홀로 다니며, 또 홀연히 유명(幽冥)의 경지에 들어간다. (이런 일은) 봉황조차도 흉내 내지 못할 것이니, 척안(斥鷃)의 종류는 말할 것도 없다. 권세도 작록(爵祿)도 어찌 그 지조를 움직일 수 있으랴.

안자(晏子)가 최저(崔杼)와 맹세했을 때, 사지(死地)에 빠져서도 그 의(義)를 지켰다. 기식(杞殖)과 화주(華周)는 전쟁에 패하여 죽기 직전 거(莒)의 군주가 후하게 뇌물을 주어 말리고자 했지만 그 행동을 고치지 아니했다. 즉 안자는 인(仁)으로 공박할 수는 있어도 무력으로 겁탈할 수는 없었고, 기식과 화주는 의(義)로 머물게 할 수는 있어도 이욕(利欲)으로 유혹할 수는 없었던 것이다.

군자가 의를 위해 죽으려고 할 때 그것을 부귀로 꾀어서 멈추게 하기는 어렵고, 의를 행하고자 할 때 그것을 죽음의 그림자로 겁을 줄 수는 없다. 그들은 오로지 의를 행하는 데 지나지 않지만 그래도 사물에 구애받는 일이 없기 때문이다. 하물며 무위(無爲)를 행하는 자는 더 말할 나위도 없겠다.

요(堯)임금은 천하를 소유하는 것을 귀하다 생각하지 않았으며, 그러기에 이것을 순(舜)임금에게 주었다. 공자(公子) 찰(札)은 국토를 소유하는 것을 좋게 생각하지 않았기에 위(位)를 양보했다. 자한(子

罕)은 옥(玉)을 부(富)로 보지 않았기에 보물을 받지 않았다. 무광(務光)은 살아남는 수치를 거절하고 의(義)를 손상시키려 하지 않았기에 연못에 몸을 던졌다.

이상과 같은 일에서 추찰할 때 진짜 존귀는 작위를 기대하지 않고 진짜 부(富)는 재보(財寶)를 기대하지 않는다. 천하는 지극히 넓은데 그것조차 남에게 주고, 내 몸은 지극히 소중한 것인데 그것조차 연못에 던진다면 그밖에 가치 있는 것이 또 있을까? 이런 사람을 구애받음이 없는 사람이라고 한다.

구애받음이 없는 사람은 천하를 귀하다고 생각하지 않는다. 위로는 지인(至人)의 말에 귀를 기울이고 깊게 도덕의 진의(眞意)를 찾으며, 이로써 아래로는 세속의 업(業)에 생각이 미칠 때, 다만 이를 부끄럽게 여긴다. 그러므로 허유(許由)의 뜻이 전해지자 금등(金縢)·≪표도(豹韜)≫ 등등의 책은 완전히 소용없게 되었다.

연릉(延陵)의 계자(季子)가 오나라 받기를 거절했다는 소문이 돌자 소유주가 없는 전답을 놓고 싸우던 사람들은 매우 부끄러워했다. 자한이 보옥(寶玉)을 무시했다는 일을 알게 되자 증문(證文)을 둘러싸고 싸우던 사람들은 매우 부끄러워했다. 무광이 세속에 물들기를 거절했던 마음을 알게 되자 사리(私利)를 탐하며 살아남아 수치를 당하던 사람들은 매우 고민했다.

즉 대의(大義)에 눈길을 주지 않는 자로서는 생명 따위는 탐할 것이 못된다는 것을 이해할 수가 없고, 지언(至言)에 귀를 기울이지 않는 자로서는 천하 따위는 이로울 것이 못된다는 것을 이해할 수 없는 것이다.

原文 夫至人倚不拔之柱, 行不關之塗, 稟不竭之府, 學不死之師, 無往而不遂, 無至而不通. 生不足以挂志, 死不足以幽神. 屈伸俛

仰, 抱命而婉轉. 禍福利害, 千變萬紾, 孰足以患心. 若此人者, 抱
素守精, 蟬蛻蛇解, 游於太淸, 輕擧獨往, 忽然入冥. 鳳凰不能與之
儷, 而況斥鷃乎. 勢位爵祿, 何足以槩志也.

　晏子與崔杼盟, 臨死地而不易其義. 殖華將戰而死, 莒君厚賂而
止之, 不改其行, 故晏子可迫以仁, 而不可劫以兵.

　殖·華可止以義, 而不可縣以利. 君子義死, 而不可以富貴畱也,
義爲, 而不可以死亡恐也. 彼則直爲義耳, 而尙猶不拘於物. 又況
無爲者矣. 堯不以有天下爲貴, 故授舜. 公子札不以有國爲尊, 故
讓位. 子罕不以玉爲富, 故不受寶. 務光不以生害義, 故自投於淵.
由此觀之, 至貴不待爵, 至富不待財. 天下至大矣, 而以與佗人, 身
至親矣, 而棄之淵. 外此其餘, 無足利矣. 此之謂無累之人.

　無累之人, 不以天下爲貴矣, 上觀至人之論, 深原道德之意, 以下
考世俗之行, 乃足羞也. 故通許由之意, 金縢·豹韜廢矣, 延陵季子
不受吳國, 而訟間田者慙矣, 子罕不利寶玉, 而爭券契者媿矣, 務光
不汚於世, 而貪利偸生者悶矣. 故不觀大義者, 不知生之不足貪也.
不聞大言者, 不知天下之不足利也.

註解　○屈伸俛仰(굴신면앙)－구부리고, 뻗고, 숙이고, 젖히다. 즉 기거
동작을 가리킨다. ○抱命而婉轉(포명이완전)－명(命)은 천명(天命), 완
(婉)도 전(轉)도 돌다. ○輕擧獨往(경거독왕)……況斥鷃乎(황척안호)－이
글은 ≪장자≫ <소요유(逍遙遊)>에 보이는 붕(鵬)의 비상(飛翔)과 그것
을 보고 척안(斥鷃 : 메추라기와 비슷한 작은 새)이 비웃었다는 이야기를
담고 있다. '경거(輕擧)'는 하늘 위로 가볍게 오른다는 뜻. '려(儷)'는 늘
어서다. ○槩(개)－개(槪)와 같다. '개(槪)'는 말하다(언급하다)이다. ○晏子
(안자)……不易其義(불역기의)－≪좌전(左傳)≫ 양공(襄公) 24년에 보인
다. 안자는 안영(晏嬰). 춘추시대 제(齊)나라의 대부(大夫). 최저(崔杼)는

같은 제나라의 대부. 그 군주를 시해하고 경공(景公)을 세워 재상이 된 다음, 자신을 따르라고 맹세케 했다. 그때 안자는 군주에게 충성을 하며 나라에 진충보국하는 자를 따른다고 맹세하여 최저와 적대관계가 되었다. ○ 殖華(식화)……不改其行(불개기행)─≪좌전≫ 양공 23년에 보인다. '식(殖)'은 기식(杞殖), '화(華)'는 화주(華周). 두 사람 모두 제(齊)나라의 선비이다. 군주의 명에 의해 거(莒)를 공격하다가 거군(莒軍)에게 포위당했다. 거나라에서는 후한 뇌물을 보내며 항복할 것을 권유했으나 이를 거절했고 결국에는 전사하고 말았다. ○公子札(공자찰)─춘추시대 오나라 왕 수몽(壽夢)의 넷째 아들, 이름은 계찰(季札)이다. 수몽이 왕위를 물려주려고 했으나 받지 않아서 연릉(延陵)에 봉했다. ≪사기(史記)≫ <오태백세가(吳太伯世家)> 등을 참조. ○子罕(자한)─춘추시대 송(宋)나라의 대부(大夫). 이름은 낙희(樂喜)이다. 송나라 사람이 자한에게 옥을 바쳤던바 '나는 탐욕내지 않는 것을 보물로 여긴다'라며 받지 않았다고 한다. ≪좌전≫ 양공 15년조 등을 참조. ○務光(무광)─탕왕(湯王) 때의 은자(隱者). 탕왕은 걸왕(桀王)을 토벌한 다음 무광에게 왕위를 양위코자 했으나 무광은 돌을 짊어지고 연못에 몸을 던졌다. ≪사기≫ <백이열전(伯夷列傳)> 등에 이런 내용이 보인다. ○許由(허유)─요임금 때의 고사(高士). 요임금이 천하를 넘겨주려고 하자 이를 거절하고 기산(箕山)에 숨었다. ○金縢(금등)·豹韜(표도)─'금등'은 금띠로 봉한 상자. 비서(秘書)를 의미한다. ≪서경(書經)≫ 금등(金縢)에, 무왕(武王)이 병으로 쓰러졌을 때 주공(周公)의 병이 완쾌되기를 기도했던 글을 금등 상자 속에 넣어두었던바 이것이 음모의 책이라는 유언비어가 나돌았다. 그후 주공의 진의는 밝혀졌지만 ──. '표도'는 태공망(太公望) 여상(呂尙)이 썼다고 전해지는 병법서 ≪육도(六韜)≫의 한 편(篇). ○間田(간전)─소유주가 없는 논밭. ○券契(권계)─증서(證書).

대저 시골 마을의 축제 때는 분(盆)을 두드리고 독을 치며 노래를 합창하는데 그래도 아주 즐겁다고 생각들을 한다. 그러나 시험삼아 그들에게 큰북을 치고 큰종을 두드리어 들려줘 보라. 그때서야 비로소 자신들의 한 짓에 불만을 느끼며 분이나 독을 두드리며 축제를 즐겼던 행위가 시시한 것이었음을 깨닫게 될 것이다. ≪시경(詩經)≫ ≪서경(書經)≫을 가지고 있으면서 학문을 수학해도 지론(至論)의 본뜻을 깨닫지 못하는 자들은, 분을 두드리고 독을 치는 무리와 같다.

천하에 관심이 없는 자야말로 학문의 큰북이다. 한편 존귀한 지위(地位)와 거액의 이익을 탐욕하는 것은 인지상정인데 왼손으로 천하를 잡고 오른손에 잡은 도끼로 목을 치라고 하면 우부(愚夫)조차도 망설일 것이다. 이것만 보아도 알 수 있듯이 삶은 천하보다도 귀중하다.

성인(聖人)은 먹는 것은 기력(氣力)만 얻으면 족하다 하고 입는 것은 몸을 감싸면 족하다고 하는 등, 사정에 맞으면 더 욕심을 내지 아니한다. 천하를 소유할 수 없더라도 그 본성을 손상시키지 아니하고, 천하를 소유하더라도 그 조화를 문란케 하지 않는다. 즉 천하를 얻든 못 얻든 간에 그 실질에 변하는 바가 없는 것이다.

여기 어떤 사람에게 오창(敖倉)과 황하의 물을 주었다고 하자. 배가 고프면 먹고 갈증이 나면 마신다 하더라도, 그의 배 속에 들어가는 것은 겨우 한 사발의 밥과 한 표주박의 물에 지나지 않는다. 즉 몸이 견뎌내지 못할 만큼 먹어도 오창의 곡식은 줄어들지 않고, 배가 터지도록 마셔도 황하의 물은 마르지 않는다. 그토록 (많이) 있어도 포만(飽滿)을 더하지 못하고 없어도 기갈이 더 심해지지 않는다면 단지 뒤주가 있고 우물이 있는 것과 마찬가지가 아닌가.

原文 今夫窮鄙之社也, 叩盆拊瓴, 相和而歌, 自以爲樂矣. 嘗試爲之擊建鼓, 撞巨鐘. 乃始仿仿然, 知其盆瓴之足羞也. 藏詩書, 脩

文學, 而不知至論之旨, 則拊盆叩瓴之徒也. 夫無以天下爲者, 學
之建鼓矣. 尊勢厚利, 人之所貪也. 使之左據天下圖, 而右手刎其
喉, 愚夫不爲.

　由此觀之, 生尊于天下也. 聖人食足以接氣, 衣足以蓋形, 適情
不求餘, 無天下, 不虧其性有天下, 不羨其和. 有天下, 無天下, 一
實也. 今贛人敖倉, 予人河水, 飢而餐之, 渴而飮之, 其入腹者, 不
過簞食瓢漿. 則身飽而敖倉不爲之減也, 腹滿而河水不爲之竭也.
有之不加飽, 無之不爲之飢, 與守其簞笆, 有其井, 一實也.

註解　○窮鄙(궁비)─변비(邊鄙)한 토지. ○社(사)─역문(譯文)에서는
사일(社日：土地神의 祭日)의 뜻을 취했는데 경내(境內)란 뜻으로도 통한다.
○瓴(령)─독, 또는 항아리. ○建鼓(건고)─대(臺)가 붙어 있는 큰북. ○仍仍
然(잉잉연)─뜻을 얻지 못함을 이른다. ○據天下圖(거천하도)─'도(圖)'는 지
도, '거(據)'는 잡다. 즉 천하를 다스림을 뜻한다. ○羨(선)─과(過)의 뜻.
○贛(공)─사(賜). ○簞(단)・瓢(표)─≪논어(論語)≫ <옹야(雍也)>에 안
회(顔回)에 대하여 '일단사(一簞食) 일표음(一瓢飮)'이라고 한 것에 의한
다. ○漿(장)─마시는 것. ○敖倉(오창)─시황제(始皇帝) 때 오산(敖山)에
있던 곡창(穀倉). ○簞笆(단둔)─대나무로 만든 둥구미 종류. 곡식을 담아
두는 그릇의 일종이다.

누구나 크게 노하면 음기(陰氣)를 상하게 하고 크게 기뻐하면 양기
(陽氣)를 손상케 하며, 심히 걱정을 하면 내심(內心)이 무너지고, 심
히 두려워하면 광기(狂氣)가 생겨나게 된다. 불결함에서 떠나고 번뇌
를 없애는 데는, 시종 도(道)의 대본(大本)에서 떠나지 않는 것보다
나은 것이 없다. 그래야만 대통(大通)이라고 하는 것이다.

이목(耳目)의 청징(淸澄)을 유지하며 외시외청(外視外聽)을 하지 않고, 입을 다물어 말하지 않으며 마음을 자연에 맡기고 사려(思慮)를 하지 않고 또한 총명을 버리어 소박함으로 되돌아오고, 정신을 쉬게 하며 교지(巧智)를 버리고, 깨닫고 있으면서도 무지(無知)와 같이 하고, 살아 있으면서도 죽은 것같이 하여 그 몸을 마감하면 근본으로 돌아간다. 태어나기 전은 변화의 하나이며, 죽음과 삶은 하나이기 때문이다.

여기 인부가 있는데 호미와 가래질을 하고 흙을 담은 바구니를 지고는 땀을 비오듯 흘리며 숨을 허덕이고 있다 하자. 이때 나무 그늘에서 휴식을 취하라면 한숨을 내쉬며 기뻐할 것이다. 그러나 암혈(巖穴)의 한거(閑居)는 나무 그늘의 휴식에 비할 바가 아닌 것이다.

복통(腹痛)으로 괴로워하는 자가 있어서 가슴을 쓸어안고 배를 두드려 대며, 무릎 사이에 머리를 틀어박고 몸을 움츠리어 울면서 밤새도록 잠을 못 이루었다고 하자. 이때 편안하게 잠잘 수 있다면 친척 형제들은 굉장히 기뻐할 것이다. 그러나 그 긴긴 밤의 안식은 하룻밤의 안락에 비교할 바가 아닌 것이다.

그러므로 우주의 광대함을 알면 죽음의 공포를 가지고도 겁을 줄 수가 없고, 양생(養生)의 화락함을 알면 천하의 이익을 가지고도 유혹할 수가 없다. 아직 태어나지 않았음의 즐거움을 알면 죽음에 대한 위협으로도 겁을 줄 수 없고 허유가 요임금보다 위대하다는 것을 알면 물질 따위는 탐하지 아니한다.

담은 서있는 것보다 누워 있는 편이 좋다. 하물며 벽으로 만들어지지 않은 상태라면 더 말할 나위도 없다. 얼음은 얼어 있는 것보다 녹아 있는 편이 낫다. 하물며 얼음으로 얼지 아니한 상태라면 더 말할 나위도 없다.

무(無)에서 유(有)로, 또 유에서 무로 이것이 끝이 난다는 단락은 없으며, 어디서 시작된다는 것도 알 수가 없다. 안[無] 밖[有] 어느 것에도 통달되지 않는다면 어찌 호오(好惡)의 정을 제거할 수 있겠는가. 이것 이상으로 밖이 없는 것이 지대(至大)이며 이것 이상으로 안이 없는 것이 지귀(至貴)이다. 이 지대와 지귀를 깨달으면 어느 무엇이든 다 해낼 수가 있다.

原文 人大怒破陰, 大喜墜陽, 大憂內崩, 大怖生狂. 除穢去累, 莫若未始出其宗. 乃爲大通. 淸目而不以視, 靜耳而不以聽, 鉗口而不以言, 委心而不以慮. 棄聰明而反太素, 休精神而棄知故, 覺而若昧, 以生而若死, 終則反本. 未生之時, 而與化爲一體, 死之與生一體也.

今夫繇者, 揭钁臿, 負籠土, 鹽汗交流, 喘息薄喉. 當此之時, 得茠越下, 則脫然而喜矣. 巖穴之間, 非直越下之休也. 病疕痪者, 捧心抑腹, 膝上叩頭, 蹙踦而諦, 通夕不寐. 當此之時, 噲然得臥, 則親戚兄弟, 歡然而喜. 夫脩夜之寧, 非直一噲之樂也. 故知宇宙之大, 則不可劫以死生, 知養生之和, 則不可縣以天下, 知未生之樂, 則不可畏以死, 知許由之貴於舜, 則不貪物.

牆之立, 不若其偃也. 又況不爲牆乎. 冰之凝, 不若其釋也. 又況不爲冰乎. 自無蹠有, 自有蹠無, 終始無端, 莫知其所萌. 非通于外內, 孰能無好憎. 無外之外至大也, 無內之內至貴也. 能知大貴, 何往而不遂.

註解 ○人大怒破陰(인대노파음), 大喜墜陽(대희추양)─<원도훈(原道訓)>에 같은 취지의 글이 있다. ○知故(지고)─교지(巧知). ○覺而若昧(각이약매)─매(昧)란 암(暗)이고 염(厭)이다. ○繇者(요자)─요역자(繇役者). ○钁臿(곽삽)─가래와 호미. ○籠土(농토)─농(籠)은 원래 흙을 운반

하는 기구. ㅇ薄喉(박후)―박(薄)은 박(迫). 기(氣), 후(喉)를 찌른다. 호흡이 얕으며 목구멍으로 호흡을 하고 있는 모습. ㅇ茠(휴)―나무 밑에서 휴식하다. ㅇ脫然(탈연)―느긋하게 하는 모습. ㅇ巖穴之間(암혈지간)―세속을 떠난 암혈의 한거(閑居). ㅇ疵瘕(자하)―'자(疵)'는 비(痹)와 통한다. 신경계의 질병. '하(瘕)'는 배의 질병. ㅇ捧心(봉심)―가슴(심장)을 부둥켜안는 것. ㅇ蹢跼(권국)―구부리는 모습. ㅇ諦(체)―제(啼)와 같다. ㅇ脩夜之寧(수야지녕)―긴긴 밤의 안식. 도(道)를 체험한 경지의 비유. ㅇ噲然(쾌연)―기분이 좋은 모습.

말세가 되면서 학문에 급급하게 되자 본심을 찾아 근원으로 돌아가는 것을 잊고 말았다. 오로지 그 본성을 장식하고 그 진정을 굽히어 세속과 접하게 된 것이다. 그리하여 눈은 보는 것을 욕심내는데 이것을 법도로 금하고, 마음은 즐기는 것을 탐하는데 이것을 예의로 억제한다.

억지로 행동하고 절조를 굽히어 비굴하게 배례(拜禮)하며, 고기가 굳어 버려도 먹으려고 하지 않고, 술이 가라앉아도 마시고자 하지 않는다. 밖으로는 형식에 구애되고 안으로는 덕을 긴박(緊縛)하며 음양의 화합을 방해하고 천성의 진정을 압박하여 마침내는 종신(終身)토록 비애의 무리가 되는 것이다.

지도(至道)에 도달한 사람은 그렇지 아니하다. 성정(性情)이 발동하는 바와, 마음이 향하는 바를 정돈하고 그것을 온화하게 기르고 적당하게 가지며 도를 즐기고 신분의 천함을 잊으며 덕(德)에 안주하면서 자신의 빈곤함을 잊는다. 본성적으로 욕망을 가지는 일이 없기 때문에 욕구하는 것은 모두 갖추고 본심이 쾌락을 구하는 일이 없기 때문에 모든 것이 즐거움이 된다. 진정 무익한 것으로서 덕을 깨뜨리는 일도 없고 본성이 부적합한 것으로서 화합을 문란케 하는 일도 없다.

이리하여 몸도 마음도 자재롭게 행동하면서 규범이 천하의 의표(儀表)가 되는 것이다.

유자(儒者)의 무리는 욕망이 유래(由來)하는 바를 찾으려 하지 않고, 욕망 그 자체를 금하고자 하며, 쾌락이 유래하는 바를 연구하지 않고 쾌락 그 자체를 막으려고 한다. 그러나 이렇게 해가지고는 강하(江河)의 근원을 터놓고 손으로 막으려고 하는 것과 같다. 대저 백성을 다스리는 것은 금수를 기르는 것과 비슷하다.

목장에 담을 쌓아놓고 자연적 야성(野性)을 상실케 하며, 또 그 다리를 묶어서 운동을 못하게 하면서 장수하여 천수를 다 누리게 하고자 하나 그것은 안되는 일이다. 저 안회(顔回)·계로(季路)·자하(子夏)·염백우(冉伯牛) 등은 모두 공문(孔門)의 수재들이었는데 안연은 요절했고, 계로는 위(衛)나라에서 염장(鹽藏)되었으며, 자하는 실명(失明)을 했고, 염백우는 문둥병에 걸렸다. 모두 천성을 억제하고 진정을 거슬러서 마음의 조화를 잃었기 때문이다.

자하가 증자(曾子)를 만났을 때 처음에는 야위어 있었지만 두 번째는 살이 쪄있었다. 증자가 그 까닭을 묻자 '밖에 나가서 사람들이 부귀를 즐기는 것을 보면 부러웠고, 또 집에 들어와 선왕(先王)의 도(道)에 생각이 미치면 사모하게 되는 등, 양자가 마음속에서 갈등을 일으켰기 때문에 야위었었는데 이제는 선왕의 도를 사모하는 마음이 이겼기 때문에 살이 붙었지요'라고 말했다.

이런 마음의 움직임을 추찰하건대 부귀한 지위에 무욕했던 것도 아니고 사치의 쾌락을 거부했던 것도 아니다. 오로지 성(性)을 억압하고 욕(欲)을 막으며 의(義)에 의해 스스로를 방어했을 뿐이다. 심정이 가려지고 몸은 지쳐가면서도 하는 수 없이 스스로를 강요시킴으로써 천수를 누리지 못했던 것이다.

대저 지인(至人)이란 배를 헤아려 적당한 양을 먹고 몸에는 적당한 것을 걸치며 몸이 평안하게 자적(自適)하고 정(情)이 시키는 대로 행동하며 천하를 여분(餘分)의 것으로 보고 집착하지 않으며, 만물을 버리어 이해(利害) 밖에 두고, 우주를 집으로 삼으며, 무극(無極)의 들에서 노닐고, 태황(太皇)·태일(太一)의 거처에 올라 천지를 장중(掌中)에 넣고 논다. 어찌 빈부 따위로 인하여 야위거나 살이 찌거나 할 수 있으리오.

유자(儒者)의 무리는 욕망이 일어나지 않도록 단속하는 것이 아니라 단지 이것을 억압하는 것뿐이며 쾌락을 찾지 않도록 단속하는 것이 아니라 단지 이것을 금지하는 것뿐이다. 천하 사람들이 형(刑)을 두려워하여 감히 도둑질을 못하도록 단속하는 것보다 훔치려는 마음을 없애는 편이 훨씬 좋다는 것은 더 이상의 설명이 필요치 않을 것이다.

原文 衰世湊學, 不知原心反本. 直雕琢其性, 矯拂其情, 以與世交. 故目雖欲之, 禁之以度, 心雖樂之, 節之以禮. 趨翔周旋, 詘節卑拜, 肉凝而不食, 酒澄而不飮. 外束其形, 內愁其德, 鉗陰陽之和, 而迫性命之情. 故終身爲悲人.

達至道者則不然. 理情性, 治心術, 養以和, 持以適, 樂道而忘賤, 安德而忘貧, 性有不欲, 無欲而不得, 心有不樂, 無樂而不爲. 無益情者, 不以累德, 而不便性者, 不以滑和. 故縱體肆意, 而度制可以爲天下儀.

今夫儒者, 不本其所以欲, 而禁其所欲, 不原其所以樂, 而閉其所樂, 是猶決江河之源, 而障之以手也. 夫牧民者, 猶畜禽獸也. 不塞其圍垣, 使有野心, 系絆其足, 以禁其動, 而欲脩生壽終, 豈可得乎. 夫顔回·季路·子夏·冉伯牛, 孔子之通學也. 然顔淵夭死, 季路葅於衛, 子夏失明, 冉伯牛爲厲. 此皆迫性拂情, 而不得其和也.

故子夏見曾子一臞一肥. 曾子問其故. 曰, 出見富貴之樂而欲之,
入見先王之道, 又說之, 兩者心戰, 故臞. 先王之道勝, 故肥. 推此
志, 非能不貪富貴之位, 不便侈靡之樂, 直宜迫性閉欲, 以義自防
也. 雖情心鬱殄, 形性屈竭, 猶不得已自强也, 故莫能終其天年.

若夫至人量腹而食, 度形而衣, 容身而游, 適情而行, 餘天下而
不貪, 委萬物而不利, 處大廓之宇, 游無極之野, 登太皇, 馮太一,
玩天地於掌握之中. 夫豈爲貧富肥臞哉. 故儒者非能使人弗欲, 而
能止之, 非能使人勿樂, 而能禁之. 夫使天下畏刑而不敢盜, 豈若能
使無有盜心哉.

註解 ○湊學(주학)−주(湊)는 추(趨). ○雕琢(조탁)・矯拂(교불)−'조
(雕)'는 파내는 것, '탁(琢)'은 갈다, '교불(矯拂)'은 구부리어 바로잡다란
뜻. 모두 인위적인 작업을 한다는 의미이다. ○趨翔周旋(추상주선)−달리
기와 도는 것. 기거동작. 특히 의례(儀禮)에 있어서의 동작을 가리킨다.
○詘節(굴절)−'굴(詘)'은 굴(屈)과 같다. 지조를 굽히는 것. ○愁其德(수
기덕)−'수(愁)'는 추(揫). 속박하는 것. ○鉗(겸)−닫는 것. ○夫牧民者
(부목민자)……−위정자가 백성을 기를 때 목장 안에서 금수를 기르듯
해서는 안 된다는 뜻이다. '목민자(牧民者)'는 인간의 본성을 왜곡시키면
서도 그 삶을 온전케 하려는 유자(儒者)에 비유된다. ○囿垣(유원)−'유
(囿)'는 방목(放牧)하는 토지. ○系絆(계반)−매다. ○顔回(안회)−자(字)
는 자연(子淵). 공자(孔子)보다 먼저 요절한 이야기가 ≪논어(論語)≫ <선
진(先進)>에 있다. ○季路(계로)−공자의 제자인 중유(仲由)의 자(字).
자로(子路)라고도 한다. 위(衛)나라 내란에 휘말리어 죽음을 당한 경위가
≪사기(史記)≫ <중니제자열전(仲尼弟子列傳)>에 실려 있다. ○子夏(자
하)−성(姓)은 복(卜), 이름은 상(商). 자하는 자(字)이다. 아들을 잃고 호
곡하던 나머지 실명했다는 이야기가 ≪사기≫ <중니제자열전>에 있다. ○
冉伯牛(염백우)−이름은 경(耕). 고질을 앓았다는 이야기가 ≪논어≫ <옹

야(雍也)>에 실려 있다. ○菹(저)-김치. 젓갈. 염장(鹽藏). ○厲(려)-한 센씨병. ○子夏見曾子(자하견증자)-≪한비자(韓非子)≫ <유로(喩老)>는, 같은 이야기를 '자하의 비만에 대하여 증자가 물었다'라고 기록하고 있다. 한편 <원도훈(原道訓)>에 '자하, 마음병으로 야위었고 도(道)를 얻어 살이 찌다'라고 되어 있는 것도 같은 취지의 글이다. ○侈靡(치미)-신분에 맞지 않는 교만. ○鬱殪(울에)-마음이 막히어 쇠약해지는 것. ○登太皇(등태황), 馮太一(풍태일)-'풍(馮)'은 등(登)과 같다. 태황·태일은 천신(天神)의 뜻이라고 한다.

월(越)나라 사람은 큰뱀을 잡으면 진미(珍味)라며 자랑을 하지만, 중앙에서는 잡더라도 무용지물이라며 버리고 만다. 즉, 무용임을 알면 탐욕하는 자라도 버리며 무용임을 모르면 청렴한 선비라 해도 양보하려고 하질 않는다. 군주가 국가를 멸망시키고 사직을 포기하며 그 몸은 남의 손에 의해 살해되고 나아가서는 천하의 웃음거리가 되는 것은 모두 사욕(邪欲) 때문에 자초한 화가 아닌 경우가 없다.

저 구유(仇由)는 큰 종의 뇌물을 탐내다가 그 나라를 멸망시켰고, 우(虞)나라 군주는 수극(垂棘)의 옥(玉)에 눈이 어두워 포로가 되었으며, 진(晋)나라 헌공(獻公)은 여희(驪姬)의 미모에 반해서 4세(世)의 난(亂)을 초래했고, 제(齊)나라 환공(桓公)은 역아(易牙)의 요리에 매료되어 때가 지나도 장례지내지지 못했으며, 호왕(胡王)은 미기(美妓)에 푹 빠져 즐기다가 비옥한 토지를 잃었다.

만약 이 5군(君)이 진정(眞情)에 맞추어 여사(餘事:嗜欲)를 버리고 자기 자신을 규준으로 하여 외물(外物)에 움직여지지 않았더라면 그런 대환(大患)을 맞았겠는가. 그러므로 사수(射手)가 화살로 과녁을 적중시킨다 하더라도, 활쏘기를 배울 때 화살 만드는 것을 배우지

는 않는다. 또 어자(御者)는 재갈이 있기에 수레를 달리도록 하지만
수레 모는 것을 배우는 자가 재갈 만드는 것을 배우지는 않는다.

　겨울철의 부채, 여름철의 모피(毛皮)가 자신에게 무용인 줄 알면,
변화하는 만물은 진애(塵埃)와 같다. 끓는 물을 가지고 끓어오르는
것을 멎게 하려해도 아무 소용이 없다. 그 끓는 근본을 안다면 다만
불을 끄기만 해도 되는데 말이다.

[原文]　越人得髯蛇, 以爲上肴, 中國得而棄之無用. 故知其無所用,
貪者能辭之, 不知其無所用, 廉者不能讓也. 夫人主之所以殘亡其
國家, 損棄其社稷, 身死於人手, 爲天下笑, 未嘗非爲非欲也. 夫仇
由貪大鐘之賂, 而亡其國, 虞君利垂棘之璧, 而擒其身, 獻公豔驪
姬之美, 而亂四世, 桓公甘易牙之和, 而不以時葬, 胡王淫女樂之
娛, 而亡上地.

　使此五君者, 適情辭餘, 以己爲度, 不隨物而動, 豈有此大患哉.
故射者非矢不中也, 學射者不治矢也. 御者非轡不行, 學御者不爲
轡也. 知冬日之筵, 夏日之裘, 無用於己, 則萬物之變爲塵埃矣. 故
以湯止沸, 沸乃不止. 誠知其本, 則去火而已矣.

[註解]　○髯蛇(염사)－염사(髯蛇)는 대사(大蛇)란 뜻이다. ○社稷(사
직)－제후가 궁전 옆에 마련해 놓고 제사를 지낸 토지신과 오곡신(五穀
神). 한 나라의 상징이었다. ○仇由(구유)……亡其國(망기국)－구유(仇
由)는 산서성 우현(盂縣) 동북쪽, 진(晋)나라와 인접하던 적국(狄國 : 지
방의 異民族). 험준한 도로가 많아서 공격해 들어가기 어려우므로 진나
라는 큰 종을 보낸다는 구실로 길을 닦게 하여 멸망시켰다. ≪사기≫＜저
리자열전(樗里子列傳)＞과 ≪한비자(韓非子)≫＜설림(說林)＞ 등을 참조.
○虞君(우군)……擒其身(금기신)－우(虞)나라는 산서성 평륙현(平陸縣)

동북쪽에 있었다. 진(晋)나라가 괵(虢)나라를 토벌할 때 굴산(屈産)의
말[馬]과 수극(垂棘 : 名玉의 産地)의 벽(璧)을 보냈고 우나라에서는 길
을 열어 주어 진나라 군사를 통과시켰는데 괵나라를 멸망시킨 진나라는
곧 우나라까지 멸망시켰다. ≪사기≫ <진세가(晋世家)> 참조. ○獻公(헌
공)……亂四世(난사세)-진(晋)나라 헌공은 여(麗 : 西戎의 나라 이름)를
쳐서 승리하고 미희를 얻었는데 그 미녀 여희(驪姬)가 낳은 아들 해제(奚
齊)를 후계자로 세우기 위해, 태자(太子) 신생(申生)을 자살케 했다. 이
일로 인하여 4세(世) 동안 나라가 소용돌이 속에 빠졌던 일을 가리킨다.
≪사기≫ <진세가>에 실려 있다. 4세는 해제(奚齊), 탁자(卓子), 혜공(惠
公)인 이오(夷吾), 회공(懷公)인 어(圉)를 가리킨다. ○桓公(환공)……不
以時葬(불이시장)-환공은 춘추시대 제(齊)나라의 군주. 역아(易牙)는 환
공의 환관(宦官)인데 자기 아들을 죽이어 요리를 만들어 가지고 신임
을 받았다(≪맹자≫ <告子> 상, ≪사기≫ <齊世家> 참조). '화(和)'는
조리(調理)하는 것. '불이시장(不以時葬)'은 그것을 먹고 역아를 신임했
던 환공이 죽은 다음 후계문제를 둘러싸고 5명의 공자(公子)가 격렬하
게 대립하여 입관(入棺)조차 못한 채, 침상 위에 방치되기를 65일. 구더
기가 시체에서 나왔고 방문 밖으로 기어나올 정도였다(≪사기≫ <제세
가>). ○胡王(호왕)……亡上地(망상지)-호왕(胡王 : 西戎의 군주)이 진
(秦)나라 목공(穆公)이 보내준 여악(女樂)에 빠져서 정치를 태만히 했기
때문에 상지(上地 : 비옥한 토지)를 잃었다고 한다(≪사기≫ <秦本紀>).
'여악(女樂)'은 미녀로 구성된 악단. ○箑(삽)-초인(楚人)은 부채를 삽(箑)
이라고 한다.

권 8

본경훈(本經訓)

본(本)이란 시(始), 경(經)이란 상(常)의 뜻이며 그 조화는 모두 도(道)에서 나온다. 따라서 치란(治亂)의 인유(因由)를 물으면 그 득실(得失)에는 일정불변의 원칙이 있다. 따라서 <본경훈>은 치란득실(治亂得失)의 원인을 물어 근원의 도(道)를 밝히는 내용으로 되어 있다. 그리고 태고와 말세를 대비시키되, 태고를 도(道)가 행해지던 시대, 말세를 교사권모(巧詐權謀)의 시대로 설명하고 있다. 특히 제왕·군주의 사치를 말세의 행위로 경계하고 있는 점에 특색이 있다.

　태청(太淸)의 세상에서는, 사람은 유화종순(柔和從順)하여 허심(虛心)으로 만사를 받아들이고 꾸미려는 마음이 없어서 있는 그대로 행동했으며 한정(閑靜)을 좋아하여 시끄럽지 않았고 부득이해서 움직였을 뿐 고의로 하는 일이 없었다.

　(하지만) 안으로는 도(道)에 맞았고 밖으로는 의(義)에 적합했으며, 움직이면 조리(條理)가 있었고 말수는 적지만 도리에 어긋나지 않았으며 행동은 자유로우면서도 인정에 알맞았고, 심정은 온화하여 속임이 없었고, 일을 하는 데는 소박하여 꾸밈이 없었다. 그래서 길시선일(吉時善日)을 선택하거나 역점(易占)과 귀복(龜卜)에 의지하지 않았고, 언제 시작하여 언제 끝나는지를 생각하지도 않았다.

　뜻에 만족하면 멈추고, 느끼는 바가 있으면 움직이며, 몸은 천지(天地)와 일체가 되고 정신은 음양과 동화하며, 그 화(和)는 사시(四時)의 추이에 따르고 그 명(明)은 일월(日月)과 같이 빛나며, 조물주와 나란히 했다. 그래서 하늘은 두루 덕(德)을 베풀고, 땅은 두루 즐거움을 주었으며, 사시는 그 질서를 잃지 않고 풍우(風雨)는 포학하게 뿌리지 않았으며, 일월은 맑게 빛나고 오성(五星)은 체도를 따라 운행을 잃는 일이 없었다.

　이때에 현광(玄光)은 그 큰 빛을 고루 빛내주었고, 봉황과 기린이 나타났으며, 점복(占卜)은 상서로운 조짐을 제시했고, 감로(甘露)가 내렸으며, 대나무에 열매가 맺고, 유황(流黃)이 나왔으며, 주초(朱草)가 나고, 권모사위(權謀詐爲)가 마음속에 깃들이지 않았다.

　쇠세(衰世)가 되자 산석(山石)을 잘라내고 금옥(金玉)에 세공을 했으며 방신(蚌蜃)을 억지로 벌리고, 동철(銅鐵)을 녹였는데 만물은 생성할 수 없게 되었다. 또 태아를 끄집어내고 새끼를 죽이게 되어 기린은 오지를 않고, 둥지를 덮어 알을 훼손하게 되자 봉황은 날아오지 않았으며, 수(燧)를 갈아서 불을 채취하고, 목재를 엮어서 대(臺)를 구축하며, 숲을 불질러서 밭을 만들고 늪을 말리어 물고기를 잡았는데, 사람도 기계(器械)도 부족을 초래했고 축장(蓄藏)만이 여분이 있을 뿐 만물은 줄어가기만 했고, 맹아난태(萌芽卵胎)의 조짐은 보이면서도 생육하지 못하는 것이 태반이었다.

그리고 흙을 쌓아 높은 곳에서 살고 밭에 거름을 주어 곡식을 심으며, 땅을 파서 우물을 만들고 강을 터서 수운(水運)으로 쓰며 성을 쌓아서 요해지로 삼고 짐승을 구속하여 가축으로 만들었다. 음양은 착란하고 사시(四時)는 그 질서를 잃으며 뇌정(雷霆)은 훼절(毁折)하고 우박과 싸라기눈은 포학하게 퍼부으며 분무(氛霧)와 상설(霜雪)은 쉴 새 없이 내리어 만물은 고사(枯死)할 뿐이다.

(예를 들어) 잡목을 태워 밭이랑에 쌓아올리고, 잡초를 베어 묘(苗)를 기르는 경우, 싹이 갓 나온 채로, 혹은 꽃이 피고 열매를 맺은 채로 죽어가는 초목의 수는 이루 헤아릴 수가 없다.

한편 광대한 궁전, 그 면련(縣聯), 방(房), 식(植), 요(橑), 첨(檐), 쇠제(榱題)에는 교지(喬枝), 능아(菱阿)라든가 부용(芙蓉), 기하(芰荷 : 연꽃)가 조각되어 있고 오색(五色)은 그 아름다움을 경쟁하며, 또 조화하면서 화려함을 자랑하는데 굽이 돌며 늘어서 있어서 기관(奇觀)을 이루고 있고, 무더기로 솟기도 하고 어지러이 얽혀져 있는 모습은 공수(公輸)·왕이(王爾)와 같은 명공(名工)이라 하더라도 칼과 끌을 댈 여지가 없을 정도이다. 그러나 임금의 욕망을 채워 줄 수가 없다.

그 결과 송백(松柏), 균로(箘露)도 여름철이건만 완전히 고사(枯死)하고 강하(江河)·삼천(三川)도 말라서 흐르지 않게 된다. 이양(夷羊)이 교외 목야(牧野)에 나타나고, 메뚜기가 들에 가득하며 하늘은 가물고 땅은 갈라지며, 봉황은 날아오지 않고, 구조(句爪)와 거아(居牙)를 갈며 뿔과 거(距)를 세운 금수(禽獸)들이 사람에게 엄습해 온다. 백성들의 보잘것없는 초가집은 이미 가옥의 구실을 하지 못하여 추위와 더위에 죽어가는 자가 속출함으로써 서로 베개를 나란히 하고 누워 있을 정도이다.

이윽고 산천계곡으로 경계를 나누고 인구의 다과(多寡)를 헤아리어 귀속시키며 성을 쌓고 도랑을 판 다음 공전(攻戰)의 기구와 요해를 설치하고, 내습에 대비하며, 백관의 직제를 갖추고 위계(位階)를 정하며 귀천을 나누고 현우(賢愚)를 가리며, 훼예(毀譽)의 기준을 밝히 하고 상벌을 여행(勵行)하기에 이르자, 전란(戰亂)이 일어나고 서로 으르렁거리기 시작했는데 백성들이 여지없이 밟히고 요절하게 되었고 (군주가) 죄 없는 자를 학살하거나 형주(刑誅)하는 일도 이때부터 생겨난 것이다.

原文 太淸之治也, 和順以寂漠, 質眞而素樸, 閑靜而不躁, 推而無故. 在內而合乎道, 出外而調于義, 發動而成於文, 行決而便於物, 其言略而循理, 其行侻而順情, 其心愉而不僞, 其事素而不飾. 是以不擇時日, 不占卦兆, 不謀所始, 不議所終. 安則止, 激則行, 通體于天地, 同精於陰陽, 一和于四時, 明照于日月, 與造化者相雌雄. 是以天覆以德, 地載以樂, 四時不失其敘, 風雨不降其虐, 日月淑淸而揚光, 五星循軌而不失其行, 當此之時, 玄光之磃而運照, 鳳麟至, 蓍龜兆, 甘露下, 竹實滿, 流黃出, 而朱草生, 機械詐僞, 莫藏於心.

逮至衰世, 鐫山石, 鍥金玉, 擿蚌蜃, 消銅鐵, 而萬物不滋. 刳胎殺夭, 麒麟不游. 覆巢毁卵, 鳳凰不翔. 鑽燧取火, 構木爲臺, 焚林而田, 竭澤而漁, 人械不足, 畜藏有餘, 而萬物不繁. 兆萌牙卵胎而不成者, 處之太半矣. 積壤而丘處, 糞田而種穀, 掘地而井飮, 疏川而爲利, 築城而爲固, 拘獸以爲畜, 則陰陽繆戾, 四時失敘, 雷霆毁折, 雹霰降虐, 氛霧霜雪不霽, 而萬物燋夭. 菑榛穢, 聚埒畝, 芟野莽, 長苗秀, 草木之句萌, 銜華戴實而死者, 不可勝數.

乃至夏屋宮駕, 縣聯房植, 橑檐榱題, 雕琢刻鏤喬枝·菱阿·芙
蓉·芰荷, 五采爭勝, 流漫陸離, 脩挍曲挍, 夭矯曾橈, 芒繁紛挐,
以相交持, 公輸·王爾, 無所錯其剞劂削鋸. 然猶未能贍人主之欲
也. 是以松柏箘露, 宛而夏槁, 江河三川, 絶而不流, 夷羊在牧, 飛
蛩滿野, 天旱地坼, 鳳皇不下. 句爪居牙, 戴角出距之獸, 於是鷙矣,
民之專室蓬廬, 無所歸宿, 凍餓飢寒死者, 相枕席也.

及至分山川谿谷, 使有壤界, 計人多少衆寡, 使有分數, 築城掘
池, 設機械險阻以爲備, 飾職事, 制服等, 異貴賤, 差賢不肖, 經誹
譽, 行賞罰, 則兵革興而分爭生, 民之滅抑夭隱, 虐殺不辜, 而刑誅
無罪, 於是生矣.

註解 ○太淸(태청)－하늘. 도(道). 여기서는 도가 행해지던 세상이란
의미이다. ○行決(행결)－결(決)도 행(行)의 뜻. ○其行俔(기행탈)－'탈
(俔)'은 간이(簡易)란 뜻. ○卦兆(괘조)－괘(卦)는 팔괘(八卦：易占), 조
(兆)는 귀복(龜卜)의 조짐. ○淑淸(숙청)－숙(淑)도 청(淸)의 의미. ○至碭
(지탕)－탕(碭)은 대(大). ○竹實滿(죽실만)－대나무에 열매가 맺는 것은 상
서로운 일이라 하며 죽실(竹實：練實)은 봉황의 먹이라고 했다(≪장자≫
<秋水> 참조). ○流黃出(유황출), 而朱草生(이주초생)－'유황(流黃)'은 서
옥(瑞玉)의 하나이고, '주초(朱草)'는 서초(瑞草)이다. ○機械(기계)－고
의로 하는 일. 즉 권모(權謀)란 의미이다. ○蚌蜃(방신)－방(蚌)도 신(蜃)
도 조개의 일종. 이 조개에서 나오는 진주를 방주(蚌珠)라고 칭한다. ○剖
胎殺夭(고태살요)……鳳凰不翔(봉황불상)－같은 취지의 글이 ≪여씨춘
추(呂氏春秋)≫ <응동(應同)>, ≪사기(史記)≫ <공자세가(孔子世家)>,
≪전국책(戰國策)≫ <제책(齊策)> 등에 보인다. 상처입지 않겠다면서 유
(游)·상(翔)을 하지 않는 것. ○氛霧霜雪(분무상설)－'분무(氛霧)'는 요기
(妖氣)란 의미. ○夏屋宮駕(하옥궁가)－하(夏)는 대(大)라는 의미. 가(駕)
는 가(架)와 통하며 재목이 잔뜩 쌓여 있는 모습. 궁전이 장려(壯麗)한 것

을 가리킨다. ○縣聯(면련)-작두(雀頭 : 집의 처마. 雀楣). ○房植(방식)
-방(房)은 실(室), 식(植)은 호식(戶植 : 빗장을 받쳐주는 기둥). ○橑檐
橑題(요첨쇠제)-요(橑)는 연료(橡橑 : 椽도 橑도 서까래), 첨(檐)은 옥수
(屋垂 : 처마), 쇠(橑)는 각(桷 : 서까래), 제(題)는 머리(끝부분). ○流漫(유
만)-채읍(采邑)의 교화(交和). ○陸離(육리)-미호(美好)의 모습. ○脩挨
(수염)-염(挨)은 서(舒)의 의미. 길게 뻗은 모습. ○曲挍(곡교)-구부러져
늘어선 모양. ○夭嬌(요교)-기이한 모습. ○曾橈(증요)-증(曾)은 거듭 쌓
여지는 것. 요(橈)는 느슨하게 구부러지는 것. ○芒繁(망번)-뾰족한 모양
의 것이 잔뜩 모이는 모습. ○紛挐(분나)-헝클어져 얽히는 모습. ○公輸
(공수)·王爾(왕이)-일설에 공수반(公輸盤 : 墨子의 제자)을 가리키는 것
이라고 하는데 분명치는 않다. 왕이(王爾)는 불상(不詳). ○剞劂(기굴)-
기(剞)도 굴(劂)도 조각하는 데 쓰는 작은 칼. <숙진훈(俶眞訓)> 참조
○削鋸(삭거)-삭(削)은 양날이 있는 작은 칼. ○箘簵(균로)-대나무의 일
종. ○三川(삼천)-경수(涇水)·위수(渭水)·연수(汧水) 등 삼수(三水). ○
夷羊(이양)-신수(神獸). 은(殷)나라가 멸망할 때 목야(牧野)에 나타났었
다고 한다(≪國語≫ <周語 上>). ○句爪居牙(구조거아)-'구조(句爪)'는
갈고리 모양으로 구부러진 발톱. '거아(居牙)'는 톱 모양의 엄니.

 천지가 화합하고 음양이 만물을 화육(化育)하는 것은 모두 사람의
기(氣)에 즉응해서 행해진다. 그러므로 상하의 마음이 이반되면 기
(氣)는 위로 올라간 채로 있으며, 군신(君臣)이 불화(不和)하면 오곡
이 여물지 않는다.
 동짓날부터 (입춘에 이르기까지) 46일간 하늘은 화(和)를 머금은
채 하강(下降)하지 않고 땅은 화(和)를 안은 채 상승하지 않는다. (그
사이에도) 음양은 떠돌며, (大氣의) 호흡은 침윤(浸潤)하여 하루하루
의 경영을 포용하고 만물 각각에 갖추어진 특성을 짐작하여, 그 좋은

점을 따라서 충만해지고, 숨을 뿜어 따뜻하게 하여 군생(群生)을 성
육(成育)시키는 것이다.

이런 점으로 추리할 때 천지 우주는 사람의 한 몸과 같고 육합(六
合)의 속은 사람의 한 가지 모양에 비유할 수 있다. 이리하여 사람의
본성에 밝은 자에게는 천지도 위협을 가해올 수가 없고 변화의 조짐
에 통하는 자에게는 요괴도 유혹해 올 수가 없다. 그러므로 성인(聖
人)은 신변 가까이에 있는 것으로 인하여, 먼 곳의 것을 알고 천차만
별의 진상(眞相)을 하나로 정리할 수가 있다.

原文 天地之合和, 陰陽之陶化萬物, 皆乘人氣者也. 是故上下離
心, 氣乃上蒸, 君臣不和, 五穀不爲. 距日冬至四十六日, 天含和而
未降, 地懷氣而未揚, 陰陽儲與, 呼吸浸潭, 包裏風俗, 斟酌萬殊,
旁薄衆宜, 以相嘔呴醞釀, 而成育羣生, 是故春肅秋榮, 冬雷夏霜,
皆賊氣之所生.

由此觀之, 天地宇宙, 一人之身也, 六合之內, 一人之刑也. 是故
明於性者, 天地不能脅也. 審於符者, 怪物不能惑也. 故聖人者, 由
近知遠, 而萬殊爲一.

註解 ○距日冬至(거일동지)……未降(미강)-이 46일을 '입동에서부터
동지에 이르는' 사이라고 하는데 글뜻은 입춘에 이르러 하늘의 화기(和氣)
가 하강(下降)하기 시작한다는 것을 의미하는 것 같으므로 '동짓날부터 입
춘에 이르는' 사이. ○天含和(천함화)……地懷氣(지회기)……-같은 뜻의 글
이 <숙진훈> 서두에 보인다. ○儲與(저여)-상양(尙羊 : 逍遙)으로 주(主)
를 삼는 바가 없는 모습. ○旁薄(방박)-혼동하는 것. <숙진훈>에 '방
박(旁薄)하여 일(一)로 하다'라는 구절이 보이며 ≪장자≫ <소요유(逍遙
遊)>에 '만물을 방박하여 일(一)로 한다'라는 구절이 있다. ○肅(숙)-숙

살(肅殺). 가을철에 만물이 고사(枯死)하는 것.

　옛날 사람들은 천지의 기(氣)와 일체가 되고 세상의 추이에 따라 자적(自適)했다. 이때에는 은상(恩賞)의 가늠도, 형벌의 위협도 없었고, 예의·염치의 덕목도 없었으며 훼(毀)와 예(譽), 인(仁)과 비(鄙)의 구별도 세워져 있지 않았는데 만민은 서로 침범하거나 포학한 짓을 하지 않았으며, 그 마음은 혼명(混冥)의 경지에 있는 것과 같았다.
　쇠세(衰世)가 되자 인구는 늘어가는데 재물은 적고, 열심히 일을 해도 그날그날의 생활에 어려움이 있었는데, 그 결과 분쟁이 생겨났다. 그리하여 인(仁)을 귀중히 여기게 되었다. 그런데 인비(仁鄙)의 구별은 입장에 따라 다르므로 상호간에 도당(徒黨)을 만들고 사모(詐謀)를 꾸미며 책략에 의해 성공하고자 하여 본성을 잃게 되었다.
　그러므로 의(義)를 귀중히 여겼다. 음양의 교제에는 항상 혈기의 감정이 수반된다. 그래서 남녀는 군거(群居)하거나 잡거(雜居)한다면 구별도 없어진다. 그러므로 예(禮)를 귀중히 여기게 되었다. 사람의 정성(情性)은 도를 지나쳐 과격하게 흐르고 세(勢)가 뻗치면 조화를 잃게 된다.
　그래서 악(樂)을 귀중히 여기게 되었다. 이처럼 인의예악(仁義禮樂)은 폐해를 없앨 수는 있지만 치도(治道)의 근본으로 삼을 일은 아니다. 즉 인(仁)은 분쟁을 해소하는 수단이고 의(義)는 질서 잃은 것을 바로잡는 수단이며, 예(禮)는 음란을 바로잡는 수단이고 악(樂)은 우려되는 것을 바로잡는 수단이다.
　신명(神明)이 도(道)를 얻으면 마음은 그 초심(初心)으로 돌아가고 마음이 초심으로 돌아가면 백성들의 성(性)은 선(善)해진다. 백성들의 성이 선해지고 천지음양이 이것을 포용하면 재물은 자연히 넉넉해지고, 재물이 넉넉해지면 사람도 만족하여 탐욕과 분쟁이 생겨날 수 없다. 이상의 일들로 추이하건대 인의(仁義)는 무용(無用)이다.

도덕이 그 있을 곳을 얻고 백성이 순박하면 눈은 색(色)의 유혹을 받지 않고, 귀는 소리에 탐닉하지 않으며, 마음대로 노래 부르고 머리를 풀어 산발한 채로 걸어다니되 모장(毛嬙)·서시(西施)의 요염함을 보더라도 좋아하지 않고, 도우(掉羽)·무상(武象)의 주악(奏樂)을 들어도 즐거움을 모르니 이렇게 되면 음란으로 분별없는 일이 일어나지 않는다. 이상의 일로 추이하건대 예악(禮樂)은 무용이다.

그런 고로 덕(德)이 쇠해지자 인(仁)이 생겨났고 행위에 파탄이 생기자 의(義)를 내세웠으며 조화가 잃어지자 조율(調律)이 필요해졌고 예(禮)가 과도해지니 용모를 가다듬게 되었다. 따라서 신명(神明)을 알면 도덕의 가치가 모자란다는 것을 알고, 도덕을 알면 인의(仁義)의 행위가 모자란다는 것을 알며, 인의를 알면 예악(禮樂)의 배울 가치가 없음을 안다. 이제 그 근본을 버리고 말엽(末葉)을 찾으며, 그 중요한 것을 버리고 번잡한 것을 찾는 사람은 지도(至道)를 함께 이야기하기에 부족된다 하겠다.

原文 古之人, 同氣于天地, 與一世而優游. 當此之時, 無慶賞之利, 刑罰之威, 禮義廉恥不設, 毀譽仁鄙不立, 而萬民莫相侵欺暴虐, 猶在于混冥之中.

逮至衰世, 人衆財寡, 事力勞, 而養不足, 於是忿爭生. 是以貴仁. 仁鄙不齊, 比周朋黨, 設詐諝, 懷機械巧故之心, 而性失矣. 是以貴義. 陰陽之情, 莫不有血氣之感, 男女羣居, 襍處而無別. 是以貴禮. 性命之情, 淫而相脅, 以不得已, 則不和. 是以貴樂. 是故仁義禮樂者, 可以救敗, 而非通治之至也. 夫仁者所以救爭也, 義者所以救失也, 禮者所以救淫也, 樂者所以救憂也.

神明定於天下, 而心反其初. 心反其初, 而民性善. 民性善, 而天地陰陽從而包之, 則財足而人贍矣, 貪鄙忿爭, 不得生焉. 由此觀之, 則仁義不用矣. 道德定於天下, 而民純樸, 則目不營於色, 耳不淫於聲, 坐俳而歌謠, 被髮而浮游, 雖有毛嬙·西施之色, 不知說也, 掉羽·武象, 不知樂也, 淫泆無別, 不得生焉. 由此觀之, 禮樂不用也.

是故德衰然後仁生, 行沮然後義立, 和失然後聲調, 禮淫然後容飾. 是故知神明, 然後知道德之不足爲也, 知道德, 然後知仁義之不足行也, 知仁義, 然後知禮樂之不足脩也. 今背其本, 而求其末, 釋其要, 而索之于詳, 未可與言至也.

[註解] ○優游(우유)―유유자적하는 모습. <원도훈> <숙진훈> <태족훈> <요략> 등에도 보인다. ○仁鄙(인비)―비(鄙)는 불인(不仁)이란 뜻. ○混冥(혼명)―<숙진훈>에 '옛날 사람은 혼명(混冥) 속에 있으면서 신기(神氣)가 외물(外物) 때문에 동요하는 일이 없었다'라고 되어 있는 것과 마찬가지로 혼돈한 어둠이란 뜻. 도가(道家)의 이상적 경지를 나타내는 말이다. 한편 <무칭훈(繆稱訓)>에도 보인다. ○機械巧故之心(기계교고지심)―본편에 이미 나왔던 '기계사위(機械詐僞)'와 같다. ○性命之情(성명지정)―<원도훈> 참조. ○神明(신명)―세속적인 사려분별을 초월한 지극(至極)의 혜지(慧智)가 가져다주는 광명(光明). 일반적 도가사상에서는 도덕을 그 근원적인 것으로 하는데 여기서는 그것에 선행(先行)하여 '신명'을 들고 이 신명이 잃어졌을 때 도덕이 생긴다고 설파한다. ○毛嬙(모장)·西施(서시)―둘 다 고대의 미녀 이름. ○掉羽(도우)·武象(무상)―고대(古代)의 이름난 곡 이름.

천지의 넓이는 구표(矩表)에 의해, 알 수가 있다. 별과 달의 운행은 역술(曆術)에 의해 살펴낼 수가 있다. 뇌정(雷霆)의 음성은 고종(鼓

鐘)으로 흉내 낼 수가 있다. 풍우(風雨)의 변화는 음률에 의해 알 수
가 있다. 즉 눈에 보이는 크기는 계량(計量)할 수가 있다. 눈에 보이
는 밝기는 포착할 수가 있으며, 귀에 들리는 소리는 조율할 수가 있
고 관찰할 수 있는 색깔은 구별할 수 있는 것이다.

그러나 도(道)의 지대(至大)함은 천지도 이를 머금을 수가 없고 도
의 지미(至微)함은 신명(神明)도 이를 통괄(統括)할 수가 없다. 그런
데 율력(律歷)을 제정하여, 오색(五色)의 색깔, 청탁의 소리, 감고(甘
苦)의 맛을 구별할 수 있게 되자, 도의 소박함은 흐트러져서 도구로
평가절하되고 말았다.

사람이 인의(仁義)를 세우고 예악(禮樂)을 배우고자 하자, 덕은 변
하여 위(僞)가 되었고, 위(僞)가 생겨나게 되자 지혜를 과시하여 우자
(愚者)를 겁주게 되었고 사술(詐術)을 농하여 윗사람을 속이게 되었
다. 이렇게 되어가지고는 천하를 유지할 수는 있더라도 다스린다는
것은 도저히 어렵다.

옛날, 창힐(蒼頡)이 처음으로 문자를 만들어 내자 하늘은 속우(粟
雨)를 뿌렸고 귀신은 밤에 통곡을 했다. 또 백익(伯益)이 처음으로
우물을 파자 용은 흑운(黑雲)을 타고 사라졌으며 신(神)은 곤륜(崑
崙)으로 피하여 살게 되었다. 이런 일들은 지능이 증대되어감에 따라
서 덕이 박해지는 것을 두려워했기 때문이다. 그러므로 주(周)나라의
정(鼎)에는 수(倕)가 손가락을 깨물고 있는 상(像)을 조각하여 대교
(大巧)를 행하지 못하도록 경계했었다.

그런데 지인(至人)이 천하를 다스리는 경우에는, 그 마음이 신(神)
처럼 작용하고 몸은 본성 그대로 움직이어, 조용한 때는 덕 그 자체
에 따르고, 움직일 때는 이(理)에 따르면서, 천지자연의 본성에 순응
하여 어떻게 할 수도 없는 변화에 몸을 맡긴다. 철두철미하게 무위
(無爲)이므로 천하는 자연히 화합하고, 담담무욕이므로 백성들은 자

연히 소박해진다. 재앙도 일어나지 않는 까닭에 백성들 중 요절하는 자도 없고 분쟁하지 않으면서도 하루하루의 생활은 풍족하며, 사해(四海) 안을 포용하고 은혜는 후세에까지 미치면서도 몇 사람이나 이렇게 살고 있는지조차 모른다.

또 생전에 칭호도 없고 죽은 후에 시호(諡號)도 없으며 (勳功의) 실체가 산만하여 명성을 떨칠 수도 없다. 베푸는 자는 그것을 은혜로 생각하지 않고 받는 자는 그것을 사양하는 일도 없다. 모든 덕(德)이 교체되면서 모여드는데 넘쳐나는 기미도 없다. 이처럼 도(道)가 총합되는 데는, 그 어떤 도(道)도 이를 방해하지 못하고, 지(知)에 의해 알아낼 수 없는 것[眞知]은 그 어떤 변설(辯舌)로도 이를 밝혀낼 수가 없다.

불언(不言)의 변(辯), 부도(不道)의 도(道 : 도를 초월한 도)로, 만약 통할 수가 있다면 그것이야말로 하늘의 부고(府庫)라고 칭할 수 있으리라. 아무리 취(取)해도 줄어들지 아니하고 아무리 따라도 마르지 아니하며 그 생겨나는 연원(淵源)을 알 수 없는 것, 이것을 요광(瑤光)이라고 한다. 요광이란 만물을 길러내는 것이다.

原文 天地之大, 可以矩表識也. 星月之行, 可以歷推得也. 雷霆之聲, 可以鼓鐘寫也. 風雨之變, 可以音律知也. 是故大可覩者, 可得而量也. 明可見者, 可得而蔽也. 聲可聞者, 可得而調也. 色可察者, 可得而別也. 夫至大天地弗能含也, 至微神明弗能領也. 及至建律歷, 別五色, 異淸濁, 味甘苦, 則樸散而爲器矣. 立仁義, 脩禮樂, 則德遷而爲僞矣. 及僞之生也, 飾智以驚愚, 設詐以巧上. 天下有能持之者, 未有能治之者也.

昔者蒼頡作書, 而天雨粟, 鬼夜哭. 伯益作井, 而龍登玄雲, 神棲崑崙. 能愈多, 而德愈薄矣. 故周鼎著倕, 使銜其指, 以明大巧之不可爲也.

故至人之治也, 心與神處, 形與性調, 靜而體德, 動而理通, 隨自
然之性, 而緣不得已之化. 洞然無爲而天下自和, 憺然無欲而民自
樸, 無禨祥而民不夭, 不忿爭而養足, 兼包海內, 澤及後世, 不知爲
之者誰何.

是故生無號, 死無諡, 實不聚而名不立, 施者不德, 受者不讓,
德交歸焉, 而莫之充牣也. 故德之所總, 道弗能害也, 智之所不知,
辯弗能解也. 不言之辯, 不道之道, 若或通焉, 謂之天府. 取焉而
不損, 酌焉而不竭, 莫知其所由出, 是謂瑤光. 瑤光者, 資糧萬物
者也.

註解 ○矩表(구표)－구(矩)는 도(度), 표(表)는 영(影). 그러나 <천문훈
(天文訓)>에서는 동서(東西)·남북(南北)의 거리를 재기 위하여 세우는
기둥이 표(表)라고 했으니 그 의미로 풀이해 둔다. ○歷推(역추)－추(推)는
추보(推步 : 천문의 관측에 따르는 推算)라는 의미이다. ○以音律知(이음
률지)－중국에서는 음(音 : 五音)·율(律 : 十二律呂)은 자연의 수에 근거하
여 정해진 것이라고 하며, 따라서 이것으로 자연계의 변화를 예지할 수
있다고 생각한다(<천문훈> 참조). ○樸散而爲器矣(박산이위기의)－≪노자≫
제18장의 구절. ○蒼頡作書(창힐작서)……－창힐(蒼頡)은 황제(黃帝)의 신
하로서 그가 문자를 만들어 낸 이후로 농경을 버리고 글 배우기를 일삼는
자가 늘어났다. 그 때문에 미속(米粟)이 부족됨으로써 백성들이 굶주리게
되는 것을 우려하여 하늘이 속(粟)을 늘여주었다고 한다. ○伯益作井(백
익작정)……－백익(伯益)은 순(舜)임금의 신하. 용(龍)이 현운(玄雲)을 타
고 올라간 이유를 굴정(掘井)이라 하여 용이 수신(水神)이라는 성격을 결
합시키어 풀이하고 있다. 그러나 여기서는 단지 인위(人爲)를 싫어했다는
의미 정도일 것이다. 한편 이 이야기에는 창힐작서(蒼頡作書)의 이야기와
함께 ≪논형(論衡)≫ <감허(感虛)>에 논란의 글이 실려 있다. ○洞然(동

연)-공허(空虛)한 모습. ○充牣(충인)-'인(牣)'은 만(滿)의 뜻. ○德之所
總(덕지소총)……이하 ≪장자≫ <서무귀(徐无鬼)>에 의한 것으로 생각
되는데 글뜻은 반드시 일치되지는 않는다. '도불능해(道不能害)'의 도(道)
는 도가(道家)에서 말하는 도가 아니라, 오히려 세상에서 말하는 도의 뜻
으로 풀이해 둔다. ○智之所不知(지지소부지)……是謂瑤光(시위요광)-
이 부분은 유사한 글이 ≪장자≫ <제물론(齊物論)>에 보인다. 요광(瑤光)
은 '북두(北斗)의 제칠성(第七星 : <천문훈> 참조)'이라고 하였는데 ≪장
자≫에서는 '보(葆 : 寶와 같은 뜻)'라고 기록했다. 요광(瑤光), 보광(葆光)
은 모두 세속적인 분별을 초월한 무한의 예지(睿知 : 道의 세계)를 상징하
는 말이다.

　　곤궁함을 구제하여 결핍함을 채워 주면 그것에 의해 명성이 얻어지
고, 이(利)를 도모해 주고 해(害)를 제어해 주며, 난(亂)을 토벌하고
폭(暴)을 금지하면 그것에 의해 훈공(勳功)은 성장된다. 따라서 세상
에 재해(災害)가 없으면 신성(神聖)한 사람이더라도 그 덕을 펼 수가
없고, 상하(上下)가 화합해 있으면 현능(賢能)한 사람이더라도 그 공
을 세울 수 없는 것이다.
　　옛날 용성씨(容成氏)의 시대에는 길을 가는 사람은 자연히 순서를
지켜 걸어갔으며, 영아(嬰兒)를 새 둥지에 맡겼고, 수확한 나머지를
밭둑길에 방치하였으며, 표범의 꼬리를 잡아당기거나 뱀을 밟기도 하
였다. 그러면서도 어떻게 그런 짓을 할 수가 있는지를 아는 사람조차
없었다.
　　요(堯)임금 시대가 되어 10개의 태양이 나란히 떠올라서 곡물을 불
태우고 초목을 말라 죽게 했는데 그로 인하여 백성들은 먹을 것이 없
었으며 오여(猰貐), 착치(鑿齒), 구영(九嬰), 대풍(大風), 봉희(封豨),
수사(脩蛇)가 백성에게 해를 입혔다.

그래서 요임금은 예(羿)에게 명하여 착치를 도화(疇華) 들에서 죽였고, 구영을 흉수(凶水) 가에서 죽였으며, 대풍을 청구(靑丘) 늪에서 사살했고, 위로는 해를 쏘아 떨어뜨렸으며 아래로는 오여(猰貐)를 죽이고 수사(脩蛇)를 동정호(洞庭湖)에서 목 베었으며 봉희(封豨)를 상림(桑林) 땅에서 사로잡았다.

이렇게 해서 만민은 모두 기뻐하고 요(堯)를 세워 천자(天子)로 삼았던 것인데, 이때부터 천하에는 광협(廣陜), 험이(險易), 원근(遠近)에 따라 도로와 촌리村里)가 생겨나게 되었다.

순(舜)임금 때 공공(共工)이 홍수를 불러일으키어 공상(空桑) 땅까지 밀려왔다. 용문(龍門)·여량(呂梁)이 아직 열리지 않았고, 장강(長江)과 회하(淮河)의 물이 합류(合流)하고 있어서, 천하는 온통 물바다가 되어 백성들은 모두 구릉(丘陵)과 나무 위로 피난했다.

순임금은 우(禹)에게 명하여 삼강오호(三江五湖)의 물을 잘 빠지도록 하고 이궐(伊闕)을 잘라서 열어, 전수(廛水)·간수(澗水)의 흐름을 유도하며, 운하를 종횡으로 만들어 물을 동해로 흐르게 했다.

이리하여 홍수는 빠지고 구주(九州) 전토는 말랐으므로 백성들은 모두 편안히 살 수 있게 되었다. 그래서 사람들은 요와 순을 성왕(聖王)이라고 칭했던 것이다.

말세가 되자 하걸(夏桀)·은주(殷紂)와 같은 제왕이 나왔다. 걸은 선(琁)·요(瑤)를 잔뜩 박은 방과 누대(樓臺), 상아로 장식한 전랑(殿廊), 옥을 박은 침대를 만들었고, 주(紂)는 주지육림(酒池肉林)의 성대한 잔치를 베풀어서 천하의 재물을 불태우고 만민의 힘을 피로하게 만들었으며 간신(諫臣)의 가슴을 쪼개고 임신부의 배를 째는 등 천하를 문란케 했고 백성들을 학대했다.

이렇게 해서 탕왕(湯王)은 병거(兵車) 3백 승(乘)을 이끌고 걸(桀)을 남소(南巢)에서 토벌했고 하대(夏臺)에 잡아넣었다.

또 무왕(武王)은 갑주(甲冑)로 몸을 에워싼 군사 3천 명을 거느리고 주(紂)를 목야(牧野)에서 깨고 이를 선실(宣室)에서 죽였다. 천하는 안정되고 백성들은 화합했다. 이렇게 해서 세상은 탕무(湯武)의 현명함을 칭송하기에 이르렀던 것이다.

이상과 같은 점에서 추측해 보면 현성(賢聖)의 이름을 가지는 사람은 반드시 난세의 우환을 만났었다. 지덕(至德)을 가지고 난세에 태어난 사람이 덕과 도(道)를 몸에 지키고, 무궁한 지(智)를 가지고 있으면서 입으로 설파하지 않고 무언(無言)인 채로 죽어가는 일도 많다.

그런데 천하에 그 무언의 귀중함을 아는 사람은 없는 것이다. 즉 세상에서 도(道)라고 칭하는 그런 도도 결코 항구불변의 도가 아니요, 세상에서 명(名)이라고 칭하는 그런 명은 결코 항구불변의 명이 아니다. 죽간면서(竹簡帛書)에 기록되고 또 금석(金石)에 새겨져서 후세 사람에게 전해진다는 것은, 실은 그 조잡한 것에 지나지 않는 것이다.

오제삼왕(五帝三王)은 그 사업은 특수하더라도 그 요지는 같은 것이며, 그 길은 다르더라도 귀착하는 곳은 마찬가지이다. 말세의 학자는 도가 만물을 일체화하는 것이며 덕이 만수(萬殊)를 총요(總要)하는 것임을 깨닫지 못하고, 하나하나의 성공 사적(事蹟)을 들어, 함께 똑바로 앉아서 이것을 이야기하고 혹은 음악 가창(歌唱)에 맞추어 이를 춤춘다.

이렇게 되면 아무리 박학다문(博學多聞)에 노력하더라도 혼미를 벗어나지 못할 것이다. ≪시경(詩經)≫에 '감히 맨손으로 호랑이를 못 잡고, 감히 걸어서 황하를 못 건넌다. 사람들은 그런 것은 알지만 그 밖의 것은 알지를 못하네'라고 되어 있는데 실로 그러하다.

原文 振困窮, 補不足, 則名生, 興利除害, 伐亂禁暴, 則功成. 世無災害, 雖神無所施其德, 上下和輯, 雖賢無所立其功, 昔容成氏之時, 道路鴈行列處, 託嬰兒於巢上, 置餘糧於畮首, 虎豹可尾, 虺蛇可蹍, 而不知其所由然.

逮至堯之時, 十日竝出, 焦禾稼, 殺草木, 而民無所食, 猰貐·鑿齒·九嬰·大風·封豨·脩蛇, 皆爲民害. 堯乃使羿誅鑿齒於疇華之野, 殺九嬰於凶水之上, 繳大風於青丘之澤, 上射十日, 而下殺猰貐, 斷脩蛇於洞庭, 禽封豨於桑林. 萬民皆喜, 置堯以爲天子. 於是天下廣陜險易遠近, 始有道里.

舜之時, 共工振滔洪水, 以薄空桑. 龍門未開, 呂梁未發, 江淮通流, 四海溟涬. 民皆上丘陵, 赴樹木. 舜乃使禹疏三江五湖, 闢伊闕, 導廛澗, 平通溝陸流注東海, 鴻水漏, 九州乾, 萬民皆寧其性. 是以稱堯舜以爲聖.

晚世之時, 帝有桀紂. 桀爲琁室瑤臺, 象廊玉牀, 紂爲肉圃酒池, 撩聚天下之財, 罷苦萬民之力, 刳諫者, 剔孕婦, 攘天下, 虐百姓. 於是湯乃以革車三百乘, 伐桀於南巢, 放之夏臺, 武王甲卒三千, 破紂牧野, 殺之于宣室, 天下寧定, 百姓和集. 是以稱湯武之賢.

由此觀之, 有賢聖之名者, 必遭亂世之患也. 今至人生亂世之中, 含德懷道, 抱無窮之智, 鉗口寢說, 遂不言而死者衆矣. 然天下莫知貴其不言也. 故道可道, 非常道, 名可名, 非常名. 著於竹帛, 鏤於金石, 可傳於人者, 其粗也.

五帝三王, 殊事而同指, 異路而同歸. 晚世學者, 不知道之所一體, 德之所總要. 取成之迹, 相與危坐而說之, 鼓歌而舞之. 故博學多聞而不免於惑. 詩云, 不敢暴虎, 不敢馮河, 人知其一, 莫知其他. 此之謂也.

註解 ○興利除害(흥리제해)－≪묵자(墨子)≫에 자주 나오는 구절이다. ○容成氏(용성씨)－일반적으로는 황제(黃帝) 때의 역(曆)을 만든 사람(<수

무훈(脩務訓)〉에 보인다). 혹은 방중술(房中術)의 비조(鼻祖:≪漢書≫ 〈藝文志〉 方技略房中 條)로 알려져 있다. 여기서는 옛 제왕의 한 사람으로 기록되어 있는데 그를 그처럼 다룬 근거는 확실치가 않다. ○晦首(묘수)─묘(晦)는 전지(田地)의 넓이를 가리키는 명사. 묘수 두 글자로 논밭의 끝이라는 정도의 의미일 것으로 생각된다. ○虺蛇(훼사)─훼(虺)는 독사. ○十日竝出(십일병출)─이 이야기는 간지(干支)의 간(干)이 일(日), 해 등을 나타내는 점에서 십간(十干)을 10개의 해로 보고 날마다 교대해서 떠야 하는 10개의 해가 한꺼번에 나타났다는 공상(空想)인 것 같다. ○猰貐(오여)─짐승 이름. ○鑿齒(착치)─짐승 이름. ○九嬰(구영)─수화(水火)의 괴(怪). ○大風(대풍)─바람의 신(神). ○封豨(봉희)─큰 멧돼지. ○脩蛇(수사)─큰 뱀. ○共工振滔洪水(공공진도홍수)─요순(堯舜) 시대에 일어났다고 하는 큰 홍수를 공공(共工)이란 사람을 의인화(擬人化)해서 말하는 것. 한편 ≪서경(書經)≫ 요전(堯典)에는 요임금의 말로서, 공공이란 인물을 비난하는 대목이 보이며, 또 순전(舜典)에는 순임금이 공공을 유주(幽州)로 유배한 대목이 보인다. ○琁室瑤臺(선실요대)─선(琁)·요(瑤) 모두 옥(玉)과 비슷한 돌. 그것으로 꾸민 실대(室臺). 또 일설에는 선(琁)은 선(旋), 요(瑤)는 파(播)로서 빙빙 돌아가는 방과, 요동하는 대(臺)로서 토목의 극치로 꾸민 것이라고 한다. ○宣室(선실)─은(殷)나라의 옥. ○道可道(도가도)……非常名(비상명)─≪노자≫ 제1장의 구절. ○詩云(시운)……─≪시경(詩經)≫ 〈소아(小雅)〉 소민(小旻).

제(帝)는 태일(太一)을 본받고, 왕(王)은 음양을 따르며, 패(霸)는 사시(四時)에 따르고 군(君)은 육률(六律)을 사용한다. 태일이란 천지를 포용하고 산천(山川)을 통어(統御)하며 음양은 호흡하고 사시를 조절하며 팔극(八極)을 다잡고 육합(六合)을 다스리어 바르게 하는 것이다. 만물을 덮어 윤택하게 하고 비추어서 이끄는 모습은 광대하고 공평무사하여 벌레에 이르기까지 그 은혜에 의해 살아가지 않는 것이 없다.

음양이란 천지의 화합을 받아 만물 하나하나에 형태를 주고, 속에 기(氣)를 함유시키며 만물을 화육(化育)시키는 한편 품류(品類)를 만들어서 혹은 뻗어나고 혹은 오므라들게 하여 불측(不測)의 경지에 들어가고, 때로는 허(虛)하고 때로는 가득 차서 무량(無量)의 영역으로 돌아간다.

사시란 봄에 나고 여름에 성장하며, 가을에 수확하고 겨울에 저장하는 것이다. 그 취여(取與)에는 절도가 있으며 그 출입에는 일정한 양이 있고, 개폐(開閉)·신축(伸縮)에는 질서가 있으며, 희노(喜怒)·강유(剛柔)는 도리에 맞는다. 육률이란 생(生)과 살(殺), 상(賞)과 벌(罰), 여(與)와 탈(奪)을 가리키며 이것이 행해지지 않으면 그 도(道)는 없는 것과 같다. 그러므로 평직(平直)을 요지로 삼고 경중(輕重)을 소상하게 하면 그 영내(領內)를 다스릴 수가 있다.

이리하여 태일(太一)을 몸으로 삼는 자(者 : 帝)는 천지의 마음을 알고, 도덕의 이(理)에 통하며, 총명은 일월(日月)에까지 비추고 정신은 만물에 두루 침투하며, 동정(動靜)은 음양을 조화시키고 희로는 사시를 화합케 하며, 은택은 방외(方外)에까지 미치고 명성은 후세에 떨친다.

음양을 따르는 자(者 : 王)는, 그 덕은 천지와 일체가 되며 그 명(明)은 일월(日月)과 나란히 하고, 그 정(精)은 귀신도 다스린다. 하늘을 이고 땅을 밟으며 마음에 정직을 품어, 안으로는 그 몸을 잘 다스리고 밖으로는 인심을 수람하며, 한 번 호령을 내리면 천하는 바람에 나부끼듯 따른다.

사시(四時)에 따르는 자(者 : 君)는 유약(柔弱)하면서도 무르지 않고 강강(剛强)하면서도 부러지지 않으며, 관대하면서도 자의(恣意)로

흐르지 않고, 숙정(肅正)하면서도 지나칠 만큼 엄격하지 않으며, 누긋
하면서도 사물에 거역하지 않고 만물을 양육한다. 그 덕은 범우불초
(凡愚不肖)한 자까지도 포용하고 평등하게 사랑을 나누어 주어 거리
감이 없다.

육률을 사용하는 자(者 : 霸)는 난(亂)을 토벌하고 폭(暴)을 금하며
현인(賢人)을 권유하고 불초한 자를 물리치며 다스림을 조장하여 바
로잡고 험난을 제거해서 평평하게 하며 구부러진 것을 바로잡고, 금
지와 허용의 한계를 분명히 하고 시류(時流)의 세(勢)가 향하는 바를
교묘하게 간파하여 인심을 조종한다.

제(帝)가 음양을 몸으로 삼으면 침범당하고, 왕이 사시에 따르면 국
토를 깎이고, 패자(霸者)가 육률을 조절하면 욕을 당하고, 군(君)이 통
치의 규준을 잃으면 폐(廢)해진다. 즉 작은 자가 큰 것을 행할 때는 너
무 광대(廣大)하여 백성들과 친해질 수가 없고, 큰 자가 작은 일을 행
할 때는 너무 협애(陜隘)하여 백성을 용납하기 어렵다. 귀천이 각각 처
할 바를 바로잡으면 천하는 다스려지는 것이다.

原文 帝者體太一, 王者法陰陽, 霸者則四時, 君者用六律. 太一
者, 牢籠天地, 彈壓山川, 含吐陰陽, 伸曳四時, 紀綱八極, 經緯六
合. 覆露照導, 普氾無私, 蚑飛蠕動, 莫不仰德而生. 陰陽者, 承天
地之和, 形萬殊之體, 含氣化物, 以成坱類, 贏縮卷舒, 淪於不測,
終始虛滿, 轉於無原.

四時者, 春生夏長, 秋收冬藏. 取予有節, 出入有量, 開闔張歙,
不失其敘, 喜怒剛柔, 不離其理. 六律者, 生之與殺也, 賞之與罰也,
予之與奪也, 非此無道也. 故謹於權衡準繩, 審乎輕重, 足以治其
境內矣.

是故體太一者, 明於天地之情, 通於道德之倫. 聰明燿於日月,

精神通於萬物, 動靜調於陰陽, 喜怒和於四時, 德澤施於方外, 名
聲傳于後世. 法陰陽者, 德與天地參, 明與日月竝, 精與鬼神總. 戴
圓履方, 抱表懷繩, 內能治身, 外能得人, 發號施令, 天下莫不從風.
則四時者, 柔而不脆, 剛而不鞼, 寬而不肆, 肅而不悖.

優柔委從, 以養羣類, 其德含愚而容不肖, 無所私愛. 用六律者,
伐亂禁暴, 進賢而退不肖, 扶撥以爲正, 壞險以爲平, 矯枉以爲直.
明於禁舍開閉之道, 乘時因勢, 以服役人心也.

帝者體陰陽則侵, 王者法四時則削, 霸者節六律則辱, 君者失準
繩則廢. 故小而行大, 則滔窕而不親, 大而行小, 則陋隘而不容. 貴
賤不失其體, 而天下治矣.

註解 ○太一(태일)−천지 음양도 통괄하는 근원적인 한 가지. 도가(道
家)에서 말하는 도(道)와 거의 같은 뜻이다. ○八極(팔극)−땅 끝에 있는
8개의 기둥. ○六合(육합)−천지 사방 안. ○普汜無私(보사무사)−보(普)
는 대(大), 사(汜)는 중(衆)의 뜻. ○蟩飛蠕動(환비연동)−<원도훈(原道
訓)> 참조. ○嬴縮卷舒(영축권서)−영(嬴)과 서(舒)는 길게 뻗는 것. 축
(縮)과 권(卷)은 짧게 오그라드는 것. ○轉於無原(전어무원)−원(原)은
도(度)·량(量)이란 의미, 음양의 화(化)가 무량(無量)으로 일어나는 것.
○開闔張歙(개합장흡)−개폐(開閉)와 신축(伸縮). ○權衡準繩(권형준승)
−권형(權衡)은 평(平), 준(準)은 법(法), 승(繩)은 직(直)의 뜻이라고 했다.
○施於方外(시어방외)−시(施)는 연(延)의 뜻. ○委從(위종)−맡기고 따
르다. ○禁舍(금사)−금은 금지. 사(舍)는 용서하는 것. ○滔窕(도조)−산
만하여 맺고 끊는 맛이 없는 것.

하늘에 있어, 중요한 것은 그 정(精)이고, 땅에 있어 중요한 것은
그 평(平)이며 사람에게 있어서 중요한 것은 그 정(情)이다. 하늘의

정(精)이란 일월성신(日月星辰) 뇌전풍우(雷電風雨)이고, 땅의 평(平)이란 수화금목토(水火金木土)이며 사람의 정이란 사려(思慮)·총명·희로이다. 그러므로 사람은 사관(四關)의 기능을 막고 오둔(五遁)을 금하면 도(道)와 일체가 된다.

그런데 신명(神明)이 (道의) 무형(無形)에 싸이고 정기(精氣)가 (道의) 지진(至眞)으로 다시 돌아와 서면, 눈은 밝게 볼 수 있어도 보는 것이 없고, 귀는 모두 들을 수 있어도 듣는 것이 없으며, 마음은 통달하는 능(能)을 가지고 있어도 사려(思慮)하는 것이 없고 (스스로) 하지를 않고, 부드럽게 하면서 자랑하지 않고, 성명(性命) 그대로를 따라 지교(知巧)를 섞지 아니한다.

순백(純白)이 눈에서 스며나오면 그 보는 것은 실로 명(明)을 얻을 수가 있고, 귀에 있으면 그 듣는 것은 실로 총명함을 얻으며, 입에 머무르면 그 말은 도(道)에 맞고, 마음에 머무르면 그 사려는 통달한다. 그런 까닭에 사관(四關)을 닫으면 죽음에 이르기까지 몸에 우환이 없고 몸의 마디마디가 아픈 일이 없으며 사생영허(死生盈虛)를 초월한다. 이것이야말로 진인(眞人)이라고 하는 것이다.

대저 난(亂)이 생기는 원인은 유둔(流遁)에 있으며 유둔의 원인에는 5종류가 있다. 대대적으로 나무를 짜맞추어 궁전을 짓고 고루(高樓)와 그것을 연결하는 잔도(棧道), 계서(雞棲)와 정간(井榦)이 즐비하게 늘어서고, 각 건물에는 기둥과 두공(斗栱)이 겹쳐 짜여져 있다.

목공들이 해놓은 장식은, 용틀임과 호랑이 머리가 아름답게 조각되어 있고 궤문(詭文)과 회파(回波)가 물 흐르듯 이어지고 마름과 오얏잎이 서로 어울리어 눈부시게 무성한데 이처럼 정치(精緻)를 극한 세공이 눈이 부시도록 서로 교차한다. 이것이야말로 나무를 멋대로 사용하는 것이다.

못[池]을 깊게 파고 건너편이 모를 만큼 넓히며 계곡의 물줄기를 끌어들이어 곡류(曲流)의 가장자리를 장식한다. 잘라낸 돌을 거듭 쌓아서 물가를 길게 꾸미고, 급류를 막아서 격파(激波)를 일으키게 하고, 유수(流水)를 선회시키어 우수오수(渦水洿水)의 경치를 꾸미고, 연(蓮)과 마름을 심어서 거북과 자라를 기르고 홍곡(鴻鵠)·숙상(鸘鵝)을 기르기 위해 엄청난 도량(稻粱)을 낭비하고 용두익수(龍頭鷁首)의 배를 띄워 놓고 주악(奏樂)을 즐긴다. 이것이야말로 물을 제멋대로 사용하는 것이다.

높이 성곽을 쌓고 요해(要害)를 설치하는가 하면 흙을 높게 쌓아올리어 대사(臺榭)를 만들고 널리 토지를 점령하여 원유(苑囿)를 만든다. 전망을 아름답게 하기 위하여 전루(殿樓)는 높이 푸른 하늘에 이르고 대옥(大屋)을 몇 층이나 쌓아올려서 곤륜(崑崙)과 맞먹는다.

끝없이 담장과 벽을 쌓는가 하면 용도(甬道)를 만들고, 고지(高地)를 깎아다가 저지(低地)를 메우고, 흙을 쌓아서 산을 만들며, 먼 길까지 달려갈 수 있도록 길을 똑바로 내되 장애물을 없애 평탄케 한다. 이렇게 해서 온종일 말을 타고 달려도 막히어 넘어질 걱정이 없다. 이것이야말로 토지를 멋대로 쓰는 것이다.

종(鐘)과 정(鼎)을 크고 아름답게 주조하고 꿩의 엉클어진 문양을 누각(鏤刻)하고 또 누워있는 일각수(一角獸), 엎드린 호랑이, 서리서리 틀임하는 용 등을 짜맞추어 새긴다. 눈이 부실 정도로 빛나며 황황(煌煌)하게 비친다.

(刀劍을 만드는 데) 조탁(彫琢)의 미(美)를 아로새기고 석(錫)을 섞어서 철(鐵)을 장식하여 때로는 어둡고 때로는 밝게 되는데, 조그만 흠집도 없고 청열상(淸冽箱)처럼 무늬가 깊이 새겨졌고 죽세공(竹細工)의 그물눈처럼 전면(纏綿)하게 이어졌는데, 혹은 정연하고 혹은 잡연(雜然)하게 이어졌으며 촘촘한가 하면 또 성글다. 이것이야말로 금(金)을 멋대로 사용하는 것이다.

달이고 볶고 지지고 구워서 오미(五味)의 조화가 잘 이루어지게 하고, 이로써 형(荊)·오(吳)의 달고 신맛의 변화를 정한다. 숲을 태우고 사냥을 나가서는 큰 나무를 베서 땐다. 풍구를 사용하여 강철을 녹이고 딱딱한 쇠붙이 그릇을 다시 용해하되 하루하루 지루한 줄을 모른다.

이렇게 해서 산에는 큰 나무가 없고 숲에는 움이 돋아나지 않는데, 나무를 태워서 숯을 만들고 풀을 태워서 재를 만들며, 들의 풀밭은 백색이 되며 생성(生成)의 때를 잃는다. 그래서 위로는 천광(天光)을 흐리게 하고 아래로는 지재(地財)를 멸하기에 이른다. 이것이 야말로 불[火]을 멋대로 쓰는 것이다.

이상 다섯 가지는 어느 한 가지에 의해서도 천하를 멸망시키기에 충분한 요인이 된다. 그러므로 옛날의 명당(明堂) 제도는, 아래에서 습기가 올라오지 않고, 위에서는 안개나 이슬이 스며들지 않으며 사방의 바람이 들어오지 않는 곳으로 했다. 성토(盛土)는 간소하게, 재목(材木)은 깎지 아니하며 금속 그릇은 세공을 하지 않았다.

또 옷은 피륙 모서리를 잘라내지 않았고, 관(冠)은 평직(平直)하여 접은 곳이 없었으며 당(堂)은 정사(政事)라든가 문서를 취급할 만큼의 넓이였는데, 그 청정한 모습은 상제(上帝)를 제사지내고 귀신을 받드는 곳과 비슷하여 백성들에게 절검(節儉)을 가르치는 본보기가 되었다.

대저 성색(聲色)·오미(五味), 먼 나라의 진괴기물(珍怪奇物)로서 사람의 심지(心志)를 바꿔놓고 정신을 뒤흔들어 혈기를 감동시키기에 충분한 것은 헤아릴 수 없을 정도로 많이 있다. 그러나 천지간에서 생긴 재물은 본디 5종류에 지나지 않는다. 성인(聖人)이 오행(五行)을 절약하면 다스리는 데 있어 거칠어지는 일은 결코 없는 것이다.

原文　天愛其精, 地愛其平, 人愛其情. 天之精, 日月星辰, 雷電風雨也. 地之平, 水火金木土也. 人之情, 思慮聰明喜怒也. 故閉四

關, 止五遁, 則與道淪. 是故神明藏於無形, 精氣反於至眞, 則目明
而不以視, 耳聰而不以聽, 心條達而不以思慮. 委而弗爲, 和而弗
矜, 冥性命之精, 而智故不得襍焉. 精泄於目, 則其視明, 在於耳,
則其聽聰, 留於口, 則其言當, 集於心, 則其慮通. 故閉四關, 則終
身無患, 百節莫苑, 莫死莫生, 莫虛莫盈. 是謂眞人.

凡亂之所由生者, 皆在流遁. 流遁之所生者五. 大構駕, 興宮室,
延樓・棧道・雞棲・井榦, 標林欂櫨, 以相支持. 木巧之飾, 盤紆
刻儼, 嬴鏤雕琢, 詭文回波, 淌游瀷淢, 菱杼紾抱, 芒繁亂澤, 巧僞
紛挐, 以相摧錯. 此遁於木也.

鑿汙池之深, 肆畛崖之遠, 來谿谷之流, 飾曲岸之際. 積牒旋石,
以純脩碕, 抑減怒瀨, 以揚激波, 曲拂邅迴, 以像漍湣, 益樹蓮菱,
以食鼈魚, 鴻鵠鸊鷉, 稻粱饒餘, 龍舟鷁首, 浮吹以娛. 此遁於水也.

高築城郭, 設樹險阻, 崇臺榭之隆, 侈苑囿之大. 以窮要妙之望,
魏闕之高, 上際靑雲, 大厦曾加, 擬於崑崙. 脩爲牆垣, 甬道相連,
殘高增下, 積土爲山, 直道夷險, 接徑歷遠, 終日馳鶩, 而無蹟陷之
患. 此遁於土也.

大鐘鼎, 美重器, 華蟲疏鏤, 以相繆紾, 寢兕伏虎, 蟠龍連組, 焜
昱錯眩, 照耀輝煌, 偃蹇寥糾, 曲成文章. 雕琢之飾, 鍛錫文鐃, 乍
晦乍明, 抑微滅瑕, 霜文沈居, 若簞・簠・簎, 纏綿經宂, 似數而疏.
此遁於金也.

煎熬焚炙, 調齊和之適, 以窮荊吳甘酸之變. 焚林而獵, 燒燎大
木. 鼓橐吹埵, 以銷銅鐵, 靡流堅鍛, 無獸足日. 山無峻幹, 林無柘
梓, 燎木以爲炭, 燔草而爲灰, 野莽白素, 不得其時. 上掩天光, 下
殄地財. 此遁於火也.

此五者, 一足以亡天下矣. 是故古者明堂之制, 下之潤濕弗能及,
上之霧露弗能入, 四方之風弗能襲. 土事不文, 木工不斲, 金器不

鏤. 衣無隅差之削, 冠無觚嬴之理, 堂大足以周旋理文, 靜潔足以
享上帝, 禮鬼神, 以示民知儉節. 夫聲色五味, 遠國珍怪, 環異奇物,
足以變心易志, 搖蕩精神, 感動血氣者, 不可勝計也, 夫天地之生
財也, 本不過五. 聖人節五行, 則治不荒.

註解 ○精(정)·平(평)·情(정)—이 경우, 천지인(天地人)을 특징짓는
요소를 이렇게 칭한 것이리라. 즉 지(地)의 특질을 평(平 : 안정)에 있다
고 했고, 그 평(平)을 유지하고 있는 것이 수화금목토(水火金木土)의 오
재(五材), 그리고 인(人)의 특질은 정(情 : 이 경우 마음이 작용하는 것의
총칭)을 가지는 것이라 했고, 그 정(情)을 분석하여 사려총명희로(思慮聰
明喜怒)라고 칭한 것이다. ○閉四關(폐사관), 止五遁(지오둔)—사관(四關)
은 이목구비(耳目口鼻). 폐(閉)란 그 기능을 막는 것. 즉 세속적인 의미
로서의 사려분별이라든가 기욕(嗜欲)에서 해방됨으로써 사관은 참 도(道)
로 향하여 열리게 된다. 오둔(五遁)이란 그 다음 글에서 말하는 오류둔
(五流遁 : 放逸). 다시 말해서 욕망에 이끌리어 수화금목토(水火金木土)
의 오재(五材)를 낭비한다거나, 그 자연의 상황을 함부로 변경하는 일을
경계함으로써 지(地)의 평(平)을 얻으라는 것이다. 그리고 이 양자(兩者)
가 서로 도울 때 도(道)에 이른다는 것을 설명하고 있다. ○不得襍(부득
잡)—잡(襍)은 유(糅 : 섞이다)의 뜻으로 본다. ○百節莫苑(백절막원)—절
(節)은 신체의 관절. 원(苑)은 병(病)이란 뜻이다. ○流遁(유둔)—유(流)
는 방(放), 둔(遁)은 일(逸)의 뜻. ○大構駕(대구가)—구(構)는 줄짓는다는
의미. 가(駕 : 架)는 목재를 쌓아나가는 것을 뜻한다. ○延樓(연루)·棧道
(잔도)—연루(延樓)는 고루(高樓), 잔도(棧道)는 비각(飛閣)의 복도(複道 :
上下 이중으로 된 낭하)가 상통하는 모습. ○雞棲(계서)·井榦(정간)—
계서(雞棲)는 복옥(複屋 : 棟 밑에 또 棟을 만들어 屋을 이중으로 하는
것), 정간(井榦)은 우물 벽의 계단처럼 쌓아올린 누(樓). ○標枺構櫨(표
말박로)—표말(標枺)은 기둥 종류. 박(構)은 두공(斗栱). 노(櫨)는 기둥 위

의 부(栿), 즉 들보 위의 짧은 기둥. ○盤紆刻儼(반우각엄)-반(盤)은 용(龍), 우(紆)는 굴곡된 모습, 각엄(刻儼)은 부수용두(浮首龍頭)의 속(屬), 모두 옥식(屋飾). 용이 서리고 있는 모습, 호랑이의 위엄있는 모습을 새겨 가옥을 장식한 것이다. ○嬴鏤彫琢(영루조탁)-영(嬴 : 갈다), 누(鏤 : 쇠붙이에 새기는 것), 조(彫 : 파내다), 탁(琢 : 옥에 파다). ○詭文回波(궤문회파)-기이한 문양(文樣), 물결을 의미한다. ○淌游瀷淢(창유익역)-모두 유수(流水)의 형용. 유수를 본뜬 모양의 의미. ○菱杼紾抱(능서진포)-능(菱)과 서(杼)는 모두 수초(水草). 두 종류의 풀이 흐르는 물속에서 서로 끌어안고 있는 모습을 조각한 모양. ○芒繁亂澤(망번란택)-망번(芒繁)은 잎이 무성하게 나있는 모습. 난택(亂澤)은 섬세한 조각이 반사되어 눈이 따끔따끔하는 상태. ○紛挐(분나)-뒤섞이는 것. ○摧錯(최착)-뒤섞이는 것. ○畛崖(진애)-경계. ○積牒旋石(적첩선석)-첩(牒)은 누(累 : 쌓이다). 선석(旋石)은 잘라낸 돌. ○純脩碕(순수기)-순(純)은 연(緣 : 테두리를 두르다), 수기(脩碕)는 급곡(急曲)하게 패여진 강가의 벼랑. ○抑減怒瀨(억역노뢰)-역(減)은 거역하는 것. 노뢰(怒瀨)는 급류(急流). ○曲拂遭迴(곡불전회)-불(拂)은 여(戾 : 돌아오다), 전회(遭迴)는 전류(轉流)란 의미. ○偶浯(우오)-번우(番隅)·창오(蒼梧), 두 나라. 이 두 나라는 물이 많아서 가는 곳마다 강과 호수가 고리처럼 연이어 있는데 그 지형에 비유한 것. ○臺榭(대사)-관람대. ○苑囿(원유)-조수(鳥獸)를 사육하는 정원. ○窮要妙之望(궁요묘지망)-극요(極要)의 관망(觀望)을 다하다. ○魏闕(위궐)-위(魏)는 숭고한 모습. 궐(闕)은 문(門). ○大厦(대하)-대옥(大屋). ○曾加(증가)-가(加)는 가(架), 여러 층으로 겹친 것. ○甬道(용도)-양쪽을 담과 벽으로 에워싸도록 만든 길. ○蹟陷(적함)-걸려서 떨어지는 것. ○焜昱錯眩(혼욱착현)-빛이 나서 눈이 부신 것. ○偃蹇寥糾(언건료규)-굴곡하여 서로 뒤얽혀 있는 모습. ○鍛錫文鐃(단석문뇨)-단석(鍛錫)은 검(劍)을 만드는 데 주석을 섞어 두드리는 것. 요(鐃)는 쇠의 무늬를 뜻하는 듯하다. ○霜文沈居(상문침거)-벼르기를 끝낸

도검(刀劍) 등에 생기는 하얀 서리 무늬가 확실하게 정착되어 있는 모습. ○簞(단)·籧(거)·篨(저)−모두 대나무로 짠 돗자리. 석자(席子). 도검(刀劍)의 무늬가 짜놓은 돗자리의 눈과 같음을 뜻한다. ○荊吳甘酸之變(형오감산지변)−형초(荊楚)와 오(吳) 두 나라는 오미(五味)의 화(和)가 극치를 이룬다. ○明堂(명당)−천자가 정치를 하는 건물.

대저 사람의 성(性)은 마음이 화평하고 소망이 곁들여지면 즐겁다. 즐거우면 자연히 몸을 움직인다. 움직이면 (땅을) 밟는다. 밟고 있는 동안에 뛰게 되고 뛰면 노래가 나온다. 노래를 부르면 춤을 추고 싶어진다. 춤을 추면 금수(禽獸)가 뛰노는 것과 같다.

또 사람의 성(性)은 친근한 사람이 세상을 떠나면 슬퍼진다. 슬퍼지면 마음이 아프다. 마음이 아파지면 애달파지고 애달파지면 통곡을 한다. 통곡을 하면 자연히 몸이 움직인다. 움직이면 수족은 가만히 있을 수가 없다. 또 사람의 성(性)은 침범당하면 노한다. 노하면 피가 몰리고 피가 몰리면 기(氣)가 격해진다. 기가 격해지면 분노는 밖으로 발산된다. 분노를 밖으로 발산하면 원한은 해빙(解氷)된다.

그러므로 종(鐘)·고(鼓)·관(管)·소(簫)를 연주하고 간척(干鏚)·우모(羽旄)를 추는 것은 기쁨을 수식(修飾)하는 수단이다. 상복(喪服)을 입고, 걸어다닐 때 저장(苴杖)을 짚으며 통곡하는 것은 슬픔을 수식하는 수단이다. 병혁(兵革)·우모(羽旄)·금고(金鼓)·부월(斧鉞)에 의해 공격을 하는 것은 분노를 수식하는 수단이다. 반드시 실질이 있기에 이것을 수식하는 것이다.

먼 옛날에는 성인(聖人)이 위에 있으면서 천하를 다스리어, 정교(政敎)는 공평하게, 인애(仁愛)는 흡족하게 되어 상하는 마음을 하나로 하였고 군신(君臣)은 화합했으며 의식(衣食)은 남아돌아 어느 집이나 어느 사람이나 충족했고, 아비는 자애하며 자식은 효도를 다하고, 형은 온량하며 동생은 순종하고, 살아 있는 자나 죽은 자에게도 원한이란 없었으며, 천하는 화합했고 사람들은 소원을 다 이루었었다. 이처럼 사람들은 즐겼는데 그 즐거움을 표현할 길이 없었다. 그래서 성인(聖人)은 악(樂)을 만들고 그것에 적당한 절도를 시행했던 것이다.

말세의 정치는 농어민에게 무거운 세금을 매기고 관소(關所)의 통행세, 시장의 영업세의 징수도 엄격하며, 소택(沼澤)에서는 물고기를 잡지 못하게 하여 그물을 칠 데가 없고, 쟁기질을 할 곳이 없다. 백성들의 힘은 부역으로 인하여 쇠진되었고 재화(財貨)는 인두세(人頭稅) 때문에 고갈되었으며, 집에 있는 자는 하루하루 먹을 것이 없고, 여행하는 자는 휴대할 양식이 없다. 노인은 부양받을 수가 없고, 죽은 자는 장사지내 주는 자가 없으며, 처자를 팔아서 세금에 충당하더라도 모두 낼 수가 없다.

이리하여 범부우부(凡夫愚婦)는 모두 자포자기하는 마음과 비탄한 생각에 잠겼는데 큰 종을 치고 북을 두드리고 우생(竽笙)을 불고 금슬(琴瑟)을 타려고 한다. 그러나 이것으로는 음악의 본질을 잃는 것이 된다.

먼 옛날에는 위에서 아래에 요구하는 것이 적었고 백성들이 필요한 것은 충분했으며 임금은 은덕을 베풀었고 신하는 충성을 다했으며, 아비는 자비롭게 행하고 자식은 효도를 다하여, 서로 사랑했으니 그들 사이에 원한이란 없었다. 대저 삼년상(三年喪)은 강제로 이를 (3년 동안이나) 음악을 들어도 즐겁지 않고, 미식(美食)을 먹어도 맛있다는 생각이 들지 않으며, 죽은 사람에 대한 사모의 마음을 끊을 수 없을 때야말로 복상(服喪)이다.

말세가 되자 습속이 퇴폐하고 기욕(嗜欲)이 많아졌으며, 예의는 폐해지고 군신 간에 서로 속이며 부자(父子)는 서로 의심하고 원한이 가슴에 가득 뭉쳐 있을 뿐, 사모하는 마음은 모두 없어지고 상복을 입고 있을 뿐이며 마음속으로는 비웃고 있다. 이렇게 되면 복상을 하기 3년에 이른다 해도 상(喪)의 본질을 잃고 있는 것이다.

먼 옛날에는, 천자(天子)는 방천리(方千里), 제후(諸侯)는 방백리(方百里)라는 식으로 각자 그 분수를 지키면서 서로 침범하는 일이 없었다. 그런데 그 후 왕도정치(王道政治)를 행하지 않는 자가 생겨나서 만민에게 포학을 가하고 영토를 침탈하며 정치를 문란케 하고 금령(禁令)을 범하는 일이 있었다.

소집을 했건만 오지 않고, 명령을 내려도 실행하지 않으며 금지해도 그치지 않고 가르쳐도 고치지 않았다. 그러므로 병사를 일으키어 이를 치고 그 군주를 살육했으며 그 도당을 평정하고 무덤을 갖춰주었다. 또 사(社)를 제사지내고, 그 자손 중 현명한 자를 선택하여 대신 군주로 삼았다.

그런데 말세가 되자 오로지 자국(自國)의 영토를 넓히고 남의 나라 영토 침범하는 것을 일로 삼으며 합병하기를 마다않고 불의(不義)의 전쟁을 일으키어, 죄 없는 나라를 치고 죄 없는 백성을 죽이며 선성(先聖)의 자손을 단절(斷絶)시킨다.

대국은 침략을 일삼고 소국은 수성(守城)으로 밤낮을 보낸다. 남의 우마(牛馬)를 빼앗고 남의 자녀(子女)를 사로잡는가 하면 남의 종묘(宗廟)를 훼손하고 남의 귀중한 보물을 탈취한다. 유혈(流血)은 천리에 이르고 들판에 뒹구는 백골(白骨)은 전쟁터마다 넘칠 정도이다. 이렇게 해서 탐욕스런 군주의 야망을 채웠다 하더라도 그것은 뜻있는 전쟁이라고는 할 수가 없다.

이상과 같이 전쟁이란 포악함을 정벌하는 것이지, 포악을 행하는 것은 아니다. 음악이란 화합을 하기 위함인 것이지 음일(淫佚)에 빠져드는 것은 아니다. 상(喪)은 애통한 마음을 다하는 것이지 거짓으로 슬퍼하는 것은 아니다. 부모를 섬기는 데는 섬기는 방법이 있는데 중요한 것은 친애의 정을 가질 일이다. 조정에서 의례(儀禮)는 필수적인 것인데 중요한 것은 존경의 마음을 가질 일이다.

복상(服喪)을 하는 데는 그것을 위한 의례가 있는데 중요한 것은 애통해하는 마음을 가질 일이다. 용병(用兵)에는 전술을 필요로 하는데 중요한 것은 정의(正義)에 맞아야 하는 것이다. 근본이 확립되면 도(道)는 자연히 행해지며, 반대로 근본에 어긋나면 도(道)도 폐해지는 것이다.

原文 凡人之性, 心和欲得則樂, 樂斯動, 動斯蹈, 蹈斯蕩, 蕩斯歌, 歌斯舞, 舞則禽獸跳矣. 人之性, 心有憂喪則悲, 悲則哀, 哀斯憤, 憤斯怒, 怒斯動, 動則手足不靜. 人之性, 有侵犯則怒, 怒則血充, 血充則氣激, 氣激則發怒, 發怒則有所釋憾矣. 故鐘鼓管簫, 干鏚羽旄, 所以飾喜也, 衰絰苴杖, 哭踊有節, 所以飾哀也. 兵革羽旄, 金鼓斧鉞, 所以飾怒也. 必有其質, 乃爲之文.

古者聖人在上, 政敎平, 仁愛洽, 上下同心, 君臣輯睦, 衣食有餘, 家給人足. 父慈子孝, 兄良弟順, 生者不怨, 死者不恨, 天下和洽, 人得其願. 夫人相樂, 無所發貺. 故聖人爲之作樂. 以和節之末世之政, 田漁重稅, 關市急征, 澤梁畢禁, 網罟無所布, 耒耜無所設. 民力竭於徭役, 財用殫於會賦, 居者無食, 行者無糧, 老者不養, 死者不葬. 贅妻鬻子, 以給上求, 猶弗能贍. 愚夫憃婦, 皆有流連之心, 悽愴之志. 乃使始爲之撞大鐘, 擊鳴鼓, 吹竽笙, 彈琴瑟, 失樂之本矣.

古者上求薄而民用給, 君施其德, 臣盡其忠, 父行其慈, 子竭其孝, 各致其愛, 而無憾恨其閒. 夫三年之喪, 非强而致之. 聽樂不樂, 食旨不甘, 思慕之心, 未能絶也. 晩世風流俗敗, 嗜慾多, 禮義廢. 君臣相欺, 父子相疑, 怨尤充胸, 思心盡亡, 被衰戴絰, 戲笑其中. 雖致之三年, 失喪之本也.

古者天子一畿, 諸侯一同, 各守其分, 不得相侵. 有不行王道者, 暴虐萬民, 爭地侵壤, 亂政犯禁. 召之不至, 令之不行, 禁之不止, 誨之不變, 乃擧兵而伐之, 戮其君, 易其黨, 封其墓, 類其社, 卜其子孫, 以代之. 晚世務廣地侵壤, 幷兼無已, 擧不義之兵, 伐無罪之國, 殺不辜之民, 絶先聖之後. 大國出攻, 小國城守, 驅人之牛馬, 係人之子女, 毁人之宗廟, 遷人之重寶, 流血千里, 暴骸萬野. 以贍貪主之欲, 非兵之所爲生也.

故兵者所以討暴, 非所以爲暴也. 樂者所以致和, 非所以爲淫也. 喪者所以盡哀, 非所以爲僞也. 故事親有道矣, 而愛爲務. 朝廷有容矣, 而敬爲上. 處喪有禮矣, 而哀爲主. 用兵有術矣, 而義爲本. 本立而道行, 本傷而道廢.

註解　○憤斯怒(분사노)－노(怒)는 일반적으로 말하는 '분노'란 뜻으로 해석하면 의미가 통하지 않는다. 여기서는 '큰 소리'란 의미로 풀고 곡한다는 의미로 보는 것이 옳겠다. ○干鏚羽旄(간척우모)－간(干)은 방패. 척(鏚 : 戚)은 큰 도끼. 우(羽)는 꿩의 깃. 모(旄)는 긴털 소의 꼬리. 간척을 가지고 춤추는 것을 무무(武舞), 우모를 들고 춤추는 것을 문무(文舞)라고 한다(《禮記》〈樂記〉註). ○衰絰(최질)－최(衰)는 상복(喪服). 질(絰)은 상을 당했을 때 목과 허리에 두르는 삼띠. ○苴杖(저장)－상중에 짚는 검은색 대나무 상장(喪杖). ○哭踊(곡용)－상례(喪禮)의 하나. 큰 소리를 내면서 울고 발을 동동 구른다. 《예기》〈단궁(檀弓)〉에 '곡용유절(哭踊有節)……'이란 구절이 있다. ○兵革羽旄(병혁우모)－병(兵)은 무기. 혁(革)은 갑주(甲冑). 우모(羽旄)는 꿩의 깃과 긴털 소의 꼬리를 깃대 머리에 장식한 기(旗). 제왕의 수레에 달고 깃발의 표시로 삼았다. ○金鼓(금고)－금(金)은 종(鐘). 진중에서 전진할 때는 북을 치고, 퇴각할 때는 종을 쳐서 신호로 사용했다. ○斧鉞(부월)－도끼와 큰 도끼. 일반적으로는 형구(刑

具)로 사용했는데 여기서는 정토(征討)하는 장수에게 내렸으며 이것에 의해 적군 주살(誅殺)을 상징하는 무기였다. ○關市急征(관시급정)─관(關)은 관소(關所)의 통행세, 시(市)는 시장의 영업세. 정(征)은 세(稅), 또는 세를 받아들이는 것. ≪맹자(孟子)≫ <등문공(滕文公) 하(下)>에 '관문과 시장에서의 징세를 폐지하다(去關市之征)'란 구절이 있다. ○會賦(회부)─회(會)는 계(計). 인구의 수를 계산하여 세를 징수한다는 의미. ○惷婦(준부)─준(惷)은 흐트러진다는 의미. ○流連之心(유련지심)─주거(住居)도 생업(生業)도 잃고 자포자기하는 마음. ○悽愴(처창)─애통해하는 것. ○一畿(일기)·一同(일동)─방천리(方千里)를 기(畿)라 하고, 방백리(方百里)를 동(同)이라 한다. ○封其墓(봉기묘)─현인으로서 포악한 군주에게 주살당한 자가 있으면 그 묘를 봉식(封殖)한다. 무왕(武王)이 주왕(紂王)을 토벌하고 비간(比干 : 殷나라의 賢臣)의 묘를 봉한 것이 이것이다. ○類其社(유기사)─사(社)는 토지신(土地神). 유(類)는 제사 이름. 정시(定時)에 지내는 제사를 흉내내어[擬 : 類] 임시로 지내는 제사.

권9

주술훈(主術訓)

군주가 국가를 다스리고 신하를 통어(統御)할 때에 그 취해야 하는 태도와 방책을 기록해 놓은 편이다. 군주의 술(術)이란 모든 일을 신하에게 맡기고 자신은 허정무위(虛靜無爲)로 있어야 하며, 공평무사를 몸에 익히어 신하에게 호증(好憎)의 정(情)을 나타내지 않는 것, 형명참동(形名參同)에 의해 상벌의 두 병(柄)을 적절하게 행사해야 하는 것이라고 피력하고 있다. 즉 전형적인 법가설(法家說)이며, 실로 ≪한비자(韓非子)≫의 여러 편에 있는 설을 답습하고 있다 해도 좋을 것 같다. 그러나 본편의 내용은 다양하여 결코 법가 일색인 것은 아니다. 하반부에서는 백성들에게 인정(仁政)을 펴라는 유가(儒家)의 사상도 역설하고 있다.

　군주의 통치 비결은 무위(無爲)를 일로 삼고 불언(不言)의 영(令)을 행하는 데에 있다. 마음을 청정(淸淨)하게 가지고 동요되지 않으며 법도를 일정하게 하여 움직이지 않고 인둔(因遁)을 요지로 하여 만사를 신하에게 맡기며, 자기 자신은 그 성패의 책임을 물을 뿐 스스로 힘쓰는 일이 없도록 해야 한다.

　이런 까닭에 스스로 규범을 터득하고 있어도 사부(師傅)의 논도(論導)에 따르고, 스스로 말을 할 수는 있어도 행인(行人)에게 말하도록 하며, 스스로 갈 수는 있어도 상자(相者)를 앞세우고, 스스로 들을 수는 있어도 집정관(執政官)의 간언(諫言)에 귀를 기울인다.

　만사가 이런 식이므로 그 생각하는 바, 행하는 바에 과실이 없다. 말은 그대로 세상의 법도가 되며, 행동은 그대로 사람들의 본보기가 되고, 진리는 시의에 적절하며, 동정(動靜)은 도리에 따르고, 추미(醜美)에 따라 호증(好憎)하는 일이 없으며 상벌(賞罰)에 희로(喜怒)를 반영하는 일이 없고, 사물의 명명(命名)·분류도 모두 자연에 준해서 행하고 자신의 의지에 따라서 하는 일이 없는 것이다.

　옛날의 왕자(王者)가 관(冠) 앞뒤에 유(旒)를 늘어뜨린 것은 허망되이 보지 않게 하기 위함이며, 좌우에 주광(黈纊)을 늘어뜨린 것은 허망된 것을 듣지 않게 하기 위함이다. 또 천자(天子)가 자신의 거소(居所) 주변에 담장을 둘러치고 있는 것은 스스로 외계(外界)와의 자유로운 교섭을 차단하기 위해서이다.

　즉 먼 곳을 다스리는 데는 가까운 곳에 마음을 써야 하고, 큰 것을 다스리는 데는 작은 것에 마음을 써야 하는 것이다. 대저 눈은 허망된 것을 보면 미혹되고 귀는 허망된 것을 들으면 미혹되며 입은 허망된 말을 하면 문란해지는 것이다. 이 눈·귀·입의 삼관(三關)은 신중하게 지키지 않으면 안 된다. 강력하게 규제하려고 하면 도리어 본질에서 떠나고, 너무 잘 해보고자 하면 도리어 본질을 거스르게 된다.

原文 人主之術, 虛無爲之事, 而行不言之敎, 淸靜而不動, 一度
而不搖, 因循而任下, 責成而不勞. 是故, 心知規而師傅諭導, 口
能言而行人稱辭, 足能行而相者先導, 耳能聽而執正進諫. 是故慮
無失策, 擧無過事. 言爲文章, 行爲儀表, 進退應時, 動靜循理. 不
爲醜美好憎, 不爲賞罰喜怒, 名各自名, 類各自類, 事猶自然, 莫出
於己.

故古之王者冕而前旒, 所以蔽明也. 黈纊塞耳, 所以掩聰. 天子
外屛, 所以自障. 故所理者遠, 則所在者邇, 所治者大, 則所守者
小. 夫目妄視則淫, 耳妄聽則惑, 口妄言則亂. 夫三關者, 不可不愼
守也. 若欲規之, 乃是離之, 若欲飾之, 乃是賊之.

註解 ○處無爲之事(처무위지사), 而行不言之敎(이행불언지교)-≪노자
(老子)≫ 제2장에 같은 글이 보인다. ○師傅(사부)-태사(太師)와 태부(太
傅). 제왕을 보좌하는 대관(大官). 주(周)나라 시대에는 태보(太保)와 함
께 삼공(三公)이라고 했으며(≪書經≫ <周官>), 한(漢)나라 시대에는 삼
공(三公) 위의 벼슬로 격상시켰다(≪漢書≫ <百官公卿表>). ○行人(행인)
-관명(官名). 빈객을 응접하고 천자의 사령(辭令)을 전달하는 벼슬. 그
관명은 ≪주례(周禮)≫ <추관(秋官)>에 보인다. 또 사자(使者)의 총칭
이기도 하다. ○相者(상자)-회동(會同) 등의 의례 때 주인을 돕는 보좌
역. 여기서는 천자가 상자의 선도(先導)에 따라 행동하는 것을 가리킨다.
○執正(집정)-집정하는 관원. ○猶自然(유자연)-유(猶)는 유(由)와 같
은 뜻. ≪군서치요(群書治要)≫에서는 유(由)로 썼다. ○古之王者(고지왕
자)……所以掩聰(소이엄총)-같은 취지의 글이 ≪안자(晏子)≫ <간편(諫
篇)>, ≪대대례기(大戴禮記)≫ <자장문인관편(子張問人官篇)>에 보인다.
'면(冕)'은 왕자(王者)의 관(冠). '유(旒)'는 구슬을 꿰어서 늘어뜨린 것. '주
광(黈纊)'은 귀마개. 노란 면(綿)을 둥글게 하여 관 양쪽 끝에 걸어서 귀
를 막는다(≪漢書≫ <東方朔傳 註>). ○外屛(외병)-병(屛)이란 나무를

심어서 막은 담. 천자는 문밖에 심고 제후는 문 안에 심는다.

　하늘의 기(氣)는 혼(魂)이 되고 땅의 기는 백(魄)이 된다. 이것을 유현(幽玄)의 처소로 돌리고 각각 있어야 할 장소에 안주시키며 지키고 잃지 않도록 하면 위로는 태일(太一)에 통할 수가 있다.

　태일의 정기(精氣)는 하늘에 넘쳐흐르고 있다. 하늘의 도(道)는 유현침묵(幽玄沈默)하여 일정한 형상도 법칙도 없으며 그 크기는 끝을 알 수 없고, 깊이는 측량할 수가 없다. 그러면서도 사람과 융화하고 있는데 그 모습은 사람의 지(知)로는 도저히 알아낼 수가 없다.

　옛날 신농(神農)이 천하를 다스릴 때에 정신은 가슴속에서 달리는 일이 없었고, 지혜는 사방의 강역(疆域)으로 나가는 일이 없었으며 단지 인성(仁誠)의 마음만을 품고 있을 뿐이었다. 단비가 때를 만나서 쏟아지고 오곡은 여물었다. 봄에는 싹이 트고 여름에는 성장하며, 가을에는 수확하고 겨울에는 저장하여 그 성적을 매 달, 매 계절마다 고찰하고, 연말에는 그 성과를 종묘에 아뢰었다. 수확하는 계절에는 신곡(新穀)을 바쳤고 명당(明堂)에 제사지냈다.

　명당을 만드는 데는 지붕만이 있을 뿐 사방은 다 터져 있었는데 비바람이 몰아치는 일도 없었고 더위와 추위가 침해하는 일도 없었다. 신농은 망설이다가도 이곳에 와서 공평하게 백성들을 길러냈는데 그 백성들은 질박정직(質朴正直)하여 서로 다투는 일이 없었고 재물은 풍족했으며 노력한 만큼 성과가 오르고 천지자연의 은혜를 흠뻑 입어 진심으로 화합했었다.

　이렇게 해서 그 위세는 강력했지만 그것을 드러내고자 하지는 않았고, 형벌은 제정만 해놓았을 뿐 이를 사용치는 않았으며 법령은 간략하여 번잡하지 않았다.

그 덕화(德化)는 마치 신(神)과 같아서 남쪽으로는 교지(交阯), 북쪽으로는 유도(幽都)에 이르렀고 동쪽은 양곡(暘谷), 서쪽은 삼위(三危)에 이르기까지 복종하지 않는 자가 없었다. 당시는 법과 형이 모두 느슨해서 옥 안에는 죄수가 없었고 천하의 풍속은 하나로 정해졌으며 사심(邪心)을 품는 자가 없었다.

그런데 말세의 정치는 이러하지 아니하다. 위에서는 수탈하기 좋아하는데 그 끝이 없고 아래에서는 이리처럼 탐욕을 부리며 양보하지 아니한다. 백성들은 너무나 빈궁한 나머지 서로 으르렁거리며 일을 함에 있어서는 힘만 들 뿐 성과는 오르지 않는다. 사기치려는 마음이 생기고 도적이 창궐하며 상하가 서로 원망한다. 위에서 내린 호령은 행해지지 아니한다.

집정(執政)에서 관리에 이르기까지 모두 본래의 도(道)로 돌아가려고 힘을 쓰지 않고 그 근본을 거스르면서 말절(末節)을 닦는 것을 일로 삼는다. 은덕을 엷게 하고 형벌을 무겁게 해서 세상을 다스리려고 한다. 이렇게 되어 가지고는 마치 탄환을 가지고 새를 불러모으고 몽둥이를 휘두르며 개를 달리게 시키려는 것과 같아서 마침내 문란해질 뿐이다.

原文　天氣爲魂, 地氣爲魄. 反之玄房, 各處其宅, 守而勿失, 上通太一. 太一之精, 通合於天. 天道玄默, 無容無則, 大不可極, 深不可測, 尙與人化, 知不能得. 昔者神農之治天下也, 神不馳於胸中, 智不出於四域, 懷其仁誠之心, 甘雨時降, 五穀蕃植, 春生夏長, 秋收冬藏, 月省時考, 歲終獻功, 以時嘗穀, 祀于明堂.

明堂之制, 有蓋而無四方, 風雨不能襲, 寒暑不能傷. 遷延而入之, 養民以公. 其民樸重端愨, 不忿爭而財足. 不勞形而功成, 因天地之資, 而與之和同. 是故威厲而不試, 刑錯而不用, 法省而不煩.

故其化如神, 其地, 南至交阯, 北至幽都, 東至暘谷, 西至三危, 莫
不聽從. 當此之時, 法寬刑緩, 囹圄空虛, 而天下一俗, 莫懷姦心.

末世之政則不然. 上好取而無量, 下貪狼而無讓, 民貧苦而忿爭,
事力勞而無功, 智詐萌興, 盜賊滋彰, 上下相怨, 號令不行. 執政有
司不務反道, 矯拂其本, 而事脩其末, 削薄其德, 曾累其刑, 而欲以
爲治. 無以異於執彈而來鳥, 捭梲而狎犬也, 亂乃逾甚.

註解　○天氣爲魂(천기위혼)……―사람은 천지의 기(氣)를 받아 태어나
는데 그 경우 하늘의 기인 혼(魂)은 정신이 되고, 땅의 기인 백(魄)은 형
해(形骸)가 된다. 또 사람이 죽으면 혼(정신)은 하늘로 돌아가고 백(형해)
은 땅으로 돌아간다고 한다. <정신훈> 참조. ○玄房(현방)―어두운 곳.
혼백 각각의 거소(居所)를 가리킴이다. ○太一(태일)―≪노자≫에서 말하
는 '일(一)'에 미칭(美稱)으로서의 '태(太)'를 붙인 말로서 도가(道家)에
서는 도(道)와 거의 같은 뜻으로 사용한다(<본경훈> 참조). 그런데 전
(轉)하여 천제(天帝)를 가리키며(<천문훈> 참조), 또 북극성(北極星)이
란 뜻도 된다. 여기서는 천지만물의 근원이란 정도의 의미일 것이다. ○五
穀(오곡)―여러 가지 설이 있는데 <시칙훈>에서는 맥(麥)·숙(菽)·직
(稷)·마(麻)·려(黎)로 했다. ○明堂(명당)―고대의 천자(天子)가 정무
를 보고, 제후를 알현하며 혹은 종교적 의례를 행했다고 하는 건물. 그
구조에 대해서는 여러 설이 있는데(<시칙훈> 참조), 여기서 '지붕만 있
을 뿐 사방이 모두 터져 있다'는 명당의 전거(典據)는 불명(不明). <본경
훈>에 고대의 명당이 질소했다고 기록했는데 위 글도 같은 취지에서 나
온 것이리라. ○遷延(천연)―주저준순(躊躇遵巡)하는 모습. ○端慤(단각)
―단(端)은 직(直), 각(慤)은 성(誠). ○忿爭(분쟁)―화내며 다투다. ○交
阯(교지)―교지(交阯)는 한(漢)나라 무제(武帝) 때 교지군(交阯郡)을 두
었는데 그 이후 현실적인 지명이 되었다. 그러나 원래는 <지형훈>에서
말한 '교고(交股)'와 같으며 극남(極南)에 있다고 하는 공상상의 나라 이

름. ○幽都(유도)—유명(幽冥)의 도읍이란 뜻으로 극북(極北)의 땅을 가리킨다. ≪상서(尙書)≫ <요전(堯典)>에 보인다. ○暘谷(양곡)—양곡(陽谷)과 같다. 해가 뜨는 땅. <천문훈> 참조. ○三危(삼위)—서극(西極)에 있다고 하는 산. <숙진훈> 참조. 이상의 지명은 모두 동서남북의 사극(四極) 땅을 가리키는데 같은 취지의 설은 <수무훈(脩務訓)>에도 보이며 거기서는 서쪽을 옥민(沃民), 동쪽을 흑치(黑齒)라고 설명했다. ○囹圄(영어)—옥. ○盜賊滋彰(도적자창)—≪노자≫ 제57장에 '법령이 밝아질수록 도둑이 많아진다(法令滋彰 盜賊多有)'라고 했다. ○捭梲(패절)—패(捭)는 두 손으로 치다. 절(梲)은 목장(木杖). 한편 집탄(執彈)·패절(捭梲)의 두 구절은 <설산훈(說山訓)>에도 보인다.

물이 흐리면 물고기는 헐떡이고 정치가 혹독하면 백성들은 어지러워진다. 호랑이와 표범·물소·코끼리 등을 기르는 사람은 이런 것들을 우리 속에 가둔 다음 요구하는 바를 준다든지 고픈 배를 적당히 채워 주고 안달하는 것을 누그려뜨려 준다. 그러나 그렇게 해주는 데도 불구하고 (호랑이 등이) 그 천수를 누리지 못하는 것은 그 몸이 간혀 있기 때문이다.

이것과 마찬가지로 윗사람이 지교(智巧)를 부림에 따라 아랫사람들은 사위(詐僞)가 자라나고, 윗사람이 일을 많이 하면 아랫사람들은 그럴싸한 행동이 늘어나며, 윗사람이 혼란에 빠지면 아랫사람들은 미혹하게 되고, 윗사람이 주구(誅求)를 많이 하면 아랫사람들은 서로 다툰다.

근본을 바로잡지 아니하고 지엽(枝葉)에만 뜻을 두는 것은, 비유하건대 산더미 같은 먼지를 없애겠다며 먼지를 두드리는 것과 같고, 장작을 안고 불을 끄려고 하는 것과 마찬가지이다.

이런 까닭에 성인(聖人)은 만사에 간략을 요지로 삼는다. 그러므로 용이하게 다스려지며, 요구하는 일이 적은 까닭에 용이하게 가득 채워진다. 베풀지 않고도 인(仁)을 구가하며, 말하지 않고도 믿게 하며, 구하지 않고도 얻으며, 하지 않고도 이룬다. 홀로 참[眞]을 지니고 덕을 품으며 성(誠)을 구하는 것뿐인데 천하가 이것에 따르는 모습은 마치 울림이 소리에 응하고 그림자가 형체와 비슷한 것과 같다. 이것은 성인이 사물의 근본을 완전히 파악하고 있기 때문이다.

본디 형벌로 풍속을 바꿀 수는 없고, 살육으로 간사함을 금할 수는 없다. 단지 신화(神化)만이 귀한 것인데 그 신(神)이란 지정(至精 : 至誠) 바로 그것이다.

原文 夫水濁則魚噞, 政苛則民亂. 故夫養虎豹犀象者, 爲之圈檻, 供其嗜欲, 適其饑飽, 違其怒恚. 然而不能終其天年者, 形有所劫也. 是以上多故則下多詐, 上多事則下多態, 上煩擾則下不定, 上多求則下交爭. 不直之於本, 而事之於末, 譬猶揚堁而弭塵, 抱薪以救火也.

故聖人事省而易治, 求寡而易贍. 不施而仁, 不言而信, 不求而得, 不爲而成. 塊然保眞, 抱德推誠, 天下從之, 如響之應聲, 景之像形. 其所脩者本也. 刑罰不足以移風, 殺戮不足以禁姦. 唯神化爲貴, 至精爲神.

註解 ㅇ圈檻(권함)—동물을 가두는 우리. ㅇ揚堁而弭塵(양과이미진)—과(堁)는 쓰레기통. 미(弭)는 멎게 하다. ㅇ神化爲貴(신화위귀), 至精爲神(지정위신)—'신(神)'이란 도가(道家)에서는 사람이 지니는 마음의 영묘(靈妙)함을 가리키며, '신화(神化)'란 그것에 의한 감화(感化). 지정(至精)이란 사람 마음의 깊은 곳에서 자연히 샘솟아 나오는 영적(靈的) 기능이다. 이 구절에 앞서 '덕을 품으며 성(誠)을 구한다'는 구절이 있는데,

앞 절(節)에서는 신농(神農)의 덕을 '인성(仁誠)'이라며 칭송하고 있는 점으로도 알 수 있듯이 '지성(至誠)'과 거의 같은 뜻으로 사용되고 있다(<覽冥訓> 참조. 다음 절에서 말하는 '至精'도 마찬가지이다).

무릇 큰 소리로 불러도 그 소리는 겨우 백 보(百步) 안에 들리는데 지나지 않지만, 사람 마음의 움직임은 천리(千里)를 넘어 먼 곳에까지 도달하는 법이다. 만물이 겨울에는 양기(陽氣)를 구하고 여름에는 음기(陰氣)를 구하는 것은 자연히 되는 것이지 그 어떤 것이 그렇게 시키는 것은 아니다.

대저 지정(至精)이 가져오는 현상은 부르지 않아도 스스로 나타나고, 명령하지 않아도 스스로 사라지는 것으로서 망연막연(茫然漠然)한 가운데서 누가 그러는지 모르는 채 어느 사이엔가 일을 성취하고 만다. 그 모습은 그 어떤 지자(智者), 그 어떤 변자(辯者)라 하더라도 말로 표현할 수가 없는 것이다.

옛날 손숙오(孫叔敖)는 조용히 누워서 지냈는데도 영(郢) 사람들은 무기(武器)를 사용하는 일이 없었다. 또 시남(市南)의 의료(宜遼)는 공을 가지고 놀면서 백공(白公)의 초청에 응하지 않았으므로 백공과 영윤(슈尹) 자서(子西)와의 싸움에 휘말려들지 않았다.

흉배와 갑옷을 걸치고 눈을 부라리는 것은 전란(戰亂)을 피할 수 없고, 할부(割符)를 교환한다거나 예물을 바치거나 형벌을 과(科)하거나 부월(斧鉞)을 가하는 것은 국난(國難)을 해소하는 데 힘이 없으며, 눈으로 시찰을 하고 말로 호령하는 것은 나라를 다스리는 데 간섭할 뿐이다.

거백옥(蘧伯玉)이 위(衛)나라 재상이 되었을 때, 자공(子貢)은 그를 만나러 가서, '나라를 어떻게 다스리겠습니까?'라고 물었다. 그러자 그는 '다스리지 않는다는 방침으로 다스리겠소이다'라고 대답했다. 간자(簡子)가 위나라를 토벌하고자 하여 사암(史黯)을 파견해서 위나라 사정을 살펴보게 했던바, 사암은 돌아와서 '거백옥이 재상의 자리에 앉아 있습니다. 지금은 전쟁을 시작해서는 안 됩니다.'라고 보고했다고 한다.

생각하건대 견고한 성채, 험준한 지형도 이만한 효과를 낼 수 없는 것이 아닐까? 고요(皐陶)가 벙어리 신분으로 법무장관이 되자 천하에 처형이 행해지지 않았다. 말보다도 귀한 것이 있었기에 쌓을 수 있는 공적이다.

또 사광(師曠)은 장님의 신분으로 재상이 되었으며 진나라에서 난정(亂政)을 일소했다. 시력(視力)보다도 귀한 것이 있었기에 쌓을 수 있었던 공적이다. 이 불언(不言)의 영(令), 불시(不視)의 견(見)이야말로 복희(伏犧)·신농(神農)이 백성의 스승으로서 그들을 인도할 수 있었던 힘이다.

그러므로 백성은 윗사람의 말에 의해서가 아니라 그 행위에 의해 교화되는 것이다. 예컨대 제(齊)나라 장공(莊公)은 무용(武勇)을 좋아했는데 투쟁을 시키지 않도록 주의했건만 백성들 사이에서는 분쟁이 그치지를 않았고 마침내는 장공 자신이 대부(大夫) 최저(崔杼)에 의해 목숨을 빼앗기고 말았다. 또 초(楚)나라 경양왕(頃襄王)은 여색을 좋아했는데 그 평이 나쁘게 나는 것을 막았건만 백성들 사이에서는 난맥상의 풍조가 만연되었고 마침내는 소기(昭奇)의 난을 초래하기에 이르렀다.

지정(至精)의 기능은 춘기(春氣)가 만물을 낳고, 추기(秋氣)가 이것을 시들게 하는 것과 비슷하여 그 전달의 빠르기는 날쌘 말을 타고도 도저히 따를 수가 없다. 대저 군주로서 백성을 다스리는 자는 예를 들면 사수(射手)와 같은 것이라고나 할까? 손끝에서 다소의 오차가 있더라도 과녁에서는 큰 차이로 나타난다. 그러므로 백성들을 교화시키는 데는 그 근본적인 곳에 신경을 쓰는 법이다.

영계기(榮啓期)가 금(琴) 타는 것을 들은 다음 공자(孔子)는 3일 동안이나 즐거워했다고 하는데 그것은 멋진 조화에 마음이 동했기 때문이다. 또 추기(鄒忌)가 빠르게 금(琴) 타는 것을 들은 다음 제(齊)나라 위왕(威王)은 밤새도록 슬퍼했다고 하는데 그것은 깊은 우려에 마음이 움직였기 때문이다. 금슬(琴瑟)을 타서 음성을 표현했을 뿐인데도 사람의 마음에 애락(哀樂)의 정념을 불러일으킬 수가 있다.

그러나 법을 정하고 상벌을 설정하고도 풍속을 바꿀 수가 없는 것은 거기에 성(誠)의 마음이 결여되어 있기 때문이다. 영척(甯戚)이 수레 밑에서 상성(商聲)의 곡조를 노래부르자 제(齊)나라 환공(桓公)은 그것을 듣고 탄식하며 깨우쳤다고 하는데 그것은 지정(至精)이 사람의 마음속에 깊이 스며들었기 때문이다. 그러므로 '주악(奏樂)의 소리를 들으면 풍속의 좋고 나쁨을 알고, 풍속을 보면 군주의 교화(敎化) 상태를 안다'라고 하는 것이다.

공자는 금(琴) 타는 것을 사양(師襄)에게서 배워 문왕(文王)의 뜻을 깨달았다고 하는데, 이것은 미묘(微妙)한 일에서 명징(明徵)을 얻은 것이다. 연릉(延陵)의 계자(季子)는 노(魯)의 음악을 듣고 은(殷)나라 하(夏)나라의 풍속을 찰지(察知)했다고 하는데 이것은 근세에 비추어 보아 지난 일을 아는 것이다.

이처럼 상고시대 사람들의 공적은 천년이란 시간을 거쳐 지금도 아직 찬연하게 그 자취를 남기고 있다. 하물며 당시 백성들에 대한 감화의 정도는 더 말해 무엇하랴. 은(殷)나라 탕왕(湯王) 때 7년에 이르는 가뭄을 당했는데 탕왕은 스스로 상림(桑林)에 나가 기도했던바 사해(四海)의 구름이 모여들었고 천리에 걸쳐 비를 뿌렸다.

질박함을 잃지 않고 정성을 다하면 천지도 감동시킬 수 있어서 신화(神化)는 저 멀리 방외(方外)에까지 통하는 것이다. 명령을 내려야 비로소 행동하고 금지를 시켜야 비로소 그치는 정치는 애당초부터 하지 말아야 한다.

고대의 성왕(聖王)은 지정(至精)이 내면에 충일하여 호증(好憎)의 정(情)에 사로잡히지 않고, 하는 말은 심정을 적절히 표현하고, 호령을 내리어 그 의향을 정확하게 전달하며, 예악(禮樂)에 의해 위용을 나타내고, 가요(歌謠)에 의해 교화를 시행한다. 그 업적은 만세(萬世) 후에까지도 골고루 전해지고 사방으로 퍼져서 막히는 데가 없으며 금수곤충(禽獸昆蟲)까지도 도화(陶化)된다.

그러므로 법령을 가지고 통치한다는 일 따위는 있을 수 없었다. 즉 최상의 것은 지성(至誠)에 의해 감화시키는 것이고, 다음은 만민이 잘못을 하지 않는 상황을 만들어 주는 것이며, 현량한 사람에게 상을 주고 포악한 자를 처벌하는 것은 그 다음 차례이다.

原文 夫疾呼不過聞百步, 志之所在, 踰于千里, 冬日之陽, 夏日之陰, 萬物歸之, 而莫使之然. 故至精之像, 弗招而自來, 不麾而自往, 窈窈冥冥, 不知爲之者誰, 而功自成. 智者弗能誦, 辯者弗能形. 昔孫叔敖恬臥, 而郢人無所用其鋒. 市南宜遼弄丸, 而兩家之難, 無所關其辭. 鞅鞈鐵鎧, 瞋目扼擘, 其於以御兵刃縣矣. 券契束帛, 刑罰斧鉞, 其於以解難薄矣. 待目而照見, 待言而使令, 其於爲治難矣.

蘧伯玉爲相, 子貢往觀之曰, 何以治國. 曰, 以弗治治之. 簡子欲伐衛. 使史黯往覘焉. 還報曰, 蘧伯玉爲相, 未可以加兵. 固塞險阻, 何足以致之. 故皐陶瘖而爲大理, 天下無虐刑. 有貴于言者也. 師曠瞽而爲太宰, 晉無亂政. 有貴于見者也. 故不言之令, 不視之見, 此伏犧神農之所以爲師也.

故民之化上也, 不從其所言, 而從所行. 故齊莊公好勇, 不使鬪
爭而國家多難, 其漸至于崔杼之亂. 頃襄好色, 不使風議而民多昏
亂, 其積至昭奇之難. 故至精之所動, 若春氣之生, 秋氣之殺也. 雖
馳傳騖置, 不若此其亟. 故君人者, 其猶射者乎. 於此豪末, 於彼尋
常矣. 故愼所以感之也.

夫榮啓期一彈而孔子三日樂, 感于和. 鄒忌一徽而威王終夕悲,
感于憂. 動諸琴瑟, 形諸音聲, 而能使人爲之哀樂. 縣法設賞, 而不
能移風易俗者, 其誠心弗施也. 甯戚商歌車下, 桓公喟然而寤, 至
精入人深矣.

故曰, 樂聽其音則知其俗, 見其俗則知其化, 孔子學鼓琴於師襄,
而諭文王之志. 見微以知明矣. 延陵季子聽魯樂, 而知殷夏之風. 論
近以識遠也. 作之上古, 施及千歲而文不滅. 況於竝世化民乎. 湯
之時, 七年旱. 以身禱於桑林之際, 而四海之雲湊, 千里之雨至. 抱
質效誠, 感動天地, 神諭方外. 令行禁止, 豈是爲哉.

古聖王, 至精形於內, 而好憎忘於外, 出言以副情, 發號以明旨,
陳之以禮樂, 風之以歌謠, 業貫萬世而不壅, 橫扃四方而不窮, 禽
獸昆蟲, 與之陶化. 又況於執法施令乎. 故太上神化, 其次使不得
爲非, 其次賞賢而罰暴.

註解　○窈窈冥冥(요요명명)ー깊숙하고 어렴풋하게 어두운 것. ○孫叔
敖(손숙오)ー춘추시대 초(楚)나라 장왕(莊王)을 섬기면서 패업(霸業)을 보
좌한 현상(賢相)으로 이름이 높다. 그의 사적(事蹟)은 ≪좌전(左傳)≫ 선
공(宣公) 2년조를 위시하여 여러 책에 자주 나온다. 이 책에서는 <도응
훈(道應訓)> <범론훈(氾論訓)> <설산훈(說山訓)> <인간훈(人間訓)> 등
에 나온다. 같은 취지의 글이 다음 구절과 함께 ≪장자≫ <서무귀(徐无
鬼)>에 보이는데 거기서는 '손숙오는 곧잘 잠만 자거나 무적(舞翟)을 들

고 춤을 추기 때문에 영(郢 : 초나라 도읍) 사람들은 무기(武器)를 버렸
지만 싸움은 일어나지 않았다(孫叔敖 甘寢秉羽 而郢人投兵)'라고 했다
(甘寢은 怡臥와 같다). ○市南宜遼弄丸(시남의료농환)……─≪좌전≫
애공(哀公) 16년조에 '시남(市南)에 웅의료(熊宜遼)란 사람이 있었다'라
는 구절이 보인다. '농환(弄丸)'은 공기와 비슷한 유희. '양가(兩家)'는 초
나라 장로(長老)인 자서(子西)와 백공승(白公勝)의 양가. 백공승(鄭나라
에서 죽음을 당한 초나라 平王의 손자)이 모반을 계획할 때, 사람을 보내
어 무용(武勇)으로 이름 높았던 웅의료를 포섭코자 했다. 그런데 웅의료
는 공을 희롱하면서 응대하는 무관심을 드러냈는데 다만 '모반 계획에는
따를 수 없지만 이 계획을 누설치는 않겠다'는 말을 했다고 한다. '양가지
난(兩家之難), 무소관기사(無所關其辭)'란 구절은 다소 난해한데 웅의료
는 그렇게 말함으로써 양가 어느 쪽에서도 원한을 사지 않았고 양가의
분쟁에 휘말리지 않았다는 의미일 것이다. 한편 ≪장자≫<서무귀>에는
'양가지난해(兩家之難解)'라고 되어 있으며, 웅의료가 중립적 태도를 지
킴으로써 양가의 분쟁이 풀어진 것처럼 기록하고 있다. ○鞅靹(앙겹)─앙
(鞅)은 말의 배에 붙이는 혁구(革具). 겹(靹)은 가죽을 덧대서 만들어 사람
의 가슴에 댐으로써 화살을 막는 도구. ○扼擘(액완)─완(擘)은 팔. 의기양
양하여 팔을 걷어붙이다. ○券契(권계)─약속 표시인 할부(割符). 어음. ○
束帛(속면)─백견(白絹) 10필을 1속이라고 한다. 여기서는 예물로 풀이했
다. ○蘧伯玉(거백옥)……─춘추시대 위(衛)나라의 현상(賢相)(<원도훈>
참조). 이 이야기의 전거(典據)는 불상(不詳). ○簡子(간자)─진(晉)나라
재상인 조앙(趙鞅). ○史黯(사암)─진(晉)나라의 태사(太史). ○皐陶(고요)
─순(舜)임금의 신하로서 사옥관(司獄官)이 되었다는 것은 ≪서경(書經)≫
<순전(舜典)>에 보인다. 단, 그가 벙어리였다는 설은 불명(不明). ○師曠
(사광)─진(晉)나라의 악사(樂師)로 알려졌으며(<원도훈> <남명훈> 등),
또 <제속훈>에서는 득도자(得道者)로 되어 있다. '장님으로서 상(相)의
자리에 오르다'란 것은 한 가지 설(說)로 생겨난 것이리라. ○昭奇(소기)

-초(楚)나라의 대부(大夫). ㅇ傳(전)-파말마. 빨리 달리는 말. ㅇ置(치)-
역마(驛馬). 역에 대기하고 있는 말. ㅇ尋常(심상)-심(尋)은 8척(尺). 상
(常)은 그 갑절의 길이. 보통은 소(小)의 의미로 쓰는데(예를 들면 <要
略> 말미) 여기서는 호말(毫末)에 비교되고 있기 때문에 대(大)의 의미가 된
다. ㅇ榮啓期(영계기)-《열자(列子)》 <천서(天瑞)>에 공자(孔子)가 태
산(泰山) 밑에서 영계기라는 노은자(老隱者)와 만나 '선생은 무슨 낙(樂)
이 있으시오?'라고 물었던바, 영계기는 '사람으로 태어나고 사나이로 태
어나고 장수한 것, 이것이 삼락(三樂)입니다'라고 대답했다는 구절이 있다.
'공자삼일락(孔子三日樂)'의 설은 '영계기삼락(榮啓期三樂)' 이야기에서 전
(轉)해진 것일까? ㅇ鄒忌(추기)-금(琴)을 타다가 제(齊)나라 위왕(威王)에게
인정 받아 제나라 재상이 되었다(《史記》 <田敬仲完世家>). ㅇ徽(휘)-
금(琴)을 빠르게 타다. ㅇ甯戚商歌(영척상가)-상가(商歌)는 비통한 곡조
의 노래. 이 이야기는 <도응훈(道應訓)>에 자세한 설명이 있다. ㅇ孔子學
鼓琴於師襄(공자학고금어사양)-사양(師襄)은 노(魯)나라의 악관(樂官).
공자가 금(琴) 타는 것을 사양자(師襄子)에게서 배웠다는 것은 《사기》
<공자세가(孔子世家)>, 《한시외전(韓詩外傳)》 5 등에 보인다. ㅇ延陵季
子(연릉계자)-계자(季子)는 춘추시대 오(吳)나라의 공자(公子) 계찰(季
札). 연릉은 그의 봉지(封地). 계자가 노(魯)나라 음악을 들은 것은 《좌전
(左傳)》 양공(襄公) 29년조에 자세히 나와 있다. ㅇ湯之時(탕지시)……-
탕왕(湯王)이 상림(桑林)에서 기우제를 지내어 비를 내리게 했다는 것은
<수무훈(脩務訓)>에 자세히 나온다. ㅇ橫扃(횡경)-가로 눕혀 막다.

천평(天秤)이 좌우를 재는 경우, 사의(私意)를 가지고 경중(輕重)
을 가감(加減)하는 일은 없다. 그러하기에 평형(平衡)을 나타낼 수가
있다. 먹줄이 안팎을 긋는 경우 사의를 가지고 곡직(曲直)을 정하는
일은 없다. 그러하기에 곧은 선을 그을 수가 있다. 군주가 법을 운용

하는 경우 사의를 가지고 호증(好憎)하는 일이 없다. 그러하기에 아래에 명령할 수가 있다.

대저 경중을 재되 모기 대가리 정도의 오차도 없고, 비뚤어진 것을 교정하되 바늘 끝만큼의 차이도 없으며, 구부러진 것을 바로잡고 사(邪)를 바르게 하는 데 법의 엄격함을 사용(私用)하지 않고 간언(姦言)에도 자신을 굽히지 아니하며, 참언(讒言)에도 자신을 문란케 하지 않아서 남에게 은덕을 베푸는 일도 없고 남에게 원망을 사는 일도 없다. 이것이야말로 술(術)에 맡기어 인심을 교란시키지 않는 통치법이라고 할 수 있다. 즉 지려(智慮)는 세상을 다스리는 데 관계가 없는 것이다.

배가 물위에 뜨고 수레가 육지를 달리는 것은 자연적인 일이다. 그러나 나무에 부딪치면 수레바퀴의 축이 부러지고 암초에 떠밀리면 배 바닥에 구멍이 뚫린다. 나무나 암초를 원망하지 아니하고 어자(御者)와 사공의 기량을 책망하는 것은, 목석(木石)에는 지교(智巧)가 없기 때문이다.

그러므로 도(道)에 지(智)가 개재하면 미혹하게 되고, 덕(德)에 사심(私心)이 개재되면 위험을 초래하며, 마음에 눈이 개재되면 외물(外物)에 현혹당한다. 모든 무기(武器) 가운데 사람의 마음만큼 예리한 것이 없는데 옛날의 명검(名劍)인 막야(莫邪)조차도 이에 미치지 못한다. 모든 구적(寇敵) 가운데 음양(陰陽)만큼 강대한 것이 없어서 어떤 군세(軍勢)도 이것에는 미치지 못한다.

대저 저울과 자는 항상 일정불변이어서 진초(秦楚)에 굴복하여 절조(節操)를 바꾼다거나, 호월(胡越)에 아첨하여 용자(容姿)를 바꾸거나 하지 않고, 하나를 견지하면서 치우치지 아니하며 융통무애(融通無礙)이면서 방자하게 굴지 않고, 일단 모양이 만들어지면 만세(萬世) 후에까지도 전해지는 것은 거기에 작위(作爲)가 개재되는 일이 없기 때문이다.

(國政도 이렇게 하면) 나라에 망주(亡主)가 있더라도 세상에 도(道)가 무너지는 일이 없고, 사람이 곤궁하더라도 도리가 통하지 않는 데가 없다. 그렇다면 무위(無爲)야말로 도의 본원(本源)인 것이다. 그러므로 도의 본원을 얻게 되면 그 어떤 사태에 대처하더라도 막히는 일이 없고 반대로 남들의 재능에 맡기면 다스려 나가기 어렵다.

탕왕(湯王)이라든가 무왕(武王)은 성주(聖主)인데 월(越)나라 사람처럼 작은 배를 타고 강호(江湖)에 떠 있을 수는 없다. 이윤(伊尹)은 현상(賢相)이지만 호인(胡人)처럼 원마(駬馬)를 타고 야생마를 따라 잡을 수는 없다. 공자(孔子)와 묵자(墨子)는 박학하여 두루 통했지만 산속에서 사는 사람과 함께 초목이 무성한 숲이라든가 험준한 땅에 출입할 수는 없다.

이상과 같은 점에서 생각해 볼 때 사람의 지혜는 사물에 대처하는 데 얼마나 무력한 것인지를 알 수가 있다. 그런데도 불구하고 널리 해내(海內)를 비추고, 만방(萬方) 그곳을 얻고자 해도 도(道)의 무위(無爲)에 의하지 않고 오직 자기 재능에만 의지하려고 한다면 금방 막혀 버리고 만다. 즉 인지(人智)로 천하는 다스려지지 않는 것이다.

하(夏)나라 걸왕(桀王)은 강력(剛力)해서 뿔을 꺾고 갈고리를 펴며 쇠를 비틀고 금(金)을 우그리며 큰 소를 떠밀고 물속에서는 큰 거북을 죽이며 육상에서는 큰 곰을 잡을 정도였다. 그런데 은(殷)나라 탕왕(湯王)은 병거(兵車) 3백량을 이끌고 명조(鳴條)에서 괴롭혔고 초문(焦門)에서 사로잡았던 것이다. 이상과 같은 점에서 생각할 때 용(勇)으로는 천하를 유지할 수 없음을 알 것이다.

지(智)도 천하를 다스리는 데는 부족하며 용(勇)도 강대(强大)해지는 데 도움이 안 된다면 인간의 재능이란 믿을 바가 못됨이 명백하다. 그리고 군주가 묘당(廟堂) 위에 있으면서도 사해(四海)의 끝까지 알

수 있는 것은, 물체에 의해 물체를 알고, 사람에 의해 사람을 알 수 있기 때문이다.

이렇게 해서 많은 힘을 모아들이고 행하면 그 어느 일도 이루지 못할 것이 없고, 중지(衆智)를 모아서 하면 그 어느 일도 성취하지 못함이 없다. 우물 속에서 큰 거북이 살지 않는 것은 너무 좁기 때문이며, 뜰에 큰 나무가 나지 않는 것은 너무나 좁기 때문이다.

原文　衡之於左右, 無私輕重. 故可以爲平. 繩之於內外, 無私曲直. 故可以爲正. 人主之於用法, 無私好憎. 故可以爲命. 夫權輕重, 不差蟲首, 扶撥枉橈, 不失鍼鋒. 直施矯邪, 不私辟險, 姦不能枉, 讒不能亂, 德無所立, 怨無所藏. 是任術而釋人心者也. 故智爲治者不與焉. 夫舟浮於水, 車轉於陸, 此勢之自然也. 木擊折轊, 石戾破舟, 不怨木石而罪巧拙者, 知故不載焉. 是故道有智則惑, 德有心則險, 心有目則眩. 兵莫憯於志, 而莫邪爲下. 寇莫大於陰陽, 而枹鼓爲小.

今夫權衡規矩, 一定而不易. 不爲秦楚變節, 不爲胡越改容. 常一而不邪, 方行而不流, 一日刑之, 萬世傳之, 而以無爲爲之. 故國有亡主, 而世無廢道, 人有困窮, 而理無不通. 由此觀之, 無爲者道之宗. 故得道之宗, 應物無窮, 任人之才, 難以至治.

湯武聖主也, 而不能與越人乘舲舟而浮於江湖. 伊尹賢相也, 而不能與胡人騎騵馬而服駒驗. 孔墨博通, 而不能與山居者入榛薄出險阻也. 由此觀之, 則人知之於物也淺矣. 而欲以徧照海內存萬方, 不因道之數, 而專己之能, 則其窮不達矣. 故智不足以治天下也. 桀之力制觡伸鉤, 索鐵歠金, 椎移大犧, 水殺黿鼉, 陸捕熊羆. 然湯革車三百乘困之鳴條, 擒之焦門. 由此觀之, 勇不足以持天下矣.

智不足以爲治, 勇不足以爲强,　則人材不足任明也. 而君人者,

不下廟堂之上, 而知四海之外者, 因物以識物, 因人以知人也. 故
積力之所擧, 則無不勝也, 衆智之所爲, 則無不成也. 埳井之無黿
鼉, 隘也. 園中之無脩木, 小也.

註解 ○蟁首(문수)−모기의 대가리. 미세한 것의 비유. ○扶撥(부발)−
도와서 다스리다. ○枉橈(왕요)−구부러져서 휘다. ○直施(직이)−이(施)
는 곡(曲)이란 뜻. <제속훈(齊俗訓)>에 '이(施), 미곡야(微曲也)'라고 되
어 있다. ○辟險(벽험)−벽(辟)은 법률・형법(刑法). 법의 준엄함. ○轊(세)
−수레바퀴 축(軸)의 머리. ○兵莫憯於志(병막잠어지), 而莫邪爲下(이막
야위하). 寇莫大於陰陽(구막대어음양), 而枹鼓爲小(이부고위소)−≪장
자≫ <경상초(庚桑楚)>에 같은 취지의 글이 보이며 '부고위소(枹鼓爲
小)'를 '무소도어천지지간(無所逃於天地之間)'으로 썼다. '막야(莫邪)'는
월(越) 땅에서 생산한다는 명검(名劍). 앞 구절은 막야의 처열(凄烈)함도
능가하는 것이 인간이 의지를 작용하는 무서움이란 뜻이다. '부고(枹鼓)'
는 북채와 북, 여기서는 군세(軍勢), 또는 전쟁이란 의미이다. 뒤 구절은
음양 이기(二氣)가 조화를 잃음으로써 생기는 이변(異變)의 무서움은 전
쟁의 무서움보다 더하다는 뜻이다. ○秦楚(진초)・胡越(호월)−모두 멀리
떨어져 있는 땅의 비유. ○刑之(형지)−형(刑)은 형(形)과 같다. ○舲舟
(영주)−작은 배. ○騵馬(원마)−등은 황색, 배는 백색인 말. ○騊駼(도도)
−≪설문(說文)≫에 북방의 양마(良馬)라고 되어 있다. ○榛薄(진박)−나
무가 모여서 나는 것을 진(榛), 풀이 우거진 것을 박(薄)이라 한다. ○制
觡(제격)−'제(制)'는 '절(折)'의 뜻. '격(觡)'은 뼈처럼 딱딱한 뿔. ○歙金
(흡금)−두 조각의 금속을 우그러뜨려서 합쳐 한 조각으로 만들다. ○大
犧(대희)−큰 소. ○積力之所擧(적력지소거), 則無不勝(즉무불승)−거(擧)
는 거행(擧行). '무불승(無不勝)'은 대구인 '무불성(無不成)'과 같은 뜻으
로 해석했다. ○埳井之(감정지)……園中之(원중지)……−'감(埳)'은 감(坎)
으로서 감정(埳井)은 구멍과 같은 작은 우물. 원타(黿鼉)는 큰 거북. 수

목(脩木)은 큰 나무이다.

무거운 솥을 들어 올리는 경우 힘이 없는 사람은 그 임무에 견디어 낼 수 없지만 이것을 밀어 움직이는 경우라면 반드시 힘센 사람을 필요로 하지 않는다. 즉 천 명의 무리는 언제나 힘이 강하며, 만 명의 무리는 언제나 일을 이루어 내는 법이다.

대저 화류(華騮)나 녹이(綠耳)와 같은 준마(駿馬)는 하루에 천 리를 달리는데 이것에게 토끼를 잡게 하면 시랑(豺狼)에게도 미치지를 못한다. 그 가지고 태어난 기능이 다르기 때문이다. 부엉이는 밤이면 모기와 벼룩 등 작은 벌레를 잡고, 부드러운 털끝도 볼 수 있는데 낮에는 용을 써도 구산(丘山)의 크기를 볼 수가 없다. 그 본성이 다른 것과 다르기 때문이다.

한편 등사(螣蛇)는 안개를 타고 하늘을 달리며, 응룡(應龍)은 구름을 타고 하늘에 오르며, 원숭이는 나무 위에서라야 민첩하게 움직이며, 물고기는 물속에서라야 자유자재로 헤엄치며 돌아다닌다. 옛날에 수레를 만들 때에는 칠하는 자는 그리지 않았고 조각하는 자는 깎는 일을 하지 않았다.

공장(工匠)은 두 기술을 겸하지 않았고 사인(士人)은 두 관직을 겸하지 않았으며 각각 자기 직분을 지키되 서로 문란하게 안했기 때문에, 사람은 그 마땅한 바를 얻었고 물체는 안정을 얻었던 것이다. 이렇게 해서 도구(道具)에는 고장이 없었고 직무에는 태만히 하는 일이 없었다.

대저 부채(負債)는 적을수록 갚기가 쉽고 임무는 가벼울수록 이루어내기가 쉽다. 위에서 간이(簡易)함을 요지로 하면 아래에서 용이하게 공을 세운다. 이리하여 군신(君臣) 사이에서는 아무리 오래되어도 친밀함을 잃는 일이 없다.

군주의 도(道)는 영성(零星)을 제사지낼 때의 위패와 비슷하다. 그 것은 엄연히 침묵을 지키면서 아주 경사스럽게 복을 받는 것이다. 그런 까닭에 도(道)를 체득한 사람은 추악하게 꾸미거나 위선을 행하지 아니한다. 혼자서 그 은택을 입더라도 지나칠 만큼 크지는 않다. 만인(萬人)이 이것을 받더라도 지나칠 만큼 적지는 않다. 시혜(施惠)하기 꺼리기를 포학을 꺼리는 것처럼 한다면 치도(治道)는 온전히 이루어진다.

시혜하는 자가 아래에 보시(布施)하는 것을 귀히 생각하는 경우, 공로도 없건만 후상고작(厚賞高爵)을 주면 직무에 충실한 자는 일을 태만히 하게 되며, 놀고 있는 자가 출세를 빠르게 한다.

포학을 행하는 자가 함부로 아랫사람을 주살하는 경우 죄도 없건 만 죽고, 행동이 올곧은데도 형을 받게 되면, 자신을 수양하는 자는 선행에 힘쓰지 않게 되며, 사악(邪惡)을 행하는 자는 아주 쉽사리 윗 사람을 범하게 된다. 이처럼 함부로 시혜를 하고, 심한 포학을 행하 면 간사·난역(亂逆)을 낳게 된다. 이 간사·난역의 습속이야말로 망 국의 풍조이다.

그러므로 명군(明君)의 치세에서는 나라에 주벌(誅罰)을 받는 자 가 있더라도 군주는 분노를 나타내지 않고, 또 조정에 포상을 받는 자가 있더라도 군주는 관여하는 일이 없다. 주벌을 당하는 자가 군주 를 원망하지 않는 것은 그에 상당하는 죄를 범했기 때문이다. 상을 받는 자가 군주에게 감사하지 않는 것은 그에 상당하는 공을 세웠기 때문이다.

백성이 주벌을 당하는 것도, 상을 받는 것도 모두 자기 행동 여하 임을 알게 되면 오로지 공을 세우는 데 힘써서 일할 뿐, 군주에게 은 사(恩賜)를 기대하지는 않는다. 이렇게 해서 조정에는 풀이 무성하게

자라서 궤적(軌迹)도 없어지는데 전야(田野)는 잘 베고 닦아서 풀도
나지 않는다. 이것이야말로 '최상 지극의 정치여서 백성들은 군주가
존재함을 알 뿐'이라는 것이다.

한편 두레박 틀의 기둥은 수직으로 서있는데다가 움직이지 않기에
도목(跳木)이 그것을 기축(基軸)으로 하여 오르내릴 수 있다. 군주가
정막(靜漠)하여 함부로 동하지 않으면, 백관은 그 직무를 이행할 수
가 있다. 예컨대 전쟁터에서 깃발을 든 자가 함부로 신호를 하면 통
솔이 문란하게 되는 것과 같다. 지혜는 태평세대를 한층 더 좋게 할
수도, 위난(危難)을 안온하게 인도할 수도 없다.

요(堯)임금을 찬양하고 걸왕(桀王)을 비방하는 것보다도 오히려 총
명을 가리고 도를 수행하는 편이 낫다. 청정(淸靜)하고 무위(無爲)하
게 된다면 하늘이 그에게 호기를 주며, 염검(廉儉)하고 절도를 지키
면 땅이 그에게 재물이 생기도록 해주며, 암우(暗愚)에 처하고 덕에
적절하면 성인(聖人)이 모든 일을 선처해 준다. 즉, 몸을 낮추면 만물
은 모두 그에게 돌아오며 마음을 비우면 천하는 모든 것을 들어서 그
에게 주는 것이다.

原文 夫擧重鼎者, 力少而不能勝也, 及至其移徙之, 不待其多力
者. 故千人之羣無絶梁, 萬人之聚無廢功. 夫華騮綠耳, 一日而至
千里. 然其使之搏免, 不如豺狼, 伎能殊也. 鴟夜撮蚤蚊, 察分秋
豪, 晝日顚越, 不能見丘山, 形性詭也.

夫螣蛇游霧而騰, 應龍乘雲而擧, 猨得木而捷, 魚得水而騖. 故
古之爲車也, 漆者不畵, 鑿者不斲. 工無二伎, 士不兼官, 各守其職
不得相姦, 人得其宜, 物得其安. 是以器械不苦而職事不嫚. 夫責
少者易償, 職寡者易守, 任輕者易權. 上操約省之分, 下效易爲之
功. 是以君臣彌久而不相厭.

君人之道, 其猶零星之尸也. 儼然玄默, 而吉祥受福. 是故得道
者, 不爲醜飾, 不爲僞善, 一人被之而不褒, 萬人蒙之而不褊. 是故
重爲惠, 若重爲暴, 則治道通矣. 爲惠者尙布施也, 無功而厚賞, 無
勞而高爵, 則守職者懈於官, 而游居者亟於進矣. 爲暴者妄誅也,
無罪者而死亡, 行直而被刑, 則脩身者不勸善, 而爲邪者輕犯上矣.
故爲惠者生姦, 而爲暴者生亂. 姦亂之俗, 亡國之風.

是故明主之治, 國有誅者, 而主無怒焉, 朝有賞者, 而君無與焉.
誅者不怨君, 罪之所當也. 賞者不德上, 功之所致也. 民知誅賞之
來, 皆在於身也. 故務功脩業, 不受贛於君. 是故朝廷蕪而無迹, 田
野辟而無草. 故太上下知有之.

橋直植立而不動, 俛仰取制焉. 人主靜漠而不躁, 百官得脩焉. 譬
如軍之持麾者, 妄指則亂矣. 慧不足以大寧, 智不足以安危. 與其
譽堯而毀桀也, 不如掩聰明而反脩其道也. 淸靜無爲, 則天與之時,
廉儉守節, 則地生之財, 處愚稱德, 則聖人爲之謀. 是故下者萬物
歸之, 虛者天下遺之.

註解 ○梁(량)―勁(경)과 통하며 강하다는 뜻. ≪노자≫ 제42장에 '강
량자(强梁者)는 제 목숨에 죽지 못한다(强梁者 不得其死)'라고 되어 있
는 경우의 '강량(强梁)'과 같다. ○夫華騮綠耳(부화류록이)……形性詭也
(형성궤야)―≪장자≫ <추수(秋水)>에 거의 같은 글이 보인다. 화(華 :
驊), 류(騮 : 駵), 녹(綠 : 騄), 이(耳 : 駬)의 표기는 다양한데 모두 주(周)
나라 목왕(穆王)의 서정(西征)에 관한 팔준(八駿)의 하나로서, 화(華)·
녹(綠)은 그 말의 색깔을 나타내는 것이라고 한다. ○豺狼(시랑)―승냥이
와 이리. ○顚越(전월)―몸을 거꾸로 세우는 물구나무서기. ○螣蛇(등사)―
용과 비슷한 뱀. ○應龍(응룡)―날개가 달린 용. ○零星之尸(영성지시)―
영성(零星)은 진성(辰星). 하늘 동남쪽에 있으며 농업을 주관한다. 진일

(辰日)에 이것을 제사지낸다고 한다. '시(尸)'는 신주(神主) 또는 위패. 신(神)을 대신해서 제사를 받는 사람. ㅇ重爲惠(중위혜)—중(重)은 '가리다'란 뜻. ㅇ贛(공)—군주로부터 하사되는 것. ㅇ太上下知有之(태상하지유지)—《노자》제17장의 구절. ㅇ橋直(교직)—'교(橋)'는 두레박 틀 위의 가로대, 직(直)은 그 기둥. ㅇ與其譽堯(여기예요)……其道也(기도야)—《장자》<대종사(大宗師)>에 유사한 글이 보인다.

　군주가 세상을 다스리는 데 있어서는 투철한 명지(明智)를 가져서 암우(暗愚)한 데가 없고 허심탄회하며 자신의 의지를 드러내지 말 일이다. 이렇게 해야만 비로소 군신(群臣)이 모여들어 도열하고 우지현불초(愚智賢不肖)의 구별 없이 모든 사람이 그 능력을 한껏 발휘하게 된다. 그런 다음에 비로소 예제(禮制)를 갖추어 치정(治政)의 기틀로 삼는다.

　즉 중세(衆勢)를 수레로 삼아 이것을 타고 중지(衆智)를 말로 삼아 이것을 몰면 풀이 우거진 들판도, 험한 산길도 가다가 막히는 일이 없다. 군주는 궁전 깊숙한 곳에서 살면서 건조함과 습기를 피하고 문호를 여러 겹 굳게 닫고, 간적(姦賊)에 대비한다.

　그런즉 안으로는 시정(市井)의 실상을 알지 못하고 밖으로는 산택(山澤)의 지형(地形)을 알지 못하며, 유막(帷幕) 밖은 불과 10리 앞도 보지를 못하고 백보(百步) 앞의 소리도 들을 수가 없다. 그런데도 불구하고 천하의 만사에 통요하고 있는 것은 견문(見聞)을 보내는 관(管)이 굵고 또 주입(注入)하는 사람이 많이 있기 때문이다. 이렇게 해서 군주는 문밖에 나가지 않고서도 천하를 알고 창에서 밖을 내다보지 않고서도 천도(天道)를 알 수가 있다.

　많은 사람의 지(智)에 편승을 하면 천하를 유지하고도 남음이 있는

데 자기 한 사람의 마음만 의지한다면 자기 한 사람의 몸조차도 유지해낼 수가 없다. 그러므로 군주는 덕으로 천하를 덮고 그 지려(智慮)를 작동시키어 만인의 이익으로 하는 바를 따른다. 이렇게 해서 뒤꿈치를 들기만 해도 천하의 이(利)를 얻는 것이다. (이러한 군주라면) 만민은 위에 태워도 무거운 짐으로 생각하지 않고 앞에 세워도 장해물로 여기지 않으며 아무리 들어서 존경하더라도 높다고 생각하지 않고, 언제까지나 추대하고 있어도 싫증을 내는 일이 없다.

군주의 도는 원형(圓形)과 같은 것이어서 끝없이 계속 돌아가며 만물을 화육(化育)하는 일은 마치 신(神)과 같고, 자기 자신을 비우고 아래에 따르며 항상 뒤처져서 갈 뿐 앞서는 일이 없다. 신하의 도는 방형(方形)과 같은 것이어서, 논하는 것은 올바르고 처하는 바는 합당하며 일을 할 때는 우선 주창(主唱)하고 자신의 직분을 철저하게 지키며 행하여 성공을 거둔다.

이처럼 군신(君臣)이 각기 적의(適宜)한 바를 얻고 적당한 곳에 있으면 상하가 상호 쓸모있게 되는 것이다.

原文　夫人主之聽治也, 淸明而不闇, 虛心而弱志. 是故羣臣輻湊竝進, 無愚智賢不肖, 莫不盡其能. 於是乃始陳其禮, 建以爲基. 是乘衆勢以爲車, 御衆智以爲馬, 雖幽野險塗, 則無由惑矣. 人主深居隱處, 以避燥溼, 闈門重襲, 以備姦賊, 內不知閭里之情, 外不知山澤之形. 帷幕之外, 目不能見十里之前, 耳不能聞百步之外, 天下之物無不通者, 其灌輸之者大, 而斟酌之者衆也. 是故不出戶而知天下, 不窺牖而知天道.

乘衆人之智, 則天下不足有也. 專用其心, 則獨身不能保也. 是故人主覆之以德, 不行其智, 而因萬人之所利. 夫擧踵天下而得所利. 故百姓載之上弗重也, 錯之前弗害也, 擧之而弗高也, 推之而弗厭.

　主道員者, 運轉而無端, 化育如神, 虛無因循, 常後而不先也. 臣道方者, 論是而處當, 爲事先倡, 守職分明, 以立成功也. 是故君臣異道則治, 同道則亂. 各得其宜, 處其當, 則上下有以相使也.

註解　○虛心而弱志(허심이약지)─≪노자≫ 제3장에 근거한다. ○輻湊(복주)─수레의 바퀴살[輻]이 바퀴통[轂]에 모여 있는 것처럼 사람이 사방에서 한곳에 모여드는 것. '주(湊)'는 배가 모여드는 항구란 의미에서 전(轉)하여 집(集)과 같은 뜻이 되었다. ○閨門重襲(규문중습)─규문(閨門)은 성 안의 작은 문. 이것이 몇 겹이나 겹쳐져 있는 모습이다. ○閭里(여리)─여(閭)는 마을 입구에 있는 문. ○帷幕(유막)─유(帷)도 막(幕)이란 뜻. 여기서는 사방이 에워싸여져 있는 군주의 거처란 의미이다. ○灌輸(관수)─화물을 배로 수송하는 것. 여기서는 정보를 보낸다는 의미이다. ○斟酌(짐작)─술을 따르는 것. 여기서는 견문을 주입(注入)한다는 의미이다. ○不出戶(불출호)……知天道(지천도)─≪노자≫ 제47장의 구절. ≪노자≫에서는 '견천도(見天道)'로 되어 있다. ○百姓載之上(백성재지상)……而弗厭(이불염)─≪노자≫ 제66장에 '성인(聖人)은 윗자리를 차지하고 있어도 백성들은 무서워하지 않고, 앞자리를 차지하고 있어도 백성들은 해로운 것으로 여기지 않는다. 그러므로 온 천하가 그를 위에 추대하면서도 싫증을 느끼지 않았다(是以聖人處上 而民不重 處前 而民不害. 是以天下樂 推而不厭)'라고 되어 있다.

　군주가 세상을 다스리는 데 있어서는 허심탄회, 자신의 의지를 드러내지 아니하고 투철한 명지(明智)를 가지고 암우(暗愚)해서는 안 된다. 이렇게 해야만 군신(群臣)이 모여들고 도열하며 우지현불초(愚智賢不肖)의 구별없이 모든 사람이 능력을 한껏 발휘할 수 있게 되

므로 군주는 신하를 통제할 수 있는 계기가 되고, 신하 또한 군주를 섬기는 계기가 되어, 치국(治國)의 도(道)가 분명해진다. 문왕(文王)은 지자(智者)이긴 했지만 신하에게 묻기를 좋아했으므로 성인(聖人)으로서 칭송을 받았다. 무왕(武王)은 용자(勇者)이긴 했지만 신하에게 묻기를 좋아했으므로 승자(勝者)가 되었다.

대저 중인(衆人)의 지혜를 모으면 그 어떤 일도 성취하지 못하는 것이 없고 중인의 힘을 사용하면 그 누구에게도 패하는 일이 없고 천균(千鈞)의 중량을 오획(烏獲)의 큰 힘으로도 들어 올릴 수 없지만 중인이 하나로 뭉치면 백 명으로 충분할 것이다. 즉 한 사람의 힘에 의지한다면 오획조차도 감당하지 못하지만 중인의 지혜를 이용하면 천하를 보존하고도 남음이 있다.

우(禹)임금은 강(江)의 치수(治水)에 힘을 써서 천하를 위해 이(利)를 일으켰으나 물을 서쪽으로 역류(逆流)시킬 수는 없었다. 후직(后稷)은 황무지를 개간하고 잡초를 베어 만민을 위해 농사에 힘을 기울였지만, 그러나 곡물을 겨울철에도 키울 수는 없었다. 이것은 우임금과 후직의 능력이 부족되기 때문이었을까? 그런 것이 아니라 자연의 세(勢)로서 불가능했기 때문이다. 자연의 세(勢)로서 불가능한 일을 추진하며 도리의 필연(必然)을 뜻에 두지 않는다면 아무리 신성(神聖)한 사람이라 하더라도 공업(功業)을 성취할 수 없다.

하물며 당세(當世)의 군주는 더 말할 나위도 없다. 무거운 짐 때문에 지쳐있는 말이라면, 조보(造父)와 같은 이름난 어자(御者)라 하더라도 먼 길을 달리게 할 수 없지만 가벼운 짐을 실은 양마(良馬)라면 보통 어자도 빨리 달리게 할 수가 있다.

그런 까닭에 성인(聖人)이 일을 할 때에는 도리의 정한 바를 거스르고, 자연의 성(性)에 등을 돌리며 곡(曲)을 직(直)으로 하고, 굴(屈)을 신(伸)으로 하는 짓 따위는 결코 하지 않는다. 항상 만물 모든 것에 갖추어져 있는 자질에 따라 그것을 사용하는 것이다. 그러하기에 중력(衆力)이 행하는 바는 반드시 공(功)을 거두고 중지(衆智)가 하는 것은 반드시 이루어낸다.

귀머거리에게는 활의 현(弦)을 만드는 일이라면 맡길 수가 있지만 귀를 사용해야 하는 일은 맡길 수가 없다. 벙어리에게는 마구간 지키는 일은 맡길 수가 있지만 말을 해야 하는 일은 맡길 수가 없다. 그것은 그 형체가 불비(不備)하여 그 능력에 써먹기 어려운 점이 있기 때문이다. 이렇게 해서 그 형체와 그 능력에 따라 그 지위와 그 직무는 분담된다.

그 임무를 견디어낼 만한 역량이 있으면 일하는 자는 그것을 부담으로 느끼지 아니한다. 또 그 일에 적절한 능력이 있으면 일하는 자는 그것을 어렵다고 느끼지 않는 것이다. 재능의 대소장단(大小長短)에 관계없이 모두가 그 적소(適所)에 배치되면 천하는 제일(齊一)이 되며 우열(優劣)의 차별은 없어진다. 성인(聖人)은 모든 사람을 빠짐없이 사용하기 때문에 천하에 기재(棄才)는 없다.

군주는 정(正)과 충(忠)을 귀중히 여긴다. 충정(忠正)한 자가 윗자리에 있으면서 정사(政事)를 펴면 참녕간사(讒佞姦邪)한 자가 머리를 들 여지가 없다. 예를 들자면 방(方)과 원(圓), 곡(曲)과 직(直)이 서로 겹치는 것과 같은 것이다.

대저 새와 짐승이 함께 무리를 짓지 않는 것은 그 종류가 다르기 때문이며 호랑이와 사슴이 같이 놀지 않는 것은 그 힘이 상호 필적하지 못하기 때문이다. 성인(聖人)이 뜻을 얻어 윗자리에 있는데, 참녕간사한 자가 주군을 범(犯)하고자 하는 것은 비유컨대 매를 만난 참새, 고양이를 만난 쥐와 같은 것이어서 살아남기란 도저히 불가능하다.

그런 까닭에 군주가 인재를 등용할 때에는 신중에 신중을 기하지 않으면 안 된다. 임용함에 있어 인재를 얻게 되면 국가는 잘 다스려지고 상하관계는 원만해져서 군신(群臣)은 친해지고 만민은 잘 따른다. 이와는 반대로 임용함에 있어 인재를 얻지 못하면 국가는 위태로워지고 상하는 항쟁하며 군신(群臣)은 원망하고 만민은 문란해진다. 그러므로 한 번 인재등용을 잘못하면 그것은 종신(終身)의 손실이 된다.

原文　夫人主之聽治也, 虛心而弱志, 淸明而不闇. 是故群臣輻湊竝進, 無愚智賢不肖, 莫不盡其能者, 則君得所以制臣, 臣得所以事君, 治國之道明矣. 文王智而好問, 故聖. 武王勇而好問, 故勝. 夫乘衆人之智, 則無不任也, 用衆人之力, 則無不勝也. 千鈞之重, 烏獲不能擧也衆人相一, 則百人有餘力矣. 是故任一人之力者, 則烏獲不足恃, 乘衆人之智者, 則天下不足有也.

禹決江疏河, 以爲天下興利. 而不能使水西流. 稷辟土墾草, 以爲百姓力農. 然不能使禾冬生. 豈其人事不至哉. 其勢不可也. 夫推不可爲之勢, 而不脩道理之數, 雖神聖人, 不能以成其功. 而況當世之主乎. 夫載重而馬羸, 雖造父不能以致遠. 車輕馬良, 雖中工可使追速. 是故聖人擧事也, 豈能拂道理之數, 詭自然之性, 以曲爲直, 以屈爲伸哉. 未嘗不因其資而用之也. 是以積力之所擧無不勝也, 而衆智之所爲無不成也. 聾者可令嚼筋, 而不可使有聞也. 瘖者可使守圄, 而不可使通語也. 形有所不周, 而能有所不容也. 是故有一形者處一位, 有一能者服一事. 力勝其任, 則擧之者不重也. 能稱其事, 則爲之者不難也. 毋小大脩短. 各得其宜, 則天下一齊, 無以相過也. 聖人兼而用之. 故無棄才.

人主貴正而尙忠. 忠正在上位, 執正營事, 則讒佞姦邪, 無由進矣. 譬猶方員之不相蓋, 而曲直之不相入. 夫鳥獸之不同羣者, 其類異也. 虎鹿之不同遊者, 力不敵也. 是故聖人得志而在上位, 讒佞姦邪而欲犯主者, 譬猶雀之見鸇, 而鼠之遇狸也. 亦必無餘命矣.

是故人主之一舉也, 不可不愼也. 所任者得其人, 則國家治, 上下
和, 羣臣親, 百姓附. 所任非其人, 則國家危, 上下乖, 羣臣怨, 百
姓亂. 故一舉而不當, 終身傷.

註解 ○夫人主之聽治也(부인주지청치야)……莫不盡其能者(막부진기
능자)─이 35자는 앞 절(節) 서두의 글과 거의 중복된다. 그 외에도 이
절에는 앞 절과 일치되는 어구가 보이며 논지도 유사하다. ○烏獲(오획)
─진(秦)나라 무왕(武王) 때의 역사(力士). ≪맹자(孟子)≫ <고자(告子)>
하(下), ≪순자(荀子)≫ <부국(富國)> 등에 보인다. ○造父(조보)─주(周)
나라 목왕(穆王)의 어자(御者). <원도훈> <숙진훈> 등에서 설명했다.
○嗺筋(최근)─최(嗺)는 '작(嚼)'의 와자(譌字)인데 작(嚼)은 망치로 두드
리어 고치는 것. '근(筋)'은 '근(筋)'의 고자(古字)로서 활의 현(弦). 우마
미록(牛馬麋鹿)의 힘줄을 두드리어 현(弦)을 만든다고 한다. ○圉(어)
─마구간.

성공을 거두는 것도 실패를 하는 것도 그 요체는 군주에게 달려 있
다. 즉 먹줄을 위에서 바르게 치면 그 밑에 있는 나무는 똑바르게 된
다. 이것은 먹줄이 짐짓 뜻을 편 것이 아니라 나무가 근거에 따르기
때문에 자연히 그렇게 되는 것이다. 이렇게 해서 위에 있는 군주가
성정(誠正)하면 그 아래에 직행(直行)하는 선비들이 일을 하게 되고
간인(姦人)은 엎드리어 숨게 된다. 그러나 군주가 바르지 못하면 그
아래에서 사인(邪人)이 뜻을 얻고 충성된 신하는 모습을 감추게 된다.
대저 사람이 옥석(玉石)을 쪼개지 않고 과호(瓜瓠)를 쪼개는 것은
왜일까? 옥석은 딱딱하여 쪼개지지 않기 때문에 그러는 것이다. 군주
의 공평을 견지하는 것이 마치 먹줄에 따라 고하(高下)를 평준화하듯

하면 군신(群臣) 중에 사심(邪心)을 품고 가까이하려는 자가 있더라도 예컨대 돌 위에 달걀을 던지고 물속에 불을 던지는 것과 같은 것이다.

초(楚)나라 영왕(靈王)이 가는 허리[細腰]를 좋아했던바, 백성 중에는 식사를 줄이다가 굶어 죽는 자가 생겼다. 월왕(越王) 구천(勾踐)이 무용(武勇)을 좋아했던바 백성은 모두 앞다투어 사지(死地)에 뛰어들었다. 이상과 같은 일로 추측할 때 권세를 쥔 사람은 풍속을 아주 용이하게 개혁할 수가 있다.

요(堯)임금도 필부(匹夫)였다면 사방 1리(里)의 백성조차 교화시킬 수 없었거니와 걸(桀)왕도 윗자리에 있기만 하면 명령을 내린 것이 실행되고 금한 것은 멈춰진다. 이렇게 볼 때 현지(賢智)는 치세하는 데 도움이 되지 않으며 권세야말로 풍속을 개변시킬 수 있다는 것은 명명백백해진다. ≪상서(尙書)≫에 '한 사람에게 경복(慶福)이 있으면 만민이 이에 의지한다'라고 한 것은 바로 이것을 가리킴이다.

原文 得失之道, 權要在主. 是故繩正於上, 木直於下, 非有事焉. 所緣以脩者然也. 故人主誠正. 則直士任事, 而姦人伏匿矣. 人主不正, 則邪人得志, 忠者隱蔽矣.

夫人之所以莫振玉石, 而振瓜瓠者何也. 無得於玉石弗犯也. 使人主執正持平, 如從繩準高下, 則羣臣以邪來者, 猶以卵投石以火投水.

故靈王好細要, 而民有殺食自飢也. 越王好勇, 而民皆處危爭死. 由此觀之, 權勢之柄, 其以移風俗易矣. 堯爲匹夫, 不能仁化一里, 桀在上位, 令行禁止. 由此觀之, 賢不足以爲治, 而勢可以易俗明矣. 書曰, 一人有慶, 萬民賴之. 此之謂也.

註解 ○瓜瓠(과호)-오이와 호리병박. ○靈王好細要(영왕호세요)-'요

(要)’는 ‘요(腰 : 허리)’의 뜻으로, 세요(細要)는 허리가 가느다란 것. 같
은 요지의 글이 ≪묵자(墨子)≫ <겸애(兼愛)> 중·하편과 ≪한비자(韓非
子)≫ <이병(二柄)>, ≪안자춘추(晏子春秋)≫ <외편(外篇)> 등에 보인
다. ○越王好勇(월왕호용)―≪순자(荀子)≫ <군도(君道)>, ≪관자(管子)≫ <칠
주칠신(七主七臣)>, ≪묵자≫ <겸애> 중·하편, ≪한비자≫ <내저설(內
儲說)> 상, ≪여씨춘추(呂氏春秋)≫ <이속람(離俗覽)> 용민(用民) 등을
참조. ○書曰(서왈)……―≪서경(書經)≫ <여형(呂刑)>에 있는 말.

　천하 사람들은 대개 명성(名聲)에 현혹될 뿐, 그 진가를 꿰뚫어보
지 못한다. 그래서 은자(隱者)는 명예 있는 자로서 존경을 받고 유세
객(遊說客)은 그 연설로 세상에 드날린다. 이런 사람들이 존경을 받
게 되는 이유는 무엇일까? 군주가 군신간(君臣間)의 분수, 권세의 술
수, 이해(利害)의 본원(本源)을 명찰하는 일 없이 중인(衆人)의 변설
을 어질다면서 귀하게 여기기 때문이다.
　그러나 잘 다스려지는 나라는 그러하지 아니하다. 정책을 말하는
자는 반드시 법을 궁구하고 다스리는 자는 반드시 관직에 의해 행한
다. 군주는 신하의 언설(言說)과 실적을 조합(照合)하여 그 책임을
묻고, 신하는 자신의 직분을 지키면서 공적을 올리려고 한다. 언설이
실적을 상회한다거나 행동이 법을 일탈하는 것은 허용되지 않는 것이
다. 군신(群臣)은 수레바퀴의 바퀴살처럼 중앙에 모이는데 감히 군주
를 범(犯)하려고 하지는 않는다.
　법의 규정 외의 일로서 치국에 도움이 되는 일이 있으면 잘 검토한
다음에 실행으로 옮기고 조용히 음미하면서 그 결과를 관찰한다. 군
신(群臣)의 헌책을 널리 채용하고 그 효과를 확인하며 일곡일사(一曲
一事)에 치우치지 않도록 한다.

이렇게 해서 군주가 중정(中正)의 입장에 서서 널리 해내(海內)를 비추기 때문에 뭇 신하는 공정하여 나쁜 짓을 하지 못하고 백관은 직무에 충실할 뿐 사리(私利)를 도모하는 일이 없다. 군주가 위에 있으면서 정명(精明)하고 백관이 아래에서 근면하면 간사(姦邪)는 그림자까지 감추고 제반 사업이 날로 진전된다. 이리하여 용자(勇者)는 군무(軍務)에 힘쓰게 되는 것이다.

그런데 어지러워지는 나라는 결코 이러하지 않다. 즉, 중인(衆人)이 칭찬하는 자는 공적도 없건만 상을 받고 직무에 충실한 자는 죄과(罪過)도 없건만 죽음을 당한다. 군주가 암우(暗愚)하며 뭇 신하는 도당을 만들어 불충(不忠)을 일삼는다. 유세객이 변설을 논하고 충실한 사람이 다투어 떠나간다. 군주가 내리는 명령에는 도당을 짜가지고 반대하고 법령으로 금하는 것에는 간지(奸智)로써 대항한다.

지자(智者)는 교사(巧詐)를 국사(國事)로 삼고, 용자(勇者)는 투쟁으로 밤낮을 보내며, 대신(大臣)은 권력을 독점하고, 하리(下吏)는 중세(衆勢)를 믿고, 도당은 단결하여 군주를 우롱한다.

이렇게 되어가지고는 나라가 존립하고 있는 것처럼 보이더라도 고대(古代) 사람의 눈에는 이미 망한 것으로 보일 것이다. 또한 관직에 취임하려 하지도 않고, 갑주(甲冑)를 입으려 하지도 않으며, 농사에 종사하려 하지도 않고, 단지 현성(賢聖)의 명성만 얻으려고 하는 자는 백성을 교화시킬 자격조차 없는 것이다.

기린(騏驎)·녹이(騄駬)는 천하의 명마(名馬)지만 이것을 채찍으로 때려도 나아가지 않고 고삐를 당겨도 되지 않는다면 아무리 어리석은 사람이라 하더라도 그런 것에게 몸을 의탁하려고 하지 않을 것이다.

原文 天下多眩於名聲, 而寡察其實. 是故處人以譽尊, 而游者以辯顯. 察其所尊顯, 無他故焉. 人主不明分數利害之地, 而賢衆口之辯也.

治國則不然. 言事者必究於法, 而爲行者必治於官. 上操其名, 以責其實, 臣守其業, 以效其功. 言不得過其實, 行不得踰其法. 羣臣輻湊, 莫敢專君. 事不在法律中, 而可以便國佐治, 必參五行之, 陰考以觀其歸. 竝用周聽以察其化, 不偏一曲, 不黨一事. 是以中立而徧運照海內, 羣臣公正, 莫敢爲邪, 百官述職, 務致其公迹也. 主精明於上, 官勸力於下, 姦邪滅迹, 庶功日進. 是以勇者盡於軍.

亂國則不然. 有衆咸譽者, 無功而賞, 守職者, 無罪而誅. 主上闇而不明, 羣臣黨而不忠. 說談者游於辯, 脩行者競於往. 主上出令, 則非之以與, 法令所禁, 則犯之以邪. 爲智者務於巧詐, 爲勇者務於鬪爭. 大臣專權, 下吏持勢, 朋黨周比, 以弄其上. 國雖若存. 古之人曰亡矣. 且夫不治官職, 不被甲兵, 不隨南畝, 而有賢聖之聲者, 非所以敎於國也. 騏驥·騄駬, 天下之疾馬也, 驅之不前, 引之不止, 雖愚者不加體焉.

註解 ○參五(참오)─참오(參伍). 많은 자료를 바탕으로 하여 종합적인 판단을 내리다. ○公迹(공적)─공정한 결과. ○庶功(서공)─제반 사업. ○競於往(경어왕)─'왕(往)'자의 해석에는 여러 가지 설이 있다. 여기서는 '떠나다'로 해석해 둔다. ○不隨南畝(불수남묘)─'남묘(南畝)'는 원래 남쪽에 있는 논밭이란 뜻인데, 그 논밭은 남향 땅이 이상적이라고 했다는 점을 감안하여 일반적으로는 '논밭'이란 의미로 쓴다.

대저 치란(治亂)의 계기는 바퀴 자국처럼 명백하다. 그런데 세상 군주들은 그것을 모른다. 이 점이 치도(治道)가 가로막히고 마는 근본이다. 권세는 군주의 수레요, 작록(爵祿)은 군주의 비함(轡銜)이다.

그러므로 군주가 권세라고 하는 수레에 타고 작록이라는 고삐를 잡고, 완급(緩急)의 가감을 적절히 하며 받고 주는 절도를 잘못하지 아니하면, 천하 사람들은 있는 힘을 다 쏟고도 나태해지지 않는다.

대저 군신(君臣)관계에는 부자간(父子間)의 두터움도 골육간의 친함도 없다. 그런데도 불구하고 힘을 다하고 죽음을 각오하며 몸을 던져 일을 하는 것은 왜일까? 그것은 권세가 그렇게 하도록 시키는 힘을 가지고 있기 때문이다.

옛날 예양(豫讓)은 중행문자(中行文子)의 가신(家臣)이었다. 그런데 지백(智伯)이 그 중행문자를 토벌하고 그 소유지를 병합하자 예양은 주군을 배반하고 지백의 가신이 되었다. 그 후 지백은 조양자(趙襄子)와 진양(晉陽)에서 싸워 패하고 그 몸은 육욕(戮辱)당했으며 나라는 삼분(三分)되기에 이르렀다. 예양은 조양자에게 복수하기 위해 몸에 옻칠을 하여 문둥병자로 가장하고 숯을 먹어 목소리를 바꾸었으며 이를 뽑아 얼굴 모양을 바꾸었다.

한 사람의 마음이건만 두 주인을 섬기면서 한편으로는 배신을 했고, 한편으로는 목숨을 바쳐 순사(殉死)코자 한다. 이 경우, 같은 그의 마음에 추(趨 : 따르다)와 사(捨 : 버리다), 후정(厚情)과 박정(薄情) 등 상반되는 이면(二面)이 있었던 것은 결코 아니다. 주군이 베푸는 은택의 후박(厚薄)이 그렇게 시켰던 것이다.

주왕(紂王)은 천하를 모조리 지배하여 제후들을 입조(入朝)케 하고 인적이 미치는 곳, 배가 통하는 곳이면 복종치 않는 자가 없었다. 그런데 무왕(武王)은 불과 3천 명의 무장병을 이끌고 목야(牧野) 땅에서 사로잡았다. 주(周)나라 백성만 절의(節義)가 두텁고 은(殷)나라 백성만 배반했었기 때문은 아니다. 무왕의 덕의(德義)가 두터웠으므로 호령이 고루 행해졌기 때문이다.

대저 질풍이 불면 파도가 치고 수목이 무성하면 새들이 모여드는 것은 그렇게 하도록 시키는 기(氣)를 서로 만들어 내기 때문이다. 즉 신하의 욕구가 군주에 의해 충족되지 아니하면 군주의 욕구 또한 신하에 의해 충족될 수가 없다. 군신간의 이해관계는 자연의 세(勢)를 서로 주고받는 데서 성립되는 것이다. 이리하여 신하는 군주를 위해 힘을 다하고 절의(節義)에 죽어감으로써 군주에게 주고, 군주는 공적을 헤아리어 작록을 공포하고 신하에게 준다.

따라서 군주가 공적도 없는 신하에게 상을 주는 일은 없고 신하 또한 덕이 없는 군주를 위해 죽는 일은 없다. 군주의 덕이 하민(下民)에게 미치지 못하는데도, 백성을 부리려고 하는 것은 마치 한마(悍馬)에게 채찍을 가하는 것과 같은 것이다. 이것이야말로 비가 내리지 않는데, 곡식이 여물기를 바라는 것과 같아서 절대로 불가능한 일이다.

原文 今治亂之機, 轍迹可見也. 而世主莫之能察. 此治道之所以塞. 權勢者人主之車輿, 爵祿者人臣之轡銜也. 是故人主處權勢之要, 而持爵祿之柄, 審緩急之度, 而適取予之節, 是以天下盡力而不倦. 夫臣主之相與也, 非有父子之厚, 骨肉之親也. 而竭力殊死, 不辭其軀者何也. 勢有使之然也.

昔者豫讓中行文子之臣. 智伯伐中行氏, 并吞其地. 豫讓背其主而臣智伯. 智伯與趙襄子戰于晉陽之下. 身死爲戮, 國分爲三. 豫讓欲報趙襄子, 漆身爲癘, 吞炭變音, 摘齒易貌. 夫以一人之心而事兩主, 或背而去, 或欲身殉之. 豈其趨捨厚薄之勢異哉. 人之恩澤, 使之然也. 紂兼天下, 朝諸侯, 人迹所及, 舟檝所通, 莫不賓服. 然而武王甲卒三千人, 擒之於牧野. 豈周民死節, 而殷民背叛哉. 其主之德義厚, 而號令行也.

夫風疾而波興, 木茂而鳥集, 相生之氣也. 是故臣不得其所欲於君者, 君亦不能得其所求於臣也. 君臣之施者, 相報之勢也. 是故

臣盡力死節以與君, 君計功垂爵以與臣. 是故君不能賞無功之臣, 臣
亦不能死無德之君. 君德不下流於民, 而欲用之, 如鞭蹏馬矣. 是猶
不待雨而求熟稼, 必不可之數也.

<u>註解</u>　○鞭銜(비함)－고삐나 재갈. ○殊死(수사)－죽을 각오를 하다. ○昔
者豫讓(석자예양)……－춘추시대 말기의 진(晉)나라는 지(智)·범(范)·
중행(中行)·한(韓)·위(魏)·조(趙)씨 등, 이른바 6경(卿)이 정치를 전
횡했었는데 이윽고 범씨·중행씨는 지씨(智氏 : 智伯)에게 멸망당하고 그
지씨는 조씨(趙氏 : 趙襄子)에게 멸망당한다. 그리고 한·위·조, 세 나라
로 분열되었다. 예양은 처음에 중행문자(中行文子)의 신하였는데 그가
멸망당한 다음 지백의 신하가 된다. 그리고 지백이 후하게 예우하자 그에
감격한 나머지 지백을 멸망시킨 조양자를 쳐서 원수를 갚고자 했다. ○蹏
馬(제마)－사나운 말.

　군주로서 아래에 임하는 도(道)는 허정(虛靜)을 가지고 몸을 닦고
검약으로 아래를 이끄는 데에 있다. 허정하면 아래는 어지러워지지
않고, 검약하면 백성은 원망하지 않는다. 아래가 어지러워지면 정치는
문란해지고 백성이 원망하면 덕은 박해진다. 정치가 문란해지면 현인
(賢人)도 군주를 위해 계책을 짜내고자 하지 않고, 덕이 박해지면 용
자(勇者)도 군주를 위해 죽을힘을 다 쏟으려고 하지 않는다.
　군주가 맹금맹수라든가 진괴기이(珍怪奇異)한 것을 애완하고 경조
방종(輕躁放縱)을 일삼으며 민력(民力)을 낭비하고 승마수렵(乘馬狩
獵)에도 때를 정하는 일이 없다. 이렇게 되면 백관은 치무(治務)를
문란케 하고 일에 힘을 써도 재정은 궁핍해지기만 한다. 만민은 우고
(憂苦)하여 생업에 힘을 쏟지 않게 된다.

또 군주가 고루심지(高樓深池)의 주거(住居), 정교한 조각을 한 기물(器物), 번쩍이는 예복, 사치를 극한 의복, 진보주옥(珍寶珠玉) 따위를 좋아하면 과세(課稅)에 절도가 없어지며 만민의 활력은 고갈되고 만다.

요(堯)임금이 천하를 소유했던 것은 만민의 부(富)를 탐하여 군주의 자리에 안주하려고 했던 것은 결코 아니다. 민중이 서로 항쟁하고 강한 자가 약한 자를 위협하고, 중(衆)이 과(寡)를 못살게 구는 것을 보고 솔선하여 절검(節儉)에 힘쓰고 상애(相愛)의 인(仁)을 명백히 하여 이들을 화합시키기 위해서 했던 것이다.

이렇게 해서 요임금은 지붕을 이은 띠풀을 자르지 않았고 서까래는 소재(素材)인 채로 두었으며, 수레도 장식을 하지 않고 부들로 만든 자리에도 가장자리를 장식하지 않았으며, 국에는 오미(五味)를 가하지 않고 곡류는 정백(精白)하지 않았다. 또 순행하여 교화(敎化)를 폈는데 그 발자취는 온 천하에 미쳤고 오악(五嶽)을 두루 돌아다니면서 백성들의 복을 빌었다.

물론 천자로서 봉양받는 것이 즐겁지 않았던 것은 아니다. 국가를 위함에 있다 하였고 이익이라는 것은 생각조차 하지 않았다. 이윽고 연로하여 지기(志氣)가 쇠해져서 천하 모두를 순(舜)에게 양도할 때에는 마치 뒤로 물러서서 짚신을 벗어 버리듯 아무런 미련도 가지지 않았다.

그런데 쇠세(衰世)에는 이렇지 않다. 한번 천하의 부(富)와 군주의 권세를 손에 잡으면 민력(民力)을 고갈시키더라도 자신의 이목이 원하는 욕구를 충족시키고자 한다. 그래서 마음은 오로지 궁궐을 장려하게 꾸미고 정원에 수기(數寄)를 꾸미어 맹수를 기르고, 기물(奇物)을 가지고 놀려고만 한다.

이렇게 해서 빈민들은 조강(糟糠)조차 먹지 못하는데 호랑웅비(虎

狼熊羆)의 유(類)들은 사료로 고기를 배불리 먹고, 백성들은 단갈(短褐)조차 충분하게 입지를 못하는데 궁인들은 비단옷을 휘감고 있다. 군주가 이처럼 쓸데없는 일에 마음을 뺏기고 있으면 천하 만민은 여월 대로 여위어서 평안히 그 본성을 따를 수가 없는 것이다.

原文　君人之道, 處靜以脩身, 儉約以率下. 靜則下不擾矣, 儉則民不怨矣. 下擾則政亂, 民怨則德薄. 政亂則賢者不爲謀, 德薄則勇者不爲死. 是故人主好鷙鳥猛獸, 珍怪奇物, 狡躁康荒, 不愛民力, 馳騁田獵, 出入不時. 如此則百官務亂, 事勤財匱, 萬民愁苦, 生業不脩矣. 人主好高臺深池, 雕琢刻鏤, 黼黻文章, 絺紵綺繡, 寶玩珠玉, 則賦斂無度, 而萬民力竭矣.

堯之有天下也, 非貪萬民之富而安人主之位也. 以爲, 百姓力征, 强凌弱, 衆暴寡. 於是堯乃身服節儉之行, 而明相愛之仁, 以和輯之. 是故茅茨不翦, 采椽不斲, 大路不畫, 越席不緣, 大羹不和, 粢食不毇. 巡狩行敎, 勤勞天下, 周流五嶽. 豈其奉養不足樂哉. 以爲社稷, 非有利焉. 年衰志憫, 擧天下而傳之舜, 猶却行而脫蹝也.

衰世則不然. 一日而有天下之富, 處人主之勢, 則竭百姓之力, 以奉耳目之欲, 志專在于宮室臺榭, 陂池苑囿, 猛獸熊羆, 玩好珍怪. 是故貧民糟糠不接於口, 而虎狼熊羆厭芻豢, 百姓短褐不完, 而宮室衣錦繡. 人主急茲無用之功, 百姓黎民, 顚頡於天下. 是故使天下不安其性.

註解　○狡躁康荒(교조강황)—'교(狡)'는 여기서는 광(狂)의 뜻으로서 '교조(狡躁)'는 항상 무엇인가를 구하며 안정되지 못하는 모습. '강(康)'은 안(安). '황(荒)'은 난(亂)으로서 음란방종(淫亂放縱)의 상태를 가리킨다. ○雕琢刻鏤(조탁각루)—조(雕)는 조(彫)와 같음. 조탁(雕琢)은 옥(玉) 종

류를 조각해 놓은 것. 각루(刻鏤)는 금속을 조각해 놓은 것. ○黼黻文章
(보불문장)－천자(天子) 예복의 수놓은 문양. 보(黼)는 흑과 백의 부형(斧
形). 불(黻)은 청과 적(혹은 흑)의 기자형(己字形). 문장은 그 색의 배합.
○綌絺(치격)－칡으로 만든 직물로서 정밀한 것을 치(絺), 얇고 허술한 것
을 격(綌)이라고 한다. 여기서는 여름철의 시원한 옷을 가리키는 것이리
라. ○綺繡(기수)－무늬가 있는 비단에 아름답게 수를 놓은 옷. ○和輯(화
집)－화평하고 평안함. ○茅茨不翦(모자부전), 采椽不斲(채연부착)－‘모
자(茅茨)’는 띠풀로 지붕을 이은 것. ‘부전(不翦)’은 띠풀로 이은 지붕의
끝을 잘라내지 않은 것. ‘채연(采椽)’은 산에서 채취한 채로 얹은 서까
래. 일설에 ‘채(采)’는 나무 이름이라고도 한다. 궁궐의 질소함을 형용
한 내용이다. ≪한비자(韓非子)≫ <오두(五蠹)>에 역시 요임금의 절검
(節儉)을 나타내는 구절로 나와 있다. ○大路不畫(대로불화), 越席不緣
(월석불연)－‘대로(大路)’는 대로(大輅)와 같다. 즉 천자가 타는 수레. ‘불
화(不畫)’는 그것에 장식의 문양이나 색채를 하지 않은 것. ‘월석(越席)’
은 부들로 엮은 돗자리. 수레 좌석의 깔개로 썼다. ‘불연(不緣)’은 그 돗
자리에 가장자리 장식을 하지 않은 것. 통틀어서 수레의 질소함을 이르는
말들이다. ○大羹不和(대갱불화)－‘대갱(大羹)’은 고깃국. ‘불화(不和)’는
그것에 조미료를 치지 않은 것. 이 구절은 ≪예기(禮記)≫ <예기(禮器)>
<악기(樂記)> 등에도 같은 글이 보이는데 ≪한비자≫ <오두>에 있는 글
과 일치한다. ○粢食不毇(자식불훼)－‘자(粢)’는 기장(수수) 혹은 오곡의
총칭. ‘훼(毇)’는 정백(精白)하는 것. ≪좌전(左傳)≫ 환공(桓公) 2년조에
‘대갱불치(大羹不致), 자식불착(粢食不鑿)’이라고 되어 있는 것도 같은
취지의 글이다. 앞 구절과 합치어 질소한 식사를 가리킨다. ○巡狩(순수)
－천자가 여러 나라를 돌면서 시찰하는 것. ○五嶽(오악)－오방(五方)의
명산(名山). 동쪽의 태산(泰山)·남쪽의 형산(衡山)·서쪽의 화산(華山)·
북쪽의 항산(恒山)·중앙의 숭산(嵩山)을 가리킴이다. ○却行而脫躧也
(각행이탈사야)－‘사(躧)’는 짚신. 매우 용이한 것의 비유. ≪맹자(孟子)≫

<진심장구(盡心章句)> 상(上)에 '헌 짚신 버리는 것과 같다(猶棄敝蹝也)'라고 했다. ○臺榭(대사)－고루(高樓). 사(榭)는 지붕이 있는 관람대. ○糟糠(조강)－술 재강과 겨. ○短褐(단갈)－기장이 짧은 솜옷.

군주의 동정(動靜)은 일월(日月)과 같이 밝아서 천하 모든 사람들이 이목(耳目)을 곤두세우며 목을 늘이고, 발돋움하여 주시한다. 그러므로 군주된 자는 허심(虛心)이 아니면 덕을 밝힐 수가 없고 안정(安靜)되어 있지 않으면 먼 곳을 꿰뚫어볼 수가 없으며 관대하지 않으면 천하를 포용할 수 없고, 자후(慈厚)하지 않으면 중인(衆人)을 품을 수가 없으며, 평정(平正)하지 않으면 재단(裁斷)을 내릴 수가 없다.

현군(賢君)이 사람을 쓰는 것은 공장(工匠)이 나무를 다루는 것과 비슷하다. 큰 나무는 주선주량(舟船柱梁)으로 쓰고, 작은 나무는 즙설(楫楔)로 쓰며, 긴 것은 염최(櫩榱)로 쓰고, 짧은 것은 대들보 위에 세우는 기둥이라든가 주두(柱頭)로 쓰는 것처럼 대소장단(大小長短)에 따라 적소에 사용하고 방형(方形) 원형(圓形)을 살피어 각각 쓸모있게 사용한다.

천하에 계독(鷄毒)만큼 위험한 독약은 없다. 그런데도 양의(良醫)가 자루 속에 넣고 비장하는 것은 용처가 있기 때문이다. 이와 같이 무성하게 우거져 있는 덤불 속의 어떤 것 하나도 무용한 것은 없다. 더구나 사람에게 있어서는 두말할 나위도 없다.

대저 조정에서 쓰임받지 못하고 향리(鄕里)에서 칭송받지도 못하는 것은 그 사람의 불초(不肖)를 의미하는 것은 아니다. 주어진 관직이 그 사람에게 적합하지 못하기 때문이다. 사슴이 산에 오를 때는 노루도 따를 수 없을 만큼 빠르다. 그러나 산에서 내려오는 경우에는 목동도 따라잡을 수가 있다. 그것은 재능에 장단점이 있기 때문이다.

　그런 까닭에 큰 계략이 있는 자에게서 작은 가지쯤을 구하면 안되며 소지(小智)인 자에게 대공(大功)을 맡기면 안 된다. 사람에게는 갖가지의 재능이 있으며 물건에는 갖가지 모양이 있다. 한 가지 일을 맡겨도 너무 무거운 경우도 있거니와 백 가지 일을 맡겨도 아직 가벼운 경우도 있다. 소계(小計)에 빼어난 사람은 반드시 대계(大計)에서는 잘못을 저지르고, 소사(小事)에 민완한 사람은 반드시 대사(大事)에는 당혹한다. 이것을 비유한다면 고양이에게 소를 잡도록 시키고 호랑이에게 쥐를 잡도록 하는 것과 같은 것이다.

　여기 사람이 있어, 그 재능은 중국을 평정하고 국외를 병합하며, 쓰러져가는 나라를 구해내고, 끊기기 직전의 세계(世系)를 계속 잇기에 충분하며, 도(道)를 바르게 하고 사(邪)를 바로잡으며, 번잡한 사건을 재결(裁決)하여 분쟁을 처리할 수 있다고 하자.

　그런데 이런 인물에게 궁중의 예식이나 실내의 사소한 일을 맡기면 어떻게 될까? 혹은 그저 입 끝으로만 말을 교묘히 하여 윗사람의 관심을 끌고 향당(鄉黨)의 속정(俗情)과 비굴한 사람들의 이목에 영합하여 다소의 명성을 얻어 으스대는 자에게 천하의 대권(大權), 치란(治亂)의 요기(要機)를 맡겼다고 하자. 양자(兩者)는 마치 도끼로 털을 깎고, 칼로 큰 나무를 베는 것과 같아서 모두 적소(適所)를 잃고 있는 것이다.

原文　人主之居也, 如日月之明也. 天下之所同側目而視, 側耳而聽, 延頸擧踵而望也. 是故非澹漠無以明德, 非寧靜無以致遠, 非寬大無以兼覆, 非慈厚無以懷衆, 非平正無以制斷.

　是故賢主之用人也, 猶巧工之制木也. 大者以爲舟航柱梁, 小者以爲楫楔, 脩者以爲櫚榱, 短者以爲朱儒枅櫨, 無小大脩短, 各得其所宜, 規矩方圓, 各有所施. 天下之物, 莫凶於雞毒. 然而良醫橐而藏之, 有所用也. 是故林莽之材, 猶無可棄者. 而況人乎.

今夫朝廷之所不擧, 鄕曲之所不譽, 非其人不肖也. 其所以官之者, 非其職也. 鹿之上山, 獐不能跂也. 及其下, 牧豎能追之, 才有所脩短也. 是故有大略者, 不可責以捷巧, 有小智者, 不可任以大功, 人有其才, 物有其形. 有任一而太重, 或任百而尙輕. 是故審毫釐之計者, 必遺天下之大數, 不失小物之選者, 惑於大事之擧. 譬猶狸之不可使搏牛, 虎之不可使搏鼠也.

今人之才, 或欲平九州, 幷方外, 存危國, 繼絶世, 志在直道正邪, 決煩理挐. 而乃責之以閨閤之禮, 奧窔之閒. 或佞巧小具, 諂進愉說, 隨鄕曲之俗, 卑下衆人之耳目, 而乃任之以天下之權, 治亂之機, 是猶以斧剸毛, 以刀伐木也. 皆失其宜矣.

[註解] ○楫楔(즙설)−즙(楫)은 노(櫓). '설(楔)'은 비녀장 또는 문설주. ○欂櫨(염최)−처마를 지탱해 주는 서까래. ○朱儒枅櫨(주유계로)−'주유(朱儒)'는 들보 위에 얹는 작은 기둥. '계로(枅櫨)'는 기둥 위의 두공(斗栱). ○雞毒(계독)−오두(烏頭). 극약인데 신경통에 특효가 있다고 한다. ○林莽之材(임망지재)−'임망(林莽)'은 덤불이란 뜻. 그 속에 나있는 목재. 별로 쓸모가 없는 것의 비유. ○獐(장)−노루. 사슴과 비슷하나 사슴보다 작다. 겁이 많고 재빨리 달린다. ○毫釐(호리)−두 글자 모두 미소한 수량을 나타내는 단위명. 하찮은 것을 의미한다. ○存危國(존위국), 繼絶世(계절세)−≪논어(論語)≫ <요왈(堯曰)>에 '멸국(滅國)을 일으키고 절세(絶世)를 잇는다'라고 되어 있으며 ≪관자(管子)≫ <중광(中匡)>에서는 '멸(滅)'을 '망(亡)'으로 기록하고 있다. 멸절당할 수밖에 없는 나라와 혈통을 재흥시키는 것은 왕자(王者)・패자(霸者)의 책무라고 했다. 여기서는 앞의 두 구절과 합치어 '왕패지재(王霸之才)'를 상징적으로 나타낸다. ○挐(나)−분란(紛亂). ○閨閤之禮(규합지례)−'규합(閨閤)'은 궁중의 소문(小門). 궁궐 안에서 행하는 의례를 가리킴이다. ○奧窔之閒(오

요지간)-'오(奧)'는 방의 서남쪽 귀퉁이, '요(窔)'는 동남쪽 귀퉁이. 방 안에서 하는 자질구레한 일을 뜻한다. ○佞巧(영교)-입으로만 그럴싸하게 말하는 교활함.

　군주는 만민의 눈을 이용하여 사물을 보고, 만민의 귀를 이용하여 소리를 들으며, 만민의 지혜를 이용하여 생각하고, 만민의 힘을 이용하여 움직이는 것이다. 그러기에 호령은 아래에까지 철저하게 전해져야 하고 민정(民情)은 위에 달하며 백관의 다스림은 서로 통합되고 뭇 신하는 군주를 중심으로 하여 움직이게 된다.

　마음에 들더라도 상을 내리지 않고, 마음에 거슬리더라도 주벌(誅罰)을 가하지 않는다. 그래야만 위엄이 서고 폐해지지 않으며, 총명이 빛나고 가려지지 않고, 법령은 밝혀지되 번잡스러워지지 않으며, 이목은 통달되되 어두워지지 않고 선악의 진상은 날로 목전에 나타나되 틀림이 없다.

　그러므로 현인은 그 지혜를 모두 짜내고 우자(愚者)는 그 힘을 다하며 은택은 모조리 행해지고, 뭇 신하는 힘쓰되 태만해지는 일이 없으며, 근린(近隣)은 그 생활이 안정되고 먼 나라는 그 덕을 사모하게 된다. 왜 이렇게 되느냐 하면 사람 임용하는 도(道)를 터득하고 있으면서 자신의 재지(才智)에 의존하지 않기 때문이다. 즉 거마(車馬)에 타는 자는 다리를 수고롭게 하지 않고도 천 리를 갈 수가 있고, 주집(舟檝)에 타는 자는 헤엄을 칠 줄 몰라도 강해(江海)를 건널 수 있는 것이다.

　대저 군주의 심정으로서, 천하의 지혜를 모으고 중인(衆人)의 힘을 다 쓰도록 하기를 원치 않는 자는 없다. 그러나 그럼에도 불구하고 뭇 신하가 그 뜻을 펴서 충성을 다하고자 하는 경우, 큰 고생을 하지 않고는, 해내는 경우가 아주 드물다.

　그 말이 옳다면 비록 베옷을 걸친 나무꾼 등 천인(賤人)의 말일지라도 버려서는 안 되며, 그 말이 옳지 않다면 비록 경상(卿相)이나 제후(諸侯)의 묘당에서 나오는 건의라 하더라도 받아들여서는 안 된다. 옳고 그름의 소재는 귀천존비(貴賤尊卑)에 의해 논할 일이 아니기 때문이다.

그러므로 명군(明君)이 뭇 신하의 헌책을 듣는 경우, 그 계략이 채용할 만한 것이라면 지위가 낮다고 하여 무시하지 말고, 그 말이 행해야 할 것이라면 그 하는 말이 서투르다 하여 책망하지 말아야 한다. 그런데 암군(暗君)은 그렇지 못하다. 총애하는 측근자의 말은 사곡부정(邪曲不正)하더라도 꿰뚫어보지를 못하고, 소원비천(疏遠卑賤)한 자의 말은 힘을 다하고 진심을 쏟아놓더라도 그 성의를 제대로 파악할 수가 없다.

그래서 진언하는 자가 있으면 말꼬리를 잡아서 궁지에 몰아넣고 간언하는 자가 있으면 죄를 뒤집어씌워서 처형한다. 이렇게 하면서도 덕을 천하에 비치고 만방(萬方)을 자기 지배하에 두고자 원하는데 그것은 마치 귀를 막고 청탁의 소리를 분별해 듣고, 눈을 가리고 청황(靑黃)의 색깔을 분별해 보려는 것과 같다. 총명을 떠나 있기 실로 먼 상태이다.

법은 천하의 규범이며 군주의 준칙이다. 법을 정하는 것은 무법자에게 법이 있음을 알리기 위함이며 상을 만들어 놓는 것은 상줄 사람에게 상을 주기 위함이다. 법이 정해진 다음 규정에 맞는 자를 상주고, 규칙을 지키지 않는 자는 처벌한다. 존귀한 자라 해도 그 벌을 경감해 주지 않고, 비천한 자라 해도 그 형을 더 가하지 않으며, 법을 범하는 자는 현인이라 하더라도 반드시 주벌(誅罰)하고, 법도를 지키는 자는 불초자라 하더라도 죄를 주지 않는다. 이렇게 해야만 비로소 공도(公道)는 통하며 사도(私道)는 막히게 된다.

原文 人主者, 以天下之目視, 以天下之耳聽, 以天下之智慮, 以天下之力動. 是故號令能下究, 而臣情得上聞, 百官脩通, 羣臣輻

湊. 喜不以賞賜, 怒不以罪誅. 是故威厲立而不廢, 聰明光而不蔽,
法令察而不苛, 耳目達而不闇, 善否之情, 日陳於前而無所逆. 是
故賢者盡其智, 而不肖者竭其力, 德澤兼覆而不偏, 羣臣勸務而不
怠. 近者安其性, 遠者懷其德. 所以然者何也. 得用人之道, 而不任
己之才也. 故假輿馬者, 足不勞而致千里, 乘舟檝者, 不能游而
絶江海.

夫人主之情, 莫不欲總海內之智, 盡衆人之力. 然而羣臣達志效
忠者, 希不困其身. 使言之而是也, 雖在褐夫芻蕘猶不可棄也. 使
言之而非也, 雖在卿相人君, 揄策于廟堂之上, 未必可用. 是非之
所在, 不可以貴賤尊卑論也.

是明主之聽於羣臣, 其計乃可用, 不羞其位, 其言而可行, 不責
其辯. 闇主則不然. 所愛習親近者, 雖邪枉不正, 不能見也. 疏遠卑
賤者, 竭力盡忠, 不能知也. 有言者, 窮之以辭, 有諫者, 誅之以罪.
如此而欲照海內存萬方, 是猶塞耳而聽淸濁, 掩目而視靑黃也, 其
離聰明, 則亦遠矣.

法者天下之度量, 而人主之準繩也. 縣法者, 法不法也. 設賞者,
賞當賞也. 法定之後, 中程者賞, 缺繩者誅. 尊貴者不輕其罰, 而卑
賤者不重其刑. 犯法者, 雖賢必誅, 中度者, 雖不肖必無罪. 是故公
道通而私道塞矣.

註解 ○輻湊(복주)─본편에 이미 나왔다. ○法令察而不苛(법령찰이불
가)─찰(察)은 명(明), 가(苛)는 번(煩). ○假輿馬者(가여마자)─≪순자(荀
子)≫ <권학(勸學)>에 따른다. 가(假)는 가(駕)로도 쓴다. ○絶江海(절
강해)─절(絶)은 과(過)와 같다. 강해(江海)를 건넌다는 뜻. ○褐夫(갈부)
─베옷 따위 허름한 옷을 입은 사람. ○芻蕘(추요)─추(芻)는 풀 베는 사
람, 요(蕘)는 나무꾼. 앞 구절과 합쳐 천한 사람이란 뜻. ○卿相人君(경

상인군)－인군(人君)은 국군(國君). ㅇ揄策于廟堂之上(유책우묘당지상)
－유(揄)는 책모를 내는 것.

옛사람이 관리(官吏)를 둔 것은 백성들이 방자해지는 것을 막기 위
함이었으며, 군주를 세운 것은 관리의 전횡을 제어하기 위함이었으며,
법전(法典)과 의례(儀禮)를 설정한 것은 군주의 독단을 억제하기 위
함이었다. 사람들 모두에게 자의로 행동하지 못하도록 할 수 있으면
도(道)가 이기고, 도가 이기면 이(理)가 통한다. 그럴 때에 무위(無爲)
로 되돌아간다. 무위란 응고정체(凝固停滯)된 채 아무것도 하지 않는
다는 뜻은 아니다. 방자하게 구는 행위가 없음을 가리키는 것이다.

대저 촌(寸)은 표(標)에서 생기고, 표는 형(形)에 의해서 생기며 형
은 경(景)에 의해서 생기고 경은 일(日)에 의해서 생긴다. 이것이 척
도(尺度)의 근본이다. 악(樂)은 음(音)에 의해서 생기고, 음은 율(律)
에 의해서 생기며, 율은 풍(風)에 의해서 생긴다. 이것이 음성의 근본
이다. 법(法)은 의(義)에 의해서 생기고, 의는 중인(衆人)의 적의(適
宜)로 여기는 곳에서 생기며, 중인의 적의는 사람의 마음에 따른다.
이것이 치도(治道)의 요체이다. 그러므로 근본에 통하는 자는 본절
(本節)에 문란하게 되는 일이 없고, 요점을 파악하는 자는 지엽(枝葉)
에 미혹당하는 일이 없다.

법은 하늘이 내려주는 것도 아니고, 땅에서 생겨난 것도 아니다. 사
람들의 사회에서 만들어지고 사람들이 반성하여 스스로 자신을 바로
잡는 계기가 된다. 그런 까닭에 자신이 법을 지킨다 하여 지키지 않
는 사람을 비난해서는 안 되며, 또 자신이 법을 지키지 않는다 하여
남에게 지키지 말 것을 요구해서는 안 된다.

아래에서 세운 법을 윗사람이라고 해서 지키지 않는 일이 있어서는

안 되고 백성들에게 금지시킨 것을 군주 자신이 안 지키겠다고 해서
도 안 된다. 세상에서 말하는 망국(亡國)이란 군주가 존재하지 않는
것이 아니라 법이 존재하지 않는 것이다. 법이 문란하다는 것은 법이
존재하지 않는 것이 아니라 법이 있더라도 쓰여지지 않아서 법이 없
는 것과 같은 상태에 있는 것을 말함이다.

그러므로 군주가 법을 세운 경우, 먼저 자신이 본보기를 보여주도
록 하면 그것에 의해 명령이 천하에서 행해진다. 공자(孔子)는 '그 몸
이 바르면 명령을 내리지 않아도 행해지고, 그 몸이 바르지 못하면 명
령을 내려도 따르지 않는다(其身正 不令而行. 其身不正 雖令不從)'
라고 했다. 즉 군주 자신이 법에서 금하는 것을 견뎌내며 범하지 않
는다면 그 명령은 민간에서도 행해지게 되는 것이다.

原文   古之置有司也, 所以禁民使不得自恣也. 其立君也, 所以削
有司使無專行也. 法籍禮義者, 所以禁君使無擅斷也. 人莫得自恣,
則道勝, 道勝而理達矣. 故反於無爲. 無爲者, 非謂其凝滯而不動
也. 以言其莫從己出也.

夫寸生於㮤, 㮤生於形, 形生於景, 景生於日. 此度之本也. 樂生
於音, 音生於律, 律生於風. 此聲之宗也. 法生於義, 義生於衆適,
衆適合於人心. 此治之要也. 故通於本者, 不亂於末, 覩於要者, 不
惑於詳.

法者非天墮, 非地生, 發於人閒, 而反以自正. 是故有諸己, 不非
諸人, 無諸己, 不求諸人. 所立於下者, 不廢於上, 所禁於民者, 不
行於身. 所謂亡國者, 非無君也, 無法也. 變法者, 非無法也, 有法
而不用, 與無法等. 是故人主之立法, 先以身爲檢式儀表, 故令行
於天下. 孔子曰, 其身正, 不令而行, 其身不正, 雖令不從. 故禁勝
於身, 則令行於民矣.

註解 ○人莫得自恣(인막득자자)─여기서 말하는 인(人)은 앞의 글에서 말하는 민(民)·유사(有司)·군(君)을 포함시키고 있는 것이리라. ○夫寸生於穮(부촌생어표)……此度之本也(차도지본야)─<천문훈>에 율도량형(律度量衡)의 기본 단위가 모두 자연계의 사상(事象)인 것을 설명하고 있는데, 이 부분의 기록도 그것에 바탕을 두고 있다. 표(穮)는 <천문훈>에서 말하는 '표(藁)'와 마찬가지로 벼의 까끄라기. 까끄라기 12개의 길이를 1푼(分), 10푼을 1촌(寸)으로 한다는 것이 이 설이다. 여기서는 척도(尺度)의 기준 단위를 촌(寸)으로 하고 그 촌(寸)이 표(穮)의 길이에 의해 정해졌다는 것, 그리고 그 표는 형(形)─경(景)─일(日)의 근원으로 소용된다. 이 서열은 다소 난해한데 요컨대 척도(尺度)는 촌(寸)─척(尺)─장(丈)이라고 하는 것처럼 십진(十進)이란 점에서 그 기원을 일(日 : 十干)에서 구하고, 일에서 표에 이르는 중간에 경(景)·형(形 : 가장 원초적인 형체)을 배치한 것이리라. 다음으로 악(樂)의 기원이 풍(風)에 있다고 하는 것도 같은 발상이다. ○樂生於音(악생어음)……律生於風(율생어풍)─음(音)에는 8음정이 있으며(<천문훈>) 풍(風)에는 8풍이 있다(<천문훈>)는 점에서 악(樂)의 근원을 풍이라고 한 것이리라. <천문훈>에서는 척도의 기준 단위를 율장(律長)에서 구하며, 1푼(分 : 1寸의 10분의 1)을 12표(藁)라 칭하고 율(律)의 기원을 표(藁 : 穮)에 두었는데 여기의 것과는 관계가 없다. ○變法者(변법자)……─이 글은 다소 애매하다. 망국(亡國)까지는 안되었지만 무법상태인 나라를 가리키는 것이리라. 그러므로 '변법(變法)'은 난법(亂法 : 즉 無法과 마찬가지)의 뜻으로 풀이했다. ○檢式儀表(검식의표)─모두 규범이란 의미. ○孔子曰(공자왈)……─≪논어(論語)≫ <자로(子路)>에 있는 글이다.

성군(聖君)의 정치는 마치 명인인 조보(造父)가 말을 제어하는 것과 같다. 고삐를 꽉 잡은 다음에는 말의 입과 재갈의 조화가 잡히도록 하여 완급을 조절하고 가슴속으로 정도(程度)를 생각하면서 손에 채찍을 잡고, 안으로는 자기 마음에 만족스럽고 밖으로는 말의 기분에 딱 들어맞도록 한다.

그리하여 전진과 후퇴할 때는, 먹줄을 밟고 가듯 하고 선회할 때에는 정원(正圓)을 그리듯 하는데 먼 길을 달리더라도 기력이 아직 남아 있는 것은 실로 지묘(至妙)의 술(術)을 터득했기 때문이다.

이것으로 볼진대 권세란 것은 군주에게 있어 거가(車駕)와 같은 것이며, 대신(大臣)이란 군주에게 있어 사마(駟馬)와 같은 것이다. 몸이 거마의 평안함을 떠나고, 손이 사마의 마음을 잃었는데도 위험에 처하지 아니했던 자는 고금을 통하여 있었던 적이 없다.

그런 까닭에 수레와 말이 조화를 이루지 못하면 왕량(王良)과 같은 어자(御者)의 명인이라 하더라도 길을 갈 수가 없으며, 군신(君臣)이 화합하지 못하면 요순(堯舜)과 같은 성제(聖帝)라 하더라도 세상을 다스릴 수가 없다. 술(術)에 의해 제어하면 관중(管仲)·안영(晏嬰)의 지혜도 이윽고는 바닥이 나버리고 말지만 분수를 밝힌다면 도척(盜跖)·장교(莊蹻)처럼 간악한 자도 행하지 못하게 된다.

대저 우물 난간에서 우물 바닥을 살핀다면, 제아무리 시력(視力)이 뛰어난 사람이더라도 눈동자를 볼 수 없지만, 거울의 밝은 면으로 보면 미세한 곳까지 확실히 볼 수가 있다. 이처럼 명군(明君)의 이목(耳目)은 피로해질 줄 모르고, 정신은 쇠진되는 것을 모르며, 물체가 이르면 그 추이(推移)를 보고 취하고, 일이 일어나면 그 변화에 즉응(卽應)하므로 원근에 관계없이 잘 다스려지어 문란해지는 일이 없다. 즉 우연의 세(勢)에 의지하는 일이 없고, 필연적 도(道)를 행하는 까닭에 하는 일마다 오류가 없는 것이다.

예를 들면 말을 모는 데 말의 몸은 수레와 조화되고, 어자(御者)의 마음은 말과 호흡이 맞을 경우, 험난하고 먼 길을 달려도, 그리고 진퇴주회(進退周回)하는 데도 뜻대로 안 되는 일이 없다. 그러나 기기(騏驥)·녹이(騄駬)와 같은 양마(良馬)가 있더라도 보잘것없는 노예가 몰면 말은 제멋대로 움직이어 손을 쓸 수가 없다. 즉 치정(治政)에는 옳다고 여기는 것을 귀하게 생각하는 것이 아니라, 나쁘다고 생각되는 것을 하지 않음을 귀하게 여기는 것이다.

그러기에 다음과 같이 말했다. '욕구(欲求)를 취하지 말라고 하기보다 우선 욕구를 일으키지 않도록 하라. 쟁탈(爭奪)을 하지 말라기보다 먼저 쟁탈이 일어나지 않도록 하라'라고. 이렇게 되면 인재를 버리더라도 공도(公道)가 행해진다. 재지(才智)가 남아도는 사람은 적당한 선에서 멈추고 부족 되는 사람도 쓸모가 있어진다. 이렇게 할 때 비로소 천하는 하나가 된다.

原文 聖主之治也, 其猶造父之御. 齊輯之于轡銜之際, 而急緩之于脣吻之和, 正度于胸臆之中, 而執節于掌握之間, 內得於中心, 外合於馬志. 是故能進退履繩, 而旋曲中規, 取道致遠, 而氣力有餘.

誠得其術也. 是故權勢者人主之車輿也, 大臣者人主之駟馬也. 體離車輿之安, 而手失駟馬之心, 而能不危者, 古今未有也. 是故輿馬不調, 王良不足以取道, 君臣不和, 唐虞不能以爲治. 執術而御之, 則管晏之智盡矣, 明分以示之, 則蹠蹻之姦止矣.

夫據軒而窺井底, 雖達視, 猶不能見其晴, 借明於鑑以照之, 則寸分可得而察也. 是故明主之耳目不勞, 精神不竭. 物至而觀其變, 事來而應其化. 近者不亂, 遠者治也. 是故不用適然之數, 而行必然之道. 故萬擧而無遺策矣.

今夫御者, 馬體調于車, 御心和于馬, 則歷險致遠, 進退周游, 莫不如志. 雖有騏驥騄駬之良, 臧獲御之, 則馬反自恣, 而人弗能制矣. 故治者不貴其自是, 而貴其不得爲非也. 故曰, 勿使可欲, 毋曰

弗求. 勿使可奪, 毋曰不爭. 如此則人材釋, 而公道行矣. 羨者止於
度, 而不足者逮於用. 故海內可一也.

<u>註解</u> ○造父(조보)―본편에서 이미 설명했다. ○轡銜(비함)―재갈과 고
삐. ○駟馬(사마)―수레를 끄는 네 마리의 말. ○王良(왕량)―<남명훈(覽
冥訓)> 참조. ○蹠蹻(척교)―도척(盜蹠 : 盜跖)과 장교(莊蹻). 대도(大盜)
로 알려진 자들이다. 도척의 이름은 특히 ≪장자≫ <도척편(盜跖篇)>에
의해 알려졌으며, 장교는 초(楚)나라 위왕(威王)의 장군으로 능력이 있었
으나 크게 도둑질을 했다. ○榦(간)―우물 위에 나무를 사각형 모양으로
짜놓은 난간. ○遺策(유책)―실계(失計). 오류를 범하는 것. ○臧獲(장획)―
노예. ○勿使可欲(물사가욕)……毋曰不爭(무왈부쟁)―1구(句)와 2구, 그
리고 3구와 4구를 각각 바꿔서 해석했다. 욕구・쟁탈을 금지시키는 것보
다 그것이 일어나지 않는 상태로 만드는 것이 중요하다는 뜻이다.

 대저 맡은 직분에서 일처리하는 것을 고려하지 않으면서 오로지 세
평(世評)에 의해 판단을 하고, 공무 처리하는 실적을 무시하고 오로
지 붕당을 채용하면 기재(奇才)있는 자가 발탁되어 서열을 뛰어넘고,
관직을 충실하게 지키는 자는 가려져서 승진을 못하게 된다. 이렇게
되면 나라 안에 있어서는 백성들의 풍속이 문란해지고 조정에 있어서
는 신하가 서로 공을 다툰다.
 그런데 법률과 도량(度量)이란 것은 군주가 아랫사람을 제어하는
수단인 것이다. 이것을 버리고 사용하지 않는 것은 마치 고삐를 잡지
않고 말을 달리게 하는 것과 같아서 군신(群臣)과 백성들은 도리어
군주를 우롱할 것이다. 즉 술(術)이 있으면 백성들을 제어할 수 있고,
술이 없으면 백성들에게 제어받는다는 것이다.

배를 삼킬 만한 큰 물고기도 함부로 움직이다가 물을 잃게 되면 작은 개미들에게 당하는 것은 있어야 할 장소를 떠났기 때문이다. 원숭이도 나무에서 떨어지면 여우·고양이에게 잡히는 것은 그곳이 거할 곳이 아니기 때문이다.

군주가 지켜야 할 분수를 버리고 신하와 그 공(功)을 다투면 관리들은 그 지위를 유지하기 위해 아무 일도 하지 않고, 직분을 지키려는 사람은 군주의 마음에 들기만을 원하며 영달하게 된다. 이렇게 되어 가지고는, 신하는 지모(智謀)를 감춘 채 쓰지를 않으면서 도리어 그 책임을 군주에게 전가하려 할 것이다.

부귀한 신하까지 열심히 일을 하고 사리(事理)에 통달한 신하들까지 열심히 고찰을 하며, 교만하고 방자한 신하까지 공경을 하는 것은 그 권세가 군주에게 미치지 못하기 때문이다. 그렇건만도 군주가 신하의 재능에 맡기려 하지 않고 스스로 일하기를 좋아하다가는 날로 그 지능을 다 쓴 다음 스스로 그 책임을 지게 될 것이다.

그 술책(術策)이 아랫사람들이나 해야 하는 자질구레한 일로 소진되어 버린다면 도저히 도(道)를 펴나갈 수가 없고, 국사(國事)에 힘을 쏟다가 지쳐 버린다면 권제(權制)를 전단(專斷)할 수가 없다. 지모는 나라를 다스리는 데 부족되고, 위세는 주벌(誅罰)을 행하는 데 부족되면 신하에게 도저히 군림할 수가 없다.

군주의 희로(喜怒)가 마음속에 형성되고 기욕(嗜欲)이 밖으로 나타나면 관직에 있는 자는 정도(正道)를 떠나 윗사람에게 아첨하며 관리는 법을 굽히어 군주의 위풍에 따르게 됨으로써 공이 없는 자가 상을 받고 죄없는 자가 죽게 되며, 상하의 마음은 이반(離反)되고 군신 간(君臣間)은 서로 원망한다.

이렇게 해서 집정관(執政官)은 군주에게 영합하고 잘못이 있더라도 책망하지 않으며 죄가 있더라도 벌을 주지 않아서 백관들은 난맥상의 극에 도달하는데 아무리 지모에 빼어난 군주라 하더라도 이를 바로잡을 수가 없고, 훼예(毀譽)의 풍평(風評)이 속발(續發)되어 아무리 명철한 군주라 하더라도 시비의 판단을 내릴 수 없게 된다.

근본을 바르게 하려 하지 않고 반대로 미봉하는 데만 급급하면 군주는 마침내 고생을 하게 되고 신하들은 이윽고 게을러진다. 이렇게 되면 마치 조리사(調理師) 대신 희생물의 가죽을 벗겨주고 목수를 위해 나무를 깎아 주는 것과 같다.

말과 경주를 하는 데는 다리의 힘줄이 끊어져도 따라갈 수가 없지만 수레 위에 올라타고 고삐를 잡으면 말은 멍에 밑에서 굴복한다. 즉 백락(伯樂)이 말을 감별하고 왕량(王良)이 어자(御者)가 되며 명주(明主)는 이 수레를 타는 식이어서 감별하거나 말을 몰아야 할 수고도 없이 천리를 달릴 수 있다. 이것은 사람의 재능을 이용하되 내 날개로 삼기 때문이다.

그러므로 군주된 사람은 무위(無爲)로서 도(道)를 지키고 원칙을 확립하며 사호(私好)를 가지지 않을 일이다. 일을 시키면 참언(讒言)하는 자가 생기고 사호(私好)를 가지면 아첨하는 자가 나타난다.

그 옛날 제(齊)나라 환공(桓公)이 미식(美食)을 좋아했는데 역아(易牙)는 자기 장남(長男)을 요리해서 수라상 위에 놓았고, 우(虞)나라 군주가 보물을 좋아하자 진(晉)나라 헌공(獻公)은 벽(璧)과 말[馬]로 우나라 군주를 속였으며, 호왕(胡王)이 음악을 좋아했으므로 진(秦)나라 목공(穆公)은 여악(女樂)으로 호왕을 유혹했던 것이다.

이상은 모두 군주들이 목전의 이익으로 인하여 남들에게 제압당했던 실례(實例)이다. 그러므로 '잘 세워 놓으면 뽑히지 않는다(善建者不拔：≪노자(老子)≫ 제54장)'.

대저 뜨거운 불도 물을 가지고 끌 수가 있고, 딱딱한 금속도 불에는 녹는다. 질긴 나무도 도끼로 자를 수 있으며 흐르는 물도 흙으로 막을 수가 있다. (그러나) 조물주에게는 그 어느 것도 이길 수가 없다. 안에 있는 정욕을 밖으로 드러내지 않는 것을 경(扃)이라고 하며, 밖의 사악(邪惡)을 안에 들어오지 못하도록 하는 것을 폐(閉)라고 한다. 안을 경(扃)하고 밖을 폐(閉)하면 그 어느 것도 절도에 따른다. 밖을 폐하고 안을 경하면 그 어느 것도 성취한다.

　사용하지 않고도 대용(大用)을 이루어 내고, 하지 아니하고도 대위(大爲)를 가져오는 것이다. 정신은 피로해지면 산일(散佚)하고 이목(耳目)은 (外界의 유혹에) 빠지면 (그 기능이) 감퇴된다.

　그러므로 유도(有道)의 군주는 상의(想意)를 떠나 마음을 청허(淸虛)하게 가지고 수신(受身)에 접하며 신하를 대신해서 말을 한다거나 신하의 일을 뺏고자 하지 않으며, 명(名 : 官職)에 따라 실효를 책망하고 신하 자신에게 담당시키며, 임명만 할 뿐 말을 하지 않고, 그 성패를 책망할 뿐이다. 모르는 것을 도(道)로 삼고 왜 그러냐고 묻는 것을 보배로 친다. 이렇게 해야만 비로소 백관들은 각기 직무를 준수하는 것이다.

原文　夫釋職事而聽非譽, 棄公勞而用朋黨, 則奇材佻長而干次, 守官者雍遏而不進. 如此則民俗亂於國, 而功臣爭於朝. 故法律度量者, 人主之所以執下. 釋之而不用, 是猶無轡銜而馳也, 羣臣百姓, 反弄其上. 是故有術則制人, 無術則制於人.

　呑舟之魚, 蕩而失水, 則制於螻蟻, 離其居也. 猨狖失木, 而擒於狐狸, 非其處也. 君人者, 釋所守而與臣下爭, 則有司以無爲持位, 守職者以從君取容. 是以人臣藏智而弗用, 反以事轉任其上矣.

　夫富貴者之於勞也, 達事者之於察也, 驕恣者之於恭也, 勢不及君. 君人者, 不任能而好自爲之, 則智日困而自負其責也. 數窮於下, 則不能伸理. 行墮於國, 則不能專制. 智不足以爲治, 威不足以行誅, 則無以與下交也.

喜怒形於心者欲見於外, 則守職者離正而阿上, 有司枉法而從風, 賞不當功, 誅不應罪, 上下離心, 而君臣相怨也. 是以執政阿主, 而有過則無以責之, 有罪而不誅, 則百官煩亂, 智弗能解也, 毁譽萌生, 而明不能照也. 不正本而反自脩, 則人主逾勞, 人臣逾逸. 是猶代庖宰剝牲, 而爲大匠斲也.

與馬競走, 筋絶而弗能及. 上車執轡, 則馬死于衡下. 故伯樂相之, 王良御之, 明主乘之, 無御相之勞而致千里者, 乘於人資, 以爲羽翼也.

是故君人者, 無爲而有守也, 有立而無好也. 有爲則讒生, 有好則諛起. 昔者齊桓公好味, 而易牙烹其首子而餌之, 虞君好寶, 而晉獻以璧馬鈞之, 胡王好音, 而秦穆公以女樂誘之. 是皆以利見制於人也. 故善建者不拔.

夫火熱而水滅之, 金剛而火銷之, 木强而斧伐之, 水流而土遏之. 唯造化者, 物莫能勝也. 故中欲不出, 謂之扃, 外邪不入, 謂之閉. 中扃外閉, 何事之不節. 外閉中扃, 何事之不成. 弗用而後能用之, 弗爲而後能爲之. 精神勞則越, 耳目淫則竭.

故有道之主, 滅想去意, 淸虛以待, 不代之言, 不奪之事, 循名責實, 使自司, 任而弗詔, 責而弗敎, 以不知爲道, 以奈何爲寶. 如此則百官之事, 各有所守矣.

註解　○奇材(기재)―풀이하기 어려운 말인데, 요는 법가적(法家的)인 통치기구 속에서 볼 수 있는 아주 특이한 인재를 가리키는 것 같다. 예를 들면 독심술(讀心術)에 뛰어난 자, 변설이 교묘하고 설득력에 빼어난 자, 영리하고 눈앞의 일을 꿰뚫어보는 자. ○佻長(조장)―기고만장하며 홀로 득의만면하는 것. ○代庖宰剝牲(대포재박생)―≪장자≫ <소요유(逍遙遊)>

에 '요리사가 요리를 잘못한다 하여 시동(尸童)이나 신주(神主)가 술단지
와 고기 그릇을 넘어가서 그를 대신할 수는 없는 일이다(庖人雖不治庖
尸祝不越樽俎而代之矣)'라고 되어 있는 말에 근거한다. ○爲大匠斲(위
대장착)−≪노자≫ 제74장에 근거한다. ○伯樂(백락)−양마(良馬)를 감
별하는 데 뛰어났었다고 전해지는 인물. <도응훈(道應訓)>에서는 진(秦)
나라 목공(穆公) 때의 사람이라고 했다. ○齊桓公(제환공)……−같은 취지
의 글이 ≪관자(管子)≫ <소칭편(小稱篇)>, ≪한비자(韓非子)≫ <이병
(二柄)> <십과(十過)> <난일(難一)> 등 여러 편에 보인다. 역아(易牙)
는 <정신훈>에서 설명했다. ○虞君(우군)……−≪좌전(左傳)≫ 희공(僖公)
2년조에 상세히 나와 있다. ○胡王(호왕)……−같은 취지의 이야기가 ≪한
비자≫ <십과>에 보인다. 이상 세 가지 이야기는 <정신훈>에 나온 바
있다. ○中扃外閉(중경외폐)−경(扃)은 빗장을 가리키며 동사(動詞)로는
'폐(閉)'와 같은 말인데 폐(閉)에 비해서 말하는 경우 안에서 자신을 막는
다는 의미이다. ≪여씨춘추(呂氏春秋)≫ <심분람(審分覽)> 군수편(君守
篇)에 '안에 있는 것이 밖으로 드러나지 않기를 바라는 것을 경(扃)이라 하
고, 밖의 것이 안으로 들어오지 않기를 바라는 것을 폐(閉)라고 한다(中
欲不出謂之扃, 外欲不入謂之閉)'라고 되어 있다.

　　권세의 자루[柄]를 잡으면 백성을 쉽게 교화(敎化)시킬 수 있다.
위군(衛君)이 자로(子路)를 부릴 수 있었던 것은 그 권세가 무거웠기
때문이다. 제(齊)나라 환공(桓公)・경공(景公)이 관중(管仲)과 안영
(晏嬰)을 신하로 썼던 것은 그 위(位)가 존귀했기 때문이다. 이처럼
겁많은 자가 용맹스런 자를 복종시키고 어리석은 사람이 지혜있는 사
람을 제어하는 것은 자기 몸에 권세가 있기 때문이다.
　　대저 가지는 줄기보다 크게 될 수가 없고, 말단은 근본보다 강하게
될 수 없음은 경중대소(輕重大小) 사이에 서로 제압하고 제압당하는

기능이 있음을 말해주는 것이다. 다섯 개의 손가락이 손목에 붙어 있으면서 때리고, 당기고, 잡고 끼는 등, 손목의 뜻대로 기능하는 것, 이것을 소(小)가 대(大)에 종속된다고 한다.

그러므로 권세의 이(利)를 얻은 자는 자기가 지니고 있는 권력이 아주 작더라도 대사업(大事業)을 감당해 내고, 자신을 지켜 주는 권한이 아주 약소하더라도 광범위한 것을 제압할 수가 있다. 대저 열 아름의 나무가 천균(千鈞)의 지붕을 지탱하고 5촌(寸)의 빗장이 개폐(開閉)를 제어할 수 있는 것은 그 재료의 크기가 그런 일을 하기에 알맞기 때문일까? 그 재료가 요처에 놓여 있기 때문이다.

공구(孔丘)와 묵적(墨翟)은 선성(先聖)의 술(術)을 닦아서 익히고 육예(六藝)의 학(學)에 통하여, 입으로는 그 언설을 말하고 몸으로는 그 의지를 실천했는데, 그들의 뜻을 사모하는 풍조를 따라 제자로서 복속했던 자는 불과 수십 명에 지나지 않았다. 가령 천자(天子)의 자리에 앉았다고 하면 천하는 모두 유묵화(儒墨化)되고 말았으리라.

초(楚)나라 장왕(莊王)이 문무외(文無畏)가 송(宋)나라에서 죽음당한 일을 슬퍼하던 나머지 소매를 휘두르며 일어서자 (群臣 모두가 앞다투어 따랐기 때문에) 그 의관(衣冠)들이 길을 메우더니 이윽고는 송나라 성(城) 밑으로 군사를 진군시키기에 이르렀다. 이것도 그 권병(權柄)이 무거웠기 때문임에 다름 아니다.

초나라 문왕(文王)이 해치(獬豸) 관(冠)을 즐겨 쓰자, 초나라 사람들은 모두 이를 흉내냈다. 조(趙)나라 무령왕(武靈王)이 조개로 장식한 띠를 띠고 준주(鶬䴔)로 장식한 옷을 입고 조회에 참석하자 조나라 사람들은 모두 이것에 따랐다. 그러나 이들이 필부포의(匹夫布衣)였더라면 해관(獬冠)을 쓰고 패대(貝帶)를 매고 준주의 옷을 입고 조회에 나갈 경우 비웃음거리가 되었을 것은 두말할 나위도 없다.

대저 백성들이 선(善)을 좋아하고 정(正)을 즐거워하며 금령주벌

(禁令誅罰)이 없어도 각자 스스로 법도를 잘 지킨다는 경우는 만에 하나도 없다. 반드시 하라는 명령을 내리고, 이것에 따르는 자는 이로울 것이지만, 이것에 따르지 않는 자는 해로울 것이라고 언급해 놓으면 그 날의 해가 지기 전에 천하는 법승(法繩)에 따르지 않는 자가 없을 것이다.

검(劍)의 날을 쥐고 있다면 북궁자(北宮子)·사마괴궤(司馬蒯蕢)의 무용을 가지고도 적에게 대응할 수 없으리라. 그러나 자루를 잡고 칼끝을 들어 올리면 보통 사람이라 하더라도 이길 수 있을 것이다. 또 오획(烏獲)과 적번(藉蕃)과 같은 장사에게 소꼬리를 잡고 몰라고 하면, 소꼬리가 끊어지더라도 소를 몰 수 없을 것인데 그것은 방향이 반대이기 때문이다.

그러나 손가락만한 굵기의 뽕나무 가지로 (소의) 코를 꿰면 5척(尺) 동자라 하더라도 (소를) 몰면서 천하를 돌아다닐 수 있을 것인데 그것은 순리이기 때문이다. 대저 불과 7척의 노로 배를 좌우(左右) 자재로 조종할 수 있는 것은 물을 이용하기 때문이다. 천자가 말을 하면 그 명령이 행해지고, 금지하는 것은 금지되는 것은 중인(衆人)의 세(勢)를 타고 있기에 그처럼 되는 것이다.

原文 攝權勢之柄, 其於化民易矣. 衛君役子路, 權重也. 桓景臣管晏, 位尊也. 怯服勇, 而愚制智, 其所託勢者勝也. 故枝不得大於榦, 末不得强於本, 言輕重小大有以相制也. 若五指之屬於臂, 搏援獲捷, 莫不如志. 言以小屬於大也. 是故得勢之利者, 所持甚小, 所任甚大, 所守甚約, 所制甚廣. 是故十圍之木, 持千鈞之屋, 五寸之鍵, 能制開闔. 豈其材之巨小足哉. 所居要也.

孔丘·墨翟, 脩先聖之術, 通六藝之論, 口道其言, 身行其志, 慕義從風而爲之服役者, 不過數十人. 使居天子之位, 則天下徧爲儒

墨矣. 楚莊王傷文無畏之死於宋也, 奮袂而起, 衣冠相連於道, 遂
成軍宋城之下, 權柄重也. 楚文王好服獬冠, 楚國效之, 趙武靈王
貝帶鵕鸃而朝, 趙國化之. 使在匹夫布衣, 雖冠獬冠, 帶貝帶, 鵕鸃
而朝, 則不免爲人笑也.

　夫民之好善樂正, 不待禁誅, 而自中法度者, 萬無一也. 下必行之
令, 從之者利, 逆之者凶, 日陰未移, 而海內莫不被繩矣. 故握劍鋒,
以雖北宮子・司馬蒯蕢, 不可使應敵. 操其觚, 招其末, 則庸人能以
制勝. 今使烏獲・藉蕃, 從後牽牛尾, 尾絕而不從者, 逆也. 若指之
桑條, 以貫其鼻, 則五尺童子牽而周四海者順也. 夫七尺之橈, 而制
船之左右者, 以水爲資. 天子發號, 令行禁止, 以衆爲勢也.

註解　　○衛君役子路(위군역자로)－자로는 위나라 대부(大夫) 공회(孔
悝)의 읍재(邑宰)가 되었는데 위나라 내란에 휘말리어 비참한 최후를 맞
게 되었다(≪史記≫ <仲尼弟子列傳>). ○楚莊王(초장왕)……－초나라 사
자(使者)로 제(齊)나라에 갔던 대부 문무외(文無畏)가 돌아오던 중 송
(宋)나라에서 죽음을 당했다. 이 일로 상심하던 장왕(莊王)은 곧 군사를
일으켜 송나라를 쳤다는 것이 이야기의 골자이다. 같은 내용의 글이 ≪여
씨춘추(呂氏春秋)≫ <시군람(恃君覽)> 행론(行論)에 보이는데 거기서는
'소매를 털고 일어나 마당 앞에 이르러서야 비로소 신을 신고 침문(寢門)
밖에 이르러서야 비로소 칼을 차고 …… 드디어 교외에 머물면서 군대를
일으키어 송나라를 포위했다(投袂而起 履及諸庭 劍及諸門 …… 遂舍於
郊 興師圍宋)'로 되어 있어서 다소 다른데 아마도 ≪회남자≫의 기록이
맞을 듯하다. 단, ≪여씨춘추≫에서는 죽음을 당한 신하의 원수를 갚은
장왕을 따뜻한 인정이 있는 사람으로 칭송하고 있는데 여기서는 군주의 권
위를 나타내는 예화로 다루고 있다. ○獬冠(해관)－해치(獬豸)의 관(冠).
해치는 상상상의 일각수(一角獸). 정사(正邪)의 구별을 잘하는데 뿔로 사
인(邪人)을 받고 또 불의한 사람을 문다고 했다. 그러므로 사법관의 관

(冠)으로 삼았다. 어사(御史)의 관과 같다. ○貝帶鵔鸃(패대준주)－조개로 장식한 띠, 준주(鵔鸃 : 새 이름)로 만든 옷. 모두 호지(胡地)의 복장. 조(趙)나라 무령왕(武靈王)이 호복(胡服)을 입었다는 고사는 ≪사기≫ <조세가(趙世家)>, ≪전국책(戰國策)≫ <조책(趙策)>에 보인다. ○北宮子(북궁자)－제(齊)나라 사람. ≪맹자(孟子)≫ <공손추(公孫丑)> 상(上)에서 말하는 북궁유(北宮黝)를 가리킨다. ○司馬蒯瞶(사마괴궤)－조나라 사람으로서 격검(擊劍)을 잘하여 유명했다. ○使烏獲(사오획)·藉蕃(적번)……－오획은 큰 힘을 가진 사람으로 알려져 있는데 그 이름은 ≪맹자≫ <고자(告子)> 하(下)와 ≪순자(荀子)≫ <부국편(富國篇)>에 보인다. 또 ≪사기≫ <진본기(秦本紀)>에는 진나라 무왕(武王) 때의 역사(力士)라고 했다. 같은 내용의 글이 ≪여씨춘추≫ <맹춘기(孟春紀)> 중기편(重己篇)에 있다.

대저 백성들에게 해로운 것을 막고, 백성들에게 이로운 것을 터주면 군주의 위령(威令)은 저수지의 둑을 잘라놓은 것처럼 도도히 흘러간다. 즉 흐름을 타고 내려가면 빨리 도달하고, 바람을 등에 지고 달리면 먼 곳까지 갈 수 있는 것이 도리이다.

제(齊)나라 환공(桓公)이 정치를 함에 있어 고기 먹는 짐승과 곡식 먹는 새 등을 기르지 아니하고 또 그런 것들을 잡는 그물까지 없앴는데 이 세 가지 일만으로도 백성들은 그 정치를 기뻐했다. 은(殷)나라 주왕(紂王)은 왕자(王子) 비간(比干)을 죽였는데 이로써 골육지친의 원망을 샀고, 이른 아침에 강 건너는 자의 정강이를 잘랐다가 만민에게 반발을 샀는데 이 두 가지 일로 인하여 천하를 잃었다.

이런 일로 볼 때 의(義)란 모든 천하의 백성을 이롭게 하는 것은 아니고, 한 사람을 이롭게 하는 것만으로도 천하는 그 풍화(風化)를 따르게 되는 것이다. 폭(暴)이란 천하 만민을 해롭게 하는 것은 아니고 한 사람을 해치는 것만으로도 천하는 이반(離叛)하는 것이다.

그러므로 환공은 세 가지 일을 했을 뿐이건만 제후(諸侯)들을 구합(九合)하여 패자(覇者)가 되었고, 주왕은 두 가지 일을 행했을 뿐인데도 필부(匹夫)로 살아갈 수조차 없었다. 그렇다면 그 일거일동에 세심한 주의를 기울이지 않으면 안 된다.

군주가 백성에게 조세(租稅)를 부과할 때는 반드시 먼저 그 해의 실수입을 계산하여 징수할 것이로되 또 백성들의 축적(蓄積)을 계산하고 풍년인지 흉년인지, 남아도는지 부족한지 등을 알아낸 연후에 거여의식(車輿衣食)의 비용까지 산출하고 그 욕구를 충족할 수 있도록 배려한다. 고루(高樓)와 층각(層閣)이 치솟아 있고 그런 것들이 즐비하게 늘어서 있는 것은 분명 장려(壯麗)하다.

그러나 백성들은 동굴협려(洞窟狹廬)의 주거(住居)조차 없다면 명주(明主)는 결코 그런 것들을 즐기지 않는다. 비육농주(肥肉濃酒), 감미유효(甘味柔肴)는 분명 미식(美食)이다. 그러나 백성들이 조강두곡(糟糠豆穀)조차 입에 넣을 것이 없다면 명주는 이것을 미식이라고 하지 않는다. 편안한 침대와 부드러운 깔개는 분명 쾌적하다. 그러나 백성들이 변경의 성새(城塞)에 거하고 위난을 당하여 택야(澤野)에서 죽어 그 시체가 말라가는 경우라면 명주는 이것을 안락하다고 하지 않는다.

그러므로 옛날의 군주가 그 백성들을 걱정하고 긍휼히 여기기는, 나라 안에 굶는 자가 있으면 일채(一菜)로 식사를 하고 맛있게 만들지 않았으며, 백성 중 얼어 죽는 자가 있으면 겨울철에도 모피 옷을 걸치지 않았다. 햇곡식이 여물어 백성들의 생활이 풍요해져야 비로소 종고(鐘鼓)의 악기를 걸고 간척(干戚)의 무구(舞具)를 갖추어 군신 상하가 마음을 같이하면서 이를 즐기는데 나라 안에 비애(悲哀)하는 사람이 없어진다.

즉 옛날 사람이 금석관현(金石管弦)을 연주한 것은 즐거움의 정을
발양시키는 수단이었고, 병혁부월(兵革斧鉞)의 전구(戰具)는 분노함
을 나타내는 수단이었으며, 상작(觴酌)·조두(俎豆)의 예기(禮器)라
든가 헌수(獻酬)의 의례는 모두 기쁨을 나타내는 수단이었고, 최질(衰
絰)·저장(苴杖)의 상복(喪服)이라든가 벽용(辟踊)·곡읍(哭泣)의 의
례는 애통함을 나타내는 수단이었다. 이런 것들은 모두 내심에 희로애
락의 정이 가득 차 있어서 그것이 밖으로 나타나 모습을 이루는 것이다.

그런데 난주(亂主)는 백성들에게서 수탈할 때 그 힘을 생각하지 않
고, 아랫사람들에게서 주구(誅求)함에 있어 그 축적(蓄積)을 헤아리
지 않는다. 그래서 남성은 경작하는 데에, 여성은 길쌈하는 데에 온
힘을 다 쏟지만 그래도 위에서 요구하는 것을 다 바칠 수가 없다. 열
심히 일을 해도 재산은 줄어들고 군신(君臣)은 서로 미워한다.

이렇게 해서 백성은 입술이 타고 간(肝)이 부글부글 끓는 듯한 고생
을 거듭해도 오늘만이 있을 뿐 내일의 끼니는 없다는 상황에 이른다. 그
러면서도 대종(大鐘)을 두드리고 명고(鳴鼓)를 치며 우생(竽笙)을 불
고 금슬(琴瑟)을 뜯는다. 이렇게 되면 갑주(甲冑)를 입고 종묘(宗廟)에
들어가고, 얇은 비단옷을 걸치고 전쟁터에 나가는 것과 같은즉 음악의
본뜻을 상실하고 있는 것이다.

原文 夫防民之所害, 開民之所利, 威行也, 若發城決塘. 故循流
而下, 易以至, 背風而馳, 易以遠. 桓公立政, 去食肉之獸, 食粟之
鳥, 係罝之網, 三擧而百姓說. 紂殺王子比干而骨肉怨, 斮朝涉者
之脛而萬民叛, 再擧而天下失矣. 故義者非能徧利天下之民也. 利
一人而天下從風. 暴者非盡害海内之衆也. 害一人而天下離叛. 故
桓公三擧而九合諸侯, 紂再擧而不得爲匹夫. 故擧錯不可不審.

　人主租斂於民也, 必先計歲收, 量民積聚, 知饒饉有餘不足之數,

然後取車輿衣食, 供養其欲. 高臺層榭, 接屋連閣, 非不麗也. 然民無堀室狹廬, 所以託身者, 明主弗樂也. 肥醲甘脆, 非不美也. 然民有糟糠菽粟, 不接於口者, 則明主弗甘也. 匡牀蒻席, 非不寧也. 然民有處邊城, 犯危難, 澤死暴骸者, 明主弗安也.

　故古之君人者, 其慘怛於民也, 國有饑者, 食不重味, 民有寒者, 而冬不被裘. 歲登民豐, 乃始縣鐘鼓, 陳干戚, 君臣上下, 同心而樂之, 國無哀人. 故古之爲金石管絃者, 所以宣樂也. 兵革斧鉞者, 所以飾怒也, 觴酌俎豆酬酢之禮, 所以效喜也. 衰絰菅屨, 辟踊哭泣, 所以諭哀也. 此皆有充於內而成像於外. 及至亂主, 取民則不裁其力, 求於下則不量其積. 男女不得事耕織之業, 以供上之求. 力勤財匱, 君臣相疾也. 故民至於焦脣沸肝, 有今無儲. 而乃始撞大鐘, 擊鳴鼓, 吹竽笙, 彈琴瑟. 是猶貫甲冑而入宗廟, 被羅紈而從軍旅. 失樂之所由生矣.

註解　○若發城決塘(약발함결당)－함(城)·당(塘) 모두 유수지(溜水池). ○係罝之網(계차지망)－차(罝)도 그물인데 여기서는 계(係)와 함께 포획한다는 뜻이다. ○斲朝涉者之脛(착조섭자지경)－은나라 주왕(紂王)이 겨울철 아침에 강물을 건너는 자가 용케도 추위를 견디어 내는 것을 보고 그 정강이를 잘라서 찢고 조사해 보았다는 고사에 바탕을 두고 있다. '착(斲)'은 '절(折)'과 같다. <숙진훈> 참조. ○肥醲甘脆(비농감취)－살진 고기, 짙은 술, 미식(美食), 부드러운 요리. ○菽粟(숙속)－콩 종류의 곡류. ○古之爲金石管絃者(고지위금석관현자)……兵革斧鉞者(병혁부월자)……－유사한 글이 ≪예기(禮記)≫ <악기편(樂記篇)>에 보인다. <본경훈> 참조. ○觴酌(상작)－술잔과 냄비. ○俎豆(조두)－조(俎)는 고기를 담는 그릇. 두(豆)는 채소를 담는 그릇. ○酬酢(수작)－술을 나누는 것. 주인이 권하는 것을 수(酬), 손님이 권하는 것을 작(酢)이라고 한다. ○衰絰(최질)－최(衰)는 상복(喪服), 질(絰)은 상을 당했을 때 목과 허리에 띠는 베. ○菅

屨(관루)―관(菅)은 골풀로 만든 신발로 상을 당했을 때 신는 것. ㅇ辟踊(벽용)―비애(悲哀)의 극치에 이르러 가슴을 쓸어내리고 또 춤을 춘다는 뜻으로서 상례(喪禮)의 하나. <본경훈>에서는 '곡용(哭踊)'이라고 기록했다. ㅇ羅紈(나환)―얇은 비단옷.

대저 백성의 생업(生業)은 혼자서 쟁기질하여 갈 수 있는 농지는 겨우 10묘(畝)이며 중등(中等)인 논의 1년 수확은 묘당(畝當) 4석(石)이 고작이다. 처자노약(妻子老弱)은 이것을 의지하며 먹고 살아 가는데 때로는 홍수나 가뭄의 폐해도 있으려니와 또 나라의 징세(徵稅)와 군비(軍備)의 조달에도 충당하지 않으면 안 된다. 이렇게 볼 때 백성들의 생활은 실로 가엾기 짝이 없다.

그런데 천지의 대계(大計)는 3년 경작하면 1년의 식량이 남아돈다는 비율로서 대략 9년이면 3년분의 축(蓄)이 있고 18년이면 6년분의 적(積)이 있으며, 27년이면 9년분의 저(儲)가 있게 마련이다. 이렇게 해서 그 사이에 홍수나 가뭄의 폐해가 있더라도 백성이 곤궁한 나머지 유민(流民)이 되는 일은 없다는 것이다. 그리고 9년의 축(畜)이 없는 것을 '부족(不足)'이라 하고, 6년의 적(積)이 없는 것을 '민급(憫急)'이라고 하며 3년의 축(畜)이 없는 것을 '궁핍(窮乏)'이라고 한다.

위에 인군(仁君)인 군주가 있어서 아래로부터 취하여 스스로 길러 나가는 데 절도가 있으면 백성은 천지의 은택을 얻을 수 있어서 굶주리거나 얼어 죽을 염려가 없다. 만약 탐주(貪主)인 폭군이 있어서 아래는 어지럽히고 백성을 수탈하여 무한한 욕망을 채우고자 한다면 백성은 하늘의 화기(和氣)를 받을 수가 없고, 땅의 덕을 받을 수도 없을 것이다.

식(食)은 백성의 근본이요, 백성은 나라의 근본이다. 그러므로 백성의 군주된 자는 위로 하늘의 시(時)에 따르고 아래로는 땅의 재물을 적절히 활용하며 그 중간에 사람의 힘을 이용한다.

그리고 이것에 의해 살아가고자 하고, 살아갈 수 있는 자는 성장하고 오곡은 자라나서 여물게 되는 것이다. 백성에게 가르치어 육축(六畜)을 사육시키고 시절에 맞추어 씨뿌리기와 모종내기를 시키되, 논밭을 열심히 경작케 하고 뽕과 삼[麻]을 심도록 한다. 또 토지의 비옥함과 척박함, 높고 낮음 등에 따라 각각 그 적성을 감안하여 경작토록 한다.

예컨대 구릉과 험준한 언덕 등 오곡이 자라지 못하는 곳에는 대나무를 심게 한다. 또 봄에는 마른 풀을 베고 여름에는 과실을 따며, 가을에는 야채와 곡물을 저장하고 겨울에는 땔나무를 베어 백성들이 살아가는 데 자본으로 삼게 한다. 이렇게 되면 살아생전에는 일용(日用)에 부자유가 없고 죽은 다음에는 시체가 나뒹굴게 될 염려가 없다.

선왕의 법은 사냥을 하더라도 조수(鳥獸)의 무리를 모조리 잡지 않았고, 사슴의 새끼는 잡지 않았으며 늪의 물을 말리어 물고기를 잡지 않았고, 숲을 불태워서 수렵하지 않았다. 승냥이가 짐승을 제사지내기 전에는 들에 짐승 잡는 그물을 쳐놓지 않았고, 수달이 물고기를 제사지내기 전에는 그물을 물속에 쳐놓지 않았으며, 곤충이 구멍 속으로 들어가기 전에는 논을 불태우지 않았고, 태(胎) 속의 새끼를 죽이지 않았으며, 둥지 속의 알을 꺼내지 않았고, 물고기는 1척(尺)이 되기까지는 잡지를 않았으며 돼지새끼는 1년이 되기 전에는 먹지를 않았다.

이런 까닭에 초목이 자라나는 모습은 수증기가 올라가는 것 같았고, 금수(禽獸)가 돌아오는 모습은 샘물이 흐르는 것 같았으며, 비조(飛鳥)가 돌아오는 모습은 안개가 퍼지는 것 같았는데 그것은 너무 당연한 일이었다.

선왕의 정치는 사해(四海)에 구름이 일기 시작할 때 영토의 경계를 바르게 하고, 청개구리가 울고 제비가 날아올 때에 도로를 개통하며, 음기(陰氣)가 백천(百泉)에 내릴 때에 교량을 수리하고, 장성(張星)이 황혼에 남중(南中)하는 때에 곡식을 심고, 대화(大火)가 남중할 때에 수수와 콩을 심으며, 허성(虛星)이 남중할 때에 보리를 심고, 묘성(昴星)이 남중할 때에 수확해서 저장하며 또 땔나무를 벤다.

이상과 같은 것을 위로는 하늘에 보고하고 아래로는 백성에게 포고한다. 선왕이 시절에 따라 만단(萬端)을 갖추고 나라를 부하게 하는 한편 백성을 이롭게 하고, 공허한 것을 충만케 하며 먼 지방의 사람들을 동정하는데, 이러한 것은 도(道)가 완비되어 있기 때문이다. 그것은 스스로의 눈으로 보고 스스로의 다리로 걸었던 것이 아니다. 다만 천하를 이롭게 하고자 했을 뿐이다. 천하를 이롭게 하려는 마음을 잊지 않는다면 오관(五官)의 기능은 자연히 갖추어지는 것이다.

마음은 오관과 사지(四肢)가 하는 일을 무엇 한 가지 시켰던 것은 아니다. 그렇건만 동정청시(動靜聽視)가 모두 마음을 주(主)로 여기는 것은 마음이 이로움을 탐내고 있으면서 잊지를 않기 때문이다. 그렇기에 요(堯)임금은 선(善)을 행했으므로 중선(衆善)이 모두 모여들었고, 걸왕(桀王)은 악(惡)을 행했으므로 중악(衆惡)이 모두 모였다. 선이 거듭 쌓여지면 공(功)이 이루어지고 악이 거듭 쌓여지면 화(禍)가 극치에 이르는 것이다.

原文　夫民之爲生也, 一人蹠耒而耕, 不過十畝. 中田之獲, 卒歲之收, 不過畝四石. 妻子老弱, 仰而食之, 時有涔旱災害之患, 有以給上之徵賦, 車馬兵革之費. 由此觀之, 則人之生憫矣.

夫天地之大計, 三年耕而餘一年之食, 率九年而有三年之畜, 十八年而有六年之積, 二十七年而有九年之儲. 雖涔旱災害之殃, 民莫困窮流亡也. 故國無九年之畜謂之不足, 無六年之積, 謂之憫急,無三年之畜, 謂之窮乏. 故有仁君明主, 其取下有節, 自養有度, 則得承受於天地, 而不離饑寒之患矣. 若得貪主暴君, 撓於其下, 侵漁其民, 以適無窮之欲. 則百姓無以被天和而履地德矣.

食者民之本也, 民者國之本也, 國者君之本也. 是故人君者, 上因天時, 下盡地財, 中用人力. 是以羣生遂長, 五穀蕃植. 敎民養育六畜, 以時種樹, 務脩田疇, 滋植桑麻, 肥墝高下, 各因其宜. 丘陵阪險, 不生五穀者, 以樹竹木, 春伐枯槁, 夏取果蓏, 秋畜疏食, 冬伐薪蒸, 以爲民資. 是故生無乏用, 死無轉尸.

故先王之法, 畋不掩羣, 不取麛夭, 不涸澤而漁, 不焚林而獵. 豺未祭獸, 罝罦不得布於野, 獺未祭魚, 網罟不得入於水. 鷹隼未摯, 羅網不得張於谿谷. 草木未落, 斤斧不得入山林. 昆蟲未蟄, 不得以火田. 孕育不得殺, 鷇卵不得探, 魚不長尺不得取, 彘不期年不得食. 是故草木之發若蒸氣, 禽獸之歸若流泉, 飛鳥之歸若煙雲. 有所以致之也.

故先王之政, 四海之雲至, 而脩封疆, 蝦蟆鳴燕降, 而達路除道, 陰降百泉, 則脩橋梁, 昏張中則務種穀, 大火中則種黍菽, 虛中則種宿麥, 昴中則收斂畜積, 伐薪木, 上告于天, 下布之民. 先王之所以應時脩備, 富國利民, 實曠來遠者, 其道備矣. 非能目見而足行之也, 欲利之也. 欲利之也, 不忘於心, 則官自備矣.

心之於九竅四支也, 不能一事焉. 然而動靜聽視, 皆以爲主者, 不忘於欲利之也. 故堯爲善而衆善至矣, 桀爲非而衆非來矣. 善積則功成, 非積則禍極.

註解 ○涔旱(잠한)—잠(涔)은 장마로 인하여 홍수에 이르는 것. ○三年耕而餘一年之食(삼년경이여일년지식)……無三年之畜(무삼년지축), 謂之窮乏(위지궁핍)—같은 뜻의 글이 ≪예기(禮記)≫ <왕제편(王制篇)>에 보

인다. ○承受於天地(승수어천지)—천지의 은택을 받다. ○肥墝(비요)—비옥한 땅과 척박한 땅. ○果蓏(과라)—초목의 열매. 과(果)는 나무 열매, 라(蓏)는 풀의 열매(《易經》<說卦疏>). ○疏食(소식)—소(疏)는 야채, 식(食)은 곡물. ○薪烝(신증)—증(烝)도 땔나무란 의미. ○轉尸(전시)—전(轉)은 기(棄). 시체를 장사지내지 못하여 유기하는 것. ○畋不掩羣(전불엄군)—전(畋)은 전렵(田獵). 엄(掩)은 아직 다하지 않은 것. ○麛夭(미요)—사슴 새끼를 미(麛)라 하고 큰사슴 새끼를 요(夭)라 한다. ○豺未祭獸(시미제수)—'제수(祭獸)'란 계추(季秋) 9월에 승냥이가 짐승을 잡아 죽이어 사방에 늘어놓는 것. <시칙훈> 참조. 한편 이 구절에서 '곤충미칩(昆蟲未蟄) 부득이화전(不得以火田)'에 이르기까지 《예기》<왕제편>에 같은 뜻의 글이 보인다. ○獺未祭魚(달미제어)—'제어(祭魚)'란 맹춘(孟春) 1월에 수달이 잉어를 잡아다가 사면에 늘어놓는 것을 가리킨다. <시칙훈> 참조. ○四海之雲至(사해지운지)……—입춘(立春) 후 사해의 구름이 인다. ○蝦蟇鳴燕降(하마명연강)……—'하마(蝦蟇)'는 청개구리. 3월을 가리킨다. ○陰降百泉(음강백천)……—10월을 가리킨다. ○昬張中(혼장중)—계춘(季春 : 3월)에 장성(張星)이 남중(南中)하는 것. <시칙훈>은 계춘시(季春時)의 남중을 칠성(七星)이라고 했다. 장(張)·칠성(七星) 모두 남방(南方) 주조수(朱鳥宿). ○大火中(대화중)—대화(大火)는 동방창룡수(東方蒼龍宿). 4월에 남중한다. ○虛中(허중)—허(虛)는 북방현무숙(北方玄武宿). 8월에 남중한다. ○昴中(묘중)—묘성(昴星)은 서방백호수(西方白虎宿). 9월에 남중한다. ○官自備矣(관자비의)—오관(五官)의 기능이 스스로 완비되는 것. ○九竅(구규)—이목구비(耳目口鼻)의 일곱 구명과 배설기관의 두 구명을 합친 것. 여기서는 감각기관이란 의미이다.

무릇 사람의 유(類)는 마음은 작아지기를 바라고 뜻은 커지기를 바란다. 지혜는 둥글기를 바라고 행동은 방정해지기를 바란다. 재능은 많기를 바라고 하는 일은 적기를 바란다. 근심되는 일은 미연에 배려하고 재화(災禍)는 일어나기 전에 방비하며 잘못이 없었는지를 반성하고 그 조짐이 있음을 두려워하며 결코 욕심이 일어나는 대로 하지 않기 위함이다.

'뜻은 커지기를 바란다'는 것은 만국을 아우르고 이속(異俗)을 하나로 만들며 백성들을 두루 함께 보호하여 일족(一族)처럼 합치시키고 시비지론(是非之論)이 착종(錯綜)하는 가운데 그 중심이 되기 위함이다. '지혜는 둥글기를 바란다'라는 것은 순환했다가는 다시 돌아가서 시작도 끝도 없이 모든 사방에 유달(流達)하고, 원천(源泉)처럼 쇠진하는 법이 없고 만사가 함께 일어나더라도 응대(應待)하는 일이 없도록 하기 위함이다.

'행동은 방정하기를 바란다'란 것은 직립(直立)하여 굴하지 않고, 순백을 유지하며 더러워지지 않고, 곤궁하더라도 절조를 굽히지 않고, 영달을 하더라도 뜻을 함부로 바꾸지 않기 위함이다.

'재능은 많기를 바란다'란 것은 문무(文武)를 겸비하고 동정(動靜)이 예의에 맞으며 출처진퇴가 실로 올바르고 배반하는 일이 없으며 만사에 적절해지기 위함이다. '일은 적기를 바란다'란 것은 권세의 자루[柄]를 잡고 수람(收攬)의 술(術)을 체득하여 요소(要所)를 억누르고 중인(衆人)에 대응하며, 약요(約要)를 잡고 광대(廣大)를 다스리고 조용히 처하며 중(中)을 유지하고 추기(樞機)에 있으면서 일을 처리하여 하나를 가지고 만(萬)을 합치는 것은 마치 부절(符節)을 합치는 것과 같게 하기 위함이다.

그러므로 '마음이 작은 자'는 은미(隱微)한 일일 때 금지시키고, '뜻이 큰 자'는 모든 것을 포용하고, '지혜가 둥근 자'는 모르는 것이 없으며, '행동이 방정한 자'는 하는 일이 신중하고, '재능이 많은 자'는 모든 것을 다스리며, '일이 적은 자'는 약요(約要)를 취지로 삼는다.

옛날 천자(天子)가 정치에 대해서 들을 경우 공경(公卿)은 올바르게 간(諫)하고, 박사(博士)는 풍론(諷論)의 시(詩)를 읊으며, 악관(樂官)은 잠간(箴諫)의 가요를 노래하고, 서인(庶人)은 의견을 품신하며, 사관(史官)은 그 과오를 기록하고, 조리사는 상을 물리면서 간(諫)하도록 되어 있었다.

그러나 그래도 모자란다고 생각했었음인지, 요(堯)임금은 감간(敢諫)의 북을 설치하여, 과오가 있으면 이것을 치게 했고, 비방목(誹謗木)을 세워놓고, 이것에 선불선(善不善)을 쓰도록 했으며, 탕왕(湯王)은 사직관(司直官)을 두어 과오를 바로잡게 했다. 무왕(武王)은 계신(戒愼)의 도(鞀)를 세워놓고 이것을 흔들도록 했다. 미세한 과오도 범하지 않도록 재빨리 이것에 대비하기 위해서였다.

대저 성인(聖人)은 아무리 작은 것일지라도 선(善)은 반드시 행하고, 아무리 미세한 것일지라도 과오는 반드시 고쳤다. 요순우탕문무(堯舜禹湯文武)는 태연하게 남면(南面)하여 천하에 군림하고 있었다. 그 당시에는 고(鼛) 치는 것을 신호로 하여 식사를 시작하고 옹(雍)의 주악(奏樂)을 신호로 하여 상을 물리며 부엌에 제사지냈다. 외출할 때면 무축(巫祝)에게 기도를 시키지 않았지만 귀신이 동티를 내지 않았으며 산천(山川)의 신(神)이 화(禍)를 끼치는 일도 없었는데, 이는 실로 존귀의 극치라고 해야 할 것이다.

그러나 그러면서도 아직 전전긍긍하여 날로 그 신중을 더해갔었다. 그렇다면 성인(聖人)의 '마음은 작은 것'이다. ≪시경(詩經)≫에 '문왕께서는 삼가 조심하시어 하느님을 밝게 섬기고 많은 복을 누리시다(維比文王 小心翼翼 昭事上帝 聿懷多福)'라고 되어 있는 것은 실로 이를 두고 한 말일 것이다.

무왕이 은(殷)나라에게 이기자 거교(鉅橋)의 곡식을 방출하고 녹대(鹿臺)의 돈을 산포하고 비간(比干)의 무덤을 만들어 주고, 상용(商

容)의 집 문에 이르러 수레 위에서 예(禮)를 하고, 성탕(成湯)의 사당에 참배하고, 기자(箕子)를 풀어주고 백성들은 각각 그 집에서 편히 살게 해주고, 그 논밭에서 경작에 종사케 해주었다.

또 구지(舊知)건 신지(新知)건 구별없이 현인을 등용하고 원래부터 소유하고 있지 않은 것이더라도 사용하고, 원래부터 쓰던 사람이 아니더라도 썼고, 원래부터 소유하고 있었던 것처럼 태연하게 행동했다. 그렇다면 성인의 '뜻은 큰 것'이다.

문왕은 득실과 시비를 모조리 고찰하여 요순의 번영했었던 이유와 걸주(桀紂)가 멸망했던 이유를 빠짐없이 기록하여 명당(明堂)에 게시했다. 이렇게 해서 지식과 견문을 넓히고 만사에 대응해 나갔던 것이다. 그렇다면 성인의 '지혜는 둥근 것'이다. 성왕(成王)·강왕(康王)은 문왕·무왕의 업적을 이어받아 명당의 제도를 지키고 존망의 발자취, 성패의 변화를 관찰했는데 말은 도(道)에 들어맞았고 행동은 의(義)에 맞았으며 언행 모두 신중하여 일시적으로 하지 않았고 선(善)을 택한 연후에 일을 했었다. 그렇다면 성인의 '행동은 방정한 것'이다.

공자(孔子)가 만사에 통달했던 상태는 지혜는 장홍(萇弘)보다 낫고, 용맹은 맹분(孟賁)을 굴복시켰으며, 걸음은 달리는 토끼를 따라잡을 수 있었고, 힘은 성문의 장군목을 들어올렸다. 몸에 지닌 능력은 실로 많았던 것이다. 그러나 그 용력(勇力)도 기교도 세상에서는 전혀 평을 받지 못했고 오로지 효도를 실천하는 것에 의해 무관(無冠)의 제왕(帝王)이 되었다. 행했던 '일'은 실로 적었던 것이다.

≪춘추(春秋)≫는 242년 동안에 망국(亡國)의 사건을 52가지, 시군(弑君)의 사건을 36가지나 기록하고 있는데 선행(善行)을 표창하고 악사(惡事)에는 필주(筆誅)를 가하여 왕도(王道)를 밝혀냈다. 그의 논설하는 바는 실로 넓고 크다.

그러나 광(匡) 땅에서 포위당했을 때 조금도 안색을 바꾸지 않았고 태연하게 현가(弦歌)를 계속 연주했고 죽음의 고비에 처했을 때도, 위난(危難)에 직면해서도 정의에 근거한 도리를 행하되 조금도 그 마음에 두려움이 없었다. 실로 그 본분을 자각하고 있었던 것이다. 그러나 노(魯)나라의 사구(司寇)가 되어 소송사건을 다룰 때는 과단성있게 재판을 했고 ≪춘추≫를 저술했으되 귀신은 논하지 않았고, 결코 독단전횡을 하지 않았다.

무릇 성인은 본디 지혜가 많고 그 뜻하는 바는 간요(簡要)하므로 일을 하면 반드시 성공한다. 우인(愚人)은 본디 지혜가 적고 그 하는 바는 번잡한 까닭에 움직이면 반드시 곤궁해진다. 오기(吳起)·장의(張儀)는 그 지혜가 공자·묵자(墨子)에 미치지 못하는데, 만승(萬乘)의 군주와 싸웠으며 그러다가 거열형(車裂刑)에 처해져서 사지(四肢)가 끊어지고 말았다.

대저 정의(正義)에 입각하여 교화(敎化)하면 일은 용이하고 반드시 성취하며, 사도(邪道)에 의해 교묘하게 처세하고자 하면 일은 곤란해지며 반드시 실패한다. 모두가 천하에서 일을 하고 주의(主義)를 세우고자 하는데 그 쉽게 성취할 수 있는 길을 버리고, 어렵고 반드시 실패하는 길을 따르는 것은 우혹(愚惑)의 행위이다.

이상 설명해온 '마음이 작은 것', '뜻이 큰 것', '지혜가 둥근 것', '행동이 방정한 것', '재능이 많은 것', '일이 적은 것' 등등 상반되는 6리(理)는 분명히 확인하지 않으면 안 된다.

原文 凡人之論, 心欲小而志欲大. 智欲員而行欲方. 能欲多而事欲鮮. 所謂心欲小者, 慮患未生, 備禍未發, 戒過愼微, 不敢縱其欲也. 志欲大者, 兼包萬國, 一齊殊俗, 幷覆百姓, 若合一族, 是非輻湊而爲之轂. 智欲員者, 環復轉運, 終始無端, 旁流四達, 淵泉而不竭, 萬物竝興, 莫不嚮應也.

行欲方者, 直立而不撓, 素白而不汚, 窮不易操, 通不肆志. 能欲多者. 文武備具, 動靜中儀, 擧動廢置, 曲得其宜, 無所擊戾, 無不畢宜也. 事欲鮮者, 執柄持術, 得要以應衆, 執約以治廣, 處靜持中, 運於璇樞, 以一合萬, 若合符者也. 故心小者禁於微也, 志大者無不懷也, 智員者無不知也, 行方者有不爲也, 能多者無不治也, 事鮮者約所持也.

古者天子聽朝, 公卿正諫, 博士誦詩, 瞽箴師誦, 庶人傳語, 史書其過, 宰徹其膳. 猶以爲未足也. 故堯置敢諫之鼓, 舜立誹謗之木, 湯有司直之人, 武王立戒愼之鞀, 過若毫釐, 而旣已備之也. 夫聖人之於善也, 無小而不擧, 其於過也, 無微而不改. 堯舜禹湯文武, 皆坦然天下而南面焉. 當此之時, 伐鼟而食, 奏雍而徹, 已飯而祭竈. 行不用巫祝, 鬼神弗敢祟, 山川弗敢禍, 可謂至貴矣. 然而戰戰慄慄, 日愼一日. 由此觀之, 則聖人之心小矣. 詩云, 惟此文王, 小心翼翼, 昭事上帝, 聿懷多福. 其斯之謂歟.

武王克殷, 發鉅橋之粟, 散鹿臺之錢, 封比干之墓, 表商容之閭, 朝成湯之廟, 解箕子之囚, 使各處其宅, 田其田. 無故無新, 惟賢是親, 用非其有使非其人, 晏然若故有之. 由此觀之, 則聖人之志大也.

文王周觀得失, 偏覽是非, 堯舜所以昌, 桀紂所以亡者, 皆著於明堂. 於是略智博聞, 以應無方. 由此觀之, 則聖人之智員矣. 成康繼文武之業, 守明堂之制, 觀存亡之迹, 見成敗之變, 非道不言, 非義不行, 言不苟出, 行不苟爲, 擇善而後從事焉. 由此觀之, 則聖人之行方矣.

孔子之通, 智過於萇弘, 勇服於孟賁, 足躡郊菟, 力招城關. 能亦多矣. 然而勇力不聞, 伎巧不知. 專行孝道, 以成素王. 事亦鮮矣. 春秋二百四十二年, 亡國五十二, 弑君三十六, 采善鉏醜, 以成王道. 論亦博矣. 然而圍於匡, 顔色不變, 絃歌不輟. 臨死亡之地, 犯

患難之危, 據義行理而志不懾. 分亦明矣. 然爲魯司寇, 聽獄必爲
斷, 作爲春秋, 不道鬼神. 不敢專己.

夫聖人之智, 固已多矣, 其所守者有約. 故擧而必榮. 愚人之智,
固已少矣, 其所事者有多. 故動而必窮矣. 吳起·張儀, 智不若孔
墨, 而爭萬乘之君, 此其所以車裂支解也. 夫以正敎化者, 易而必
成, 以邪巧世者, 難而必敗. 凡將設行立趣於天下, 舍其易而必成
者, 而從事難而必敗者, 愚惑之所致也. 凡此六反者, 不可不察也.

註解 ○人之論(인지론)−논(論)은 윤(倫)과 통하며 동아리·유(類) 등
의 의미. ○智欲員而行欲方(지욕원이행욕방)−원(員)은 원(圓). 원전활탈
(圓轉滑脫)의 뜻으로도 풀이되고 원만이란 뜻으로도 풀이된다. 방(方)은
방정(方正)·방직(方直)의 뜻이다. ○是非輻湊而爲之轂(시비복주이위지
곡)−복주(輻湊 : 수레바퀴의 살)가 중심인 곡(轂 : 수레바퀴통)으로 주
(湊 : 모이는 것)하는 것처럼 많은 것이 한군데로 모이는 모습. ○運於璇
樞(운어선추)−선(璇)은 북두(北斗)의 제이성(第二星). 두병(斗柄)이 제
이성을 중심으로 하여 회전하는 것에서, 군주가 항상 중추에 있으면서 만
기(萬機)를 조종하는 것에 비유한다. ○瞽箴師誦(고잠사송)−고(瞽)·사
(師) 모두 악관(樂官)을 가리킨다. ○史書其過(사서기과), 宰徹其膳(재철
기선)−《한서(漢書)》〈가의전(賈誼傳)〉에 '태자가 이미 관례를 치르고
성인이 된 다음에는 곧 기과(紀過)의 사(史)·철선(徹膳)의 재(宰)가 있
다'라고 했다. ○堯置敢諫之鼓(요치감간지고)……武王立戒愼之鞀(무왕입
계신지도)−《여씨춘추(呂氏春秋)》〈불구론(不苟論)〉자지편(自知篇)에
같은 취지의 글이 보인다. 감간(敢諫)은 자진해서 간하는 것. 도(鞀 : 흔들
이 북)는 자루가 달려 있는 작은 북. 손으로 흔들어서 움직이면 양쪽의 귀
가 저절로 북을 친다. ○伐鼛而食(벌고이식)−《시경(詩經)》〈대아(大雅)〉
면(緜)의 모전(毛傳)에 '고(鼛)는 큰북이다. 길이 1장(丈) 2척(尺). (이것
을 치는 것은) 일을 즐기고 공(功)을 장려하기 위함이다'라고 했다. 여기

서는 왕자(王者)의 행사 중 한 가지로서 식사에 대해서 적고 있다. ○奏雍而徹(주옹이철)―‘옹(雍)’은 음식을 먹은 후의 악(樂). ‘철(徹)’은 식기(食器)를 내려놓는 것. ≪논어≫ <팔일(八佾)>에도 ‘이옹철(以雍徹)’이란 구절이 있다. ○發鉅橋之粟(발거교지속)……解箕子之囚(해기자지수)―주왕(紂王)을 토벌한 직후에 있은 무왕(武王)의 선정(善政)을 열거해 놓은 것. 거교(鉅橋)는 은(殷)나라의 곡창이며, 녹대(鹿臺)는 은나라의 전부(錢府)이다. 기자(箕子)는 주왕(紂王)의 서형(庶兄). 같은 뜻의 글이 ≪상서대전(商書大傳)≫, ≪한시외전(韓詩外傳)≫ 3, ≪사기(史記)≫ <주본기(周本紀)>, ≪상서(尙書)≫ <무성(武成)> 등에 보이는데 행사에는 차이가 있다. <도응훈(道應訓)> 참조. ○智過於萇弘(지과어장홍)―장홍(萇弘)은 주(周)나라 대부(大夫)로서, 그의 이름은 ≪좌전(左傳)≫ 애공(哀公) 3년조, ≪국어(國語)≫ <주어(周語)> 하(下) 등에 보이는데 공자와의 관계는 불상(不詳). ○勇服於孟賁(용복어맹분)……―맹분(孟賁)의 이름은 ≪맹자≫ <공손추(公孫丑)> 상(上) 등에 보인다. 옛날의 용자(勇者). 공자가 그를 굴복시켰다는 설의 근거는 불상. ‘힘은 성문의 장군목을 들어올렸다’라고 한 것은 공자의 아버지인 숙량흘(叔梁紇)의 전설이 공자의 것인 양 전해진 것이리라. ○素王(소왕)―제왕(帝王)으로서의 덕을 갖추고 있으면서 그 자리에 오르지 못한 사람. 일반적으로 공자를 가리켜 이렇게 말한다. 공자 소왕설(素王說)로서는 초기의 자료이다. ○圍於匡(위어광)……―공자가 광(匡) 땅에서 난을 당한 것은 ≪논어≫ <자한(子罕)> <선진(先進)> 등에 보인다. 단, 공자가 태연하게 현가(弦歌)를 했다는 설은 광 땅에서 당한 난 때가 아니라 채(蔡)・진(陳) 사이에서 위난을 당했을 때의 일이란 설이 일반적이다. ○作爲春秋(작위춘추)―여기서 거듭 ≪춘추≫를 이야기한 뜻은, 아마도 한(漢)나라 시대의 공양학(公羊學)에 있어, ≪춘추≫에 따라 옥사(獄事)를 결정한다는 것에 의한 것이리라. ○吳起(오기)―손자(孫子)와 어께를 나란히 하는 병법가. 위(魏)나라 문후(文侯)의 장군이 되어 공을 세웠는데 후에는 초(楚)나라를 섬기면서 도왕

(悼王)의 재상이 되었다. 그러나 도왕이 죽은 다음 초나라 내란에 휘말리어 사살당했다. ○張儀(장의)―소진(蘇秦)의 합종책(合縱策)에 대립되는 연횡책(連衡策)을 설파하여 진(秦)나라 왕을 설득했고 진나라 사신의 자격으로 6국에 돌아다니며 유세를 했다. 후에는 위(魏)나라 재상이 되었다가 죽었다. 오기·장의 등 두 사람이 '거열형(車裂刑)'을 받았다는 것은 잘못 기록된 것이리라.

만물에 대해서 널리 알더라도 인도(人道)를 모르는 자는, 지(智)라고 할 수가 없다. 군생(群生)에 대해서 널리 사랑을 편다 하더라도 인류를 사랑할 수 없는 자는 인(仁)이라고 할 수가 없다. 인자(仁者)는 사람을 사랑하고 지자(智者)는 미혹당하는 일이 없다. 인자는 사람을 처벌할 때에도 상대방에게 동정심을 나타내며 지자는 번잡·곤란한 일에 직면하더라도 범용(凡庸)한 수완을 나타낸다.

속마음으로 동정하며 이것을 정으로 나타내고 자신의 마음에 하기 싫다 하는 것은 남에게 시키지 않으며 신변 가까운 일에서부터 먼 것을 추찰하고 자신에 의해 남을 짐작하니, 이상은 인(仁)과 지(智)가 일체가 되기 때문이다.

그러나 작은 교계(敎誡)에 의해 나라를 크게 보유하고, 작은 벌에 의해 나라를 크게 안정시키는 일도 있다. 이것은 단지 측은지심(惻隱之心)에 의해 생각하면서 적절한 처리를 하는 것으로서 지자(智者)만이 결단할 수 있는 일이다. 즉 인(仁)과 지(智)는 때로는 배반하고 때로는 합치한다. 합치할 때가 정도(正道)이며 배반할 때가 권도(權道)인데 그 의(義)로 하는 바는 같다. 소리(小吏)는 법을 지키고 군자는 의(義)를 정한다. 법만 있고 의가 없으면 소리와 마찬가지여서 이것으로는 위정(爲政)에 임할 자격이 없다.

농사짓는 일은 허리가 휘며 길쌈하는 일은 번거롭다. 그러나 힘이

들고 번잡한 일이더라도 백성들이 버리지 않는 것은 이것이 의식(衣食)을 해결한다 함을 알고 있기 때문이다. 사람이라면 의식은 필수적인 것인데 그 의식의 도가 농사짓고 길쌈하는 데서 시작된다는 것은 만인이 똑같이 인정하는 바다. 만사는 이 농사짓고 길쌈하는 것과 같아서 처음에는 허리가 휘지만 나중에는 반드시 이익을 얻는다.

대저 구비해 두어야 할 것은 많은데 우인(愚人)의 구비하는 바는 적고, 꾀해야 할 일은 많은데 우인의 꾀함은 적다. 우인에게 우환이 많은 것은 이 때문이다. 그런데 지자는 대비해야 할 것은 모두 대비하고 꾀해야 할 것은 모두 꾀한다. 지자에게 우환이 없는 것은 이 때문이다. 그러므로 지자는 처음에는 뜻과 다른 듯하지만 나중에 가서 맞고, 우자는 즐거움으로 시작하지만 슬픔으로 끝마치게 된다.

오늘은 어떻게 해서 번영하고 내일은 어떻게 해서 의(義)에 부합시키느냐를 말하는 것은 쉽다. 그러나 오늘 어떻게 해서 의에 부합시키고 내일은 어떻게 해서 번영할 것인지를 알기란 어렵다. 고사(瞽師)에게 '흰 것은 어떤 색깔인가?'하고 물으면 '밝은 색깔'이라고 대답한다. '검은 것은 어떤 색깔이냐?'고 물으면 '어두운 색깔'이라고 대답한다. 그러나 흰 것과 검은 것을 나란히 놓으면 분간하지 못한다.

사람은 눈으로 흑백을 구별해 내고 입으로 흑백을 말한다. 고사는 입으로는 흑백을 말하지만 진짜 흑백을 알고 있는 것은 아니다. 즉 흑백을 말하는 것은 일반 사람과 마찬가지인데 흑백을 구별하는 점에서는 일반 사람과 다른 것이다.

'들어가서는 부모에게 효도하고 나가서는 임금에게 충성한다'는 것은 우인이건 지인이건 현인이건 불초(不肖)건 구별없이 그것이 의(義)란 것을 다들 알고 있다. 그러나 충효를 실천케 하려면 그 방도를 아는 자는 적다. 대부분의 사람들은 누구나 우선 생각을 해본 다음 좋다고 판단되면 행하는 법이다. 그러나 그 결과가 시(是)도 되고 비

(非)도 되는 것은 우와 지의 갈림길이다.

　대저 사람의 성(性)으로서 인(仁)만큼 귀중한 것은 없고 지(智)만큼 절실한 것은 없다. 인을 본질로 하고 지에 의해 이것을 실행한다. 이 양자를 근본으로 하고 용력(勇力)・변혜(辯慧)・첩질(捷疾)・구록(劬錄)・교민(巧敏)・서리(犀利)・총명・심찰(審察)의 능력을 더 가하면 모든 이익을 다 얻을 수 있을 것이다. 선천적 소재(素材)가 미숙(未熟)인 채로 기예(技藝)만 이것저것 몸에 익히고, 인지(仁智)라고 하는 근간(根幹)이 없는 터에 중미(衆美)를 더하면 그 폐해는 점점 더 심해질 뿐이다.

　즉 불인(不仁)인데도 용력이 과감함을 몸에 익히면 미친 사람이 날카로운 칼을 휘두르는 것과 같고, 부지(不智)인데도 교묘한 변설을 몸에 익히면 준마(駿馬)를 타고 헤매는 것과 같다. 아무리 재능이 있더라도 사용처를 알지 못하고 둘 곳을 얻지 못하면 결국에는 거짓을 돕고 비(非)를 장식하는 데 도움이 될 뿐인즉 차라리 기예(技藝)의 가지수가 적은 편이 낫다. 그러기에 야심이 있는 자에게는 권세를 빌려주면 안 되고 우둔한 자에게는 편리한 도구를 쥐어 주어서는 안 된다.

原文 　偏知萬物, 而不知人道, 不可謂智. 偏愛羣生, 而不愛人類, 不可謂仁. 仁者愛其類也, 智者不可惑也. 仁者雖在斷割之中, 其不忍之色可見也. 智者雖遇煩難之事, 其不闇之效可見也. 內恕反情, 心之所不欲, 其不加諸人. 由近知遠, 由己知人, 此仁智之所合而行也.

　小有教而大有存也, 小有誅而大有寧也, 唯惻隱, 推而行之. 此智者之所獨斷也. 故仁智有時錯, 有時合. 合者爲正, 錯者爲權, 其義一也. 府吏守法, 君子制義. 法而無義亦府吏也, 不足以爲政. 耕之爲事也勞, 織之爲事也擾. 擾勞之事而民不舍者, 知其可以衣食也. 人之情, 不能無衣食, 衣食之道, 必始於耕織, 萬民之所公見也. 物之若耕織者, 始初甚勞, 終必利也.

物之可備者衆, 愚人之所備者寡, 事之可權者多, 愚人之所權者少. 此愚者之所以多患也. 物之可備者, 智者盡備之, 可權者, 盡權之. 此智者所以寡患也. 故智者先忤而後合, 愚者始於樂而終於哀.

今日何爲而榮乎, 且日何爲而義乎, 此易言也. 今日何爲而義, 且日何爲而榮, 此難知也. 問瞽師曰, 白素何如. 曰縞然, 曰黑何若. 曰黮然. 援白黑而示之, 則不處焉. 人之視白黑以目, 言白黑以口. 瞽師有以言白黑, 無以知白黑. 故言白黑與人同, 其別白黑與人異. 入孝於親, 出忠於君, 無愚智賢不肖, 皆知其爲義也, 使陳忠孝行, 而知所出者鮮矣. 凡人思慮, 莫不先以爲可而後行之, 其是或非. 此愚智之所以異.

凡人之性, 莫貴於仁, 莫急於智. 仁以爲質, 智以行之. 兩者爲本, 而加之以勇力·辯慧·捷疾·劬錄·巧敏·犀利·聰明·審察, 盡衆益也. 身材未脩, 伎藝曲備, 而無仁智以爲表幹, 而加之以衆美, 則益其損. 故不仁而有勇力果敢, 則狂而操利劍. 不智而辯慧懁給, 則乘驥而惑. 雖有材能, 其施之不當, 其處之不宜, 適足以輔僞飾非, 伎藝之衆, 不如其寡也. 故有野心者, 不可借便勢, 有愚質者, 不可與利器.

註解 ○斷割之中(단할지중)－'단할(斷割)'은 끊다, 결단을 내린다는 뜻인데 여기서는 단죄(斷罪)하는 것. ○小有敎(소유교)……大有寧也(대유녕야)－최소한의 가르침과 처벌에 의해 최대한의 안녕을 유지하는 것. ○智者先忤而後合(지자선오이후합)－<범론훈> 및 <인간훈>에 '성인(聖人)은 먼저 거스른 후에 합한다'라고 했다. ○入孝於親(입효어친), 出忠於君(출충어군)－《논어(論語)》 <학이(學而)>에 '제자는 안에서는 효도하고 나

가서는 자애롭다(弟子入則孝, 出則弟)'라고 한 구절을 참고한 것임. ○辯慧(변혜)－명석하고 회전이 빠른 변설(辯舌). ○捷疾(첩질)－기민한 것. ○劬錄(구록)－노력. ○犀利(서리)－굳고 날카로운 것.

물고기는 물을 얻어 헤엄치면 즐겁지만 제방이 무너져서 물이 마르면 개미의 먹이가 된다. 그러므로 그 제방을 관리하고 새는 것을 막아주는 사람이 있으면 물고기는 이것을 편리하다고 생각할 것이다. 그런데 나라에는 나라가 서는 근거가 있고, 사람에게는 살아가는 근거가 있다. 나라가 존립하는 근거는 인의(仁義)이며 사람이 생활해 나가는 근거는 선(善)을 행하는 것이다.

나라에 인의가 없으면 아무리 대국이라 하더라도 반드시 멸망하며 사람에게 선한 뜻이 없으면 아무리 용감하더라도 반드시 다치게 된다. 나라를 다스리는 것은 윗사람이 아니면 참여할 수 없게 되어 있지만, 부모에게 효도하고 형수에게 공순하며 붕우(朋友)와 신의를 가지고 교제하는 것은 특별한 명령이 없더라도 실행할 수 있는 것이다. 내가 할 수 있는 것을 버리고 힘이 미치지 않는 것을 구하는 것은 도리에 맞지 않는 일이다.

선비가 비은(卑隱)한 지위에 있으면서 영달을 바란다면 반드시 먼저 이런 점을 반성하지 않으면 안 된다. 영달하는 데는 그 도(道)가 있어서, 먼저 명성(名聲)이 오르지 않으면 영달도 할 수가 없다. 명성을 얻는 데는 도(道)가 있어서 먼저 친구로부터 신용을 얻지 못하면 명성도 얻지 못한다. 친구로부터 신용을 얻는 데는 도가 있어서, 부모를 섬기며 기쁘게 해드리지 못하면 친구에게도 신용을 받지 못한다. 부모를 기쁘게 해드리는 데는 도가 있어서, 몸을 수양하여 정성이 있어야만 부모를 섬길 수가 있다. 몸을 수양하여 정성을 갖추는 데는 도가 있어서 마음을 전일(專一)케 하지 않으면 몸을 수양하고 정성을 갖추지 못한다.

도(道)는 아주 쉬운 곳에 있건만 굳이 어려운 데서 찾으며, 효험은 가까운 곳에서 기대할 수 있건만 굳이 먼 곳에서 찾으려 한다. 그러기에 아무것도 얻지 못하는 것이다.

原文 魚得水而游焉則樂, 塘決水涸, 則爲螻蟻所食. 有掌脩其隄防, 補其缺漏, 則魚得而利之. 國有以存, 人有以生. 國之所以存者, 仁義是也. 人之所以生者, 行善是也. 國無義雖大必亡, 人無善志, 雖勇必傷. 治國非上使不得與焉. 孝於父母, 弟於兄嫂, 信於朋友, 不得上令而可得爲也. 釋己之所得爲, 而責于其所不得制悖矣.

士處卑隱, 欲上達, 必先反諸己. 上達有道. 名譽不起, 而不能上達矣. 取譽有道. 不信於友, 不能得譽. 信於友有道. 事親不說, 不信於友, 說親有道. 脩身不誠, 不能事親矣. 誠身有道, 心不專一, 不能誠身. 道在易而求之難, 驗在近而求之遠, 故弗得也.

新完譯　淮南子(上)

초판 발행 – 2013년 5월 10일
초판 2쇄 발행 – 2021년 3월 22일
編著者 – 劉　　安
編譯者 – 安 吉 煥
發行人 – 金 東 求
發行處 – 명 문 당(창립 1923년 10월 1일)
　　　　서울특별시 종로구 윤보선길 61(안국동)
　　　　우체국 010579-01-000682
　　　　전 화 (02) 733-3039, 734-4798
　　　　FAX (02) 734-9209
　　　　Homepage www.myungmundang.net
　　　　E-mail mmdbook1@hanmail.net
　　　　등록 1977.11.19. 제1-148호

■

* 낙장 및 파본은 교환해 드립니다.
* 불허 복제・판권 본사 소유
* 정가 25,000원

ISBN 978-89-7270-089-0
ISBN 89-7270-052-5(세트)